上海市锦天城律师事务所
华东政法大学经济法律研究院
合作编写

COMPANY LAW REVIEW

公司法律评论

顾功耘　主编

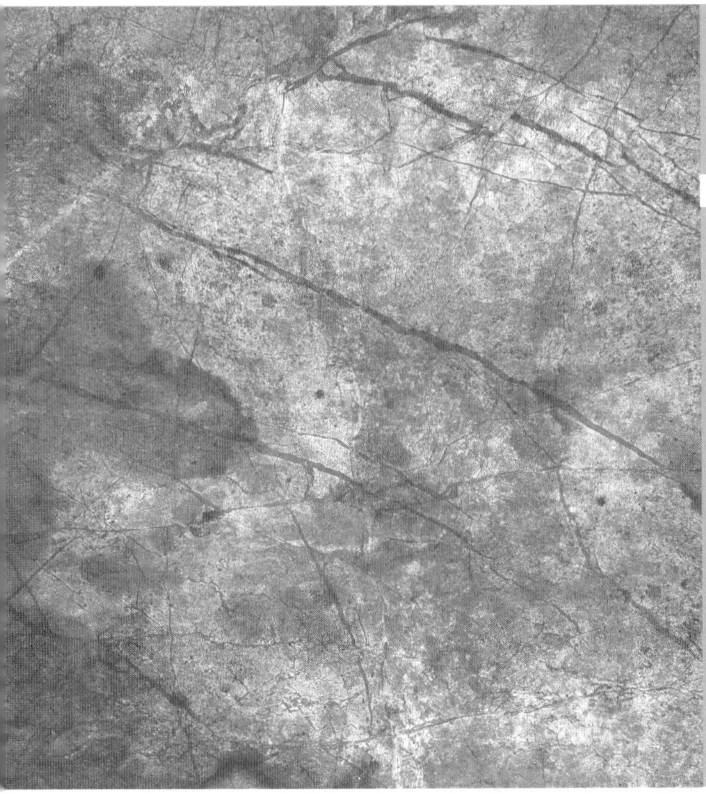

2021

第2卷

总第22卷

法律出版社 LAW PRESS·CHINA

北京

图书在版编目(CIP)数据

公司法律评论. 2021. 第2卷 : 总第22卷 / 顾功耘主编. -- 北京:法律出版社,2021
ISBN 978-7-5197-6203-2

Ⅰ. ①公… Ⅱ. ①顾… Ⅲ. ①公司法—研究—中国—2021 Ⅳ. ①D922.291.914

中国版本图书馆CIP数据核字(2021)第228008号

公司法律评论 2021 第2卷(总第22卷)
GONGSI FALÜ PINGLUN 2021 DI-2JUAN
(ZONG DI-22JUAN)

顾功耘 主编

策划编辑 薛晗 田浩
责任编辑 薛晗 田浩
装帧设计 马帅

出版发行 法律出版社
编辑统筹 法商出版分社
责任校对 王晓萍 郭艳萍
责任印制 胡晓雅
经　　销 新华书店

开本 710毫米×1000毫米 1/16
印张 19.75 **字数** 410千
版本 2021年12月第1版
印次 2021年12月第1次印刷
印刷 三河市龙大印装有限公司

地址:北京市丰台区莲花池西里7号(100073)
网址:www.lawpress.com.cn
投稿邮箱:info@lawpress.com.cn
举报盗版邮箱:jbwq@lawpress.com.cn

销售电话:010-83938349
客服电话:010-83938350
咨询电话:010-63939796

书号:ISBN 978-7-5197-6203-2
定价:86.00元
凡购买本社图书,如有印装错误,我社负责退换。电话:010-83938349

锦天城律师事务所简介

锦天城律师事务所成立于1999年，是一家提供一站式法律服务的大型综合性律师事务所，在核心业务领域（如资本市场、金融与信托、公司并购与重组、破产与清算、基础设施建设与房地产、国际贸易、跨境投资、反垄断反倾销、诉讼与仲裁、知识产权以及海事海商等）具备专业优势或行业领先优势。现有注册律师3000余名。

发轫于中国上海的锦天城，已在中国内地21个城市（北京、杭州、深圳、苏州、南京、成都、重庆、太原、青岛、厦门、天津、济南、合肥、郑州、福州、南昌、西安、广州、长春、武汉、乌鲁木齐）及中国香港、英国伦敦、美国西雅图开设分所，并与香港史蒂文生黄律师事务所联营，与国际律师事务所鸿鹄（Bird & Bird LLP）建立战略合作关系。

华东政法大学经济法律研究院简介

华东政法大学经济法律研究院是由华东政法大学独立设立，集理论研究、科研成果转化与人才培养、社会服务于一体的科研机构。研究院以经济法律研究为特色，旨在突破单一专业瓶颈，实现法学与经济学、管理学的融合，密切联系政、产、学、研，强调理论研究的应用性、实践性与前瞻性，是一流的学术研究与交流平台、高层次的经济法律人才培养基地以及经济立法、政府决策、企业咨询的专业性法律智库。经多年建设，研究院先后被认定为上海市法学会重点研究基地、上海市普通高校人文社会科学重点研究基地。

研究院自成立以来，先后组织、策划、出版了“经济法文库”“经济法文集”“商事法文库”以及《经济法前沿问题》《中国商法评论》《公司法律评论》《金融法律评论》等系列性学术著作或年度刊物，创办了“经济法律高峰论坛”“公司法律论坛”“国资法律论坛”“能源法治论坛”等系列性品牌论坛，在学界和实务界具有广泛的影响力。

本出版物受上海市高水平地方高校（学科）建设项目资助

卷首语

在公司法体系中，治理机制和资本规则是两个关键制度。关于治理机制，股东会表决规则尤其是表决比例应如何设计才能更好地彰显程序正义，体现出对中小股东的保护，需要立法者在《公司法》修订时予以关注；对主要承担监督功能的监事会而言，其成员变更会直接影响监督功能的发挥，而法院在审理监事变更案件时，对案件受理范围、监事身份要求等问题存在同案不同判，这亟需有针对性的分析和解答；对我国新近引入的“双层股权结构”，现行规定还缺乏精细化，今后的制度设计应仔细辨析哪些事项可适用多倍表决，而哪些事项则必须适用平等表决，以体现不同主体间的法益平衡。关于资本制度，抽逃出资问题屡见不鲜，且形式日益隐秘、灵活，增加了司法认定的难度，如何准确理解“出资”、合理认定“抽逃”情形，都需要理论上的研究支撑。本卷“公司法制”栏目将对上述问题展开深入探讨。

“证券法制”栏目将聚焦于证券投资咨询违法责任追究、新三板挂牌公司摘牌中的法律问题、上市公司收购失败后再收购行为的规制等方面。专家们针对证券投资咨询中违法行为的查处实践，尤其是通过对典型案例的梳理，分析了现行制度在民事责任、行政责任、刑事责任方面的不足和需完善空间；针对新三板挂牌公司的摘牌制度，从多层次资本市场协同发展的视角阐述了“市场出清”的基本原则；针对上市公司收购失败后的再收购行为，提出了在法定期限内原则上禁止实施再收购的要求。这些研究对我国进一步完善相关法律制度进行了有益探索。

本卷“破产法制”栏目专门选取了来自于审理破产案件第一线的法官撰写的预重整文章。通过对域外制度的比较研究，作者重新检视了预重整的制度功能，并进行了微观层面的具体制度思考。此外，我国当前理论界、实务界以及立法机关都比较关注个人破产问题，本栏目还专门选取文章就个人破产制度的准入机制从破产能力、破产原因两个维度进行了深度分析。

“原油宝案”“五洋债虚假陈述案”“当当控制权争夺案”等案件引发了社会公众对期货市场投资者适当性制度、公司债欺诈发行中专业服务机构的法律责任、夫妻股权的法律归属与处分等法律问题的广泛关注。“案件聚焦”栏目就这些具有显著影响力的代表性案件进行了解读和剖析，引人深思。

本卷《公司法律评论》仍然保留了传统的“律师实务”“域外法制”“理论综述”等栏目，就信托公司参与互联网金融资产证券化的法律实务问题进行了专题分析，就域外国家和地区有关金融立法的最新动态进行了翻译，就我国 2020 年公司法理论研究、证券法理论研究和破产法理论研究的最新前沿观点进行了归纳和总结，以与读者分享。

希望我们精心编写的本卷《公司法律评论》能够为读者带来更多的精神营养，激发读者的思想火花！

顾功耘

2021 年 10 月 5 日于华政园

目　录 CONTENTS

公司法制

证券法制

破产法制

律师实务

域外法制

理论综述

案件聚焦

公司法制

股东会表决比例规则的完善

曹兴权 *

目　次

一、问题的提出

公司股东会决议的比例表决机制，一般指简单对数决、绝对多数决、一致决等规则；在广义上还包括表决回避规则。对此，《公司法》有明确规定。其中，根据第43条、第103条、第121条，股东会决议涉及修改公司章程、增加或者减少注册资本、公司合并或分立、公司解散、公司变更以及上市公司购买、出售重大资产或者重大担保等事项时适用绝对多数决，涉及其他事项时适用简单多数决。不过，这三条对两类赞同比例的规定完全不同。关于绝对多数决，在有限公司依第43条是代表三分之二以上表决权的股东通过，在股份公司依第103条、第121

* 曹兴权，西南政法大学教授、博士生导师。

条是出席会议的股东所持表决权的三分之二以上通过。关于简单多数决，在有限公司依第 43 条完全由有限公司章程规定，现实中大多规定代表二分之一以上表决权的股东通过；在股份公司依第 103 条是出席会议的股东所持表决权过半数通过。一致决，则规定在第 37 条第 2 款。反向解释该款可得知，不召开股东会而以书面形式进行表决的，必须适用一致决规则。关于股东会决议的表决回避，仅涉及第 16 条第 3 款，即公司为公司股东或者实际控制人提供担保的股东会决议须经除该股东或者该实际控制人支配的股东之外的出席会议的其他股东所持表决权的过半数通过，而除受该股东或者该实际控制人支配的股东不得参加此种事项的表决。

对上述四个具体规则，实务及理论上可能存在诸多疑问，事实上已经出现诸多相关争议：(1) 关于通过比例的计算基数，有限公司为全体股东所持表决权，股份公司为出席会议的股东所持表决权，为什么有此区别？是否可能促成某种模式的统一？〔1〕(2) 关于绝对多数决，非上市公司与上市公司在适用情形上为何有区别？其他某些重要事项是否必须适用？还应列入哪些重要事项？〔2〕公司章程可否减低三分之二的比例？〔3〕(3) 关于简单多数决，是否应将有限公司与股份公司作统一处理，直接在《公司法》中规定适用于有限公司的比例规则？〔4〕(4) 关于一致决，书面表决时必须适用吗？〔5〕除书面决议外，还有哪些场合必须适用？〔6〕章程中的一致决条款是否有效？〔7〕(5) 关于表决权的排除，还有哪些情形必须适用？〔8〕如果加入类别股的变量，涉及的疑问可能更多。这些争议，有待从解释论及立法论的双重视角加以审视。

公司制度运行与设计应遵循一些被称为基本原理或者基本伦理的要素，否则公司就不能称为公司、公司与其他类型的企业就难有区别。同时，法律的社会性本质决定中国公司法必

〔1〕 参见钱玉林：《“资本多数决”与瑕疵股东大会决议的效力——从计算法则的视角观察》，载《中国法学》2004 年第 6 期；李小军：《公司多数决原则的法理分析》，载《商事法论集》2007 年第 1 期；温长庆：《论公司决议的形成规则及其在回避表决时的运用——从“万科董事会决议”的争议点切入》，载《法商研究》2018 年第 1 期。

〔2〕 参见许中缘：《论〈公司法〉第 42 条但书条款的规范解释》，载《现代法学》2021 年第 2 期。

〔3〕 参见甘培忠、欧阳泽蔓：《股份有限公司章程限制股份转让法律问题分析》，载《法律适用》2015 年第 2 期；张恋华、胡铁红：《公司章程条款与〈公司法〉强制性规定冲突问题研究——兼评一则股东权益纠纷案》，载《法律适用》2008 年第 9 期。

〔4〕 参见宋智慧：《论资本多数决中的多数和范围》，载《辽宁大学学报》（哲学社会科学版）2011 年第 6 期。

〔5〕 参见何永哲：《股东会书面投票制度研究》，载《证券市场导报》2001 年第 10 期。

〔6〕 参见王立新等：《不同比减资应以全体股东一致决为原则》，载《人民司法（案例）》2018 年第 35 期。有关案例，请参见（2016）苏 0281 民初 10874 号，（2017）苏 02 民终 1313 号。

〔7〕 参见王建文、孙清白：《论公司章程之“全体股东一致同意条款”的法律效力》，载《法学杂志》2018 年第 12 期；韩璐璐：《论表决权比例提高型防御性条款之法律效力》，载《商法界论集》2019 年第 2 期。有关案例，请参见（2015）广民终字第 533 号，（2019）川 0106 民初 1226 号，（2017）沪 01 民终 9244 号。

〔8〕 参见肖海军、危兆宾：《公司表决权例外排除制度研究》，载《法学评论》2006 年第 3 期；宋智慧：《资本多数决——异化与回归》，吉林大学 2008 年博士学位论文。有关案例，请参见（2020）浙 03 民终 2492 号，（2016）苏 06 民终 549 号，（2016）浙 07 民终 2331 号。

须直面中国公司运行的特殊问题，实现中国社会对公司制度的期待。股东会表决比例规则也应遵循这两个基本逻辑。本文拟从这些角度进行考察，回答上述问题，提出完善股东会表决比例机制的建议。同时，考虑在加入类别股的变量后，股东会表决比例机制将更复杂。限于篇幅，本文暂不予涉及。

二、作为程序正义机制的股东会表决比例规则

(一) 股东会表决比例规则的价值定位

公司法必须回应公司制度实践的需要。在中国，中小公司在全部公司中占绝大比例。在中小公司中，存在一个控制股东或者控制股东集团是常态，即使是股权结构相对分散的英美国家公司也如此。[1]中国的大型公司，如果没有公开发行股票，几乎肯定存在一个控股股东或者控股股东集团；如果公开发行股票，不存在控股股东或者控股股东集团的情形也是例外。如何面对控股股东或者控股股东集团成为常态的社会现实，以及在股东异质化相当普遍的情况下如何防止控股股东滥用权利损害少数派股东利益，是中国公司法必须正视的问题。该问题也恰好是中国公司法与英美公司法特别是美国公司法的最大差别。中国公司法中的代理成本问题，主要不在管理者与股东之间，而在控股股东与少数派股东之间。就此而言，《公司法》第1条关于保护“保护公司、股东和债权人的合法权益”的表述可被解读为“保护公司、中小股东和债权人的合法权益”，控股股东完全可以利用市场机制而非借助公司法来有效保护自己。

控股股东与少数派股东之间的代理成本，源于公司独立人格、公司股东会决议等公司制度的技术逻辑。公司利益是股东利益的载体，公司决策与执行主要依赖于法律形式独立于股东的股东会及董事会来推进。控股股东或者控股股东集团可以借助于股东会的资本多数决机制将自己意志合法地转化为公司意志，从而或者在股东会层面控制公司，或者通过控制董事会来控制公司。虽然股东投资于公司是典型的商行为，少数派股东保护自己的主要手段也主要是市场机制，但也存在控股股东过度控制公司而损害少数派股东利益的市场失灵现象。当这种失灵超出股权投资市场的容忍限度、超出理性投资者合法预期时，则背离公司制度正义，甚至背离一般的交换正义。正如哈耶克所言：“‘合法预期’是指由那些正当行为规则所确立的预期，一些时候还可能是因法律规则所萌发的预期。”[2]为进行必要的矫正，必须针对公司制度所涉投资与管理自由进行适当的限制。这些限制中的很多内容，构成公司章程自

---

〔1〕 参见［美］莱纳·克拉克曼等：《公司法剖析——功能与比较的视角》，刘俊海等译，北京大学出版社2007年版，第144页。

〔2〕 ［英］费里德利希·冯·哈耶克：《法律、立法与自由》（第2、3卷），邓正来等译，中国大百科全书出版社2000年版，第57～58页。

治的底线，也构成股东在对涉及公司公共事务进行决策时决策自由的底线。公司股东当然有权通过章程或者协议来设置表决机制。不过，从制度演变历史看，股东会表决机制一直是以特定公司制度基本伦理的面貌而得到逐步发展的，而非属于当然绝对自由的事项。

公司决策效率在很大程度上决定了公司制度的效率。自由是效率的最佳手段，但限制决策自由意味着限制效率，限制自由的底线规则在很大程度上影响公司制度效率。在控股股东与少数派股东意见不统一的情形下，从简单多数决到绝对多数决再到一致决，股东会决策的效率呈递减效应。这是否意味着，为了公司决策效率，应适当限制甚至排除绝对多数决乃至一致决的适用情形呢？答案是肯定的。虽然在法律上可以基于决策效率目标而适当限制绝对多数决乃至一致决的适用，但如果公司章程引入了绝对多数决乃至一致决条款，则不得基于效率追求而压制公司章程自治。尊重公司章程自治是股东会表决比例规则构建的起点。不过，股东会表决比例制度的完善并不能止于公司章程自治，立法应关注股东有限理性的社会现实。一味地以“个人是其自身利益的最佳法官”作为理由，认定当事人的自愿选择就是对其最佳的选择，“就几近荒唐”。[1] 为此，为抑制资本多数决可能给中小股东带来不利，应就简单多数决的最低比例、绝对多数决的最低比例以及适用情形、一致事情情形等作出强制性规定。这些强制性规定，虽然在一定程度上有抑制公司决策效率的效果，但这种抑制是公司制度公平价值所必需的。法律效率必须应秉承双向度的价值观，将最低限度的公平作为效率的基本内涵。

总之，对于股东会表决比例规则的构建，应妥当处理市场自由、制度公平与制度效率的关系。从有效保护中小股东或者少数派股东的角度看，中国公司法应在当尊重公司章程自治的基础上，重视利用绝对多数决、一致决，以实现对公司制度价值目标公平与效率之间矛盾的理性调适。公司制度效率不能够成为抑制公司自治的正当理由；相反，无论是公司自治还是法律强制，保护中小股东的制度公平价值目标在一定程度上可成为抑制公司制度效率的正当理由。

（二）表决权比例规则在中小股东保护路径体系中的定位

在公司制度中，实现中小股东保护目标的路径是多元的。第一，表决权路径。即让股东有效行使表决权，特别是让中小股东在表决权行使中发挥实质影响。为此，除尽可能增加中小股东的表决权比例外，还可以考量适当拓展资本多数决甚至一致决的适用范围，考量引入出席股东人数的最低比例规则。第二，退出路径。当权益可能受不利的实质影响时，如果能够确保受到不利影响的中小股东公平地退出公司，无论是市场机制还是强制退出权机制，对有效保护中小股东有显著增益。第三，董事诚信义务路径。在适当减少股东会决策事项、相

〔1〕［美］M. V. 爱森伯格：《公司法的结构》，张开平译，载王保树主编：《商事法论集》（第3卷），法律出版社1999年版，第395页。

应适当增加董事会决策事项的基础上，要求董事必须负担公平对待所有股东的特别诚信义务；或者，不改变股东会与董事会之间决策权，要求董事会对股东决策事项进行审查，以确保向股东会所提决议草案能够公平对待所有股东。当然，董事违反这些平等保护义务时，应赋予股东某种赔偿请求权。第四，控股股东权利滥用限制路径。赋予中小股东以事后特别救济权，让其有权在认为自己合法权益受到不公平对待时直接起诉要求控股股东赔偿。

从国家强制干预行为过程的角度看，上述保护路径有些是事前的或者过程性的，如表决权路径；有些是事后的，如退出路径与控股股东诚信义务路径；有的则兼具事前与事后两种属性，如董事诚信义务路径。从追求正义实现的路径看，上述保护路径又可以分为程序正义机制与实体正义机制两种。前者主要是表决路径；后者则包括退出路径、董事诚信义务路径、控股股东权利滥用限制路径。从自由与强制的关系看，事前路径的强制性要比事后路径的强制性多一些，程序正义路径的强制性要比实体正义的强制性少一些。从路径实现的难易程度看，表决权路径最简单，适合立法者作出详细规定而无须裁判者的自由裁量；退出路径也相对简单，虽然立法可以详细界定适用情形，但无论是公司回购还是控股股东收购时的公平价格都难以确定。要判断董事在处理公平对待股东事项上是否有利益冲突以及不存在利益冲突时是否尽到勤勉义务，是相当困难的。要针对控股股东在股东会上的表决权行使行为施加诚信义务，无论是公司法诚信义务还是一般法诚信义务，都极其困难。因为股东表决权是股权的当然权能，董事诚信义务路径显然不能够适用于控股股东诚信义务。虽然可以将表决权滥用控制在交易性事务中，但如何区分股东会决策中的交易性事务与非交易性事务，以及如何区分组织事务中的非交易性与交易性事务，都相当困难。因此，体系性考量作为事前控制机制、程序控制机制的表决权比例规则，应当可以成为有效保护中小股东的一个重要依托。

（三）表决比例构建中的程序正义逻辑

通过股东会决策程序的优化，可实现强化中小股东保护的目的，优化表决比例规则体现了程序正义的理念。程序正义，最初指相裁判过程的公平，与裁判结果及法律程序所追求的实体正义相对，正所谓“看得见的正义”。程序正义最初体现在诉讼程序，后逐步发展到权利分配的所有社会领域。美国学者约翰·罗尔斯提出了程序正义的概念并且进行了详细论证。他指出，要解决社会正义问题，应当按照纯粹的程序正义的观念来设计社会系统，以便使“它无论是什么结果都是正义的”。这种程序正义的特征是：任何有关结果正当性的独立标准可能不存在，但有关形成结果的过程或者程序正当性和合理性的独立标准是存在的；只要这种正当程序得到人们恰当遵守和实际执行，由它所产生的结果就应被视为是正确和正当的，而无论结果是怎样的。[1]这种程序公平观，实质是贯彻公平机会原则。作为中小股东保

---

〔1〕 参见［美］约翰·罗尔斯：《正义论》，何怀宏等译，中国社会科学出版社 1988 年版，第 80 ~83 页。

护的程序正义机制，表决权比例规则的构建应当遵循程序正义的基本逻辑。

第一，应当关注表决比例机制独立的程序价值。一项法律程序或者法律实施过程是否具有正当性和合理性，不是看它能否有助于产生正确的结果，而是看它能否保护一些独立的内在价值。[1]虽然学界对这种独立价值究竟是什么的问题有不同意见，但从公司制度运行的逻辑看至少包含自己的事情自己做主、鼓励股东参与的内涵。虽然在公司运行实践中，股东的冷漠可被视作股东的理性选择，但如果法律制度无视这种现象对社会的负面效应也并非理性。面对股东的理性冷漠，法律制度可能有多种应对策略。因为你消极冷漠就顺势而为地将权利交由董事会行使甚至股东想积极介入也不予认可，也可顺势地激励控股股东去决策甚至中小股东想积极介入也不给予机会；但是，也可以从寻找导致股东消极冷漠的原因并在此基础上适当消除导致股东特别是中小股东消极行使表决权的原因，甚至给予积极行权的保障。后一种方案，在很大程度上具有激励股东参与股东会、激励股东公司各类股东借助于股东会进行磋商并且达成公司发展最大共识的效应，也具有培育股权文化的社会价值。对中国而言，通过优化包括股东表决比例规则在内的股东会运行机制，减少公司纠纷、张扬股权文化，应当是优化市场治理、社会治理的应有之义。

第二，应当确保表决比例符合程序正义的基本要求。其一，应当保证股东的参与性。在股东会决策中，少数派股东的意见无关紧要是资本多数决导致的效应。此种效应，一方面实质削弱少数派股东对股东会的参与，另一方面导致公司决策所反映股东意见的可能片面性。因此，应尽可能地扩张适用绝对多数决甚至引入一致决。其二，决议的中立性。即裁判者不得与裁判事项有利益冲突，诉讼程序中有所谓的回避机制。在股东会决议中，如果股东异质性意味着股东会上控股股东与其他股东之间存在对抗，而该决议事实上又与多数派股东有利害关系，那么就应当适用控股股东的表决回避机制。

三、实质股东出席定足数规则的有限扩张

（一）第 43 条第 2 款的实质定足数特征

很多公司法立法例规定，若非另有公司章程，股东会决议必须满足两类定足数要求：必须由符合要求的股东出席方可表决、出席股东的表决权赞同的比例必须符合一定比例。[2]前者为股东会成立定足数，针对股东出席数；后者为决议定足数，针对赞同票数。[3]两类定足数进行叠加后的效应是，没有征得公司全体有表决权股东中一定比例股东的支持，公司股东

〔1〕 参见陈瑞华：《论程序正义价值的独立性》，载《法商研究（中南政法学院学报）》1998 年第 2 期。

〔2〕 例如，《日本公司法》第 309 条第 1 款、第 341 条；修改前的《韩国商法典》第 368 条、第 434 条。

〔3〕 参见［日］近藤光男：《最新日本公司法》，梁爽译，法律出版社 2018 年版，第 194 页；［韩］李哲松：《韩国公司法》，吴日焕译，中国政法大学出版社 2009 年版，第 383 页。

会则不可能作出有效决议。由于存在可能导致公司股东会召开困难之弊，股东会成立定足数规则在一些国家被抛弃，比如 1995 年修改后的《韩国商法典》。按照现行法规定，公司股东会作出决议时分别需经出席会议的股东所持表决权过半数（普通决议）或者三分之二以上（特别决议），但同时要求赞成该决议的表决权达到发行股份总数的四分之一以上（普通决议）或者三分之一以上（特别决议）。可以说，股东会中成立定足数从过去的半数减少到四分之一及三分之一。[1] 可以认为，《韩国商法典》对股东出席定足数也提出了要求，只不过该要求直接针对决议之成立而非股东会之成立。为区别股东定足数规则的不同设置方式，可将《日本公司法》与《韩国商法典》的做法分别称为“形式股东出席定足数模式”“实质股东出席定足数模式”。

我国《公司法》第 43 条第 2 款关于“必须经代表三分之二以上表决权的股东通过”的规定，由于没有《日本公司法》关于股东会决议的作出、没有股东会出席股东人数的最低要求，不能归属为形式股东出席定足数模式。但如果出席股东会的股东少到一定程度，即使到会股东所持表决权均赞同，决议也可能无法作出。从效果意义看，该款对出席会议股东人数也间接地提出了要求。因此，在某种意义上可被归属为实质股东出席定足数模式。不过，应关注我国公司法在该要素上与韩国法的显著差别：我国将两类定足数的要求完全揉进表决比例的基数规则及比例值，而韩国则分解基数并分成两个比例值进行叠加。

（二）第 43 条第 2 款与第 16 条第 3 款、第 103 条、第 121 条之比较

表决权比例的计算基础，是《公司法》第 43 条第 2 款与第 16 条第 3 款、第 103 条、第 121 条的最大区别。在前者，为全体股东所持表决权，在效果上实质上揉进了股东出席定足数规则；在后者，为出席会议的其他股东所持表决权，在效果意义上完全排除了股东出席定足数规则。从实施效果上看，由于前者的存在，法律有激励甚至强制要求股东参与表决重大事项决策之意蕴，但在实践中难以形成有效决议，甚至产生公司僵局的可能性较大；由于后者的存在，股份公司，特别是上市公司股东大会形式化倾向较为严重，控股股东或者实际控制人很容易将自己的意志转化为公司的意志，甚至完全不顾中小股东的反对。对此，可能产生的疑问是：

其一，在是否实质引入股东出席定足数规则模式的问题上，对有限公司与股份公司加以区别的正当性何在？根据《公司法》第 43 条第 2 款的规定，有限公司股东会对重大事项的决议，一般须经代表三分之二以上表决权的股东通过；根据第 103 条的规定，股份公司的决议须经出席会议的股东所持表决权过半数通过（针对一般事项的一般决议）或者三分之二以上通过（针对重大事项的特别决议）。以公司类型去简单区分表决机制的做法，明显过于粗暴。是否引入股东出席定足数规则，涉及如何协调两种制度目标之间的可能冲突：有效解决股东会决议中股东之间利益冲突以保护中小股东，如何提升公司决策效率。关于两种目标冲突

---

〔1〕［韩］李哲松：《韩国公司法》，吴日焕译，中国政法大学出版社 2009 年版，第 383 页。

的协调问题，有限公司与没有公开发行股份的股份公司之间没有本质区别。对此，理论与实务均已达成共识。事实上，无论在有限公司还是在股份公司，章程直接规定必须经全体股东一致同意的表决规则的现象也不少见，而一致决恰好是从另外一个视角强调出席股东定足数。

其二，单独比较《公司法》第 43 条第 2 款与第 16 条第 3 款。可以发现，关于有限公司股东会决议实质股东出席定足数模式的引入，一般事项及重大事项与关联担保之间有显著差异。此种差异化处理正当吗？如果将有限公司股东会关联担保决议理解为普通决议，则该决议只需要出席会议的其他股东所持表决权的过半数通过，而非全体股东中其他股东所持表决权的过半数通过。从常识来看，引入定足数规则对中小股东有利。关联担保之类更可能对中小股东造成损害的事项，本应引入但立法并不强制要求引入；对可能不太会减损小股东利益、不涉及冲突的一般事项及重大事项，立法反而倾向引入。此种处理，可能背离比例原则。从抑制关联交易特别是抑制公司为股东实际控制人提供担保这种特殊关联交易的政策立场考量，在涉关联担保事项的股东决议中引入实质定足数规则，必须经过全体股东中的其他股东所持表决权的过半数通过的刚性要求，是必要的也是正当的。当然，如果将关联交易，甚至是关联担保这种关联交易理解为公司日常经营活动，仅要求出席会议的其他股东所持表决权的过半数通过的表决规则也未尝不可。

（三）实质化定足数规则的坚守与完善

1. 第 103 条的修改

从彰显强化小股东保护、激励小股东参与决策进行培育股权文化的目的看，引入股东出席定足数的要求是必要的。不过，考量到制度变革路径依赖的问题，不适宜采用韩国法将出席会议股东赞同情况、发行总股份赞同情况进行分解的做法，也不适宜采用日本法采取直接实质股东会成立定足数的做法，坚守第 43 条第 2 款所持实质股东出席定足数模式是较为理性的选择。在对有限公司与没有公开发行股份的股份公司进行实质同等对待的基础上，可将第 43 条第 2 款的规则扩展适用至《公司法》第 103 条第 2 款。为此，建议将《公司法》第 103 条第 2 款修改为：股东大会作出决议，必须经代表二分之一以上表决权的股东通过。但是，股东大会作出……的决议，必须经代表三分之二以上表决权的股东通过。

2. 第 16 条第 3 款的修改

从有效治理泛滥的关联担保、强化中小股东保护、弘扬股权文化的治理政策角度看，压制关联担保或许是更为理性的选择，不适宜将关联交易，甚至是担保这种关联交易理解为公司经营中的日常交易。因此，建议在关联担保的股东会决议表决规则中引入实质定足数规则。当然，考量到上市公司以及非上市公司的特殊性，宜将公开发行股票的公司与其他公司作适当区别。为此，《公司法》第 16 条第 3 款宜修改为：前款规定的股东或者受前款规定的实际控制人支配的股东，不得参加前款规定事项的表决。在有限公司、未公开发行股票的股份公司，该项表决由其他股东所持表决权的过半数通过；在公开发行股票的股份公司，该项表决由出席会议的其他股东所持表决权的过半数通过。

四、有限公司股东会简单多数决规则的明晰指引

（一）第43条第1款的规范类型

《公司法》第43条第1款规定："股东会的议事方式和表决程序，除本法有规定的外，由公司章程规定。"体系解释《公司法》，就表决比例规则而言，"除本法有规定的外"系指该条第2款的绝对多数规则、第37条第2款的书面表决的一致同意规则以及第16条的表决权规避规则等三处具体规定。从文义看，只要不背离这三处规定，公司可通过章程自由设置表决比例规则。当然，公司章程是否可改变这三款规定而创设独特的表决比例规则，另当别论。但是，无论如何，《公司法》第43条第2款并未给出关于有限公司股东会特别事项之外的其他事项表决比例的理性模式。

就是否存在具体行为模式的表达内容及表达逻辑看，除本法规定外由公司章程规定的条款完全不同于《公司法》中其他任意性规范。这些其他任意性规范有两类：第一类，直接明确规定行为模式，但同时规定"章程另有规定的除外"或者"公司章程另有规定或者全体股东另有约定的除外"。第二类，直接明确规定行为模式，虽然无除外的表述，但按照事项本质应被归属为任意性规范、公司章程可排除适用或者予以修改。显然，《公司法》第43条第2款不是缺省性规范，而是授权性规范或者赋权性规范。[1]公司章程另有规定的除外、除本法规定外由公司章程规定，对于公司法中的这两类条款，在定性上应有所区别。

（二）第43条第1款的可能局限

缺省性的任意性规范，表达了立法者的价值导向与行为指引的两种意图。很多任意性规范可能属于"多数主义者"规则，其背后的行为模式是立法者假定当事人信息完全且交易成本为零时的最有可能选择，[2]代表着社会大众普遍的行为模式常识认知。社会生活行为模式转化为法律规范的过程，实质是公共管理者认识、评判并选择的过程，被选择当然代表着公共管理者对此模式的认同。社会主体不排除或者修改则当然适用的逻辑，也意味着公共管理者对法律规范的行为模式的偏好。[3]当然，法经济学理论更看重的是作为示范文本的任意性

---

〔1〕 参见［美］M. V. 爱森伯格：《公司法的结构》，张开平译，载王保树主编：《商事法论集》（第3卷），法律出版社1999年版，第390~400页；［加］布莱恩·R. 柴芬斯：《公司法——理论、结构和运作》，林华伟、魏旻译，法律出版社2001年版，第284页。

〔2〕 参见伍坚：《论公司法上的缺省性规则——兼评新〈公司法〉相关规定之得失》，载《法学》2007年第5期。

〔3〕 对此，已有理论从另外一个角度关注并讨论了该现象。一方面，缺省性规则是以一种当事人最乐意选择的方式出现；另一方面，缺省性规则还有保护性或者信息披露的功能，可能要求当事人必须作某个行为，或者行为必须达到某种标准，否则就要面临某种惩罚性后果。后一种规范功能，被称为"Penalty Default Rule"。See Ian Ayres and Robert Gertner, *Filling Gaps in Incomplete Contracts: An Economic Theory of Default Rules*, 99 Yale Law Journal 87 (99).

规范对当事人行为模式的指引功能。此种缺省性规则的表达方案，能够减少当事人的交易成本，促进信息在当事人之间的分享。[1] 如果不存在这些包括具体行为模式的任意性规则，即使公司有权通过章程来自主地创设，也不可避免地将面临当事人信用信息调查成本、磋商成本、方案创设成本、方案表达成本等系列成本问题。

“由公司章程规定”，表达出公共管理者激励公司自主创设表决比例规则的最大善意，但因未给出行为模式而可能存在诸多弊端：第一，在股东会表决比例上属于客观规律的共识是什么呢？对于该问题，立法未能给公司特别是给股东以有益的提示。第二，由于未表达出立法者对表决比例规则乃至公司内部股东之间利益协调的可能立场，在此种处理模式下，立法者等于放弃了对该事项的正面导向。第三，不可避免地将面临当事人信用信息调查成本、磋商成本、方案创设成本、方案表达成本等系列成本问题。作为公共物品，《公司法》本可便利地解决这些难题但选择缺位，似乎可被认为对降低制度性交易改革目标的忽略。这些弊端在小公司纠纷中已有较多表现。诸如：很多有限公司章程中的表决比例规则不理性，在很多普通事项上设置绝对多数决，甚至一致决或者一票否决规则，严重影响股东会决策效率甚至导致公司僵局；很多有限公司章程未能够精确表达表决比例规则，“修改公司章程应由全体股东表决通过”之类的表达很普遍，到底理解为“由全体股东表决通过，即全体股东行使表决权后确定通过与否”还是“全体股东一致同意”，莫衷一是；[2] 公司自主通过章程设计的表决比例规则是否能够得到法院支持尚无法确定，不同法院的立场明显不同。[3]

第 43 条第 1 款的表达方式也有对有限公司与没有公开发行股票股份公司的不当强化的局限。关于表决比例规则的缺省性表达方式，《公司法》第 103 条已经有良好示范。在实务中，有关股份公司表决比例章程条款设置不合理、表达不精准的纠纷几乎不存在。其实，有限公司与没有公开发行股票的股份公司没有本质区别。在股东会的议事方式和表决程序上，立法者明显表达出不同立场的处理并非完全合理。修正《公司法》第 43 条第 1 款也是《公司法》本次修法理性处理有限公司与没有公开发行股票的股份公司之间关系的契机。

（三）有限公司股东会简单多数决规则的直接表达

公司法既是裁判规则也是行为规则，必须重视任意规范的价值导向与行为指引功能。为此，公司法采用详式立法主义几成各个立法例发展的趋势。在我国，《公司法》修改从简式立法向详式立法的转变，也是强调降低制度性交易成本、增强公司法服务功能所必需的。为此，《公司法》中的有限公司股东会表决规则应从授权性规则转向缺省性规则，以增加清单

---

〔1〕 参见伍坚：《论公司法上的缺省性规则——兼评新〈公司法〉相关规定之得失》，载《法学》2007 年第5 期。

〔2〕 参见（2019）沪 02 民终 1342 号，（2017）川 14 民终 1278 号，（2015）湘高民二终字第 69 号，（2015）桂市民二终字第 85 号，（2015）湖民初字第 2359 号，（2014）张商初字第 0232 号，（2014）雨民初字第 00117 号。

〔3〕 参见（2018）鄂 0203 民初 706 号，（2018）浙 0324 民初 6373 号，（2019）川 01 民终 9417 号，（2015）烈民二初字第 00231 号，（2012）沪二中民四（商）终字第 896 号。

式指引设计，完善程序性规则。[1]

最低限度比例股东参与、最低限度股东同意、是否直接标注出缺省规则的属性，是股东会简单多数决表决规则需要关注的三个核心要素。《公司法》第43条第2款在有限公司绝对多数决中坚持了实质意义的定足标准，简单多数决也应体现该理念。虽然任意性规则都可能成为缺省性规则，但在规范中直接标注出缺省规则的属性不仅有助于减少理解差异，而且能够直接延续“由公司章程规定”内涵的强调公司自治理念。有限公司股东会简单多数决规则可表达为：股东会会议必须经代表二分之一以上表决权的股东通过；但是，章程或者本法另有规定的除外。从表面上看，如此处理可能与《公司法》第16条第3款所列关联担保表决权回避规则相冲突，诸如章程排除适用。不过，体系解释下，关联担保表决回避事项应适用表决权回避规则，应禁止被章程排除适用的规则，完善关联担保表决回避规则后可有效解决该问题。

五、绝对多数决适用情形的适当增列

（一）对《公司法》第43条、第103条、第121条的评析

《公司法》采用列举式的方式规定了需要达到三分之二多数同意要件的特别决议所涉及的情形。这些包括：第43条、第103条所规定的修改公司章程、增加或者减少注册资本的决议，以及公司合并、分立、解散或者变更公司形式等事项；第121条所规定的上市公司在一年内购买、出售重大资产或者担保金额超过公司资产总额百分之三十的事项。

虽然公司形式的效率要求集中化的经营管理权，但股东不必也不会把为公司行使的全部权限拱手让予董事会。[2]公司经营重大行为或者重大事项须提交股东会表决并且适用比普通事项更高表决比例，是各国公司立法例的通行做法。通过列举式的方式，明确规定哪些事项属于重大行为或者事项，也是各国公司立法例的通常做法。根据《韩国商法典》的规定，公司章程修改，营业全部或者部分转让，受让其他公司的全部营业，全部营业的租赁或者委托经营，与他人共同承担全部营业损益的契约及其他准予此契约的签订、变化或者解除，事后设立，董事或者监事的解任，票面未达的新股发行，资本减少，解散公司、公司的持续，合并合同的承认，新设立合并中的设立委员会的选任，等等，均属于特别决议事项。[3]根据《英国公司法》的规定，公司章程修改、公司名称变更等公司宪章出现重大变更，或者公司

---

〔1〕 参见吴飞飞：《论中国公司法的供给侧结构性改革——兼论中国公司法的“服务型”转向》，载《北方法学》2020年第2期。

〔2〕 参见［美］莱纳·克拉克曼等：《公司法剖析——功能与比较的视角》，刘俊海等译，北京大学出版社2007年版，第158页。

〔3〕 参见［韩］李哲松：《韩国公司法》，吴日焕译，中国政法大学出版社2009年版，第387页。

资本结构出现变更的，适用特殊决议表决规则。〔1〕《日本公司法》则详细规定了涉及特别决议的情形，包括：针对限制转让股份公司指定特定买受人或者公司作出回购的，特定股东合意取得公司股份的，取得附带全部取得条件种类股份的，对因继承而取得公司股份的股东请求权让渡其股份的，公司合并，非公开公司决定募集股份事项的，就募集股份事项向董事会授权委托的，进行股份分红的，发行新股认购权，授权其他机关发行新股认购权的，以发行新股认购权的方式进行分配的，罢免依据累积投票规则选出董事、监事的，部分免除高管责任的，减资，不同意进行非现金分配的股东单独进行决议的，修改章程，营业转让，解散公司，股东形态变更等。

比较其他立法例，并结合司法实践，可以发现我国《公司法》所采用的列举式方式列举有限，需要绝对多数决特殊事项的立法模式，在实践中可能引发以下三个疑问：

第一，除既有几种之外是否存在必须适用绝对多数决规则的情形。在德国司法实践中，在股东大会与董事会之间职权之争的一则案例中曾经发生过此类纠纷。该案的审理法官认为，如果法律已经规定某些经营事项属于董事会的职权范围，那么只有在例外而且必须在极其狭小的范围内才能够承认股东大会对这些措施有共决权。如果董事会决定对公司进行改组，并且该改组将涉及股东大会的核心职权（如涉及公司章程的修改），就应考虑赋予股东大会共决权。因为改组如此之大，通常情况下只有通过修改章程才能够实现这样的改动。为此，需要经过股东绝对多数同意。之所以认为改组属于重大行为，是因为该改组是能够改变公司结构的措施，以至于将严重影响公司股东的法律地位，导致股东利益的结构性变化。该案名义上为股东大会与董事会之间职权之争，实质上涉及法律明确规定之外的其他事项是否可能、是否必要适用绝对多数表决机制的问题。答案是显而易见的。

第二，如何认定重大性。法律强制规定特殊表决机制的目的在于，在那些将会对公司的法律基础带来结构性变化场合，消除公共管理者对大股东的专横和由此带来的少数股东利益被损害的担心。〔2〕因此，事项重大性的判断标准，也应聚焦公司股东利益结构、公司法律基础结构等。具体而言，可以从四个方面考虑：其一，可从该事项涉及公司资产的规模，与公司总资产相比较，公司行为涉及资产的规模越大，越需要股东会决策，特别需要适用绝对多数决机制，《公司法》第 121 条的规定就属此类情形；其二，决策是否需要类似于投资的那种视野更为开阔的判断，资本增减、公司形态变更、公司章程修改、营业出售或受让等，属于此类情形；其三，董事会决策时是否存在自我图利的风险；〔3〕其四，股东会决策时是否存在大股东滥用权力的风险。其中，前三个因素主要涉及股东会与董事会之间决策权的分配；

〔1〕 参见林少伟：《英国现代公司法》，中国法制出版社 2015 年版，第 164 页。

〔2〕 参见［韩］李哲松：《韩国公司法》，吴日焕译，中国政法大学出版社 2009 年版，第 387 页。

〔3〕 参见［美］莱纳·克拉克曼等：《公司法剖析——功能与比较的视角》，刘俊海等译，北京大学出版社 2007 年版，第 158 ~159 页。

第一个、第二个及第四个因素主要涉及是否适用绝对多数决的考虑。

第三，关于适用绝对多数表决机制的这些情形，公司章程可否排除适用或者修改表决比例。公司设置绝对多数决的目的在于防止控股股东的机会主义行为，有效保护少数派股东，彰显社会正义并培育股权文化。因此，公司章程不得排除适用，也不得降低表决比例；当然，通过章程条款提高表决比例的，则应允许。

（二）适用情形的适当拓展

1. 关于立法策略的选择

绝对多数决规则涉及对少数派股东利用股东会机制主动参与公司的有效激励，也涉及规制控股股东机会主义事前策略、表决权策略的有效运用。鉴于激励股东参与、有效规制控股股东机会主义是我国公司必须实现的目的，拓展适用范围以有效发挥绝对多数决机制的公司治理效用是未来公司法治实践应坚持的基本逻辑。

2. 重大事项的范围

一方面，应在章程修改、注册资本的增减或减少、公司的分立与合并、公司解散以及公司形态变化的基础之上，将《公司法》第 121 条所列情形从仅适用于上市公司拓展到适用于所有公司，再增列一些明显的公司重大事项。具体而言，适用绝对多数决的重大事项应包括：章程修改，技术性非实质性修改除外；注册资本的增减、减少；公司的分立与合并，公司经营期限的变化及解散；公司形态变化；在公司章程修改之外授权董事会在规定比例类自主决定增资事宜；一个会计年度内，转让或者收购、租赁、对外担保涉及的资产达到或者超过总资产的百分之三十；免除董事、监事、高级管理人员或清算人损害公司利益的法律责任。另一方面，应增设一般性条款，明确界定重大事项或者行为的标准，可将该标准设置为：对公司法律基础产生结构性影响的情形。

3. 关于立法体系

可在《公司法》第 43 条、第 103 条的基础上进行整合，在这两个条款中对适用绝对多数决的情形作一般规定，在相应的其他部分针对所涉特殊事项再作特别规定。

4. 条文设计

综上，可对《公司法》第 43 条第 2 款、第 103 条第 2 款中适用绝对多数决的内容作出修改。其中，第 43 条第 2 款修改为：“股东会就以下事项作出决议，必须经代表三分之二以上表决权的股东通过：（一）修改章程，技术性非实质性修改除外；（二）注册资本的增加或者减少；（三）公司的分立与合并；（四）公司经营期限的变化及解散；（五）有限公司转化为股份公司或者股份公司转化为有限公司；（六）在公司章程修改之外授权董事会在规定比例类自主决定增资；（七）一个会计年度内转让或者收购、租赁、对外担保涉及的资产达到或者超过总资产的百分之三十；（八）免除董事、监事、高级管理人员或清算人损害公司利益的法律责任；（九）对公司法律基础产生结构性影响的情形；（十）法律或者公司章程规定必须经代表三分之二以上表决权的股东通过的。”将第103条第2款修改为：“对法律规定必须适用绝对多数决的事项，公司章程或者决议排除适用或者修改表决比例，公司设置更高比例的表决权通过”。

六、一致同意规则适用范围的正面明确

（一）一致同意规则的实践样态

《公司法》第37条通过间接方式引入一致规则。[1]该条的本来含义是豁免召开股东会进行决议的义务，条件是以书面形式行使表决权形成一致意见。[2]通过召开股东会的形式进行现场决议，有助于股东与股东之间的协商，也有助于股东对管理者行使质询权。因此，对书面决议设置适用情形、定足数、行使程序等适用条件是必要的。英国公司法在针对私人公司强制设置该表决形式，甚至不允许通过章程随意排除的同时，对这些条件作了细致规定。比如，第283条限制在重大事项中适用，除非载明其作为书面决议被提议，并且如果决议被这样载明。[3]我国《公司法》第37条所设限制的展开逻辑，不是公司类型、决议所列事项的重大性而是表决比例的定足数。也就是说，在我国，股东会的任何职权事项、公众公司也可适用书面决议规则。从书面决议的局限看，此种限制逻辑有失理性。因此，《公司法》修改应转换限制逻辑而完善书面决议的适用条件规则。不过，《公司法》第37条第2款的另一个价值在于，间接规定了股东会决议的一致意见规则。

在公司制度实践中，有很多公司的章程设置了一致同意规则，[4]甚至还存在大量一票否决权条款。围绕一致决的公司章程条款，引发了这些条款是否有效、如何认定属于一致同意、在法律或者章程中没有规定时是否必须适用等争议。关于一致同意条款的效力，法院呈现不同立场。支持者多从尊重当事人意见的角度论证，属当事人意思自治的范畴应当具有法律效力。该规定由全体股东商议通过，是全体股东的真实意思表示，内容亦未违反法律法规的禁止性规定，故该规定符合法律规定，应为有效。[5]否认者多从可能产生负面效应的角度论证，“虽然在形式上并不违反《中华人民共和国公司法》的规定，但客观上造成少数股东的意见左右股东会甚至决定了股东会的意见，以致公司无法正常运行的局面，故依法应予变

---

〔1〕 由于该款的内容涉及表决权行使的方式与程序，该规则也不适宜设置在股东会职权条款中。另外，在某种意义上，我国公司法关于设立时的公司章程需要全体股东签字的条款其实也等于间接规定了一致同意规则。

〔2〕 设置书面决议制度具有便利中小公司的设立与运行的目的。为此，英国公司法走得更远。设置了必须适用书面决议的规则，除非法律另有规定不允许公司通过章程的方式加以排除。

〔3〕 参见林少伟：《现代英国公司法》，中国法制出版社2015年版，第165页。

〔4〕 截至2020年12月21日，通过中国司法裁判文书网选择民事案例，在与公司有关的纠纷项下选择《中华人民共和国公司法》、股东会决议、章程、一致同意等关键词，筛选出相关案例200余则。

〔5〕 （2018）粤03民终8608号。

更”。[1]实质上，一致同意规则与《公司法》立法精神相悖，是对《公司法》多数资本决的否定，并在该公司实际经营中造成了少数股东的意见左右股东会甚至决定了股东会的决议，出现公司无法正常运行的局面。[2]关于如何认定是否属于一致同意条款，如前所述，关键在于对“由全体股东表决通过”的理解。关于法律或者章程中没有规定时是否必须适用，出现了法院主动适用的案例。在江阴联通实业有限公司与陈某和公司决议效力确认纠纷案[3]、华某伟诉上海圣甲虫电子商务有限公司决议纠纷案[4]中，法院均认为，“减少注册资本”应当仅仅指公司注册资本的减少，而并非涵盖减资后股权在各股东之间的分配；对于不同比减资，全体股东或者公司章程另有约定除外的，应当由全体股东所持表决权一致同意。

（二）一致同意规则的正面引入

在特殊情况下必须征得全体股东一致同意，而非资本多数决，是一致决的核心内涵。在本质上，股东一致同意规则是在特定情况下作为资本多数补充机制而存在的。[5]作为例外的补充机制，一致同意决议规则在公司治理中有其特别的价值。其一，扩张公司自治。公司法中的强制性规范事实上限制了公司自由。比如，股东会的某些职权从法政策的角度看不适宜交由董事会行使，公司不得随意限制股东个人的某些权利，特定人员必须对公司承担赔偿责任，股东会会议必须遵守一定程序等。但是，只要不涉及债权人等第三人的保护，股东会可以通过一致决等方式排除法律设置的限制。正如学者所指出的，应当区分初始章程与后续章程分别审查章程条款的效力。[6]在条款设置自由上，实质遵循一致决规则的初始章程要比遵循多数决的后续章程大得多。其二，可以基于表决的事前策略完全消除控股股东在决议中的机会主义风险，有效地保护少数派股东。虽然该规则的引入也可能出现少数股东“暴政”的不利，导致公司陷入决策僵局，甚至被迫解散，甚至还可能导致违背有限责任所要求的公司独立于股东的逻辑、经济上也是非效率的不利后果，[7]但是少数股东“暴政”对公司制度的不利影响远远小于控股股东暴政的不利影响；同时，该规则的引入也是股东理性选择的结果。因此仅仅以超级多数决导致股东之间意思对立、导致公司走向解散而违背企业维持原则就否定章程设定的一致同意条款可能并不妥当。其三，一致同意规则可以消解公司制度事实解释立场差异可能导致的纠纷。比如，公司有权修改章程、增资或者减资时改变股权结构、要求股东退股的股东决议是否有效、豁免董监高层及发起人责任等公司决议到底有效、无效

---

〔1〕（2015）烈民二初字第 00231 号。
〔2〕参见（2017）粤 0307 民初 5797 判决。
〔3〕参见（2017）苏 02 民终 1313 号判决。
〔4〕参见（2018）沪 01 民终 11780 号判决。
〔5〕参见王建文、孙清白：《论公司章程之“全体股东一致同意条款”的法律效力》，载《法学杂志》2018 年第 12 期。
〔6〕参见钱玉林：《公司章程“另有规定”检讨》，载《法学研究》2009 年第 2 期。
〔7〕参见［韩］李哲松：《韩国公司法》，吴日焕译，中国政法大学出版社 2009 年版，第 388 ~389 页。

还是可撤销等问题，一直困扰司法裁判者与市场主体。前述定向减值事实上可能导致公司原有股权结构变动，在特定场合股权结构构成股东与股东之间关系安排的基础，定向减值事实上使得特定股东的个人权益遭受严重不利，等于实质侵犯了股东个人财产。虽然属于公司行为，涉及注册资本变动，定向减值最终可适用资本多数决进行决策，但财产裁判者直接援用一致同意规则进行审查的根源也在此。引入限制股东权利的公司章程条款，是上市公司在反收购中广泛运用的手段。此种措施通过公司章程修改来实施，实质上是公司基于股东会决策机制去处分了属于股东个人的财产权益，在本质上可能并非股东会决策权的范畴。最高人民法院《关于适用〈中华人民共和国公司法〉若干问题的规定（四）》关于知情权不得减损规则的合理性争议，最高人民法院《关于适用〈中华人民共和国公司法〉若干问题的规定（三）》第16条、第17条对出资瑕疵股东的股权进行限制的处理是否合理的争议，也属于此类。[1]在难以判断所涉事项是否属于股东会职权范围之场合，引入一致决而确保异议股东有表达实质反对意见的机会。在涉及对股东权利增加负担甚至处分的场合，要对涉及股东个人权利的股东决策的本质进行界分可能存在困难，如果缺乏适用一致同意的思维习惯，司法裁判可能难以令人信服。江苏省高级人民法院曾就《公司法》第71条的适用发布过内部解释意见："公司股东违反章程规定与他人签订股权转让合同的，应当认定合同无效，但存在下列情形之一的除外：(1) 章程的该规定与法律规定相抵触的；(2) 章程的该规定禁止股权转让的；(3) 股东会三分之二以上有表决权的股东同意的。"[2]显然，所谓股东会三分之二以上有表决权的股东同意的除外，就属于此种情况。试想，三分之二以上有表决权的股东人数只有1人，而其他股东还有5人，按照这种意见处理的结果是什么？符合法律本意吗？结果公平吗？

同样，对于那些强制对特定股东股权施加负担的决议是否具有可执行性的争议，也可以从所依据的章程条款是否经由一致决、该决议是否经由一致决的视角展开具有说服力进行论证。[3]日本公司法关于非现金分配时，不愿意接受的股东有权单独异议并不被允许现金替代的规则，原理也相同。在某些公司章程修改导致公司权利配置基础结构发生变化、股东信赖基础发生变化的场合，一致决的现实意义更显著。[4]比如，股东会关于授予董事会决定利润分配的决议是否有效，有权改变董事会结构的决议是否有效，关于修改股利分配政策条款是

---

〔1〕 当然，针对此种情形在立法上是否引入一致决，则涉及各国的立法政策之选择问题。不过在立法未作出限制之前，解释论上应以一致同意或者说必须征得利益受影响股东的同意为原则。

〔2〕 江苏省高级人民法院《关于审理适用公司法案件若干问题的意见（试行）》第60条。

〔3〕 如最高人民法院（2006）民二终字第42号民事判决书。表面上该案的争议焦点在于公司可否强迫离职的股东将股权以公司章程规定的价格转让给公司，而真正的焦点在于股东会由此作出的决议、引入有关章程条款的决议是否有效。针对个人权利设置限制或者负担的法治原则要求，要么基于法律明文规定，要么基于当事人同意。在法律没有明文规定的情况下，唯一符合法治原则的路径就在于取得该主体的同意，如果要牵强附会地与股东会决议发生联系，那么当然需要一致同意（假定其他股东均无意见）。

〔4〕 参见曹兴权、黄超颖：《股东会授权董事会的底线——权利配置基础结构维持原则》，载《财经法学》2017年第3期。

否有效等争议，在引入一致同意规则后将迎刃而解。

鉴于《公司法》第 37 条以限制书面决议的形式而间接引入一致同意规则，此种表达在适用中可能引发关于书面决议与一致同意规则的双重误读，建议将书面决议与一致决规则脱钩，分别在决议方式与决议类型或者决议事项所涉规范中详细规定。

（三）规则构建

1. 适用一致决的公司类型

与英美国家滥用资本多数决的情况不同的是，控股股东滥用资本多数决从而损害了少数股东合法权利的案例绝大部分都发生在封闭公司之中。作为解决控股股东滥用权利的特别机制，股东决议的一致同意规则也最好被限制在有限公司以及未公开发行股票的股份公司。虽然在公开发行股票的公开公司中也存在控股股东机会主义，但存在股票市场、董事信义义务等其他制约机制的替代，适当限制一致少数派股东在特殊事项上发表否决意见机会以提升公司决策效率的选择立场是必要的。不过，这并不意味着公开公司就不存在适用一致同意规则的正当性与必要性。在极端不公平以至于不适用将导致严重背离公序良俗行为难以得到制止的特别例外场合，即使发生在公开公司，也应当适用一致决。

2. 适用一致决的事项

确定可能适用一致决情形的意义在于，一方面，为确认有关一致决的章程修改决议或股东协议无效的纠纷解决提供判断标准；另一方面，为立法者或者裁判者提供何时必须引入一致决的判断提供指引。

从司法实践看，与公司自主引入一致决而发生的纠纷主要发生在修改公司的重大决策场合，如修改公司章程、股权对外转让〔1〕、增减注册资本〔2〕、利润分配比例〔3〕等。在章程本身引入一致决的场景，除可发现这些事项都是重大事项的这个显性标志外，很难发现判断是否必须适用一致决所涉事项、是否毫不犹疑支持公司章程约定的其他有利因素。相反，在所涉章程条款是否有效、是否必须强制适用的相关案例，能给出很多有益启示。在（2017）苏 02 民终 1313 号民事判决书中，二审法院关于不同比减资会直接突破公司设立时的股权分配情况、经三分之二以上多数决即可作出减资决议实际上是以多数决的形式改变公司设立时经发起人一致决所形成的股权架构的表达，以及在（2018）沪 01 民终 11780 号民事判决书中二审法院关于减资后股权在各股东之间分配的表达，直接表明了影响股东个人权益、股权结构调整属于影响股东个人财产权益事项的意思。《欧盟私人有限公司纲要》第 25 条之规定值得借鉴。根据该条，任何有关公司会员协议涉及本条例第 20 条关于份额转让与公司控制权的转移，第 21 条关于对投资人的排除权与投资人的退出权以及第 22 条关于股份回购份额

〔1〕 参见（2018）沪 02 民终 10889 号。
〔2〕 参见（2019）沪 02 民终 4260 号。
〔3〕 参见（2017）川 01 民初 3338 号。

以及价格规则的新增、取消或者变更的决议，必须得到投资人会议的一致通过。[1]《韩国商法典》直接规定了必须适用一致决的特殊决议规则，全体股东一致同意的情形包括：免除发起人对公司设立的损害赔偿责任（《韩国商法典》第324条、第400条），免除董事、监事、清算人对公司的损害赔偿责任（《韩国商法典》第400条、第415条、第542－2条），将股份公司转换为有限公司（《韩国商法典》第604条第1款）[2]。不过，那些在韩国商法中必须适用一致决的，在我国或其他国家则未必。因此，在设置适用一致决的事项时，要在遵守公司法运行基本伦理的同时尊重我国国情，强调在该制度上的制度适应性。为此，笔者建议，可以采用列举加兜底的方式。在公司法所涉事项之处，可通过某种方式进行明确提示。事项大致包括：公司决议对特定股东施加负担或者具有施加负担效果；免除发起人对公司设立的损害赔偿责任；公司在章程没有规定的情况下向特定主体增资或者减资导致股权结构发生变化的。同时，也要以恰当方式（包括立法和司法解释）界定必须适用的抽象标准：股东投资于公司的预期发生根本性变化导致个人财产权益遭受极其严重的损失，其他路径难以救济。当然，在不同公司中，该标准的宽严度应有所区别。对于有限公司以及未公开发行股票的股份公司，可以适当宽松；对于公开发行股票的公开公司，则应当严格限制在通过公司修改章程限制股东权能时侵害股东个人权利、改变公司内部权利配置基础性结构等极端情形。

3. 条文设计

综上，股东会一致决规范的涉及应关注以下因素：第一，应当表达出引入一致决的立场。对一致决的表述，可结合使用直接与间接两种模式。所谓直接模式，就是在特定事项的股东会决策方案中明确规定须利益关涉股东所持表决权一致同意。诸如，公司章程修改引入表决权限制、提案条款限制或者股权转让限制条款时，须经全体股东一致同意。[3]所谓间接模式，可借鉴其他立法例，在特别决议的一般表决规范中允许章程设置更高的表决比例，[4]甚至规定章程只能规定一个更高的资本多数[5]。章程规定设置更高比例的资本多数当然包括一致同意的情形。第二，运用列举加兜底、不同公司进行区分等立法技术，表达出基于公司章程规定而予以普遍尊重、基于公司基本伦理而例外否定、基于公司基本伦理而例外的强

---

〔1〕 参见吴越：《私人有限公司的百年论战与世纪重构——中国与欧盟的比较》，法律出版社2005年版，第509页。

〔2〕 参见［韩］李哲松：《韩国公司法》，吴日焕译，中国政法大学出版社2009年版，第388页。

〔3〕《德国有限责任公司法》第53条第3款规定，关于增加公司章程规定的股东给付义务的决议，必须经全体参会股东的一致同意；《英国公司法》第281条第3款规定了，当公司法规的条款——（a）要求公司决议或者公司成员（或一个成员类别）决议，并且（b）没有指定被要求的决议种类，被要求的是普通决议，除非公司章程要求更高的多数（或者一致同意）。《韩国商法典》第386～388条明确规定了适用一致决的决议事项。《美国示范公司法》第7.32条规定了，列入公司章程或者细则的股东协议应经起草该协议的全体股东一致同意，或者被列入时经全体股东签字同意；此类条款被修改时，也应经这些股东全体一致同意。

〔4〕《英国公司法》第281条第3款的规定即属此类。

〔5〕 参见《美国示范公司法》第27（a）条，《德国股份法》第179条第2款、第3款和第179a条第1款以及第186条第3款，《日本公司法》第309条。

制适用等立法政策。具体而言：其一，可在特别决议表决规则中增加“章程只能规定一个更高的资本多数”之类的表达。其二，借鉴英国公司法中的章程刚性条款规则，[1]在公司条款规范中增列一款：公司章程可以设置刚性条款，该类条款非经全体股东一致同意不得修改或者撤销。其三，在决议瑕疵无效确认的规范中，明确将侵害股东个人利益、直接或者间接改变公司权利在股东分配的基础性结构等作为无效的事由。至于一致决适用的限制，宜融入针对适用一致决所作决议的审查机制。比如，即使一致同意，股东亦不得违背一般的法律或者公司法对公司活动施加的禁止性规定。

七、表决回避事项的适当拓展

“任何人不得担任自己案件的法官。”将回避制度扩展到公司法，与决议事项有利害关系的大股东或者董事也不得参与表决。[2]在股东会决议的某些场合，为有效治理控股股东的机会主义风险，有必要引入股东表决回避机制，所涉事项表决的场合暂时排除利益有利害关系的股东表决权。关于股东表决回避机制必要性、正当性，理论上已经有充分讨论并且达成了广泛共识。待解问题在于，如何考虑适用范围。

（一）表决权滥用与表决回避的关系

《公司法》设计股东表决权的事项仅一处，即第 16 条第 3 款所涉关联担保内部决策时，要求接受公司担保服务的股东或者受接受公司提供担保服务的实际控制人支配的股东不得参加前款规定事项的表决。由于在效果上表现为对利害关系股东和控股股东表决权的限制或剥夺，是对少数股东表决权的强化或者扩大，表决回避属于公司内部治理策略中的决议策略。鉴于表决回避定位于治理股东之间的利益冲突、解决控股股东机会主义，是不是应该将该机制拓展到股东之间存在利益冲突及存在控股股东机会主义风险的一切场合呢?

答案应当是否定的。公司被某个股东控制是常态，只有英美公司才会出现没有控股股东的情况。但即使是在英美，小公司也可能存在一个控制股东或者控制股东集团。[3]将控制股东与权利滥用限制直接挂钩，不加区分地在利益冲突的场合或者可能存在控股股东机会主义的场合即适用表决回避机制，无疑背离公司制度基本伦理。股东异质是公司制度的客观事实，资本多数决是公司运行的基本规则。按照固有权的逻辑，表决权当然属于股权中的固有权，除非在极端例外的必要场合，不得排除或者限制。

---

〔1〕 参见《英国公司法》第 22 条第 1 款。

〔2〕 根据我国《公司法》第 124 条的规定，上市公司董事与董事会会议决议事项所涉及的企业有关联关系的，不得对该项决议行使表决权，也不得代理其他董事行使表决权。该董事会会议由过半数的无关联关系董事出席即可举行，董事会会议所作决议须经无关联关系董事过半数通过。

〔3〕 参见［美］莱纳·克拉克曼等:《公司法剖析——功能与比较的视角》，刘俊海等译，北京大学出版社 2007 年版，第 144 页。

在股东决议中，对于到底在何种场合应引入股东表决回避机制的问题，这恐怕要回到表决权滥用以及股东表决权所涉场景类型上去考虑。可以认为，如果所有股东均有表决权，那么只有可能构成表决权滥用的场景才有必要适用表决回避机制；当然，可能构成表决权滥用的场景并非必须全部适用。

限制表决权滥用理念是正当的，但本身应受理性限制。第一，关联交易类事项决议中应涉及，而组织类事项并非必然涉及。公司法兼具组织法和行为法特征，〔1〕股东会决策事项包括公司重要文件的制定、公司基本人格要素的变动、公司重要人士的任免、公司重要经营决策、公司重大对外交易等，也可归于组织类与交易类两类。虽然仅从文字表述，很难看出《公司法》第 20 条关于股东不得滥用股东权利损害公司或者其他股东的利益之抽象规定涉及事项到底是组织性事项还是交易性事项，但是第 21 条关于控股股东、实际控制人不得滥用关联关系损害公司利益几乎指向交易性事务。对于组织类事项，诸如董事选任与解任、增资与减资、分立与合并、利润分配等，由于必然涉及对公司控制的问题，而公司控制是较高比例持股行权的自然结果，在论及表决权滥用限制时则应相当谨慎。第二，对于可能涉及股东与股东之间的特定交易安排的组织类事项，只有其他治理策略诸如异议股东退出机制等不能够对少数派股东提供有效保护时，才有借助于表决权滥用法律责任机制进行控制的必要。第三，管理人员与股东之间的显著区别。董事负担公司法诚信义务是当然的，控股股东负担公司法诚信义务并非必然，对相同事项决议时董事滥用表决权但股东并非一定如此。股东投资于公司而获得股权是典型的商行为，是否能够以及是否要借助于股东会决议来控制公司本属于投资决策时的当然信息。控股股东可以在一定范围内为了自我利益而行使控制权，不需要绝对服从公司或小股东的利益。

限制表决权滥用理念应受理性限制的理念及分析路径，能够对股东表决回避事项的确定提供一些启示：第一，关联交易，应是股东表决回避的主要领域。第二，涉组织事项，可能存在回避的必要性，但应带有交易色彩，并且限于不存在保护中小股东的其他保护机制或者其他机制保护不能的场合。第三，组织事项中当然涉及公司控制权的场合，应绝对排除股东表决回避。第四，董事表决回避与股东表决回避，虽然都发生在利益冲突的场合，但前者适用的场景显然多于后者，前者的制度门槛也应显著低于后者。

（二）法律的社会适应性思维与制度规范的体系思维

事实意义上的表决权滥用或者资本多数决滥用，不等于法律意义上的滥用。任何法律制度的背后都有特定的社会政策选择，股权限制、表决权限制的问题也是如此。“法院不得随意将源自它的公平概念的权利和义务强加于各方之间的协议和想法之中。”〔2〕因此，未来公

〔1〕 参见施天涛：《公司法论》，法律出版社 2006 年版，第 13 页。

〔2〕［加］布莱恩・R. 柴芬斯：《公司法——理论、结构和运作》，林华伟、魏旻译，法律出版社 2001 年版，第 353 页。

司法如何引入股东会表决的股东表决回避机制，需要考虑公司制度运行实践以及社会对公司制度的功能定位，也必须考虑公司法规则体系的匹配问题。我们将前者称为表决排除规则构建的社会适应性思维，将后者称为规则体系思维。关于前者，公司法理论特别是公司法的文化范式理论、政治范式理论以及公司制度变迁理论有广泛而深入的讨论，在此不再赘述。

关于规则体系思维，应主要关注资本多数决相关要件与表决回避的衔接、一致决与表决回避机制的相互替代、控股股东权利滥用之治理中表决机制与其他机制的功能替代与互补。表决比例越高，与控制股东持相反意见的中小股东所持表决权在决策中的制约性越大。绝对多数决的比例到底是三分之二还是四分之三，这不仅是个技术问题，也涉及公司制度本身的社会考量。如果期望通过绝对多数决来抑制控股股东对公司的控制，显然表决比例为四分之三的选择要比三分之二的选择恰当得多。同样，如果表决比例为四分之三甚至更高，引入股东表决制度以及确定较大范围股东表决回避的压力可能小得多。全体一致决当然排除表决回避。在高表决比例难以适用时，则应当更多倚重表决回避来解决利益冲突问题。在利益冲突交易的表决机制与其他治理机制的关系上也如此。

决议是为了共同利益。偏重个人利益而行使将危及决议的共益性、公正性时，表决权回避是必要的。[1]因此，应将股东表决回避的适用从关联担保扩展到表决事项与参与表决股东有利益冲突的非控制权情形。不过，综合考虑各种因素，我国宜在股东与所表决事项有特别利害关系的所有关联交易场景适用。也即，将表决回避作为治理滥用关联关系的机制而非治理表决权滥用的一般机制。同理，决议涉及免除某股东责任或者债务、涉及公司与某股东之间诉讼之提起或者终结的，该股东在表决时也应回避。[2]

---

〔1〕［韩］李哲松：《韩国公司法》，吴日焕译，中国政法大学出版社2009年版，第379页。
〔2〕参见《德国有限公司法》第47条第4款。

公司监事变更的司法争议及解决

——基于裁判文书的实证分析

杨宏芹　王玥璞*

目　次

引　言

根据《公司法》的规定，公司的法定组织机构包括股东（大）会、监事会和董事会。公司的组织机构是一个公司得以成立和正常运转的核心，组织机构的人员变动问题在公司法律秩序中具有重要的意义。在上述三个组织机构中，股东（大）会中股东的变动因同时涉及股权的归属等公司法焦点问题，一直是公司法理论和实践关注的重点；董事会的人员变动问题，近年来也受到理论和实务界一定的关注。但目前在学界和实务界针对监事变更的研究较少，主要原因在于我国公司制度现状下监事职权虚设、无法发挥其作为监督机构的作用，监事会在公司治

* 杨宏芹，上海对外经贸大学法学院副教授、法学博士；王玥璞，上海对外经贸大学法学院硕士研究生。

理中的存在感较为薄弱。但是，依据《公司法》的规定，监事在监督职责之外，同样具有召集股东（大）会、在股东（大）会中提出议案等重要职责，每一位监事也承担着关联交易赔偿、信义义务赔偿等责任。监事具有的职责和责任，无论是对公司而言，还是对担任监事的个人而言，都有着重要的影响和意义。而对监事身份的认定即是履行上述职责和承担责任的前提。因此，对监事变更案件争议问题的研究和完善有其必要性。

一、裁判文书分析概况

（一）案件类型分析

在北大法宝司法案例数据库中，以“请求变更公司登记纠纷”为案由、在“诉讼请求”一项中搜索“监事”、将审理法院级别限制为“中级人民法院以上”、时间范围限定为近5年，共检索出裁判文书96份，其中，公司监事变更案件的裁判文书为37份。

在37份裁判文书中，有裁定7份、判决书30份。7份裁定的内容全部是对是否应当受理案件的裁定。

同时，涉案公司中，有35家有限责任公司、2家股份有限公司。在监事变更案件中，涉及股份有限公司的案件占比较少的原因主要在于：公司监事变更纠纷的产生主要源于股东权力垄断和公司管理不当。而相较于有限责任公司而言，股份有限公司往往管理较为规范，股权也较为分散，更强调资合性。

（二）共识与分歧：37份裁判裁判文书的内容分析

1. 处理监事变更案件以“尊重股东（大）会决议内容”为共识

在30份判决书所涉案件中，21起案件中存在以变更监事为内容的股东（大）会决议（包括无瑕疵决议和有瑕疵决议）。与监事主动辞任或者任期届满卸任相比，此类监事变更事由体现了更强的公司意志，在实践中出现频率也更高。我国人民法院在审理此类案件时都以股东（大）会决议为判断标准，即在认定监事人选时以最新、有效的股东（大）会决议为准。人民法院对于存在有效股东（大）会决议但有关人员不予配合履行的情形，在判决中直接判令公司相关人员履行相关配合义务，有的判决则更进一步，根据案件具体情况附加了一定的履行期限，保障了案件的实质性解决。

如在蔡某平、杜某平诉李某蕾、浙江中信工程咨询有限公司请求变更公司登记纠纷案中，人民法院的裁判为：“浙江中信工程咨询有限公司的股东会召集程序、表决方式不违反法律、行政法规和公司章程规定，其作出的决议内容也不存在违反法律、行政法规和公司章程规定的情形，该决议有效。双方当事人均应按股东会决议执行。蔡某平、杜某平的诉讼请求合法有据，应予支持。判决：浙江中信工程咨询有限公司、李某蕾于判决生效后十日内配合蔡某平、杜某平办理变更浙江中信工程咨询有限公司执行董事法定代表人为蔡某平、监事为杜某平、盛某波事项的工商登记备案。”[1]又如，在刘某秀、姬某、王某、路某新、张某琴诉宁夏招商国际旅游有限公司、朱某民请求变更公司登记纠纷案中，终审人民法院同样认为：“股东会决议体现公司的意志，公司及其执行机构应遵照执行。招商国旅公司 2013 年临时股东会决议作出后，该公司及其原执行董事朱泽民均负有向公司登记机关申请办理变更登记的义务和职责。”[2]

2. 在受案范围的判定和法律条文的理解上存在争议

鉴于 30 份判决书代表相应案件均已通过受理审查进入了实体审理环节，因此，所检索案例中终局裁决受理和不予受理两种结果的比例为 32∶5。在裁定不予受理的案件中，不予受理的理由有两种：分别是“属于行政机关处理范围”和“属于公司自治”，两者的数量比为 1∶4。在司法实践中，不同案件的裁判结果不同属于正常，但深入探究上述受理案件和不予受理案件的具体情形后，笔者发现，人民法院予以受理的案件情形和不予受理的案件情形之间并非泾渭分明，甚至存在情形性质相同但结果却完全相反的情况。这反映了人民法院对监事变更案件的受案范围在判断上存在争议。

人民法院的裁判争议在法律条文的理解适用上体现得更为明显。在不同裁判文书的裁判理由中，直接存在对同一法律条文截然不同的解释，主要表现在对《公司法》第 51 条、第 117 条中“股东代表”的理解和对《公司法》第 52 条“履行监事职务”的理解。

二、公司监事变更案件的裁判争议

（一）监事变更案件受理范围不明

针对公司尚未对监事变更作出股东（大）会决议的情形，有人民法院以“请求事项属于公司内部决定事项”为由裁定不予受理相应案件。在张某某诉广州荟凯生物科技有限公司请求变更公司登记纠纷案中，公司监事张某某向公司辞任后，公司一直未为其解除监事身份并办理相关登记手续，因此张某某请求公司“给予解除监事职务及办理相关的企业变更登记手续”。但两级法院均裁定不予受理，两级法院均认为：“根据法律规定，有限公司可以在遵守法律、行政法规的前提下从事经营活动，包括一切的人事任免及劳动关系的建立及解除。张某某作为其公司的监事，要求其有限公司给予解除监事职务及办理相关的企业变更登记手续，实为企业在经营管理中自行处分自己内部组织架构的行为，属于企业内部管理的事务，不属于人民法院调处的民事诉讼纠纷。”[3]与前述人民法院裁定不同的是，也有人民法院选择了“突破”公司自治，对属于“公司自治事项”的案件予以受理并作出了支持变更诉求

---

〔1〕 浙江省金华市中级人民法院（2018）浙 07 民终 4718 号民事判决书。

〔2〕 宁夏回族自治区高级人民法院（2015）宁民申字第 269 号民事裁定书。

〔3〕 广东省广州市中级人民法院（2020）粤 01 民终 18143 号民事裁定书。

的判决。在高某诉衡水展拓工程咨询有限公司请求变更公司登记纠纷案中，人民法院以公平、正义价值为基础，要求公司在一定期限内选出新任监事的同时，直接判令该公司“于判决生效后一定期限内涤除高某所任监事职务、到相关行政部门办理监事变更登记”。[1]

在监事变更案件涉及向有关行政机关登记时，部分人民法院以“争议属于行政机关处理范围”为由不予受理。在刘某同、抚松县聚兴房地产开发有限公司诉单宝仁请求变更公司登记纠纷中，在该公司内部已经产生有效股东会决议的前提下，对于原告请求相关人员配合履行变更手续的请求，两级法院均采取了不予受理的态度：“更换公司法定代表人及执行董事等事项，属于公司内部自治范畴，变更登记应向登记机关提出申请，是否符合变更登记条件，亦由登记机关进行审查。”[2]在性质相同的情形下另外有人民法院作出了予以受理的裁定。在徐某诉上海物脉信息科技有限公司请求变更公司登记纠纷和上海利物盛石墨烯科技有限公司诉西德科东昌汽车座椅技术有限公司请求变更公司登记纠纷案中，一审法院虽以“属于行政机关业务范围”裁定不予受理案件，但两个案件中的二审法院均撤销了一审法院的裁定，认为该案件符合人民法院民事诉讼受理范围。但两案的二审法院均未对维持原判或改判理由作过多阐述：“徐某目前为物脉公司登记备案的监事，从其诉请内容看，物脉公司监事是否基于法定或约定事由而发生变动，并且在可能发生变动的情况下，物脉公司是否应当办理变更备案登记，属于人民法院受理民事诉讼范围。”[3]“公司董事、监事、经理发生变动的，应当向原公司登记机关备案。因此，利物盛公司根据西德科公司章程规定起诉要求西德科公司完成董事变更登记，属于人民法院民事案件的受理范围。”[4] 综上，在监事变更案件的受理问题上，有人民法院主要以案件情形“属于公司自治事项”或案件“属于行政机关处理范围”为依据，裁定不予受理，但同时也存在在情形性质相同时予以受理的裁定。另外，无论裁定结果如何，人民法院对于予以受理或不予受理的依据均未作清晰阐述。

（二）对“股东代表监事”的两种理解

在公司决议变更监事的情形下，影响股东（大）会决议效力的除了股东（大）会本身的程序性瑕疵外，还包括决议内容不符合法律或者公司章程的规定。这在监事变更决议中主要体现为对所任命的监事的身份规定的违反，如在程某红诉安化县滑板溪矿业有限责任公司登记案中，法院即以“决议内容违反了《中华人民共和国公司法》第五十一条第四款‘董事、高级管理人员不得兼任监事’的规定”[5]为由认定股东会决议无效，进而驳回了原告依据股东会决议变更公司有关登记之请求。我国《公司法》第 51 条、第 117 条规定“董事、

〔1〕 河北省衡水市中级人民法院（2019）冀 11 民终 1358 号民事判决书。
〔2〕 吉林省白山市中级人民法院（2020）吉 06 民终 560 号民事裁定书。
〔3〕 上海市第二中级人民法院（2020）沪 02 民终 117 号民事裁定书。
〔4〕 上海市第二中级人民法院（2019）沪 02 民终 12222 号民事裁定书。
〔5〕 湖南省益阳市中级人民法院（2016）湘 09 民终 1353 号民事判决书。

高级管理人员不得兼任监事”，第 146 条专门规定了“不得担任董事、监事、高级管理人员的情形”；我国《企业破产法》第 125 条规定了，有违反忠实义务、勤勉义务，致使所在企业破产情形的企业董事、监事、高级管理人员，自破产程序终结之日起三年内不得担任任何企业的董事、监事、高级管理人员。上述法律规定了监事身份的各种法定要求，而对监事身份合法性判断的争议，凸显在股东代表监事是否必须具有股东身份。

在刘某波诉姜某奎请求变更公司登记纠纷案中，法院认为：“监事会应当包括股东代表和适当比例的公司职工代表。职工代表通过职工代表大会、职工大会或者其他民主选举产生。因此，监事可以是股东代表，也可以是公司职工代表。李某勇不是公司股东，欲成为公司监事，应通过职工代表大会、职工大会或者其他民主选举产生，刘某波通过股东会决议方式选举李某勇为监事并要求被告变更公司工商登记手续，不符合法律规定，本院不予支持。”〔1〕即对于监事的人选，除属于公司职工代表的监事外，均需以股东身份为前提，否则就不具有合法性。其依据为《公司法》第 51 条和第 117 条中规定的“监事会应当包括股东代表和适当比例的公司职工代表”。

与刘某波诉姜某奎请求变更公司登记纠纷案中人民法院所持观点相反，李某、何某娟诉杭州乐众家居有限公司请求变更公司登记纠纷案中的审理法院否认了监事职务须以股东身份为前提：“公司法并未规定担任公司监事须具备股东身份，故原审法院以杨某瑞不再具有股东资格为由判决涤除其监事身份缺乏法律依据。”〔2〕

（三）对“监事改选期”内待卸任监事“继续履行职务”的两种理解

我国《公司法》第 52 条第 2 款规定：“监事任期届满未及时改选，或者监事在任期内辞职导致监事会成员低于法定人数的，在改选出的监事就任前，原监事仍应当依照法律、行政法规和公司章程的规定，履行监事职务。”根据《公司法》的规定，该规定同样适用于股份有限公司。这一规定维护了公司运行的稳定性，但也为监事的退出设置了障碍，在司法实践中，对“继续履行职务”的理解同样存在争议，导致了截然不同的裁判结果。

在所检索的案件中，有 6 起案件以“监事改选期”内监事请求涤除监事身份为争议焦点，其中 5 起案件中的人民法院将“继续履行职务”理解为“既包括职务行为的完成，也包括登记等监事身份证明的保持”，驳回了监事在公司改选监事之前的涤除身份请求。在何某诉成都广超投资管理有限公司、徐某欣请求变更公司登记纠纷一案中，公司在监事何某任期届满后迟迟不进行改选程序，何某就此诉至人民法院，要求变更其监事身份，两级人民法院对其诉讼请求均不予支持：“根据《中华人民共和国公司法》第 52 条第 2 款‘监事任期届满未及时改选，或者监事在任期内辞职导致监事会成员低于法定人数的，在改选出的监事就任

〔1〕山东省东营市中级人民法院（2017）鲁 05 民终 1486 号民事判决书。
〔2〕浙江省杭州市中级人民法院（2019）浙 01 民终 4975 号民事判决书。

前，原监事仍应当依照法律、行政法规和公司章程的规定，履行监事职务’的规定，在广超投资公司股东会尚未改选新的监事就任之前，何某仍然需要继续履行监事职务。何某工作单位对何某在外任公司监事的行为进行处罚，并非其要求公司变更监事的法定事由。”[1]在王某兵诉西安雄信联合投资咨询有限公司、王某请求变更公司登记纠纷案中，人民法院更是以“上诉人王某兵在雄信公司未选任新监事的情况下，要求法院判令确认其已不再担任雄信公司监事一职和办理工商变更登记手续，并无法律依据”[2]为由，直接裁定不予受理案件。

在另外1起案件中，人民法院对《公司法》第52条中“继续履行职务”作出了不同的解释。在陈某诉深圳市汇银运达服饰有限公司、赵某花、郭某群请求变更公司登记纠纷案中，人民法院在判令公司配合变更登记的同时，认为该监事在下一任监事就任前应当“继续履行职务”。其判决将《公司法》第52条中的“继续履行职务”的概念解释为原监事只需有行为上的履职行为，并不要求其同时保留监事身份。该条文中的“继续履行职务”与监事身份的涤除并不矛盾。

三、监事变更案件争议问题的解决

由上述分析可知，在我国司法实践中，监事变更案件的裁判主要存在三类争议，即案件受理范围不明，对《公司法》第52条“继续履行职务”的理解存在分歧，对第51条、第117条“股东代表”的认定存在差异。对此，需要合理运用法律解释方法和公司法理论予以分析，以便探寻上述问题的解决之道。

（一）人民法院应当裁定不予受理的两种情形

明确监事变更纠纷的受理范围，关键问题在于对“属于行政处理范围”和“属于公司自治事项”两种消极情形的判断。符合民事案件一般受理要件的案件，在案件不具有上述两种消极情形时，就应当被人民法院受理。因此，只要划清两种消极情形的范围，监事变更纠纷受理范围的确定问题也就迎刃而解。

1. 由行政机关处理的案件范围

我国《民事诉讼法》第124条规定：“人民法院对下列起诉，分别情形，予以处理……（三）依照法律规定，应当由其他机关处理的争议，告知原告向有关机关申请解决……”据此，案件若被判断为由行政机关处理，人民法院则无权受理。判断案件是否应由行政机关处理，应该从两个层面依次探究：首先，监事任免事项本身是否属于公司行政登记范畴。如果监事任免事项本就不属于公司登记事项范畴，其相关案件自然不能由行政机关处理。其次，

---

〔1〕四川省成都市中级人民法院（2019）川01民终17324号民事判决书。
〔2〕陕西省西安市中级人民法院（2018）陕01民终9352号民事裁定书。

在前一问题的基础上，明确哪些监事登记案件应当由行政机关处理。

（1）监事任免登记属于公司行政登记事项

监事任免登记属于公司行政登记范畴具有规范依据。首先，根据《公司法》的规定，监事会（监事）为公司的必设机构，监事在公司中具有重要的职责，选任、罢免都需要经过严谨的程序。这决定了公司监事应当是一个公司信息中的必要要素。其次，《公司登记管理条例》也赋予了登记机关和公司就监事事项登记的职责和义务。虽然《公司登记管理条例》第 9 条对“公司登记事项”的规定中并不包含公司监事信息，但其第 20 条、第 21 条所规定设立公司所应当提交的文件中，均包含了“载明公司董事、监事、经理的姓名、住所的文件以及有关委派、选举或者聘用的证明”。同时，其第 37 条规定：“公司董事、监事、经理发生变动的，应当向原公司登记机关备案。”根据上述规定，监事的任免从初次设立到后续的变更，都属于公司登记机关的管辖范围。

监事任免事项兼具监管和公示的内在要求性。在我国现有商事制度之下，公司登记包含着公法层面的监管、私法层面的公示两种动力，是否具有其一也是具体事项是否应当纳入登记管理范围的内在标准。[1]首先，监事作为《公司法》规定的公司监督机构，其职责包括但不限于检查公司财务、提议召开临时股东会决议、提出提案等，在公司运行中有不可替代的作用。在公司没有监事会（监事）的情形下，公司无法设立。同时，《公司法》《证券法》《企业破产法》也规定了许多关于监事的任职限制和禁止情形，如《证券法》第 124 条第 2 款规定：“……有《中华人民共和国公司法》第一百四十六条规定的情形或者下列情形之一的，不得担任证券公司的董事、监事、高级管理人员：（一）因违法行为或者违纪行为被解除职务的证券交易场所、证券登记结算机构的负责人或者证券公司的董事、监事、高级管理人员，自被解除职务之日起未逾五年；（二）因违法行为或者违纪行为被吊销执业证书或者被取消资格的律师、注册会计师或者其他证券服务机构的专业人员，自被吊销执业证书或者被取消资格之日起未逾五年。”因此，监事登记具有强烈的监管性。其次，监事作为公司核心管理人员，与股东、监事、高级管理人员一样，是判断公司之间关联关系的重要考量内容之一，监事信息有公示的必要性。

综上，监事任免事项应属于公司登记机关登记管理范围。

（2）行政机关处理的案件范围应以登记申请行为为界

确定监事任免属于公司登记机关登记事项后，需明确哪些监事变更案件应当属于行政机关处理范围。一个案件属于行政机关处理范围的标准是：该案件中的纠纷可以通过行政机关职责行为解决。因此，由行政机关处理的案件范围的确定仍应当从行政机关登记职责本身出发，行政机关在履行登记职责时对登记申请行为审查范围即为案件纠纷发生的范围。

---

〔1〕 参见张翔：《商业登记与营业自由——商业登记的功能、技术及其价值基础分析》，载《政治与法律》2008 年第 2 期；邹小琴：《商事登记制度的属性反思及制度重构》，载《法学杂志》2014 年第 1 期。

根据《公司登记管理条例》规定，公司登记除法律特别规定需要批准外，一般情况下仅作形式层面的登记即可，即登记机关仅需就登记主体提交的文件是否齐备、登记行为是否符合法律要求进行审查，从而决定是否予以登记，而不对其背后的事由进行审视。最高人民法院印发的《关于审理公司登记行政案件若干问题的座谈会纪要》（以下简称《纪要》）第四部分也对此作出了回应："备案申请人或者备案事项涉及的董事、监事、经理、分公司和清算组等备案关系人，认为登记机关公开的备案信息与申请备案事项内容不一致，要求登记机关予以更正，登记机关拒绝更正或者不予答复，因此提起行政诉讼的，人民法院应予受理。备案申请人以外的人对登记机关的备案事项与备案申请人之间存在争议，要求登记机关变更备案内容，登记机关不予变更，因此提起行政诉讼的，人民法院不予受理，可以告知通过民事诉讼等方式解决。"《纪要》将行政管理的范围限定在登记机关就其登记行为本身产生的瑕疵，对登记行为之外的申请人之间的争议不予处理。

综上，由行政机关处理的争议，应当仅产生于登记机关对具体登记行为的外观审查。

2. 属于公司自治的案件范围

（1）公司自治以公司章程内容和股东（大）会的发起和决议为限

监事变更本质上是公司自治行为。公司自治原则是公司法的主要原则之一，它是私法自治在商事领域的延伸。公司自治，是指在公司内部和外部将公司锻造为一种独立的法律主体，由公司自己决策和管理其内外事务。对这种决策和管理，股东、立法和人民法院均不得随意干涉。[1]监事会虽然为《公司法》规定的公司常设机关，我国法律也对监事的人选作出了一定禁止性限制，但其定位仍是公司的内部组织机构。同时，前述禁止性规定仅仅是对监事人选最低限度的规制，不能构成对公司选任自由的否定。因此，在处理监事变更纠纷时，应当注重对自治领域的尊重和保护。

依据公司自治精神的内涵，人民法院不得随意干涉公司自治行为。在实践中，这条边界必须明晰，才能防止司法的任意性和裁判结果的参差不齐。公司自治，在立法上主要通过两种方式实现：其一，基于公司章程的自治——"自己制定自己的法律"；其二，基于多数决议的自治——"自己决议自己的事务"。[2]就监事变更而言，前者体现在公司章程对监事的人选或者变更程序作出约定，其边界较为明确，以公司章程文本为准即可；后者则体现在对监事变更的具体决议上，我国《公司法》规定选举和更换监事的主体为股东（大）会，从实质上看，股东（大）会作出决议的行为的全过程即是"自治"这一抽象概念的具体化实现。在此情形下的自治应当以决议过程为边界，这个过程既包括决议的发起，也包括决议的内容，即人民法院既不得强迫公司发起或者不发起决议的程序，也不得随意更改决议的

〔1〕 参见蒋大兴、金剑锋：《论公司的私法品格——检视司法的立场》，载《南京大学学报》（人文社会科学版）2005 年第 1 期。

〔2〕 蒋大兴：《公司自治与裁判宽容——新〈公司法〉视野下的裁判思维》，载《法学家》2006 年第 6 期。

内容。

综上，应当将公司自治的保护领域限制在公司章程对监事变更规定的具体内容、关于变更监事的股东（大）会决议的发起以及变更监事的股东（大）会决议内容。除此之外，便无法排除司法的介入。譬如，股东会决议已经作出之后，该公司不配合履行相关的变更程序的，利益相关人可以据此请求公司履行相关程序。

（2）突破公司自治具有必要性

公司自治保护领域排除了司法的介入，但在一些特殊情形下存在例外。突破公司自治的必要性在于，其一，保护公司自治实则是对公司这一民事主体意思自由的保护，而自由必然以限制为基础，[1]公司自治也不能例外。其二，人民法院不干预公司股东自治的潜在默示法理基础与逻辑前提是且仅仅是，公司股东会的决策是理性的。但问题在于，这种假设前提在一些公司荡然无存。[2]其三，司法的介入其实是对公司自治体系的重要约制，如果欠缺必要的约制，单纯的公司自治可能引发股东之间以及股东与债权人、雇员之间利益的严重失调，具体表现为部分当事方的基本权利和利益将在自治的名义下、在自治的过程中遭到严重摧残。[3]如在高某诉衡水展拓工程咨询有限公司请求变更公司登记纠纷案中，公司监事高某从未实际行使监事职务，在穷尽所有辞任方式后，公司仍不予配合，这种情形下公司的行为已严重偏离保护公司自治的初衷，必须由司法介入调整。

（3）突破公司自治的条件

对公司自治原则的突破，主要有依据规则和原则两条路径。前者是指公司自治的内容违反了法律的强制性规定，在监事变更案件中，主要体现在公司决议效力被否定，包括决议程序不满足决议的有效条件和决议内容不符合有关监事人选的禁止性规定。这一路径较为明晰，只要依照法律规定判断即可。而第 2 条依照法律原则突破的路径，主要是基于对民法中的公平原则、诚信原则的运用，其实质是将某些纠纷中蕴含的其他价值与公司自治价值进行衡量，在维护其他价值的必要性显然超过了维护公司自治时，对公司自治的放弃就具有了正当性。

对公司自治的突破，在我国公司法制度中也有体现。最高人民法院《关于适用〈中华人民共和国公司法〉若干问题的规定（四）》（以下简称《公司法解释四》）第 15 条规定："股东未提交载明具体分配方案的股东会或者股东大会决议，请求公司分配利润的，人民法院应当驳回其诉讼请求，但违反法律规定滥用股东权利导致公司不分配利润，给其他股东造成损失的除外。"这条解释的前款强调了股东在利润分配时原则上遵循自治，但后款为这种自治

---

〔1〕 参见［英］霍布豪斯：《自由主义》，朱曾汶译，商务印书馆 1996 年版，第 73 页。

〔2〕 参见刘俊海：《公司自治与司法干预的平衡艺术——〈公司法解释四〉的创新、缺憾与再解释》，载《法学杂志》2017 年第 12 期。

〔3〕 参见蔡立东：《公司自治论》，北京大学出版社 2006 年版，第 161 页。

性打开了缺口。《公司法解释四》第15条突破公司自治设定了两个条件：一是股东有滥用权利的行为；二是因股东滥用权利行为给其他股东造成损害。在争议解决视角下，公司监事变更和股东利润分配两种事项有一定相似之处：一是均须经股东（大）会决议通过方能进行；二是在股东滥用其权利时极易给公司中特定主体造成不当损害。因此，《公司法解释四》第15条规定的公司利润分配自治的突破条件，对监事变更自治的突破有很强的参考性，前述“股东滥用权利行为”和“因滥用权利行为给其他股东造成损害”两个条件应当同样被应用于监事变更自治的突破中。另外，鉴于监事变更事项的特殊性，即在监事单方面脱离公司时，其首先应尽到法律或公司章程规定的告知、交接、完成辞任手续等程序性义务，在此过程中对监事而言也存在一定的自我救济途径，如公司内部管理制度。因此，突破监事变更的公司自治，应当以“该监事已履行相应程序义务并穷尽救济手段仍无法保护自身利益”为第三个条件。在衡水展拓工程咨询有限公司、高某请求变更公司登记纠纷一案中，人民法院对突破公司自治的论述也与前述三个条件形成了呼应：“且高某向展拓公司作出了《辞职声明》并登报予以公示，而展拓公司长期不作为未选任新的监事，而工商登记管理障碍可能导致监事实际无法变更和执行的现实困难，导致积极行使权利的无过错的高某无法有效保护自身利益，甚至承担变更登记无法进行而带来的不可预测责任和风险，而怠于履行义务的被告利用法律规则的空白继续怠懒而无须承担任何不利后果或者接受惩罚，实为破坏了公平、正义的立法价值取向以及法律实施过程中应当维护的秩序。”

综上所述，突破监事变更事项的公司自治，应当同时满足下列条件：第一，公司股东滥用权利。第二，个人因股东滥用权利行为确受严重侵害或有受严重侵害之虞。第三，该监事已履行相应程序义务并穷尽救济手段仍无法保护自身利益。上述三个要件的内涵如下：

①公司股东滥用权利。公司的股东有权依据其股权行使对公司的管理权，依照自己的考量任免监事。但这种管理权的行使应当以维护公司的合法运行为目的。对公司股东滥用权利的认定，应当从主客观相结合的角度进行考量：在主观上，一方面，公司股东应当明知监事符合离职情形；另一方面，公司股东拒绝履行正常任免程序的动机不正当，如与特定监事的个人利益纠纷、有意使公司监事位置保持空缺等。在客观上，应当不存在对监事涤除的阻却原因，如公司面临重大危机不宜临时作出人事变动、股东（大）会确因客观事由未达到最低召开条件。

②个人确因股东滥用权利而受严重侵害或有受严重侵害之虞。在公司不予配合涤除监事身份情形下，监事可能遭受的损害主要有两种：第一，直接损害，主要体现为由于法律规定或公司章程规定，该监事所受到的财产损失或行为限制。只要一个自然人具有监事身份，就当然地受到相应义务或责任的约束。例如，《公司法》第147条第1款规定：“董事、监事、高级管理人员应当遵守法律、行政法规和公司章程，对公司负有忠实义务和勤勉义务。”其内涵包括但不限于：忠实义务下的自我交易限制、夺取公司机会限制，谨慎义务下的对自身

职务行为承担的责任。《公司法》第 141 条第 2 款规定：“公司董事、监事、高级管理人员应当向公司申报所持有的本公司的股份及其变动情况，在任职期间每年转让的股份不得超过其所持有本公司股份总数的百分之二十五；所持本公司股份自公司股票上市交易之日起一年内不得转让。上述人员离职后半年内，不得转让其所持有的本公司股份。公司章程可以对公司董事、监事、高级管理人员转让其所持有的本公司股份作出其他限制性规定。”第二，间接损害，主要是指因监事身份无法涤除，基于该监事本人的具体情况、并非出于公司章程和法律规定而对该监事产生的不利影响。例如，该自然人已在或意图在其他公司任职，但该公司不允许该自然人兼任其他公司的职务，因此而导致该主体错失就职机会或受到处罚。在何某诉成都广超投资管理有限公司请求变更公司登记纠纷案中，对原告何某而言，因其登记为监事的广超投资公司被列为经营异常黑名单，客观上会给何某的职业活动造成严重负面影响；更重要的是，何某在银行任职，其因在其他公司担任高管被银行进行了降职处理。在这种情况下，就应当请求滥用权利股东及公司完成监事涤除。在认定为间接损害的情形下，要对损害与监事身份难以涤除间的因果关系作审慎处理，避免过度关联而导致司法失衡。

③该监事已穷尽救济手段仍无法保护利益。对公司监事变更自治的突破虽然有其正当性，但基于对法律秩序的维护，其应是一种例外情形和最后方法，范围应当受到限缩。在正常的公司自治秩序下，如果能够运用其他途径消除自身不利状况，就应该不予支持其“强制变更”请求。消除不利状况，既包括从根本上变更监事事项，也包括仅消除因监事无法变更带来的损害与影响。如与公司权力机关进行协商、主动履行公司和法律规定的程序；通过发布声明、公告来避免因监事身份无法涤除而导致的外部不利影响；通过抗辩使自己因监事身份而受到的损失、处罚得以豁免等。

（二）“股东代表”监事无须具有股东身份

《公司法》第 51 条、第 117 条规定了监事会的组成，即监事会应当包括股东代表和适当比例的公司职工代表。在实践中，对《公司法》第 51 条、第 117 条中的“股东代表”产生了不同的理解：第一种观点认为，“股东代表”意为“股东担任的代表”，该类监事应从股东中产生，即以股东身份为前提。由此，在股东会决议出的监事不具有股东身份时，该决议应当因为内容违反法律而无效；监事任职期间失去全部持有股份时，应当因该监事资格丧失而涤除该监事身份。第二种观点认为，监事身份和股东身份并无任何必要关联，而第 51 条和第 117 条中的“股东代表”仅表示了“由股东选出的代表”“代表股东意志”等内涵。笔者认为，第二种解释更具有合理性，理由如下：

1. 基于公司自治原则应当减少对公司行为的限制

公司自治原则，不仅如上文一样可以直接作为指导人民法院作出裁判的依据，同时也应当是法律解释的重要参考。从范围上讲，“股东选出的代表”包含了“股东担任的代表”且远大于后者，因此，与第二种解释相比，第一种解释实则是一种限缩解释，其将可选择的监事的范围大大缩小，其实是大大限制了公司的行为自由。在条文的文义无法给出明确答案时，选择对商事主体给予更多自由的解释更为符合公司自由原则。

2. 监事和股东的“强制合一”违背委托代理理论

公司治理的基础理论是代理理论，由现代经济学提出。代理理论认为，现代公司的“两权”分离，表现为股东与管理层之间的“委托—代理”关系。具体而言，股东以“委托人”的身份将公司的经营管理委托给“代理人”——管理层。[1]我国公司制度也不例外。

在担任“代理人”的管理层中，就包括作为监督机关的监事。委托代理理论以“两权”相互分离、“两方”主体相互区分为当然内涵。两方主体相互重叠显然违背了委托代理理论的制度内核，使其失去意义。当然，应当承认，由股东兼任监事确有其优势和益处，《公司法》也并未将股东排除在监事人选之外，但将数量占监事会人数绝对优势的“股东代表”全部限制为股东，显然违背了委托代理理论，与委托代理理论的精神背道而驰。因此，第二种较为宽泛的解释显然更为合适。

综上，我国《公司法》第51条和第117条“股东代表”监事的人选范围应不限于股东本人，应包括股东在内的任何合法主体。

（三）“履行监事职务”的主体应当在履行职务的同时保持监事身份

我国《公司法》第52条第2款规定：“监事任期届满未及时改选，或者监事在任期内辞职导致监事会成员低于法定人数的，在改选出的监事就任前，原监事仍应当依照法律、行政法规和公司章程的规定，履行监事职务。”本条规定了监事在辞任或任期届满时离职受到的限制，在司法裁判中，人民法院对其中的“履行监事职务”有两种不同的理解：一是其仅包括履行监事职务的行为，而不影响监事身份的涤除；二是其不仅包括履职行为，应当同时保持监事身份。笔者认为，第二种观点更具有合理性，理由如下：

1. 同时保持监事身份更符合法条文义

从文义上讲，“履行监事职务”完全可以解释为既包括履行职务的行为，也包括实质上的监事身份的保持；而且，如果立法者意图表达可以涤除监事身份但继续履行监事职务，在“履行监事职务”之前以“仅”作为前缀或者在条文中予以特别说明更符合逻辑。

2. 同时保持监事身份符合条文设立目的

《公司法》第52条的目的，在于防止因为监事的肆意主动离职而导致监事职位真空，从而影响一个公司的正常运行，在于维护公司秩序。首先，从权力的角度，失去了监事身份，对监事职权的行使就失去了正当性。公司监事作为公司的高层管理人员，拥有重要权力，这些权力不能被任意主体随意享有，唯有以公司的认可和登记等监事身份作为凭据，才能防止公司权力被入侵、避免更多公司权力纠纷的产生。其次，从义务的角度，如果仅要求该监事

---

〔1〕 参见李建伟：《公司法学》，中国人民大学出版社2014年版，第262页。

在形式上为一定职务行为，没有监事身份，就难以对其应尽义务和应承担的责任划定边界，也无从以信义义务等约束其行为，该“职责人”实则再无任何外在动力去积极履职、尽职尽责，无法起到监事应有的作用。这就使《公司法》第 52 条规定的制度失去了意义。

3. 存在突破公司自治可能性前提下，无须为监事另设保护制度

第一种解释的背后是人民法院在解释法律时对监事变更案件中较为弱势的监事一方的价值倾斜。人民法院期望在立法范围内，通过解释的方法，为被侵害的监事开辟出一条救济的渠道。

但正如本文在“属于公司自治的案件范围”部分所述，只要达到突破监事变更公司自治条件，人民法院就可以越过公司意志介入公司监事变更事务。这一思路同样适用于《公司法》第 52 条规定的情形，即符合相应条件时，人民法院可以直接判令公司及其股东强制进行监事改选程序。此时，公司自治的突破为处于弱势地位的监事提供了坚实可行的救济渠道，无须再通过法律解释的方法另辟他径。本就与法条文义和目的不相符的第一种解释，也失去了其价值基础，应当被否定。

因此，对《公司法》第 52 条中“履行监事职务”，应理解为既包括履行职务行为，也包括监事身份的保持。

四、结语

本文试图为我国监事变更案件中的司法争议提供解决思路。首先，对于监事变更案件的受理范围判定，应当以“行政机关处理范围”和“公司自治范围”的排除为着眼点——“行政机关处理范围”应当以登记申请行为为判断核心；公司自治应当以公司意思表示行为为界，在符合相应条件时也可以突破自治边界。其次，《公司法》第 51 条、第 117 条的“股东代表”监事不应解释为该监事应当具有公司股东身份。最后，《公司法》第 52 条的“继续履行职务”应当包含监事身份的保持。以上问题的解决，有利于维护监事纠纷案件裁判的统一性，从司法层面完善我国公司监事制度。

论抽逃出资制度的法律适用

张群辉 *

目　次

一、问题的提出

抽逃出资是一个看似简单，但却并不简单、鲜有论者深入涉足的话题。随着公司法的不断发展，理论与实践中对于抽逃出资的认识逐渐变得深入。尤其是最高人民法院《关于适用〈中华人民共和国公司法〉若干问题的规定（三）》的出台，总结、吸收了以前的立法实践、司法实践和相关理论成果，第一次将抽逃出资的规则跃然纸上。随着2013年我国公司法的改革，资本认缴制全面推行，实缴制变得只适用于少数公司，且刑法上已经规定抽逃出资罪不再能够适用于认缴制公司。学界开始有观点认为，公司法中不应该再存有抽逃出资制度，或者要像刑法一样限缩抽逃出资的适用范围。那么，抽逃出资是否还应继续存在于所有的公

* 张群辉，法学硕士、北京中凯（上海）律师事务所律师助理。

司形式当中呢？或者真的将其废弃？若该制度继续存在的话，抽逃出资中的“出资”究竟应当作何理解？它的范围仅是抽逃出资股东的出资吗？还是可以作其他的解释？

抽逃出资本质上是公司财产向股东不当流出的一种表现形式。公司作为一个独立存在的主体，完全能够与公司股东进行交易，从而产生双向的资金流动，这在法理上和实践中都是可以实现的。股东直接抽逃出资的识别是比较简单的，问题是在公司与股东的交易下，股东抽逃出资行为的识别变得不再那么简单。尤其是在现阶段，创新型金融交易不断，公司与股东正常的财产交易与抽逃出资的边界并不是很清楚。在对赌协议、明股实债中，均存在公司财产向股东的流出，这是抽逃出资还是正常的交易呢？此外，在公司与股东的借贷交易中，也一直存在上述争议。

由于《公司法》并未直接规定什么是抽逃出资以及抽逃出资的法律责任，且抽逃出资的具体适用在实践中争议不断，最高人民法院《关于适用〈中华人民共和国公司法〉若干问题的规定（三）》第一次尝试以司法解释的形式对该制度进行规定。最高人民法院《关于适用〈中华人民共和国公司法〉若干问题的规定（三）》认为，在认定是否构成抽逃出资时，要从两个方面展开——形式要件和实质要件——二者缺一不可。进行抽逃出资认定的形式要件是公司财产向股东的流出，但是并非满足形式要件即一定会构成抽逃出资。换言之，公司将财产转移至股东的行为亦可能是合法的，比如股东与公司进行正常的交易。因此实质要件便显得至关重要。损害公司权益是抽逃出资的实质要件，但是究竟何为损害公司权益？损害公司权益如何在抽逃出资的认定中得到适用呢？

二、抽逃出资的规则演变与制度现状

（一）公司法层面：从分散到整合

改革开放后，公司这种商事组织又受到广泛的关注，公司制度被重新引入经济和社会生活中，但仍然呈现了一种“模糊、混乱与缺位并存的状态”。[1]1993年，我国通过了第一部《公司法》，并整合了许多之前的零散规定。在1993年《公司法》正式出台之前，有一些零散的施行办法、规范意见涉及抽逃出资，主要有1986年《民法通则》、1989年《私营企业暂行条例施行办法》、1992年《股份有限公司规范意见》和《有限责任公司规范意见》。

可以发现，1993年《公司法》颁布之前，有关抽逃出资的规定是比较粗糙的，对于很多问题规制得并不够细致。首先，抽逃出资的行为主体究竟是公司、公司股东还是公司的董事、监事、高管等，还是二者皆可，规定得并不明确。在《民法通则》、《私营企业暂行条例

〔1〕 参见刘安：《中国公司法律制度——政治经济学维度的解读》，北京大学出版社2017年版，第48~51页。

施行办法》和《股份有限公司规范意见》中，条文规范的主体是公司；而《有限责任公司规范意见》中规定的抽逃出资的主体则既有公司又有股东。正因如此，有人认为抽逃出资的主体应当是公司，实践中也存在对公司进行惩戒的现象。其次，对于抽逃出资的具体构成要件，以及抽逃出资后应承担的责任，这些规定也并未予以明确。最后，对于抽逃出资可能出现的场合，这些规定似乎倾向于“利用合并、分立、终止和清算之机”，但是这显然可能导致对于抽逃出资的认定、查处出现偏差，抽逃出资的出现场景并不局限于规定的这些场合。

在这样的背景下，1993 年《公司法》对此前的规则进行整合，形成了较为统一的规则。1993 年《公司法》颁布，第 34 条规定股东在公司登记后，不得抽回出资。该条在 2005 年《公司法》修订时进行了表述上的微调，改为“公司成立后，股东不得抽逃出资”，并一直延续至今。第 93 条规定发起人、认股人交付出资后，不得抽回其股本，除非具有公司未设立等例外情形。需要说明的是，该条历经《公司法》数次修改，一直未发生变化。

如前所述，1993 年《公司法》制定以前，关于抽逃出资的规定零散、粗糙；1993 年《公司法》的出台，已经达成了一些共识，但是仍存在完善和改进的空间。此前的立法观点认为公司亦能构成抽逃出资的主体，1993 年《公司法》对此进行了明确，将公司排除在适用范围之外，直接规定公司的发起人和股东是抽逃出资的主体。此中的法理不言而喻，抽逃出资的主体亦是缴纳出资的主体，公司根本无须缴纳出资，因此不存在抽逃的可能；而且，股东出资之后，财产即转归公司所有，自己抽逃自己的资产，在逻辑上也不成立。正因如此，公司不可能成为抽逃出资的主体。同理，1993 年《公司法》也并未规定公司的其他主体（如公司董事、监事、高管，公司职工等）可能构成抽逃出资的责任人。

但是此次修法并未规定抽逃出资的民事责任承担问题，反而在行政处罚和刑法上有了相应的规定。这也引发了理论界和实务界的强烈反响：仅依靠行政责任和刑事责任显然无法提供全面的保护，民事法律关系中应当依靠民事法律责任的保护，尤其是公司法提供的针对性救济。[1]

（二）司法解释的出台：对司法实践中观点的扬弃

1993 年《公司法》颁行之后，针对抽逃出资制度的具体适用问题，最高人民法院、地方高级人民法院曾经做过一些有益的探索，对其中存在争议的问题进行解释。上海市高级人民法院[2]

---

〔1〕 参见宋良刚：《股东抽逃出资的法律责任与救济》，载《法律适用》2003 年 Z1 期。

〔2〕 上海市高级人民法院《关于审理涉及公司诉讼案件若干问题的处理意见（一）》第 3 条规定，应以公司实际资产的不当减少为认定股东抽逃公司资产的标准，股权转让不等于抽逃出资。股东抽逃公司资产，导致公司履约能力不足的，应在抽逃公司资产的范围内对公司债务承担连带清偿责任。

、山东省高级人民法院[1]和陕西省高级人民法院[2]均曾出台过具体的司法解释。

通过这些规定可以发现，首先，对于抽逃出资中“出资”的范围问题，上海市高级人民法院认为该出资指的是公司资产，即认定抽逃出资的标准是公司财产的减损。而山东省高级人民法院和陕西省高级人民法院则认为，抽逃出资指的是股东将其已缴纳的出资撤回/抽回，抽逃范围仅指向该股东的出资，即便是撤回/抽回其他股东的出资，亦不能构成抽逃出资。换言之，若股东撤回/抽回的出资额超过其自身实际缴纳额度，超过部分不属于抽逃出资。若超出该额度，具体应当如何规制，上述法院语焉不详。

其次，对于股东抽逃后的法律责任，上述高级人民法院普遍认为：股东应在抽逃的范围之内，对公司债权人承担相应的责任。关于责任的形式问题，上海市高级人民法院认为是连带清偿责任。与此同时，陕西省高级人民法院还作出了一个全新的规定，即抽逃出资股东应对公司、其他股东承担责任。

再次，对于抽逃出资的表现形式，山东省高级人民法院作了一个有益的探索，即尝试对抽逃出资进行类型化，规定股东抽回出资或者违反公司法规则分配利润和虚构利润分配的行为构成抽逃出资。此种类型化思路对后续司法解释的颁行有部分影响，其中有益的规则也被后来的司法解释采纳了。最高人民法院《关于适用〈中华人民共和国公司法〉若干问题的规定（三）》第12条仍采用了类型化的思路，其中有些类型便与山东省高级人民法院的规定一致。

最后，值得说明的是，关于抽逃出资问题，原国家工商行政管理总局曾连续出过三个批复。原国家工商行政管理总局前后观点发生了较大变化，从一开始认为股东借款即构成抽逃出资[3]，到认为仅有借款行为不能认定为抽逃出资[4]，到最后认为违法借款可推定为抽逃出资[5]。这三个批复主要回答股东—公司之间借款行为与抽逃出资的界限问题，而这恰恰说明其已察觉到公司—股东间正常交易与股东抽逃出资的界限并不十分明确，尚存在值得商榷的地方。抛开特定时期的金融管制因素，股东向公司借款，能否认定为抽逃出资？这个问

〔1〕 山东省高级人民法院《关于审理公司纠纷案件若干问题的意见（试行）》第11条、第14条规定，公司成立后，股东违法将其缴纳的出资全部或部分抽回的，构成抽逃出资；未按《公司法》规定或虚增利润进行利润分配的，违法分配的利润视为抽逃出资；股东抽逃出资的，协助抽逃的其他人员应承担连带责任。

〔2〕 陕西省高级人民法院《关于公司纠纷、企业改制、不良资产处置及刑民交叉等民商事疑难问题的处理意见》第2条规定，股东在公司成立后将所缴出资全部或部分暗中撤回，应对公司、其他股东和债权人承担责任。股东对债权人应承担清偿责任，具体理由是：公司刚刚成立，股东就将出资抽逃，将导致公司无法满足法定最低资本要求，若公司无法偿还对债权人的债务，则应由股东承担无限清偿责任。公司成立后，若股东抽逃资本，公司无法偿还对债权人的债务，股东应在所抽逃资本范围内承担清偿责任。

〔3〕 国家工商行政管理总局《关于公司股东以借款为名抽回注册资本是否属于抽逃出资行为问题的答复》（企指函字〔1999〕6号）。

〔4〕 国家工商行政管理总局《关于股东借款是否属于抽逃出资行为问题的答复》（工商企字〔2002〕第180号）。

〔5〕 国家工商行政管理总局《关于山东省大同宏业投资有限公司是否构成抽逃出资行为问题的答复》（工商企字〔2003〕第63号）。

题并不能直接得出结论。至少,“一刀切”地认为构成或者不构成都是不够合理的。当我们把这个问题再进一步地扩大,股东与公司之间的交易,能否认定为抽逃出资呢?其间的界限又该如何划分?这些问题笔者将在后文进行探讨。

在具体的实践中,公司财产会被股东采取各种手段“取回”。这些“取回”行为通常是复杂的、不易发现的,而且与合法行为的界限也是模糊的。《公司法》中也未展开关于抽逃出资的规定,而这也必然会掣肘实践中对于抽逃出资的追责。[1]最高人民法院在吸纳了理论与实践的成果后,最终发布了最高人民法院《关于适用〈中华人民共和国公司法〉若干问题的规定(三)》。其中第12条首次对抽逃出资的构成要件进行解析。抽逃出资的责任主体是股东,请求权人是公司、其他股东以及债权人;认定抽逃出资,需同时满足两个条件,即符合该条列举的情形和损害公司权益。同时,第14条、第17条、第18条、第20条对抽逃出资的责任问题进行了解释。具体这些规则笔者将在后文展开。

(三)公司法的进一步修改

2013年《公司法》进行修改,公司资本制度发生了较大的变化[2]。为了顺应《公司法》规则的变化,《公司法》相应的司法解释也进行变更。抽逃出资方面的规则变化主要体现在,最高人民法院《关于适用〈中华人民共和国公司法〉若干问题的规定(三)》删除了原来的第12条第1项[3],该条的具体内容也由原先的五项变为现在的四项。删除该项的原因是,《公司法》已取消验资制度,公司成立再无须验资程序。

变化最大的应该是《刑法》方面的规定。2014年4月24日,为了顺应《公司法》修改的大趋势,全国人大常委会专门探讨了抽逃出资罪的适用范围问题,并颁布了一个立法解释[4]。该立法解释规定,抽逃出资罪只能适用于仍实行实缴制的公司,认缴制公司不能适用抽逃出资罪。就此而言,在刑法角度,抽逃出资的适用范围已进行了限缩。

三、抽逃出资中“出资”的解释

(一)“出资”的一般认识

当我们回到《公司法》的文本去探寻抽逃出资中“出资”的含义时,可以发现,《公司

---

〔1〕 最高人民法院民二庭负责人就《关于适用〈中华人民共和国公司法〉若干问题的规定(三)》答记者问,载 https://www.pkulaw.com/lawexplanation/77de62ea83fb2ed025bd367d5727edc6bdfb.html,最后访问时间:2021年3月1日。

〔2〕 归纳起来,此次修法主要有以下这些变化:除法律、法规另有规定外,取消公司的最低资本限额及出资比例的法定限制;注册资本由足额实缴制变为完全的认缴制;简化公司登记事项、登记文件,取消验资程序,公司在登记时无须提交验资报告。

〔3〕 即删除了“将出资款项转入公司账户验资后又转出”的规定。

〔4〕 第十二届全国人民代表大会常务委员会第八次会议通过的《全国人民代表大会常务委员会关于〈中华人民共和国刑法〉第一百五十八条、第一百五十九条的解释》。

法》中的抽逃出资规则在两种公司形式的表述中存在差异。有限责任公司的要求是“股东不得抽逃出资”，股份有限公司则是“发起人、股东不得抽回其股本”。对于此种差异，有学者认为两种公司形式中的表述虽不一致，但所表达的意思是相同的——均指股东不能在公司成立后，以任何形式将已经投入的财产取回。[1]如果股东抽逃出资超过一定额度——其最初的出资额度——那么就属于一种侵权行为，应由侵权法，而不是公司法进行治理。[2]可以说，学界中有不少学者将抽逃出资中的“出资”理解为股东、发起人的已缴纳出资额。[3]所谓的抽逃出资中的“出资”仅是股东已经缴纳的出资额的全部或者一部分。

笔者认可此观点的前半部分，即无论是有限责任公司还是股份有限公司，抽逃出资的含义应该是一致的。尽管从《公司法》的条文表述上来看二者存在差异，但规制的均是抽逃出资行为，抽逃出资并不会因为公司的形式不同而产生变化。问题是，抽逃出资中的“出资”能否理解为仅是股东的出资呢？如果说《公司法》第35条的规定还不够明确的话，那第91条中发起人、认股人“不得抽回其股本”的规定则相当明确。即所谓的抽逃出资，指向的便是股东将已缴纳的股款抽回，且该股款只是该抽逃出资股东个人的出资款。

（二）“出资”的理论困境

那么究竟应当将抽逃出资中的“出资”理解为股东的出资额，还是解释为公司的所有资产？笔者认为，应当将其解释为公司资产。下面笔者将从两个角度展开论述，若将“出资”仅理解为该股东的实缴出资额，将会产生很多难以自圆其说的问题；同时，将“出资”解释为公司资产，可以进行理论证成。

首先，抽逃出资这个概念并不准确。股东以货币资产或者非货币资产进行出资，从而获取股东身份，享受股权权利；但是一旦出资完成，则意味着该特定资产已经转移给了公司，即公司成为该资产的所有权人，公司理应享有所有权的全部权能。那么“出资”这个概念只在公司股东完成出资义务前才有意义，即股东正式缴纳该出资以前；在股东缴纳出资完成之后，该出资便成了公司的财产，难谓抽逃出资。在以货币出资的情形下，股东出资的货币与公司财产混在一起，如此便更难认定该股东抽回的还是其最初的出资。

其次，“出资”若仅是该抽逃出资股东的出资额，那么在抽逃金额超出该股东的出资额度时，应当如何认定呢？理想状态下，抽逃出资的金额可能小于或者等于该股东的出资额度，但在某些情形下，抽逃出资的金额也可能会大于该股东的出资额度。若抽回出资的时点是在完成出资后、公司正常经营前（或者只进行短暂的经营），股东此时抽回的出资可能与

---

〔1〕参见王萍：《公司抽逃出资法律问题研究——以德国法为主要参考系》，载《德国研究》2016年第4期。

〔2〕参见冯静：《抽逃出资民事责任的性质及认定》，载《法学》2015年第6期。

〔3〕持此种观点的学者很多，参见冯果：《公司法要论》，武汉大学出版社2003年版，第89页；冯中华：《公司经济犯罪研究》，中国方正出版社2005年版，第194页；张远堂：《公司法实务指南》，中国法制出版社2007年版，第64页；朱洪超、李大进、谈臻：《公司法实务操作原理·规则·适用》，法律出版社2008年版，第22页。

其缴纳的出资相差无几；但若公司正常经营了一段时间后，股东的出资则完全“融入”了公司的资产，股东此时抽回的出资则很有可能与其缴纳的出资没有关联，抽回的出资甚至可能大于股东的出资额度。如前所述，有学者认为，对于超出的部分，不应当认定为抽逃出资，而应认定为侵占公司财产，该行为是一种侵权行为，由侵权法进行规制即可。〔1〕

司法实务中，也存在许多超额抽逃的情形。徐某羽、中建七局安装工程有限公司案外人执行异议之诉一案〔2〕和彭某卿、朱某权股东损害公司债权人利益责任纠纷一案〔3〕均是抽逃出资的金额大于该股东出资额度的情形，但两份判决书代表着截然不同的两个方向。徐某羽、中建七局安装工程有限公司案外人执行异议之诉案中，法院仅判决在实缴出资额度范围内承担责任，对于超额的抽逃出资，法院并未提及应当如何处理；在彭某卿、朱某权股东损害公司债权人利益责任纠纷一案中，法院判决股东承担补充赔偿责任。第一种处理方案对超额的抽逃出资置之不理，显然缺乏一定的合理性。超额的抽逃出资不仅导致公司财产损失，影响公司正常的经营秩序；而且客观上对于其他股东也难谓公平，容易造成其他股东的机会损失。比如，公司的经营状况可能因此而下滑，最终其他股东遭受损失。所以，对超额的抽逃出资置之不理，显然不够合理。第二种方案对超额的抽逃出资进行了法律规制，规制理由是“占用公司资金”，但是本案一审和二审最后适用的法条均只有最高人民法院《关于适用〈中华人民共和国公司法〉若干问题的规定（三）》第14条，即股东抽逃出资的法律责任。占用公司资金显然不等同于抽逃出资，占用公司资金能适用该条文吗？是直接适用还是类推适用？是适用抽逃出资的规则还是适用《公司法》抑或民法一般法的其他规定呢？法院在判决书中并未对此予以说明，不得不说这是一大缺失。

最后，抽逃出资的规则与理论和实践发展的方向相背离，抽逃出资是资本信用下的产物，并不符合资产信用的发展方向。在谈到资本信用时，通常都离不开资本三原则。〔4〕所谓的资本三原则，即资本确定、资本维持、资本不变这三大原则。其中，为了保护公司债权人、维护社会正常交易秩序，资本维持原则要求公司必须保持一定数量的资本，与注册资本基本持平。禁止抽逃出资是资本维持原则在我国《公司法》上的表现之一。与大陆法系不一样，判例法系并没有所谓的资本三原则，但他们仍从判例中进行了与大陆法系类似的保护。〔5〕资本三原则是在公司债权人交易风险加大的特定历史条件下，为均衡保护公司、投资者、债权人的利益而创设的。而禁止抽逃出资作为资本三原则的组成部分之一，也并未受到质疑，一直存续在我国的《公司法》体系内。

---

〔1〕 参见冯静：《抽逃出资民事责任的性质及认定》，载《法学》2015年第6期。
〔2〕 参见徐某羽、中建七局安装工程有限公司二审民事判决书，（2020）豫05民终2373号。
〔3〕 参见彭某卿、朱某权股东损害公司债权人利益责任纠纷二审民事判决书，（2019）浙01民终7078号。
〔4〕 参见邓峰：《普通公司法》，中国人民大学出版社2009年版，第319页。
〔5〕 参见李建伟：《公司法学》，中国人民大学出版社2018年版，第157页。

随着时间的发展和理论研究的深入，情况发生了变化，资本信用也开始受到了质疑。[1]原本给资本三原则预设的保护债权人利益、维护社会交易安全的使命，实际上无法得以实现，以资本信用为核心而构建的公司信用体系不能完成这样的使命。[2]公司资本的担保功能在实践中并未给与债权人充分的保护，反而成为公司发展的障碍。[3]“如果我生意做得好，维持当然没有问题，但是如果我做亏了呢，难道我一定要补充资本吗？没有一条法律有这样的要求，维持得了吗？”[4]公司资本对债权人的保护、交易安全的保障所起到的作用实际上很有限，公司资本只是一个几乎不会发生任何变化的数字（至少要经过法定程序才能发生变化），但是公司资产却会随着时间的推移而不断地起伏。公司资产数额，代表着公司清偿能力、财产责任的范围；而公司资本，实际上与公司的实际清偿能力的相关性并没有想象得那么大。

禁止公司股东抽逃出资，目的是维持公司资本、防止公司资本的不当减少。但是维持公司资本真的有那么重要吗？换言之，维持公司资本，能够起到保护公司债权人、保障交易安全的作用吗？如前面很多学者描述的那样，资本只是一个静态的概念，它并不能保证公司的偿债能力维持在一个固定的水平，反而资产才真正具有法律意义，才真正代表了公司的偿债能力。既然资本信用已经不再具有存续的必要、资产信用成了发展的潮流，那在股东抽逃出资问题上，是不是也应当贯彻资产信用的理念，将禁止抽逃出资转化为禁止抽逃公司资产？

（三）从“出资”到“公司资产”的转化

禁止抽逃出资，本质上是禁止公司资产向股东不正当的流动。正当、合理的流动是允许的，比如公司的股份回购、公司的利润分配，甚至是公司与股东的合法的交易，但是不正当的资产流动应当被禁止。因为它导致公司资产的不当减损，从而可能损害公司债权人利益和社会交易安全；公司由于资产的减损，正常的经营秩序也会受到阻碍；若该资产仅向个别股东流动，也会导致股东之间的不公平。如前所述，现行的抽逃出资禁止规范存在许多问题，而这些问题的解决之道，就是将抽逃出资中的“出资”解释为公司资产。

首先，抽逃出资中的“出资”表面上是股东的出资，但实际上这已经是公司的资产了，因此抽逃出资其实就是抽逃公司的资产。就这个层面而言，抽逃出资转变为抽逃公司资产并没有那么突兀。若该出资尚未成为公司资产，就谈不上抽逃出资，也当然不构成抽逃公司资产。因为该资产的所有权还没有转移至公司，所有权人仍为公司的股东。

其次，将抽逃出资中的“出资”解释为公司资产，则不会产生前述的由于“出资”的

---

〔1〕参见邹海林、陈洁：《公司资本制度的现代化》，社会科学文献出版社2014年版，第58~61页。
〔2〕参见赵旭东：《从资本信用到资产信用》，载《法学研究》2003年第5期。
〔3〕参见朱慈蕴：《公司资本理念与债权人利益保护》，载《政法论坛》2005年第3期。
〔4〕参见朱锦清：《公司法学》，清华大学出版社2019年版，第67页。

认识局限而带来的问题。一方面，将“出资”这个概念放在抽逃出资的语境下使用，饱受学界诟病，它可能会混淆公司和股东财产的边界，被认为是早期公司法学界对法人财产权没有形成正确认识下的特定产物。[1]另一方面，抽逃出资中的“出资”无法解释超额出资的问题，即在股东抽逃金额大于其出资额度甚至超过公司注册资本时，应该如何适用抽逃出资的规范便成了一个悬而未决的问题。从目前的司法实践来看，也是存在各种争议，法律适用并不统一。但是如果将抽逃出资转变为抽逃公司资产，这些问题则迎刃而解。公司资产是一个有着明确边界的、清晰的概念，并不会与股东的财产混同；对于超额出资的问题，由于超额的出资仍属于公司资产的范畴，所以法律适用也是很明确的。

再次，当我们将目光转向比较法视野时，也可以发现抽逃出资制度从资本到资产的变化。德国的公司股权相对集中、股东对公司控制较强，股东的抽逃出资问题亦受到理论和实务界的广泛关注，德国公司法主要是通过分配禁止制度实现股东资产和公司资产的隔离，进而规制股东抽逃出资。这些规则体现在德国《有限责任公司法》和《股份法》的“股东与公司的关系”之中。随着时间的发展，分配禁止制度所涉范畴不断增大，慢慢开始扩大到公司日常经营中积累的财产，而股份公司则直接将公司资产纳入禁止范畴。[2]

1984年，美国颁布《统一欺诈转让法》（Uniform Fraudulent Transfer Act），该法以债权人撤销权为核心，以规制资产欺诈转移为目的。其中，在“转让”的界定中，该法将可能导致债务人财产减少、有害于债权人的行为，均纳入欺诈性审查范畴。同时，为了防止公司财产的不当转移，该法通过“内部人的界定”，扩大对关联交易的规制。[3]在公司欺诈交易的行为中，该法规制的不仅是公司资本的不当减损，而是包括所有的可能导致公司资产减少的行为。正是基于这样的原因，有学者提出，可以考虑借鉴美国《统一欺诈转让法》，完善公司经营阶段的欺诈转移行为。[4]

最后，将抽逃出资转变为抽逃公司资产，是资产信用的体现，符合公司法的未来发展方向。禁止抽逃出资是资本维持原则下的分支，是公司法用来维持公司资本的一大法宝，但是其维持的还只是公司的“资本”，实际上起到的效果并不显著。静态的资本无法适应公司的动态经营的需求，不能真正地保护公司债权人和维护交易安全。实际上，禁止抽逃出资能起到的作用仅是防止公司资本的不当流动，防止股东对公司资本的侵害。既然如此，为何不扩大对公司财产的保护范围，从原来的资本保护拓展到资产保护？从财产流向的角度来分析公司与股东之间的关系，不难发现，股东通过最初的出资形成公司原始资本，这是财产从股东流向公司，2013年《公司法》修改也主要针对的是这个流向，即放松了对股东出资的严格

---

〔1〕 参见樊云慧：《从“抽逃出资”到“侵占公司财产”：一个概念的厘清——以公司注册资本登记制度改革为切入点》，载《法商研究》2014年第1期。

〔2〕 参见王萍：《公司抽逃出资法律问题研究——以德国法为主要参考系》，载《德国研究》2016年第4期。

〔3〕 参见赵树文：《美国〈统一欺诈转让法〉对公司债权人保护之借鉴》，载《社会科学》2013年第2期。

〔4〕 参见赵树文：《美国〈统一欺诈转让法〉对公司债权人保护之借鉴》，载《社会科学》2013年第2期。

管制；此后，股东通过出资获取股东资格，享有从公司分取红利的权利，这是财产从公司流向股东。可以确定的是，合法的财产流动是被允许的，我们需要规制的是不合法的财产流动。2013 年《公司法》修改的方向是“宽进”，那么与之配套的是“严出”，不能让股东在以很小的代价下享受有限责任的同时，又能够从公司很轻易地获取财产。通过“严出”落实资产信用，以实现真正意义上对公司、债权人和社会利益的维护。

四、抽逃出资的适用分析

（一）适用范围

在《公司法》修改之后，2014 年全国人大常委会通过立法解释对抽逃出资罪进行限缩解释，缩小了抽逃出资罪的适用范围。〔1〕从此，抽逃出资罪不再普遍适用于所有的公司。抽逃出资适用范围在刑法领域的变迁，对公司法的适用究竟会产生何种影响？公司法是否也需要像刑法一样，对抽逃出资的适用范围进行限缩？

在刑法学界，有学者提出，公司资本制度已经发生了变化，此前严格的实缴制已变为宽松的认缴制，那么抽逃出资便不再会发生，将其规定为犯罪也变得毫无意义。〔2〕公司资本制度变革后，抽逃出资罪的发生不会再像以前那么普遍，原因之一是，最常见的直接抽回出资的行为不再被认定为抽逃出资；原因之二是，以上市公司为代表的大公司的股东一般不会抽逃出资，实施该违法行为的绝大多数是普通行业的有限责任公司的股东，而立法解释已经排除了对这些公司的适用。〔3〕也有学者认为，抽逃出资更多是公司运营过程中的法律规制，侵害公司财产、影响公司公示信息的准确性，在刑法中应当继续存在，但建议修改为“侵害公司财产罪”〔4〕或者“抽逃公司财产罪”〔5〕。

抽逃出资罪在今后将会变少，笔者对此是认可的。由于前述立法解释的限缩，导致抽逃出资罪的适用范围急剧减少，因为其只能适用于实缴制的公司，而实缴制公司所占比例并不会很大。仍实行实缴制的仅是少数特殊行业的公司，绝大多数的中小企业实行的是认缴制。正是这个原因，从公司数量上来说，抽逃出资罪的适用有可能会减少。但是，这并不意味着抽逃出资的行为一定会减少，那种认为公司设立由实缴制变为认缴制、取消了最低资本限

〔1〕 2014 年 4 月 24 日，第十二届全国人民代表大会常务委员会第八次会议通过《全国人民代表大会常务委员会关于〈中华人民共和国刑法〉第一百五十八条、第一百五十九条的解释》，规定抽逃出资罪“只适用于依法实行注册资本实缴登记制的公司”。

〔2〕 参见刘宪权：《中国（上海）自由贸易试验区成立对刑法适用之影响》，载《法学》2013 年第 12 期。

〔3〕 参见杨丹：《公司资本制度变革下抽逃出资“除罪化”的实证研究》，载《法商研究》2016 年第 3 期。

〔4〕 参见李军：《认缴制下对“资本三罪”的修订或重新解读——“废用论”外的另一条可行路径》，载《政治与法律》2015 年第 9 期

〔5〕 参见卢建平：《公司注册门槛降低对刑法的挑战——兼论市场经济格局中的刑法谦抑》，载《法治研究》2014 年第 1 期。

额，则抽逃出资便不会发生的观点很难站得住脚。在公司设立阶段，可能由于认缴制的存在，股东出资较少，没有必要进行抽逃出资；但在公司运营阶段，无论股东实际出资与否，股东都可能侵占公司累积的财富，而这也是抽逃出资的表现。

刑法学者的另一个误解是“将出资款项转入公司账户验资后又转出”不属于抽逃出资。为何会产生此种误解呢？笔者认为原因可能是最高人民法院《关于适用〈中华人民共和国公司法〉若干问题的规定（三）》将该款删除了，即现行法中已经没有类似这样的规定了。由于2013年《公司法》修改，取消了验资程序，所以后来的最高人民法院《关于适用〈中华人民共和国公司法〉若干问题的规定（三）》在修订时，就将该款删除了。但即使不验资，股东也应履行出资义务。股东在履行出资的义务后又立即转出，真的不属于抽逃出资吗？对此最高人民法院有一个答复[1]，最高人民法院倾向于将此种行为归入抽逃出资认定的兜底条款，而并不是完全否定出资后又转出的行为属于抽逃出资的可能性。笔者亦认同最高人民法院的观点，股东在履行出资义务后又直接转移其出资财产的行为构成抽逃出资。一方面，股东的此种行为符合抽逃出资制度的形式要件，公司的财产明显被转移至该股东名下；另一方面，这种行为侵害了公司以及其他利益相关人的合法权益，应当予以规制。

刑法学界可能对抽逃出资确实存在一些误解。但前述的立法解释已正式颁行，抽逃出资罪被限缩解释的现实不能改变。公法领域的限缩解释，对私法是否有着相同的影响？换言之，《公司法》也应在规则抽逃出资方面与《刑法》保持一致吗？对此，笔者认为答案是否定的。股东在缴纳出资后又抽逃，既导致公司实缴资本的虚假又侵犯公司财产，而这些违法性并不会随着认缴制的产生而消失。[2]那么是否需要限缩抽逃出资的适用呢？笔者认为也不需要。实缴制的公司会存在抽逃出资的情形，认缴制的公司亦会存在抽逃出资。在公司运营阶段，无论股东实际出资与否，股东都可能侵占公司累积的财富；尤其是在认缴制的背景下，公司股东的出资认而不缴，在公司运营阶段肆意侵占公司财产，这种行为更需要法律的规制。

（二）损害公司权益的理解

抽逃出资本质上就是公司资产向股东的非正常流动。无论是将“出资”理解为股东的出资还是公司资产，其首要表现均为公司资产流向股东。但并非公司向股东给付财产的所有行为均是抽逃出资，若该给付是正当，则不能给予负面评价。对于正当与否的判断，最高人民法院《关于适用〈中华人民共和国公司法〉若干问题的规定（三）》给出的标准是——是否“损害公司权益”。但是何为损害公司权益？《公司法》及系列司法解释并未回答这个问题。

---

〔1〕 参见最高人民法院（2014）民二他字第19号答复。

〔2〕 参见赵旭东：《认缴资本制下的股东有限责任——兼论虚报资本、虚假出资和抽逃出资行为的认定》，载《法律适用》2014年第11期。

1. 合法的返还

公司是一个商事主体，完全可以依据资本市场发展状况、企业运营实际和行业发展等不同因素而对其自身的资本结构进行调整。这在我国现行《公司法》上的表现主要是股利分配、减资和回购。若公司进行这三种形式的“分配”，且符合法定要求，则很难再认定为抽逃出资。公司对股东的财产返还并非完全不被认可。在遵守法定条件、程序的前提下，一些特殊的返还亦是可以的。

2. 损害公司权益的认定

抽逃出资的认定是否需要佐以“损害公司权益”这个要件呢？有学者认为，无须考虑损害公司权益的认定，抽逃出资本身就会损害公司权益。因为抽逃出资会导致公司实收资本低于注册资本，而这显然是一种欺诈行为。[1]另外，也有学者提出，抽逃出资中“损害公司权益”这个要件很容易满足，“只要有资产转出行为并且该行为可能存在不当，公司权益就会遭受损失”。[2]但是，相反的意见认为，损害公司权益其实是一个十分哲学化的命题，公司利益的内涵和边界的界定是十分复杂的。[3]笔者认为，并非最高人民法院《关于适用〈中华人民共和国公司法〉若干问题的规定（三）》规定的所有情形都一定会构成抽逃出资。没有任何缘由的将公司财产转出或者虚构事由将公司财产转出，当然地构成抽逃出资，最高人民法院《关于适用〈中华人民共和国公司法〉若干问题的规定（三）》第1项和第2项便是属于这种情形。但是第3项的关联交易则并不必然损害公司权益，关联交易也有可能让公司获利。当我们把视野转移到审判实践中，可以发现“损害公司权益”的认定并没有像很多学者主张的那么简单，其在实践中也是争议四起、各方当事人各执己见。

在李某利、徐某祥执行异议之诉一案中，一审法院认为公司注册资本不同于公司资产，即使公司净资产大于注册资本，亦不影响股东承担抽逃出资的责任。[4]二审法院河北省沧州市中级人民法院认为，在中硕公司经营过程中，李某利及其隐名股东又将其出资补足；2011年公司成立时注册资本为1000万元，2011年12月31日中硕公司固定资产965.18035万元，流动资产143.318531万元，中硕公司资产总计1108.498885万元。由此，可以认定李某利的上述行为实质上并未造成中硕公司资产的减少，亦未破坏中硕公司的运营和盈利能力，不具备抽逃出资的实质要件。[5]

股东抽逃出资后，除了上述进行补足的情形外，还有股东主张其对公司的总投资已超过其出资额以抗辩抽逃出资。在魏某恒与山东宏昱精密钢板有限公司案外人执行异议之诉中，魏某恒主张其作为山东博兴县业正彩涂钢板有限公司股东先后投入资金超过了1300万余元，

---

〔1〕 参见施天涛：《公司法学》，法律出版社2018年版，第190页。

〔2〕 参见邹海林、陈洁：《公司资本制度的现代化》，社会科学文献出版社2014年版，第209页。

〔3〕 参见甘培忠、周游：《公司利益保护的裁判现实与理性反思》，载《法学杂志》2014年第3期。

〔4〕 参见李某利、徐某祥执行异议之诉民事判决书，（2019）冀0902民初889号。

〔5〕 参见李某利、徐某祥执行异议之诉二审民事判决书，（2019）冀09民终7514号。

不存在任何抽逃的行为。对此，法院认为：首先，该股东不能证明其已经履行了出资义务。其次，该项主张也存在一个明显的错误，把公司注册资本和公司资产混为一谈，而这两者显然是不同的。公司资产数额大于注册资本额，不等于股东就实际履行了出资义务。最终法院认定该股东构成抽逃出资。[1]这种观点亦体现在最高人民法院的裁判意见中。[2]

即使公司净资产大于注册资本，亦不影响股东承担抽逃出资的责任。笔者对此观点是认可的。因为若股东抽逃出资后，即便公司净资产很多甚至大于注册资本，并不能改变股东已经抽逃出资的事实。但是若股东在抽逃出资后，又进行补足或者以其他方式将钱款投入公司，公司的资产仍大于注册资本，这能认定为损害公司权益吗？此时公司净资产的来源并不仅是公司正常盈利所得，还有股东的直接投入。对此，前述判决展示了两种不同的态度。一种是认可该股东的补足行为，对其不再判定为抽逃出资；另一种是不予认可，但是其认定理由笔者并不赞同。否定股东补足行为的理由可分为两部分，一是事实部分，即该股东并不存在补足情形；二是法律部分，即资本与资产是不同的概念，公司净资产大于注册资本，亦不影响股东承担抽逃出资的责任。事实部分无可厚非，但是在理由部分，法院在论证时均忽略了该资产是来自股东的补足，进而认为资产良好不能否定抽逃出资的存在。

若股东完全没有补足出资，认定为抽逃出资是合情合理的。问题是，如果股东抽逃出资后，又进行了补足行为，且公司运行正常、未发现额外损失，净资产也大于注册资本，此时还能认定为抽逃出资吗？笔者赞同前述沧州市中级人民法院的观点，不能认定为抽逃出资，理由是该行为不符合抽逃出资制度的实质要件。尽管股东事先存在抽逃出资，但是该股东事后进行了补足，且公司经营正常、仍具备正常的运营能力，并未产生重大风险，因此很难说股东损害了公司权益。

除此之外，在认定公司权益受损时，能否仅以账面数字作出判断，而不考虑实际的资产属性？若仅从账面数字来看，公司是获益的；但若从资产属性出发，公司可能受损，此时还能认定股东构成抽逃出资吗？在最高人民法院的一则判例中，股东以其享有的对公司的债权折抵该股东的出资，且该债权额大于出资额，最高人民法院认为此种行为不构成抽逃出资。[3]对于此判决，有论者提出异议——从商事实践理性的角度出发，若该债权价值真的大于应缴纳的出资额度，股东还会继续进行抵销吗？[4]笔者认为，这样的抵销不仅可能影响公司现金流，导致公司无法正常经营，而且这样的抵销是否公允也有待商榷。尽管本案从现有判决书公开的信息来看，无法直接得出这样的交易会损害公司利益的结论；但至少法院仅依

---

〔1〕参见魏某恒与山东宏昱精密钢板有限公司一审民事判决书，（2020）鲁1625民初446号。

〔2〕参见张某渠、王某再审审查与审判监督民事裁定书，（2019）最高法民申3194号。

〔3〕参见中航信托股份有限公司、毛信吉股东损害公司债权人利益责任纠纷二审民事判决书，（2015）民二终字第435号。

〔4〕参见汤友军：《特殊情形下股东抽逃出资的识别》，载https：//mp.weixin.qq.com/s/31rz_bT52YJ3H0Wo9SJR4g，最后访问时间：2020年3月1日。

据抵销的账面数字就作出是否构成抽逃出资的判断是缺乏足够的合理性的。

总之，股东抽逃出资的表现不一而足，单从外观上判断是否构成抽逃出资是片面的，至少应结合实质要件作出判断。就实质要件来说，公司利益内容庞杂且涉及很多不同因素，不同因素之间可能排斥或者抵销；公司利益也可能因为企业形式、发展理念等不同而存在差异。[1]尽管存在这些障碍，我们在认定损害公司利益时仍有一些原则性的理念需要坚持。公司利益应当以公司价值的持续上升为目标，同时关注公司的正常经营秩序。认定公司利益是否受损时应从实质出发，坚持实质重于形式的原则，关注资产属性以及预期的、无形的公司利益，将公司的期待权纳入保护范畴。[2]

（三）股东—公司交易视角下的抽逃出资

股东—公司的交易可以分为两种，一种是经营性交易，另一种是资本性交易。具体而言，经营性交易是指股东作为一个与公司不同且独立的民事主体，可以与公司进行正常的市场交易，比如商品买卖、租赁等常见的交易形式。而资本性交易则是指股东由于其“特殊”的股东身份而与公司发生的交易，如股东对公司的出资行为、公司对股东的利润分配行为。[3]最高人民法院《关于适用〈中华人民共和国公司法〉若干问题的规定（三）》第12条列举的三种情形均属于公司与股东的交易。其中，虚增利润进行分配属于资本性交易，虚构债权债务和关联交易将出资转出的行为则属于经营性交易。除此之外，公司与股东的借贷交易、对赌协议等亦是二者之间的交易。

虚增利润进行分配和虚构债权债务的识别是比较简单的，二者的本质均是虚构一个“莫须有”的事实。最高人民法院《关于适用〈中华人民共和国公司法〉若干问题的规定（三）》第12条还另外列举了一种情形，即通过关联交易将出资转出。一般来说，公司股东完全能够通过普通的交易形式，将其出资转出，而不必然通过关联交易的方式。笔者认为，最高人民法院《关于适用〈中华人民共和国公司法〉若干问题的规定（三）》第12条的“关联交易”指的便是股东与公司间的普通交易。依据《公司法》第21条关于关联交易的一般规则，股东并非关联交易的主体，真正的主体应当是公司控股股东。那么一般的股东如何能够做到通过关联交易将出资转出呢？至少从公司法层面，普通股东似乎无法实现与公司间的关联交易。若将此处的关联交易进行限缩解释，将其理解为股东与公司间的一般交易，那么便不存在矛盾了；否则，最高人民法院《关于适用〈中华人民共和国公司法〉若干问题的规定（三）》第12条的“关联交易”便仅能规制公司的控股股东，而不能针对公司的一般股东，由此便引发了明显的矛盾点。

---

〔1〕 参见杨大可：《德国法上的公司利益及其对我国的启示》，载《清华法学》2019年第4期。

〔2〕 参见万国华、张崇胜：《公司利益类型界定与保护法律问题研究》，载《南开学报》（哲学社会科学版）2019年第3期。

〔3〕 参见刘燕：《重构“禁止抽逃出资”规则的公司法理基础》，载《中国法学》2015年第4期。

股东与公司的交易，并不必然带来负面的影响，至少这种交易是一种中性的行为。一方面，股东与公司进行交易，可以降低二者之间的交易成本，至少已经无须再发生交易的调查成本；股东与公司之间的交易也可能更为稳定，因为二者已经比较熟识，交易的不确定性减小。另一方面，公司在与股东进行交易时，很可能会被股东控制，导致公司处于交易的弱势地位，进而使公司在交易中遭受不利益。因此，相较于前两种表现形式，对于股东与公司之间交易的审查应当慎之又慎，仔细甄别其中潜在的抽逃出资行为，同时对合理的交易进行保护。

实践中，直接抽逃出资的识别是比较简单的，但在法律关系复杂的商事交易中识别抽逃出资却十分复杂。比如，实务中流行的对赌协议、明股实债等交易中，均存在抽逃出资的识别问题。[1]《九民纪要》[2]在第5条（对赌协议部分）中也规定要在对赌协议的履行中进行抽逃出资的审查。问题是，公司—股东交易背景下的抽逃出资究竟应当如何审查？审查的标准和依据是什么？这些问题在《九民纪要》中找不到答案。

笔者认为，对于股东与公司交易背景下的抽逃出资的识别问题，应当遵循以下原则：首先，对于该问题，不能简单地得出一个结论，即草率地作出某交易属于抽逃出资或者不属于抽逃出资的论断是不可取的。以股东与公司进行的简单的借贷交易为例，我们不能一概认为股东向公司借款即构成抽逃出资，因为股东完全有可能出于合法的动机向公司借款，并明确约定借款的到期日、借款利息等。比如，在原告谭某军与被告黄某汉、牛某霞、刘某成、梁某股东损害公司债权人利益责任纠纷一审民事判决书中，法院认为，被告牛某霞向怀化鸿瑞公司借款，双方约定了借款期限和借款利息，属于正常的借贷交易，双方之间的借贷关系未违反法律的禁止性规定，合法有效。在存在合法有效的借贷交易的前提下，且股东偿还了借款本息，因此该股东不构成抽逃出资。[3]

但与此同时，股东也有可能打着“借款”的名义进行抽逃出资，即名义上是股东向公司借款，但实际上却是为了抽逃出资。对于此种名实不符的行为，我们只能通过当事人之间名义上的行为进行解释。比如，若股东向公司借款，但根本未约定还款日期，此时便很难认定股东与公司之间属于正常的借贷交易，而更有可能属于抽逃出资。

其次，对于股东与公司交易背景下的抽逃出资的识别，我们需要同时从合同法和公司法角度进行分析，不仅需要考虑相应的合同效力问题，同时需要考虑合同的实际履行问题。《九民纪要》对于对赌协议的处理路径，亦体现了此种思路。该纪要认为，在没有明显无效事由的前提下，对赌协议的效力不应一概地否认。但对赌协议有效，并不意味着公司股东即

---

〔1〕参见汤友军：《特殊情形下股东抽逃出资的识别》，载 https：//mp. weixin. qq. com/s/31rz_bT52YJ3H0Wo9SJR4g，最后访问时间：2020年3月1日。

〔2〕《九民纪要》全称为《全国法院民商事审判工作会议纪要》，为了行文方便，以下简称为《九民纪要》。

〔3〕参见原告谭某军与被告黄某汉、牛某霞、刘某成、梁某股东损害公司债权人利益责任纠纷一审民事判决书，（2019）湘1202民初1684号。

可以直接要求公司回购股权或者进行现金补偿。股东要求公司回购股权或者进行现金补偿，均需要满足公司法的法定程序。比如，股东要求公司进行现金补偿，则应当遵守公司利润分配的规则。不经过公司利润分配程序的现金补偿，相当于公司直接将股东的投资返还股东，而这明显有违《公司法》的程序性规定，也违背了不得抽逃出资的基本原则。

最后，对于股东与公司交易背景下的抽逃出资的识别，仍需要借助“损害公司利益”这一标准进行判断。抽逃出资的构成，需要满足“损害公司利益”这一要件；而正常的公司与股东间的交易，如果说不一定能给公司创造收益/价值，那至少也不应当是损害公司利益。在进行正常交易与抽逃出资的界分时，可以看看该交易是否损害公司利益。对于损害公司利益的认定，如前文所述，可以考虑从实质出发，坚持实质重于形式的原则，关注资产属性以及预期的、无形的公司利益，将公司的期待权纳入保护范畴。将抽逃出资行为与正常的公司行为和交易相区别，“需要法院对股东或公司的行为和交易进行实质性审查，而不能仅凭外观形式判断法律性质”。〔1〕

五、抽逃出资民事责任的阐释

（一）抽逃出资的责任主体

在股东抽逃出资时，可向其追究责任的主体——公司、其他股东和公司债权人——已经十分明确，不存在适用不明的问题。而抽逃出资的担责主体是公司股东，以及协助抽逃出资的人员。此处的“股东”的内含和外延并不是十分的明确，至少还存在以下两种特殊情形。

其一，在隐名出资的情境下，当显名股东抽逃出资时，应当由实际出资人担责，还是由显名股东承担相应的责任？在我国司法理论与实践中，隐名出资存在最大的疑问是股东资格的认定问题。与此同时，隐名出资还存在实际出资人与外部第三人的关系问题。〔2〕换言之，在名义股东违法出资义务时——在本文中探讨的问题是股东抽逃出资——外部第三人能否向名义股东主张权利，抑或是向实际出资人主张权利。笔者认为，基于名义股东与实际出资人的内部关系以及商事外观主义的要求，不宜由实际出资人承担抽逃出资的责任。在名义股东承担相应的责任之后，其可以基于与实际出资人的合同关系（或者其他关系）主张权利。

其二，当公司股东抽逃出资后，进行了股权转让，责任主体应当是原股东，还是新股东？抑或由二者共同承担连带责任？对于此种情形，笔者认为可以适用最高人民法院《关于

〔1〕 参见王军：《中国公司法》，高等教育出版社 2017 年版，第 158 页。

〔2〕 参见张双根：《论隐名出资——对〈公司法解释（三）〉相关规定的批判与发展》，载《法学家》2014 年第 2 期。

适用〈中华人民共和国公司法〉若干问题的规定（三）》的规则，以受让人是否明知为界限。[1]若受让人早已知晓原股东存在抽逃出资行为的，则应当由原股东和受让股东承担连带责任。否则，便只应由原股东承担责任。

（二）责任形式的展开

1. 损害赔偿

股东在抽逃出资后，首先应当承担的是损害赔偿责任。损害赔偿的表现形式是返还抽逃出资的本息，可主张返还的主体是公司和其他股东。公司可要求抽逃出资的股东返还抽逃数额的本息。股东抽逃出资的，同时还应对其他股东承担赔偿责任。股东若进行抽逃出资，可能从两个方面侵害其他股东的股东权益。一方面，抽逃出资将导致公司资产减少，不利于公司正常经营，进而损害其他股东的利润分配请求权等权能；另一方面，股东未足额出资，却享受了该出资对应的股权，这无异于剥夺了其他股东的利益。据此，其他股东可向该抽逃出资股东主张权利。

2. 限制股东权利，解除股东资格

股东因出资而享有相应的股权，就此而言，股权相当于股东出资的对价。[2]换言之，无出资则无股权。在股东抽逃出资的情况下，再继续由该股东享有相应的股权，则明显有违公司法的基本法理。对此，最高人民法院《关于适用〈中华人民共和国公司法〉若干问题的规定（三）》第16条规定，股东抽逃出资的，公司可对该股东进行限权，限权的依据是章程或者股东会决议。若股东抽逃出资，经公司催缴仍未返还的，公司可通过股东会决议解除该股东的股东资格。

值得注意的是，当股东抽逃数额未超过其出资额时，公司不能直接解除股东资格或者限制该股东所有的股东权利。最高人民法院《关于适用〈中华人民共和国公司法〉若干问题的规定（三）》规定的亦是，股东抽逃全部出资，公司方可解除该股东资格。

3. 补充赔偿责任及与连带责任的界分

最高人民法院《关于适用〈中华人民共和国公司法〉若干问题的规定（三）》规定抽逃出资的股东应对债权人承担补充赔偿责任，责任范围是抽逃出资的本息。何为补充赔偿责任？所谓补充赔偿责任，是指直接责任人的财产无法覆盖其相应的责任时，由相关人进行补充赔偿的责任。[3]具体来说，抽逃出资股东以抽逃出资本息为限承担补充赔偿责任，该责任应当在公司无法清偿债权人时由股东进行补充赔偿；同时，协助抽逃出资的其他主体应对此

---

〔1〕 笔者认为此处可以适用最高人民法院《关于适用〈中华人民共和国公司法〉若干问题的规定（三）》第18条，原因是该条规定的是有限责任公司股东瑕疵出资后转让股权的规则，而抽逃出资亦属于瑕疵出资。

〔2〕 参见施天涛：《公司法学》，法律出版社2018年版，第241页。

〔3〕 参见魏振瀛主编：《民法学》，高等教育出版社2000年版，第48页。

承担连带责任。[1]

在中国现行的公司法体系中，公司债权人除了可以要求股东承担补充赔偿责任外，还可能要求股东与公司一同承担连带责任。有学者指出，股东抽逃出资很有可能造成公司资本显著不足，而一旦满足公司人格否认的要件，原本只需承担有限责任的股东则需连同公司对债权人承担连带责任。[2]那么股东原本的有限责任（最高人民法院《关于适用〈中华人民共和国公司法〉若干问题的规定（三）》规定的补充赔偿责任）是如何转化为无限责任呢？换言之，两种制度究竟是如何衔接的？

公司法人格否认制度规定在《公司法》第20条第3款。根据该款规定，适用公司法人格否认必须同时具备主体、行为和结果要件。首先，主体是公司的股东，一般为公司的控制股东，当然也可能是公司的普通股东。理论上，还存在反向刺破公司面纱和姐妹公司之间的刺破面纱等情形。其次，应当存在具体的滥用行为。《九民纪要》第10～12条列举了实践中常见的情形，包括人格混同、过度支配与控制、资本显著不足等。最后，股东通过滥用公司法人人格行为，导致了严重损害公司债权人利益的结果。[3]

通常来说，股东抽逃出资的行为符合上述的主体要件和结果要件，关键在于行为要件的认定上，即股东抽逃出资是否能被认定构成法人格否认的相关行为。笔者认为，可以从两个方面分析该问题，一个方面是抽逃出资行为本身能否认定为符合法人格否认的行为要件，另一个方面是抽逃出资行为结合该股东的其他行为，能否认定为符合相关的行为要件。仅凭股东的抽逃出资行为，很难认定构成人格混同。股东抽逃出资后，会造成公司资产减少，似乎符合资本显著不足情形下的人格否认的要件，但实则不然。公司显著不足时的法人格否认指的应当是公司资本充足时（抽逃出资前），与公司经营风险不相匹配，并由此表明股东没有经营的诚意，而是恶意将投资风险转嫁给债权人。因此，在实践中，可能需要将抽逃出资行为与股东的其他行为结合起来，进行综合判断。

在柯某、武汉广厦房地产开发有限公司民间借贷纠纷案中，公司股东施某蓉以“退股金”的方式从公司抽资，公司股东柯某仙、施某蓉又将公司财产登记在自己名下用于投资或经营；同时，股东与公司之间存在财产混同和业务混同。最终法院认定，“被告柯某仙作为东明广厦公司的股东、被告施某蓉作为武汉广厦公司的股东，其行为已符合我国《公司法》第20条所确定的‘公司法人人格否认’的构成要件，应当在本案中对公司的债务承担连带责任。”[4]

显然，补充赔偿责任与连带赔偿责任是两种不同的责任形式。具体到抽逃出资制度中，

---

〔1〕 参见梁上上：《未出资股东对公司债权人的补充赔偿责任》，载《中外法学》2015年第3期。

〔2〕 参见胡改蓉：《“资本显著不足”情形下公司法人格否认制度的适用》，载《法学评论》2015年第3期。

〔3〕 参见黄辉：《中国公司法人格否认制度实证研究》，载《法学研究》2012年第1期。

〔4〕 参见柯某、武汉广厦房地产开发有限公司民间借贷纠纷二审民事判决书，（2019）赣04民终217号。

两者可能并存，也可能只存在一种责任形式。当它们没有并存时，各自适用的界限是较为清楚的。当股东抽逃出资后，又同时可能存在法人格否认的情形时，问题便显现了。笔者认为，该两者只能择一适用，因为补充责任和连带责任的性质、内容均存在差异，共同适用的话会导致明显的矛盾。具体适用时的选择权，应交由公司债权人行使。

六、结语

抽逃出资看似是一个极其“浅显”的问题，但当我们具体讨论到该制度时，却并没有想象的那么简单。在2013年《公司法》对资本制度进行改革后，关于抽逃出资的讨论也逐渐变多。此前关于抽逃出资的讨论多是围绕着最高人民法院《关于适用〈中华人民共和国公司法〉若干问题的规定（三)》中具体的表现形式展开，本文尝试跳出这个讨论的“囹圄”，从更深层次的角度展开分析。关于抽逃出资的各种表现形式，笔者认为均可以归为股东—公司交易下的表现形式。在简单交易中，进行抽逃出资的识别也许并不困难。但在复杂的商事背景下讨论抽逃出资，问题可能会变得棘手。总之，“一刀切”的处理思路是不可取的。除此之外，本文讨论的其他几个问题也是比较重要的，比如抽逃出资中“出资”的解释问题，再如损害公司权益的理解问题。无论如何，解决好抽逃出资制度的适用问题，关乎这个制度的实践生命力!

公司资本制度是一个纷繁复杂的问题，在整个公司法体系中，牵一发而动全身。其中，抽逃出资便是公司资本制度项下的一个分支。笔者没有能力，也没有资格对抽逃出资进行立法论上的探讨，而是转从解释论的角度，循着从构成要件到法律责任的轨迹，分析抽逃出资的适用问题。囿于笔者浅薄的学识和有限的精力，我的研究可能不是充分的，甚至存在很多纰漏。希望笔者的此篇论文能引起学界的进一步关注，并继续完善抽逃出资制度。

双层股权结构下特定事项平等表决规则研究

朱家禛 *

目　次

一、引言

现代企业的发展不仅依赖现代化的管理模式与高新的技术支持，还倚重资本所产生的经济效应。然而，在以股东平等为基本原则的传统公司制度下，巨额的市场性融资往往伴随着控制权的稀释，从而导致创始人丧失对公司的控制权。于是，双层股权结构[1]应运而生。肇始于 20 世纪 20 年代，许多美国公司开始探索发行不同投票权股票的方式，以求回应公司治理中加强控制权的现实需要。截至 1926 年，美国已有 184 个公司采用了多层股权结构发行股票[2]，但双层股权公司

---

* 朱家禛，华东政法大学法学硕士。

〔1〕 本文“双层股权结构”指上市公司中特别表决权股和普通股共存的治理结构，特别表决权股每股所代表的表决权数量是普通股的倍数。

〔2〕 参见马一：《股权稀释过程中公司控制权保持：法律途径与边界——以双层股权结构和马云“中国合伙人制”为研究对象》，载《中外法学》2014 年第 3 期。

的上市却障碍重重，纽约证券交易所甚至在1940年正式宣布禁止双层股权公司上市交易。然而，不同证券交易所对待双层股权公司的态度不尽相同〔1〕，为应对来自那些认可双层股权公司上市的证券交易所的竞争，同时，随着双层股权结构的价值被逐步承认，越来越多的证券交易所开始适当放宽对双层股权公司上市的限制。

我国证券交易所对双层股权结构的态度也经历了由抵触到接受的过程：最初，基于一股一权的传统公司法理论，双层股权结构被认为违背了传统意义上的公司民主原则、最优表决方式；但通过实证研究分析，双层股权结构与上市公司价值存在一定正相关关系〔2〕，且并不可能存在普适的最优表决权结构，表决权结构的多元化趋势不可避免。对于部分公司而言，双层股权结构的安排契合公司的发展实际，我国资本市场改革引入双层股权结构是对股东和资本市场需求的现实回应。

然而，双层股权结构的差异化表决方式存在固有缺陷，这种牺牲普通股股东权益而换取行为自由和决策效率的妥协，在特定事项的表决上或将面临更为严峻的风险。此时，差异化表决可能不仅仅侵蚀普通股股东的权益，甚至无益于公司行为自由和决策效率。具体而言，双层股权结构下，特定事项适用差异化表决或将导致如下问题：

其一，代理成本问题。一股一权的公司结构下，由于少数股东天然的地位缺陷，“多数人的暴政”是传统资本多数决语境下无法回避的问题。而在双层股权结构下，差异化表决一改传统资本多数决的规则，内部股东〔3〕拥有特别表决权，使少数人在拥有少数资本时便可以产生“暴政”，特别表决权股介入公司决策的参与性优势，势必给特别表决权股股东带来较高的道德风险，“利益和风险机制的匮乏使得他们不可能做出理想的选择”。当每股的现金流量权与表决权相背离时，特别表决权股股东进行表决时，仅需承担远小于其表决权权重的经济损失，这无形之中减轻了他们采取激进、冒险的经营策略的顾虑。同时，即使特别表决权股股东致力于作出有利于公司的最优决策，也无法获得等同于表决权比例的利益回报，这将一定程度上挫败其决策积极性，可能导致其在决策时更倾向于罔顾公司利益而作出私人回报最大化的决策。

其二，内外部监督机制失灵问题。传统的治理结构下，公司内外部监督机制有效地敦促管理层履行信义义务及勤勉义务，实现公司利益的最大化。但在双层股权结构下，这一机制面临失灵的困境。一方面，主要来自股东的公司内部监督机制失灵。对董事会成员的人事任

〔1〕 以美国股票交易所、纳斯达克为例。1976年一个叫Wang Labo－ratories的公司申请在纽约证券交易所上市，却因为其多层结构股权而没有被批准。后该公司在美国股票交易所（American Stock Exchange，AMEX）成功上市。这种宽容的态度使得AMEX获得了许多双层股权结构公司的青睐。到1985年，双层股权结构公司已经占据了在该交易所上市的公司的约7%（785家中的60家）。同年，在纳斯达克上市的4101家公司中，有110家是多层股权结构的公司。See Craig Doidge，*US Cross－listings and the Private Benefits of Control：Evidence from Dual－class Firms*，3 Journal of Financial Economic，519－553（2003）.

〔2〕 参见刘胜军：《新经济下的双层股权结构：理论证成、实践经验与中国有效治理路径》，载《法学杂志》2020年第1期。

〔3〕 本文“内部股东”指持有特别表决权股的股东，通常担任公司董事。

免是监督公司治理最为根本的手段。然而，一旦管理者同时也是控股股东，这种威慑就失去了效用。在双层股权结构下，尽管价格机制警示公司的治理存在弊症，管理者绝对的表决权比例可以保证其免于被取代之忧，而少数股东的不满只能通过退出机制表达。另一方面，包括证券市场（securities market）和公司控制权市场（market for corporate control）〔1〕在内的公司外部监督机制失灵。在证券市场的监督机制中，公司的优劣通常由其股价反映，运营良好的公司通常享有高股价，而低股价则反映了公司治理的劣势，这是对公司治理最为直观的外部评估。但是在双层股权结构下，存在特别表决权股与普通股两种股票类型，且不论特别表决权股的转让限制较多，在一定程度上影响流动性及市场的价格发现；即使是普通股，其流动性也可能因投资者个人针对双层股权结构本身的好恶而受到影响〔2〕。故双层股权结构公司的股价不太容易受到市场波动的影响，且特别表决权股的持有人通常也努力保护其股东权益的价值。公司的优劣无法正确地由股价反映。在公司控制权市场的监督中，主要通过敌意收购实现。一旦敌意收购成功，上市公司的控制权发生移转，控股股东大概率会替换管理层，特别是原来失职、能力低劣的管理者。这一压力会敦促公司管理层勤勉尽职，防止因管理层治理不佳而导致公司价值被低估，从而招致敌意收购的情况。诚然，双层股权结构的设计初衷之一就是为防御敌意收购，但是这种防御手段的滥用，不可避免地导致外部监督机制的失灵，有害于公司治理。

在双层股权结构下，就所有事项实行差异化表决均不可避免前述的风险，“当法律制度的核心价值与非核心价值发生冲突时，应当保护核心价值，围绕核心价值对非核心价值进行分析衡量、作出取舍”〔3〕，故差异化表决的风险不足以否定双层股权结构的正当性。既已承认双层股权结构，原则上，一般事项的表决方式应当适用差异化表决，而风险控制则尽量通过其他防范、制约机制实现。对于特定事项的表决，因其固有性质，导致适用差异化表决所带来的风险较之一般事项的风险骤然增加。是故，构建特别表决权的制约规则是当务之急，在特定事项的表决方式上否定差异化表决而采取平等表决即为适例。但现有规则未臻完善，前述差异化表决的风险并未得当地控制，优化我国特别表决权股之特定事项平等表决的规则设计刻不容缓。

二、特定事项平等表决规则的缺陷分析

（一）我国双层股权结构下特定事项平等表决的规则设计

双层股权结构的具体规则，通常由交易所上市规则这一层级的规范性文件进行规范。目

〔1〕 See Daniel P. Cipollone, *Risky Business: A Review of Dual Class Share Structures in Canada and a Proposal for Reform*, 21 Dalhousie J. Legal Stud. 62 (2012).

〔2〕 “亚洲公司治理协会 2014 年对机构投资者的一项调查显示，高达 98% 的被调查者反对上市公司采用双层股权结构。”转引自郭雳、彭雨晨：《双层股权结构国际监管经验的反思与借鉴》，载《北京大学学报》（哲学社会科学版）2019 年第 2 期。

〔3〕 参见梁上上：《制度利益衡量的逻辑》，载《中国法学》2012 年第 4 期。

前，我国上海证券交易所的科创板、深圳证券交易所的创业板，以及全国中小企业股份转让系统（以下简称股转系统）的新三板均已引入了双层股权结构。而为了更大限度地降低双层股权结构的风险，上市规则（或公司治理指引）采取严格的事前监管态度，围绕设立阶段、运行阶段与退出阶段进行了细致的规范。特定事项平等表决，即为双层股权结构在运行阶段所适用的规则之一，科创板、创业板和新三板对该规则构建大体相同，但在具体细节上不尽相同。其中，科创板和创业板的规则相似程度较高，而新三板的规则与前述二者的规则则存在较大区别[1]。

（二）我国双层股权结构下特定事项平等表决规则缺陷

就双层股权结构下特定事项平等表决的规则设计视之，科创板和创业板的上市规则相似程度高，但与新三板的规则有较大差异，后者适用平等表决的事项范围更为广泛。具体而言，三者的规则主要存在如下异同：其一，公司章程的修改、独立董事的任免、会计师事务所的聘请或解聘、公司合并、分立、解散或者变更公司形式均被纳入平等表决的适用范围，但对“公司章程”的细节规定不同。科创板和创业板要求任何有关章程修改的决议都适用平等表决，而新三板仅要求“与表决权差异安排相关”的章程修改适用平等表决。其二，科创板和创业板将“改变特别表决权股份享有的表决权数量”（特别表决权股的表决权重）单独列出，而新三板无此项设计。尽管实践中对特别表决权股份享有的表决权数量的改变一般都需要经由公司章程的修改实现，但新三板所采之表述是否业已涵盖“改变特别表决权股份享有的表决权数量”这一事项，仍有待商榷。其三，监事的任免适用平等表决，创业板和新三板均有涉及但细节不同，而科创板完全未将其纳入平等表决的适用范围。创业板要求任何监事的任免均适用平等表决，而新三板的表述为要求非由职工代表担任的监事的选举和更换适用平等表决。换言之，当选举和更换由职工代表担任的监事时仍可以采用差异化表决。其四，新三板还额外规定了多项适用平等表决的事项，包括“决定非由职工代表担任的董事、监事的报酬事项”“终止股票在全国股转系统挂牌”，并提供兜底条款，赋予公司章程自行约

---

〔1〕《上海证券交易所科创板股票上市规则》第 4.5.10 条规定：“上市公司股东对下列事项行使表决权时，每一特别表决权股份享有的表决权数量应当与每一普通股份的表决权数量相同：（一）对公司章程作出修改；（二）改变特别表决权股份享有的表决权数量；（三）聘请或者解聘独立董事；（四）聘请或者解聘为上市公司定期报告出具审计意见的会计师事务所；（五）公司合并、分立、解散或者变更公司形式。”《深圳证券交易所创业板股票上市规则》第 4.4.9 条规定：“上市公司股东对下列事项行使表决权时，每一特别表决权股份享有的表决权数量应当与每一普通股份的表决权数量相同：（一）修改公司章程；（二）改变特别表决权股份享有的表决权数量；（三）聘请或者解聘独立董事；（四）聘请或者解聘监事；（五）聘请或者解聘为上市公司定期报告出具审计意见的会计师事务所；（六）公司合并、分立、解散或者变更公司形式。”《全国中小企业股份转让系统挂牌公司治理指引第 3 号——表决权差异安排》第 17 条规定：“挂牌公司股东大会对下列事项进行决议时，每一特别表决权股份享有的表决权数量应当与每一普通股份的表决权数量相同：（一）修改公司章程中与表决权差异安排相关的内容；（二）合并、分立、解散或者变更公司形式；（三）选举和更换非由职工代表担任的监事；（四）决定非由职工代表担任的董事、监事的报酬事项；（五）选举或罢免独立董事；（六）聘请或解聘为挂牌公司定期报告出具审计意见的会计师事务所；（七）终止股票在全国股转系统挂牌；（八）公司章程规定的其他事项。”

定其他事项的权利。

科创板、创业板、新三板虽然属于不同的证券交易所、股转系统，但在三者上市（或挂牌）的企业大多都是从事高新技术业务、具备较强科创能力的创新型企业，而其中选择双层股权结构的公司之所以青睐差异化表决往往也可以归咎于较为相似的理由，特别是发挥创始股东/管理者的技术优势或管理优势。然而，三个板块对差异化表决的安排存在明显的差异，以特定事项适用平等表决这一规则为典型。不同交易板块的规则差异缺乏合理化的说明，或将进一步加剧双层股权监管态度的含糊、晦涩，这种不明朗不仅直接影响公司治理、日常决策，还将影响监管对市场的正面引导效应，而使得监管效益大打折扣。

结合我国本土化的证券市场环境，以及借鉴域外规则设计的经验，我国现行规则中所列举的具体特定事项是否均适用于平等表决，有待进一步商榷。主要的问题体现在以下四个方面：

（1）未对部分需要适用平等表决的事项进行规制。鉴于我国公司法立法借鉴大陆法系的传统立法思路，构建了公司监事会制度，那么有必要对与内部监督机制相关的决议事项进一步讨论是否有适用平等表决的必要。观察科创板、创业板上市规则以及新三板的公司治理指引，三者都就独立董事的任免要求适用平等表决；但对于监事的任免，只有新三板的公司治理指引规定选举和更换非由职工代表担任的监事时适用平等表决。这种差异很难用交易板块的价值选择进行阐释，因此有待经过法理分析来完善这一规则。

（2）部分事项没有进一步的细化，不加区别地适用平等表决，过于绝对化。科创板、创业板和新三板都规定了与“公司合并、分立”有关的事项需适用平等表决，但因“合并”“分立”这类股权架构调整的事项，往往有多样的调整形式，不加区分的规则设计过于笼统。亦即，尽管同属于“合并”或是“分立”的概念，不同股权架构调整的方式，对公司治理、股东权益的影响也不尽然相同，在规则设计上不能一概而论，有必要对具体情形进一步分析，细化平等表决的适用空间。

（3）对部分无须适用平等表决的事项进行规范，恐有过分侵害公司决策自由与决策效率之嫌。现有规则规定“变更公司形式”需要适用平等表决，但此时是否应当倾斜保护普通股东的权益，仍有讨论的空间。特别是现行法律制度下，有其他的可行的救济途径保障普通股股东的权益。通过立法明确异议股东请求回购股份这一退出机制，或许才是在公司决议退市这一事项上缓和特别表决权股股东和普通股股东冲突的关键。

（4）部分规则的措辞容易引起歧义，需要严谨表述。比如科创板和创业板中“修改公司章程”“改变特别表决权股份享有的表决权数量”两项规定和新三板中“修改公司章程中与表决权差异安排相关的内容”这一项是否内涵一致，势必会影响规则解释，继而影响规则在实务中的具体实践。此外，“公司解散”这一表述，包括了公司决议解散、公司因合并或者分立解散等概念，如何界定“公司合并、分立、解散”也有待明确。

三、域外经验借鉴与我国双层股权结构下平等表决事项的确立原则

（一）域外特定事项平等表决规则的经验借鉴

全球范围内，并非所有的国家或地区均广泛地承认双重股权结构。认可以双层股权结构上市的地方主要包括英国、瑞典、加拿大、新加坡等英联邦法域（commonwealth jurisdiction）或我国香港特别行政区，以及美国等。但由于市场结构和投资者保护规则的差异，这些国家和地区对双层股权结构所采取的监管路径也不尽相同。在特定事项表决方式的路径选择上，部分法域并未特别针对双层股权结构额外设置规则，直接由现有的类别股法律制度进行规范，如美国；而其他法域，则明确规定双层股权结构下就特定事项的表决适用平等表决的方式，如我国香港特别行政区、新加坡。

我国香港特别行政区与新加坡是规范双层股权结构下就特定事项适用平等表决的典型。我国香港特别行政区禁止双层股权结构的公司上市已经长达数几十年，为了回应公司治理的现实需求和全球范围内证券交易所的竞争压力，2018 年 4 月，香港交易所（HKEX）最终认可了双层股权结构的地位。其上市规则对“不同投票权”（weighted voting right）在第 8A 章进行了全面、细致的规定，对发行人资质、不同投票权的受益人资质、公司的治理和信息披露均有要求。同年 6 月，新加坡证券交易所（SGX）也宣布对其上市规则进行修订，允许具有双层股权结构的公司上市。是亚洲地区继东京证券交易所（TSE）、香港交易所（HKEX）之后第三例承认双层股权结构的实践。与联交所相似的是，新加坡交易所也对双层股权结构进行了周密而详尽的规定[1]。这两个法域均创设了特定事项适用平等表决的规则，并对特定事项进行了明确列举。但即便两者对双层股权的监管理念和所采取的监管手段较为相似，但在发行人反向收购、发行人退市两个事项的决议方式上仍存在分歧，新加坡交易所的上市规则更为严格，认为应当否定差异化表决方式而适用平等表决。

（二）我国双层股权结构下平等表决事项的确立原则

实践中侧重何种特别表决权的制约途径，本质上是不同监管态度的具体外化。观察域外对双层股权的监管态度，各国（地区）制约特别表决权的实践，皆适应各自的证券市场环境，是能够充分发挥其法律制度救济保障功能的最优选择。我国双层股权结构下平等表决事项的确立原则建议考虑以下两个方面：

1. 表决事项是否依赖内部股东的决策优势

为回应股东异质化的现实，差异化表决的双层股权结构应运而生。从尊重公司行为自

---

〔1〕 See Leonard Ching, Alvin Zhuang & Wayne Chan, *Dual - class share structures—the Singaporean response*, 14 Capital Markets Law Journal, 451 -468 (2019).

由、发挥内部股东人力资本价值的视角考虑，特别是对于从事高新技术业务、具备较强科创能力的创新型企业而言，赋予内部股东特别表决权是通常情形下的最优表决机制。然而，并非公司日常运营的所有事务都更倚赖具备专业能力的决策者。对于部分事项的决议，特别表决权股股东和普通股股东对该决议内容的判断能力基本一致，特别表决权不但没有发挥本身效益的余地，甚至还可能因权利滥用加剧特别表决权股股东和普通股股东之间的冲突。因此，在双层股权结构下，应当对特定事项规定适用平等表决。而判断何种事项适用平等表决的首要因素，就是某一决议事项对内部股东专业决策能力的倚重程度，这通常可以用某一决议事项是否属于“商业决策”来进行描述。

现代企业管理的复杂性、多样性，决定了决策者需要对公司运营的多种事务进行决断。我国现行《公司法》规定的股东大会职权中〔1〕，部分事项如决定经营方针和投资计划，就强调决策者具备专业的商业决策能力并对公司运营的熟悉程度高，属于商业决策的范畴。通常作为董事、经理等高级管理人员的特别表决权股股东就此具备决策优势，而普通股股东大多不然。而其他的事项，如任免监事并决定其报酬，则并不依赖前述的决策能力，不能严格定义为商业决策。相较于普通股股东，特别表决权股股东就决策能力视之并无当然优势。

对于不能严格定义为商业决策的决议事项，即使在双层股权架构下，就该等事项的决议适用差异化表决也缺乏正当性基础。此时，作为享有无瑕疵表决权的普通股股东，其参与公司运营的权利状态不应与特别表决权股股东的进行区分，该等事项纳入平等表决的事项范围应当毫无争议。相反地，一旦内部股东的决策能力能够对某一决议内容起到较为关键的作用，该类商业决策即具有适用差异化表决的正当性，是否需要对其进一步否认差异化表决还需要参考其他要素。

2. 其他可行的保障途径是否充分

一旦确定决议事项属于商业决策，因其适用差异化表决具有正当性且更有效率，大部分情形下通常不予否定此种表决方式。仅当普通股股东权益亟需事前保障的情况下，考虑适用平等表决。因此，需要尽可能地严格适用平等表决的情形，据以明确普通股股东权益保护的边界，防止权益保护的过分扩张威胁到公司行为自由。而衡量普通股股东是否需要以特定事项平等表决的规则保障权益，则应当考察法律制度下其他可行的保障途径是否足以实现这一

〔1〕《公司法》第99条规定：“股东会的职权 本法第三十七条第一款关于有限责任公司股东会职权的规定，适用于股份有限公司股东大会。”第37条规定：“股东会行使下列职权：（一）决定公司的经营方针和投资计划；（二）选举和更换非由职工代表担任的董事、监事，决定有关董事、监事的报酬事项；（三）审议批准董事会的报告；（四）审议批准监事会或者监事的报告；（五）审议批准公司的年度财务预算方案、决算方案；（六）审议批准公司的利润分配方案和弥补亏损方案；（七）对公司增加或者减少注册资本作出决议；（八）对发行公司债券作出决议；（九）对公司合并、分立、解散、清算或者变更公司形式作出决议；（十）修改公司章程；（十一）公司章程规定的其他职权。对前款所列事项股东以书面形式一致表示同意的，可以不召开股东会会议，直接作出决定，并由全体股东在决定文件上签名、盖章。”

功能。

对于部分决议事项，虽然差异化表决的确导致了特别表决权股股东的意志更易通过，恐有导致大股东压迫之嫌，但如果现行法律制度下普通股股东有充足的途径寻求救济，那么确无必要突破公司原本的双层股权结构的治理架构，以特定事项平等表决的规则来保障普通股股东的权益。例如，我国现行《公司法》提供了异议股东股份回购请求权[1]，对于部分公司决议持异议的股东，如果有意愿退出公司，则可请求公司回购其股份。股东权益的保障并不能全然依赖事前监管，这不仅会大大提升监管成本，还可能造成公司管理效率低下、运营积极性挫伤；故而，如果事后救济能够填补事前监管的空缺，且能够提供较为充足补救，则采取事后救济更为适宜、可行。退一步而言，如果现行法律制度下所提供的事后救济未臻完善，也应当先行研究完善该种救济的可行路径，而非直接转而求助特定事项平等表决的事前监管方式。在衡量普通股股东是否需要以特定事项平等表决的规则保障权益时，应当充分考虑其他可行的或通过完善法律制度而具备可行性的保障途径，特定事项平等表决的适用态度应当慎之又慎。

总体而言，根据双层股权架构下特定事项平等表决的确立原则，考虑适用平等表决需满足下述两个条件：一是决议事项并非依赖内部股东的决策优势，不属于商业决策；二是决议事项属于商业决策，但事后救济匮乏，现行法律制度下并无其他可行的途径保障普通股股东权益。但需要强调的是，在前述的确立原则中，“商业决策”的内涵、现行法律制度下其他救济的充分程度并非具有严格的界定，留有规则设计者自由酌处的空间。

四、完善我国双层股权结构下特定事项平等表决的规则

（一）修改公司章程的决议建议均适用平等表决

科创板、创业板和新三板的规则均认为公司章程的相关修改应当适用平等表决，但不同的是，科创板和创业板要求所有章程修改的情形均适用平等表决，而新三板仅要求与表决权

---

[1]《公司法》第142条规定：“公司不得收购本公司股份。但是，有下列情形之一的除外：（一）减少公司注册资本；（二）与持有本公司股份的其他公司合并；（三）将股份用于员工持股计划或者股权激励；（四）股东因对股东大会作出的公司合并、分立决议持异议，要求公司收购其股份；（五）将股份用于转换上市公司发行的可转换为股票的公司债券；（六）上市公司为维护公司价值及股东权益所必需。公司因前款第（一）项、第（二）项规定的情形收购本公司股份的，应当经股东大会决议；公司因前款第（三）项、第（五）项、第（六）项规定的情形收购本公司股份的，可以依照公司章程的规定或者股东大会的授权，经三分之二以上董事出席的董事会会议决议。公司依照本条第一款规定收购本公司股份后，属于第（一）项情形的，应当自收购之日起十日内注销；属于第（二）项、第（四）项情形的，应当在六个月内转让或者注销；属于第（三）项、第（五）项、第（六）项情形的，公司合计持有的本公司股份数不得超过本公司已发行股份总额的百分之十，并应当在三年内转让或者注销。上市公司收购本公司股份的，应当依照《中华人民共和国证券法》的规定履行信息披露义务。上市公司因本条第一款第（三）项、第（五）项、第（六）项规定的情形收购本公司股份的，应当通过公开的集中交易方式进行。公司不得接受本公司的股票作为质押权的标的。”

差异安排相关的章程修改适用平等表决。笔者认为，与表决权差异安排不相关的章程修改，也应当纳入平等表决的范畴，主要理由如下：

其一，公司章程的契约本质。公司章程和其他组织性文件作为公司最根本的设立性文件，是公司存在的前提，也是设置、明确股东权利的起点。公司创立之时，股东对章程的表决享有一致的表决权利，即强调了源头性的绝对平等。差异化表决的治理安排是对公司在运营过程中的安排，可以视为普通股股东让渡部分权利给特别表决权股股东，基于对后者人力资本的价值认可，希望内部股东可以据此发挥个人的决策能力与决策优势，以实现公司利益最大化的最终目的。权利让渡的基础，就是所有股东之间权利和地位享有应然的平等，这种天然权利是因为公司还未就其经营进行特殊性的安排，也未考量现实中股东异质化的因素。权利让渡这一行为是对经营的特殊治理安排、股东异质化的回应，但其前提是股东基于平等的地位、平等的意愿。作为契约的缔约者，契约中具体的权利内容的安排是缔约者意思自治的表现，双方在对等的议价、缔约地位上的约定有效，即使约定内容是限制、排除某一方的权利。但如果双方处于不平等的缔约地位而约定减损另一方的权利，那么这种所谓的意思自治即失去了正当性。因此，对于公司章程的制定与修改，笔者认为，所有股东就其应当享有平等的表决权，这不是对普通股股东倾斜保护，而是每一个股东维护自身权益底线的应然状态。若继续沿用差异化表决，实则破坏了双层股权结构下普通股股东行使参与性权利的根本状态。

其二，公司修改章程的情形，决策的紧迫性不强，对商业判断、人力资本的要求不高，并无倚赖差异化表决的必要。公司章程的内容主要包括公司名称和住所、经营范围、注册资本、股东情况、公司的机构、公司法定代表人等。这些内容主要与公司这一企业组织形式下的治理架构、各种权利义务关系、程序规范有关，并不涉及公司在运营过程中某一具体的商业判断。因此，修改公司章程的决议与公司运营中的其他决议存在明显不同，商业决策的成分较少。此时，差异化表决所强调的内部股东能够带来最优的决策效益的假设，丧失了该项决议对内部股东决策能力依赖程度高的这一前提，差异化表决的优势不复存在，其适用并无必要。

（二）公司合并、分立的决议建议区别具体情形适用平等表决

探讨公司合并、分立的表决方式必须基于现行的法律制度之下，在对联交所、新加坡交易所上市规则与我国规则进行比较法研究时，应当注意到，大陆法系和英美法系对于公司合并、分立的制度设计存在很大的差异。

英美法系仅构建有关公司合并的法律制度，并未构建有关公司分立的法律制度。同时，其广义上的合并（merger）有两种实现方式：一是基于法院批准框架协议（scheme of arrangement）的方式合并；二是无须法院参与的法定合并方式（statutory amalgamation）。具体而言，前者需要向法院申请召开分级会议并进行表决（class voting），经法院审核批准后，进行公司登记以完成合并。对于后者这种排除法院参与的合并方式，并非所有英美法系的国

家均认可，且这一合并方式在英美法系中得以推广才肇始于2006年。法定合并通常要求董事会提供偿付能力的证明（solvency statements），并经股东大会特别决议通过后，进行公司登记以完成合并。英美法系对公司法定合并方式的接纳，体现了公司合并的普遍化。越来越多的现代企业采取这一股权架构调整的方式，实现降低成本、市场扩张、提高企业竞争力的目的。面对这种常态化的公司变动与调整，原本复杂谨慎的股东分级表决、法院审查批准程序无法适应现实高效交易的需要，法定合并的方式应运而生。而大陆法系同时建立了公司合并制度和公司分立制度，并且就公司合并制度而言，自始便没有法院介入的合并方式，通行的公司合并仅法定的合并方式一种。对于法定的公司合并，通常要求公司编制资产负债表及财产清单、按时通知债权人，且需要经过股东大会特别决议通过。因此，鉴于我国属于大陆法系，法院介入的公司合并法律制度对我们并没有借鉴意义，仅限于对两个法系共同认可的合并方式进行表决方式的探讨。

在这个问题上，联交所、新加坡交易所的上市规则与我国的规则截然相反，联交所、新加坡交易所上市规则中要求平等表决的事项并未涉及公司合并、分立，而我国则明文将其列入平等表决的事项范围。笔者认为，两者的规则设计都具有共同的缺陷，未考量公司合并、分立的具体情形，笼统规范"合并""分立"的所有情形，未真正区分不同股权架构调整对公司治理、股东权益的影响。

1. 公司合并

公司进行合并是为了适应市场环境变化，以获得更好的商业机会，这种商业决策很大程度上依赖内部股东的商业判断力、决策能力。因此，对决议事项采取平等表决的方式应当慎之又慎，理应在最大限度地尊重公司行为自由，只有在迫不得已的情形下考虑对普通股股东的权益保护。公司合并的方式通常包括新设合并和吸收合并，两种方式一般都为合并前的公司的股东提供了自由的选择，无论是继续持有新公司权益，抑或是选择退出。具体的股权架构调整可见图1：

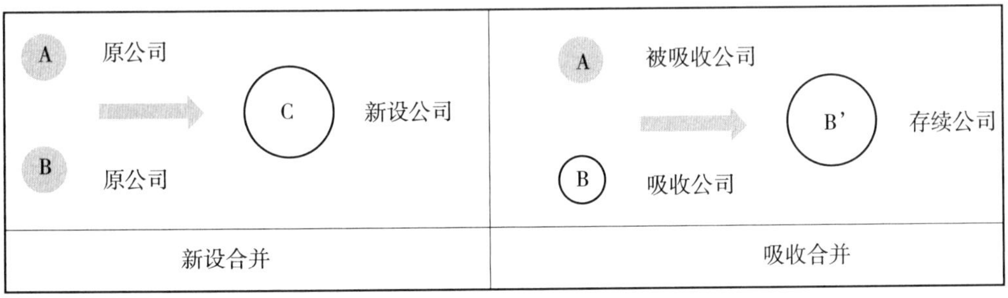

图1　公司合并的具体情形

新设合并情形下的原公司，以及吸收合并情形下的被吸收公司都将面临解散，如果其股东选择继续持有公司的权益，通常将其原来的股份按一定比例折算为新公司的股份。对于双层股权结构的公司而言，由于这种以原股份配置新公司股份的方式，是否属于处分特别表决权股和普通股存在争议，那么双层股权结构下股份转让的限制并不一定适用。此时，普通股极有可能面临股份配比严重缩水的风险，实质上的股权架构被颠覆，特别表决权股股东可能借以排挤（squeeze out）少数股东。因此，在合并过程中，这些面临解散的公司，其股东选择继续持有合并后公司的权益的，前述股份配置的比例将实质影响其收益分配。既然将作为新股东加入，那么新股东对其股权占比的意志理应被充分尊重，特别是普通股股东的意志。

而吸收合并情形下的吸收公司，由于继续存续，其公司股东或将面临股权等比例的稀释，单就股权架构的变化而言，与引入外部投资者无异。此时，普通股股东和特别表决权股股东的股东权益均受到同质的影响，两者的冲突并未加剧。另外，如果吸收公司的股东对公司合并的安排有异议，还可以根据《公司法》第74条[1]行使股份回购请求权，能够获得充分的救济。

2. 公司分立

公司分立如前所述的公司合并一样，其决策也高度依赖内部股东的商业判断力、决策能力。何种具体的分立情形适用平等表决，应当遵循和公司合并情形一致的逻辑思维。公司合并通常包括解散分立和存续分立。在解散分立的情形下，原公司所有的资产和负债被移转给不同的新公司继受，原公司不复存在。原公司股东可选择受让新设公司之股份作为对价，或选择现金对价而退出。在存续分立的情形下，原公司则将剥离部分资产和负债到新设的公司之中，但原公司仍然存续。实践中，新设公司与原公司的关系通常有两种：（1）新设的公司由原公司持股，原公司的股东间接享有子公司的利益，通常不会获得额外的对价；（2）新设的公司较大程度脱离原公司集团，且通常新设公司的利益不与原公司或其关联公司相关，此时剥离资产的对价直接支付给公司。具体的股权架构调整可见图2：

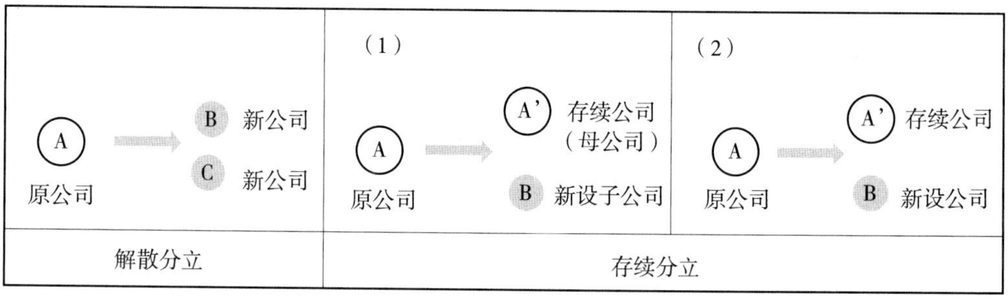

图2　公司分立的具体情形

[1]《公司法》第74条规定："有下列情形之一的，对股东会该项决议投反对票的股东可以请求公司按照合理的价格收购其股权：（一）公司连续五年不向股东分配利润，而公司该五年连续盈利，并且符合本法规定的分配利润条件的；（二）公司合并、分立、转让主要财产的；（三）公司章程规定的营业期限届满或者章程规定的其他解散事由出现，股东会会议通过决议修改章程使公司存续的。"

比较上述不同情形下双层股权结构公司的股东权益，解散分立情形下股东权益将面临更大的风险。一旦内部股东在大量融资且将资本利用殆尽后，意图拆分、剥离出重要资产和主要营业注入新公司，并成为新公司的股东，那么内部股东将得以在新公司独享收益权，这在实质上实现了排挤少数股东的目的，势必影响普通股股东的投资初衷。轻者，股份配置的比例可能严重伤害普通股股东的权益；重者，普通股股东可能会被完全排挤出获得优质资产的新公司。因此，公司分立一旦导致公司解散，普通股股东权益或将面临更严峻的风险。如果仍将其置于被动的表决地位，将无法阻却公司分立程序的进行。同时，原公司面临解散，股东权益侵害将不可逆转并难以诉诸救济。是故，公司分立会导致公司解散的，其决议适用平等表决。

而对于存续分立，无论属于哪一具体情形，原公司股东的权益都获得较为充分的保障：(1) 新设公司由原公司持股的情形下，原股东通过持股关系间接享有子公司的一定权益。如子公司决议分红，那么子公司的利润仍然是可以输送到母公司，虽然该等收益权严格而言受到一定减损，但毕竟不至于全然丧失该等权利；(2) 在新设公司较大程度脱离原公司集团的情况下，由于原公司存续，一般剥离资产的对价将直接支付给存续的公司。如果对价不够合理、充分，或是存在其他关联交易的可能，都可以通过公司向董事提起诉讼，或者股东代位诉讼的方式寻求救济。故而公司分立不导致公司解散的，由于股东可寻求的救济较为充分，对于高度依赖商业决策能力的决议而言，公司的差异化表决结果应当被尊重。

综上，针对公司合并、分立的决议，应当视具体情形区分适用不同的表决方式。由于公司合并、分立的决策恰恰是内部股东人力资本的价值体现，原则上该等决议应当充分继续尊重差异化的表决方式，仅当普通股股东权益遭受重大威胁时，才得适用平等表决。笔者认为，前述普通股股东权益遭受重大威胁的情况在公司合并、分立导致公司解散时普遍存在，亦即仅当公司合并、分立导致公司解散的，应适用平等表决。

（三）建议规范“公司解散”的表述

科创板、创业板和新三板一致将公司合并、分立、解散的情形纳入平等表决的事项范围。但参考域外立法，无论是联交所还是新加坡交易所对否定公司合并、分立决议的差异化表决均保持缄默，认为无须适用平等表决，仅要求公司决议清算时采用平等表决。

需要厘清的是，公司解散与公司清算的内涵并不完全一致。根据我国《公司法》，公司解散的事由〔1〕中需经股东大会决议的有二：一是股东大会决议公司不再继续经营；二是股

---

〔1〕《公司法》第 180 条规定：“公司因下列原因解散：（一）公司章程规定的营业期限届满或者公司章程规定的其他解散事由出现；（二）股东会或者股东大会决议解散；（三）因公司合并或者分立需要解散；（四）依法被吊销营业执照、责令关闭或者被撤销；（五）人民法院依照本法第一百八十二条的规定予以解散。”《公司法》第 182 条规定：“公司经营管理发生严重困难，继续存续会使股东利益受到重大损失，通过其他途径不能解决的，持有公司全部股东表决权百分之十以上的股东，可以请求人民法院解散公司。”

东大会决议公司合并或者分立，从而导致公司解散。对于公司解散和清算的关系，一般认为清算是公司解散的前置程序，但公司解散并非必须经过清算。前述两种需由股东大会决议的解散情形，仅股东大会决议公司不再继续经营时要求公司进行清算。而公司因合并或者分立解散的，我国现行法对此并没有要求必须履行清算程序。通过厘清解散与清算的概念，可见中国法下需要公司股东会进行决议的“解散”，包括决议解散和公司合并、分立导致的解散。前者的内涵与联交所规则的“自愿清算”以及新加坡交易所规则的“清算”一致；后者则无法由清算的概念涵盖，非联交所、新加坡交易所认为需要适用平等表决的事项。

但毫无争议的是，三个国家、地区都将公司（自愿）清算纳入平等表决的事项范围。其背后的法理应当在于公司的存亡是股东股权有无的根本，诚如在公司设立时公司章程需要股东无差别的表决权通过决议，公司解散的合意也需要每一个股东无差别地做出表决。其一，公司终止经营严格意义上而言并不属于商业决策的范畴，无须依赖特别表决权股股东的决策能力。特别是决议公司解散的发生情形一般并非公司经营不善从而导致资不抵债，公司往往仍然运作良好。即使内部股东出于各种原因不愿意经营公司，其完全可以选择转让股份或者离任等方式，让公司存续。虽然科技创新企业的核心人物是其管理人员，但管理人员也并非完全不可替代，原来的内部股东退出公司后，可以在解构双重股权架构后，聘任其他具有管理、专业能力的管理人员继续运营公司。其二，公司解散的决议通过，普通股股东成功诉诸救济途径的可能性很低。公司法人资格一旦消亡，其作为公司决议瑕疵之诉的被告主体资格丧失。因此，在“自愿解散”的情形下，应当赋予普通股股东与内部股东平等决策公司存亡的权利，即否认特别表决权。建议规则条文中“公司解散”的表述明确为“公司（自愿）清算”，防止与公司合并、分立导致的解散混淆。

（四）与内部监督机制相关的决议事项建议适用平等表决

我国公司治理结构的制度安排，大体上沿袭了大陆法系的模式。不同于英美法系单一的独立董事制度，我国监事会制度和独立董事制度两者并存，这是符合我国发展实际的[1]。监事会和独立董事的职能存在差异，但两者在功能定位上实则互补，共同构成我国公司治理的内部监督机制。

1. 公司内部监督人员的任免

公司治理的监督和公司运营决策虽然同属公司事务，但有着本质的区别，对行为者的要求也不尽相同。详言之，承担公司监督职责的监事与独立董事，其履职能力主要在其独立性、公正性等方面体现；而进行公司运营决策的内部股东、董事、高级管理人员才被要求具备优秀的商业敏感度、判断能力和决策能力。任免对象被考察能力的不同，也意味着任免这

〔1〕 参见李建伟：《论我国上市公司监事会制度的完善——兼及独立董事与监事会的关系》，载《法学》2004年第2期。

些人员所遵循的思维不同。对于任免公司监督人员的决议，最优的决议方式就是能够成功选任出独立、公正的监督人员的方式，故在决议方式的选择上应该考虑消除股东与股东之间投票权的差异，尽可能削弱选任出来的监督人员与个别股东存在利益关联的可能性。此外，在选任公司监督人员这一事项上，特别表决权股股东所具备的人力资本并不能发挥价值，其拥有优秀的商业敏感度、判断能力和决策能力，并不等同于优秀的识人、任人能力。综合来看，双层股权结构下，由于监督的天然属性表明其自始与商业决策所推崇的效率至上相去甚远，且公司内部监督机制的相关事项通常无关乎商业决策能力，为充分保障公司治理监督的功能实现，任免监督人员的事项应考虑适用平等表决的方式。

观察科创板、创业板上市规则以及新三板的公司治理指引，三者都就独立董事的任免要求适用平等表决。但对于监事的任免，三个交易板块的规则各不相同。创业板要求任何监事的任免均适用平等表决，新三板要求选举和更换非由职工代表担任的监事时采用平等表决，而科创板完全未将其纳入平等表决的适用范围。但应当注意，新三板对“非由职工代表担任的监事”进行规定，并非意味着任免“由职工代表担任的监事”适用差异化表决，而是因为我国《公司法》规定监事会包括股东代表和适当比例的公司职工代表[1]。这意味着监事的选任途径有二：一是经股东大会决议，选任出来的非由职工代表担任的监事；二是经过职工（代表）大会决议，选任出来的由职工代表担任的监事。因此，公司治理指引的规定实质上与创业板的规则一致，所有由股东大会决议任免的监事，其任免事项均须适用平等表决。

科创板上市规则未对监事的任免进行规定，可能由于其规则借鉴香港交易所、新加坡交易所的规则设计。但此种借鉴忽略了对我国公司治理架构的实务考察，英美法系因为没有构建公司监事会制度，自然不会对此进行规范；但由于我国公司监事会制度与独立董事共存的现实，即使具体的职能、职责各有侧重，独立董事和非由职工代表担任的监事同为公司内部监督人员，股东大会对其任免都应当采取平等表决的方式。科创板上市规则有待完善，建议将“选举和更换非由职工代表担任的监事”纳入平等表决的事项范围，措辞上也可借鉴创业板的上市规则或新三板的公司治理指引。

2. 公司内部监督人员的薪酬决定

在规定公司内部监督人员的任免适用平等表决的基础上，新三板的公司治理指引还规定非由职工代表担任的董事、监事的报酬决定也同样适用平等表决；但科创板和创业板的上市规则对此保持缄默，无论是独立董事的报酬决定还是监事的报酬决定，两者的规则均认可差异化表决。这种规范思路也与香港交易所、新加坡交易所一致。但笔者认为，将“公司内部监督人员的薪酬决定”纳入平等表决的事项范围更为妥当。

---

〔1〕《公司法》第117条第2款规定：“监事会应当包括股东代表和适当比例的公司职工代表，其中职工代表的比例不得低于三分之一，具体比例由公司章程规定。监事会中的职工代表由公司职工通过职工代表大会、职工大会或者其他形式民主选举产生。”

首先，薪酬作为公司内部监督人员履行监督公司治理职责的对价，其定价的合理事关公司监督的成效。薪酬过低可能导致公司内部监督人员怠于履行监督职责，而定价过高可能导致监督人员放任薪酬决定者的失格行为。在对公司任职人员的监督上，监事会负责监督董事、经理执行公司职务的行为，独立董事负责监督多数股东不滥用控制权压迫少数股东。在双层股权结构下，由于特别表决权股股东的主体特殊性，公司的控制权通常也由主要董事、经理掌握着，公司内部监督机制的主要监督对象即这些身兼董事、经理职务的特别表决权股股东。而在公司治理结构设计上，如果特别表决权股股东在事实上对这些监督人员的薪酬有着决定力，那么内部监督的实际效用可想而知。因此，对于公司内部监督人员薪酬决定的事项，应当避免个人决策的影响力，防止监督人员为私利而袒护特别表决权股股东的失格行为，从而丧失独立性、公正性。公司内部监督人员的薪酬决定适用平等表决确有必要。

其次，如同公司内部监督人员的选任一样，差异化表决所强调的决策效率有利于公司运营这一前提，在该事项的表决上也不成立，特别表决权股股东所具备的商业敏感度、判断能力和决策能力并不是决定公司内部监督人员薪酬的必要素质。该事项表决的关键在于激励公司内部监督人员积极履行监督职责，且避免内部监督人员因私利而纵容监督对象的失格行为。是故，决定公司监督人员薪酬的最佳表决方式应当是平等表决，失去了具有决定性意义的特别表决权，特别表决权股股东个人对内部监督人员的影响力骤减，有利于公司内部监督机制的有效运行。

如前所述，将公司内部监督人员的薪酬决定纳入平等表决的事项范围确有必要，建议完善科创板和创业板的上市规则。同时，条款的具体表述也有待进一步斟酌，现行的新三板公司治理指引以“非由职工代表担任的董事、监事”具象化公司内部监督人员，但“非由职工代表担任的董事”这一表述并不常见，其内涵容易引起歧义。根据规则设计的逻辑，本项针对公司内部监督人员的薪酬决定，目的是维护公司内部监督机制的运行。而我国公司内监督机制主要包括监事会制度与独立董事制度，因此“内部监督人员”的内涵自然指监事与独立董事，而其中由股东大会决议选任的是由职工代表担任监事和独立董事。为了明晰概念的内涵，避免歧义，同时使得条款上下项相协调，建议将措辞修改为“决定独立董事和非由职工代表担任的监事的报酬事项”，作为适用平等表决的特定事项。

（五）公司形式变更、公司主动终止上市（挂牌）建议沿用差异化表决

根据我国现行公司法，公司的种类分为有限责任公司和股份有限公司，故“变更公司形式”在我国立法语境之下指前述两种类型的公司互相转化。对于上市公司而言，其公司的组织形式只得为股份有限公司，因此，上市规则、公司治理指引所谓的“变更公司形式”，可以理解为公司主动终止上市（挂牌）的具体情形之一。但结合实务实践，上市公司变更公司形式的情况非常少见，即使是私有化退市，也一般保留股份有限公司的形式，只不过从公共公司变为私人公司，不必然变为有限责任公司。科创板和创业板的上市规则，均对公司主动终止上市的情形进行了明确的列举[1]，但规则所列的具体情形并未包含“变更公司形式”之表述。笔者认为，变更公司形式只是上市公司决议私有化退市后对公司组织形式的一次选择，实践中纯粹地变更公司形式并不常见。

上市规则在列举公司主动终止上市情形的基础上，对其中两项事项的股东会决议方式进行了特殊规定，亦即“上市公司股东大会决议主动撤回其股票在本所的交易，并决定不再在本所交易”的，或者“上市公司股东大会决议主动撤回其股票在本所的交易，并转而申请在其他交易场所交易或转让”的，在普通股东会外，还须召开专门股东会进行表决。可以看到，对于公司主动终止上市的不同情形，上市规则规定部分事项的表决适用类别表决，而部分事项的表决仍认可差异化表决；同时，“公司终止上市”并未见于特定事项平等表决这一规则，这也表明了上市规则不同条文之间的互相协调。而新三板的系列规则均未明确公司终止挂牌的具体情形，对于公司“终止股票在全国股转系统挂牌”的决议，笼统地要求一概适用平等表决。

笔者认为，无论是变更公司形式，抑或公司主动终止上市（挂牌）均没有否定差异化表决的必要。其一，该种决策很大程度上依赖内部股东的决策能力，差异化表决更容易实现公司利益最大化。在公司战略方向的决策上，内部股东的人力资本发挥着重要价值。公司退市的背景通常有二：一是公司经营存在危机，希望通过私有化的方式进一步整改、提高公司治理；二是公司基于实现发展战略、维护合理估值、稳定控制权、充分利用证券交易所的比较优势以及成本效益等方面，考虑退市。无论是何种情况，鉴于内部股东参与公司运营的程度高、掌握的公司信息最为完善，其对公司退市的判断较之少数股东应当更为准确。此外，与公司决议解散存在本质不同的是，公司决议退市仅代表公司架构的阶段性调整，公司仍然有继续经营的意志，对私有化后的公司发展，内部股东也有相应的运营计划、方案，公司主动退市还是释放了一种较为积极的信号。然而，在这种特殊背景下，少数股东往往可能作出不理智的决策。公司退市势必会带来商誉受损、市场对公司的预期下降等影响，这种后果最为直观地反映在公司股价上，对于主要以投资获利为目的地少数股东而言，他们可能更倾向于避免公司退市，即便是维持“大而不倒”的表象。因此，差异化的表决方式才是该种情形下最符合公司真实利益的表决方式，此时内部股东的特别表决权可以有效维护决策的有效性，也有利于抓住公司私有化调整的时机。其二，现行立法完善普通股股东权益保护的其他途径

---

〔1〕《上海证券交易所科创板股票上市规则》第12.8.1条规定：“上市公司出现下列情形之一的，可以向本所申请主动终止上市：（一）上市公司股东大会决议主动撤回其股票在本所的交易，并决定不再在本所交易；（二）上市公司股东大会决议主动撤回其股票在本所的交易，并转而申请在其他交易场所交易或转让；（三）上市公司向所有股东发出回购全部股份或部分股份的要约，导致公司股本总额、股权分布等发生变化不再具备上市条件；（四）上市公司股东向所有其他股东发出收购全部股份或部分股份的要约，导致公司股本总额、股权分布等发生变化不再具备上市条件；（五）除上市公司股东外的其他收购人向所有股东发出收购全部股份或部分股份的要约，导致公司股本总额、股权分布等发生变化不再具备上市条件；（六）上市公司因新设合并或者吸收合并，不再具有独立法人资格并被注销；（七）上市公司股东大会决议公司解散；（八）中国证监会和本所认可的其他主动终止上市情形。”

更为可行，否定双层股权公司就此事项的差异化表决实属没有必要。通过赋予中小股东在公司主动退市中的异议回购请求权，完善我国《公司法》第143条有关股份有限公司回购本公司股份的规定[1]，可以有效地回应普通股股东权益保护这一现实需求。同时，如果多数股东与少数股东就回购具体事宜存有争议，可以诉诸司法审查解决争端，引入公权力消除回购议价过程中少数股东与多数股东的力量失衡，进而消除公司自治的局限性[2]。

综上，在双层股权结构下，就公司形式变更、公司主动终止上市（挂牌）进行决议时，无须过度保护普通股股东的权益，建议现行上市规则和公司治理指引认可其仍然采用差异化表决方式，以尊重公司对公司治理架构安排的意思自治。同时，对于普通股股东的权益保护，应当侧重在决议之后对异议股东提供有效的保障，立法明确异议股东请求回购股份这一退出机制，才是在公司决议退市这一事项上缓和特别表决权股股东和普通股股东冲突的关键。

〔1〕 参见冯果、李安安：《上市公司主动退市过程中的利益冲突及其法律规制——以中小股东权益维护为中心》，载《南都学坛》2011年第5期。

〔2〕 参见蔡立东：《公司自治论》，北京大学出版社2006年版，第168页。

证券法制

证券投资咨询违法责任追究的回顾与完善

张子学 *

目　次

证券投资咨询业务是一项基础性的资本市场中介服务。从整体上看，证券投资咨询在消除资本市场信息不对称、促进中介机构专业化分工、加强投资者教育等方面发挥了重要作用。但是，由于市场快速发展与内外部环境变化，业务发展中也暴露出一些突出问题，比如违法违规行为多发频发，“庄托”、“黑嘴”乃至“传销式”展业等问题十分突出，合规内控体系不健全，未能形成可持续的商业模式，以及市场进出机制不畅等。尤其是近年来，互联网和新媒体的发展深刻影响了资本市场信息传播生态，证券信息传播和投资咨询活动体现出许多新情况、新特征，“荐股骗局”“杀猪盘”等传统问题进一步演化升级，扰乱资本市场信息传

* 张子学，中国政法大学民商经济法学院教授。

播秩序和公平交易秩序。强化对证券投资咨询领域违法行为的责任追究，成为保护投资者权益、维护证券市场秩序的当务之急。中共中央办公厅、国务院办公厅 2021 年 7 月印发的《关于依法从严打击证券违法活动的意见》明确要求，“坚决打击非法证券投资咨询等活动”。本文介绍了我国证券投资咨询业务的立法与监管框架，回顾了我国追究证券投资咨询行政、刑事与民事违法责任的情况，结合证监会 2020 年 4 月发布的《证券基金投资咨询业务管理办法（征求意见稿）》，提出了完善我国证券投资咨询违法责任追究的多项建议。

一、证券投资咨询业务的立法与监管框架

1997 年 12 月，经国务院批准，原证券委员会发布了《证券、期货投资咨询管理暂行办法》，从咨询机构、人员、业务管理、罚则等方面，最早将证券投资咨询业务纳入监管。随后出台的 1998 年《证券法》，明确证券公司、证券投资咨询机构是从事证券投资咨询业务的两类法定主体。1998 年 4 月，中国证券监督管理委员会（以下简称证监会）发布了《证券、期货投资咨询管理暂行办法实施细则》，对“证券、期货投资分析、预测或者建议”“接受投资人或者客户委托，提供证券、期货投资咨询服务”“申请证券、期货投资咨询从业资格的机构”等概念进行了界定，进一步明确了申请从事证券投资咨询业务的条件、程序与展业要求。其后，证监会发布了《关于加强证券期货信息传播管理的若干规定》《关于规范面向公众开展的证券投资咨询业务行为若干问题的通知》《关于加强证券期货信息传播管理的若干规定》《关于规范证券投资咨询机构与广播电视证券节目的通知》《关于加强对利用“荐股软件”从事证券投资咨询业务监管的暂行规定》等规章与规范性文件。

2005 年《证券法》延续了 1998 年《证券法》的规定，可以从事证券投资咨询业务的机构有两类。一类是经许可从事证券投资咨询业务的证券公司，其从事的证券投资咨询业务，与经纪、自营、保荐、承销等业务一样，被归入“证券业务”之一，业务属性是“证券经营机构”从事的“证券经营业务”。目前，基本上所有综合类证券公司均具有证券投资咨询业务资格。另一类是经许可专门从事证券投资咨询业务的投资咨询公司、投资顾问公司等机构，其业务被归入“证券服务业务”，机构属性是“证券服务机构”。根据证监会网站所载的《证券投资咨询机构名录（2021 年 5 月底）》，此类机构共有 83 家。此外，《证券投资基金法》要求从事公募基金投资顾问业务的机构按照证监会规定注册或者备案，并原则规定了业务规范。

2010 年 10 月，证监会制定发布了《证券投资顾问业务暂行规定》与《发布证券研究报告暂行规定》，将证券投资咨询业务区分为证券投资顾问和发布证券研究报告两种基本形式，明确了具体的业务模式、流程管理与合规要求。前者是指接受客户委托，按照约定，向客户提供涉及证券及证券相关产品的投资建议服务，辅助客户作出投资决策，并直接或者间接获

取经济利益的经营活动；投资建议服务内容包括投资的品种选择、投资组合以及理财规划建议等。后者是指对证券及证券相关产品的价值、市场走势或者相关影响因素进行分析，形成证券估值、投资评级等投资分析意见，制作证券研究报告，并向客户发布的行为；证券研究报告主要包括涉及证券及证券相关产品的价值分析报告、行业研究报告、投资策略报告等，可以采用书面或者电子文件形式。2020 年 10 月，证监会对这两个暂行规定作了文字修订。

自律管理方面，中国证券业协会于 2000 年发布了《中国证券分析师职业道德守则》，2010 年发布了《证券投资顾问业务风险揭示书必备条款》，2012 年发布了《发布证券研究报告执业规范》与《证券分析师执业行为准则》，2014 年发布了《关于进一步加强对证券分析师和发布证券研究报告业务日常管理的通知》，2019 年发布了《证券投资咨询机构执业规范（试行）》，2020 年发布了修订后的《发布证券研究报告执业规范》与《证券分析师执业行为准则》。值得一提的是，2015 年 3 月，中国证券业协会发布了《账户管理业务规则（征求意见稿）》，拟允许具有证券投资咨询业务资格并符合规则条件的证券公司、证券投资咨询公司，接受客户委托，代理客户执行账户投资或交易管理。但随后发生了股市异常波动，该征求意见稿至今也没有形成正式文件。

2019 年修订发布的《证券法》依然沿用了 2005 年《证券法》的立法监管框架。2020 年 4 月，证监会发布了《证券基金投资咨询业务管理办法（征求意见稿）》，本着准入“进出有序”、管控“双向平衡”、服务“结构优化”、业务“风险匹配”的原则，明确证券投资咨询业务的类别（证券投资顾问、基金投资顾问、发布证券研究报告）及其内涵，从大幅度提高净资产、股东资质要求等方面分类作出准入安排，从严格比照证券公司、基金管理公司有关监管规则、强化对分支机构的内部管控等方面加强合规内控要求，重建适应当前市场特征、以机构为主体提供服务的业务组织方式，完善人员管理和行为规范要求，从引入业务许可展期制度、防止保牌“待价而沽”、严重违法摘牌等方面健全退出机制，强化事后监管力度。

二、证券投资咨询违法责任的追究依据

（一）行政法律责任

《证券法》下，证券公司涉及证券投资咨询的行政违法行为只有准入违法一类，即未经行政许可擅自从事证券投资咨询业务。2005 年《证券法》中系违反第 125 条的“批准”规定，未经批准擅自从事证券投资咨询业务的，构成第 197 条所述“非法经营证券业务”，“由证券监督管理机构予以取缔，没收违法所得，并处以违法所得一倍以上五倍以下的罚款；没有违法所得或者违法所得不足三十万元的，处以三十万元以上六十万元以下的罚款；对直接负责的主管人员和其他直接责任人员给予警告，并处以三万元以上三十万元以下的罚款。”

2019 年《证券法》延续了这一规定，同时大幅度提高了处罚力度，证券公司违反第 120 条的“核准”规定，未经核准擅自从事证券投资咨询业务的，构成第 202 条所述“非法经营证券业务”，由证监会“责令改正，没收违法所得，并处以违法所得一倍以上十倍以下的罚款；没有违法所得或者违法所得不足一百万元的，处以一百万元以上一千万元以下的罚款。对直接负责的主管人员和其他直接责任人员给予警告，并处以二十万元以上二百万元以下的罚款”。

《证券公司监督管理条例》（2008 年公布，2014 年修订）对证券公司涉及证券投资咨询的业务违法作了只言片语的规定。该条例第 34 条规定：“证券公司向客户提供投资建议，不得对证券价格的涨跌或者市场走势做出确定性的判断。证券公司及其从业人员不得利用向客户提供投资建议而谋取不正当利益。”违反该规定的，适用第 83 条的罚则“责令改正，给予警告，没收违法所得，并处以违法所得 1 倍以上 5 倍以下的罚款；没有违法所得或者违法所得不足 10 万元的，处以 10 万元以上 30 万元以下的罚款；情节严重的，暂停或者撤销其相关证券业务许可。对直接负责的主管人员和其他直接责任人员，给予警告，并处以 3 万元以上 10 万元以下的罚款；情节严重的，撤销任职资格或者证券从业资格”。

《证券法》下，证券投资咨询机构涉及证券投资咨询业务的行政违法行为既包括准入违法，也包括业务违法。2005 年《证券法》中的准入规定见于第 169 条，投资咨询机构从事证券服务业务，必须经国务院证券监督管理机构和有关主管部门“批准”，投资咨询机构从事证券服务业务的审批管理办法，由国务院证券监督管理机构和有关主管部门制定。2005 年《证券法》第 226 条第 2 款规定了擅自从事证券投资咨询业务的罚则，投资咨询机构违反规定，未经批准擅自从事证券投资咨询业务的，责令改正，没收违法所得，并处以违法所得一倍以上五倍以下的罚款。2019 年《证券法》中的准入规定见于第 160 条第 2 款，从事证券投资咨询服务业务，应当经国务院证券监督管理机构“核准”，未经核准，不得为证券的交易及相关活动提供服务。2019 年《证券法》中违反准入规定的罚则见于第 213 条第 1 款，大幅提高了处罚力度，证券投资咨询机构违反第 160 条第 2 款的规定擅自从事证券服务业务的，“责令改正，没收违法所得，并处以违法所得一倍以上十倍以下的罚款；没有违法所得或者违法所得不足五十万元的，处以五十万元以上五百万元以下的罚款。对直接负责的主管人员和其他直接责任人员，给予警告，并处以二十万元以上二百万元以下的罚款”。在实践中，一般将未经许可擅自从事证券投资咨询的行为称为“非法证券投资咨询”。

证券投资咨询机构的业务违法，是已经获得许可的机构所开展或者从事业务中存在不法行为。2005 年《证券法》第 171 条规定，证券投资咨询机构及其从业人员从事证券服务业务不得有下列行为：（1）代理委托人从事证券投资；（2）与委托人约定分享证券投资收益或者分担证券投资损失；（3）买卖本证券投资咨询机构提供服务的上市公司股票；（4）法律、行政法规禁止的其他行为。2005 年《证券法》下，证券投资咨询机构业务违法，构成第 226

条第 3 款“证券服务机构违反本法规定或者依法制定的业务规则”，“由证券监督管理机构责令改正，没收违法所得，并处以违法所得一倍以上五倍以下的罚款；没有违法所得或者违法所得不足十万元的，处以十万元以上三十万元以下的罚款；情节严重的，责令关闭或者撤销证券服务业务许可”。2019 年《证券法》第 161 条基本上承继了 2005 年《证券法》第 171 条的禁止性规定，违反该规定构成第 213 条第 1 款证券投资咨询机构“从事证券服务业务有本法第一百六十一条规定行为”，与上述准入违法适用同样的罚则。

除了上述《证券法》直接规定的证券投资咨询业务的违法责任条款以外，《证券法》中另有两个法律责任条款，与证券投资咨询业务密切相关。一个是“编造、传播虚假或者误导性信息”，另一个是“在证券交易活动中作出虚假陈述或者信息误导”。从前者看，2005 年《证券法》第 78 条第 1 款规定：“禁止国家工作人员、传播媒介从业人员和有关人员编造、传播虚假信息，扰乱证券市场。”第 3 款规定：“各种传播媒介传播证券市场信息必须真实、客观，禁止误导。”违反这两款的罚则规定在第 206 条，即“违反本法第七十八条第一款、第三款的规定，扰乱证券市场的，由证券监督管理机构责令改正，没收违法所得，并处以违法所得一倍以上五倍以下的罚款；没有违法所得或者违法所得不足三万元的，处以三万元以上二十万元以下的罚款”。2019 年《证券法》第 56 条第 1 款将 2005 年《证券法》第 78 条第 1 款的特殊主体扩张为一般主体，“禁止任何单位和个人编造、传播虚假信息或者误导性信息，扰乱证券市场”，第 3 款则延续了 2005 年《证券法》第 78 条第 3 款的规定；违反这两款规定的罚则规定在 2019 年《证券法》第 193 条第 1 款，大幅提高了处罚力度，即“违反本法第五十六条第一款、第三款的规定，编造、传播虚假信息或者误导性信息，扰乱证券市场的，没收违法所得，并处以违法所得一倍以上十倍以下的罚款；没有违法所得或者违法所得不足二十万元的，处以二十万元以上二百万元以下的罚款”。从后者看，2005 年《证券法》第 78 条第 2 款规定：“禁止证券交易所、证券公司、证券登记结算机构、证券服务机构及其从业人员，证券业协会、证券监督管理机构及其工作人员，在证券交易活动中作出虚假陈述或者信息误导。”2019 年《证券法》第 56 条第 2 款原封不动延续了该规定。违反该规定的罚则，2005 年《证券法》规定在第 207 条，即“违反本法第七十八条第二款的规定，在证券交易活动中作出虚假陈述或者信息误导的，责令改正，处以三万元以上二十万元以下的罚款；属于国家工作人员的，还应当依法给予行政处分”；2019 年《证券法》规定在第 193 条第 2 款，提高了处罚力度，即“违反本法第五十六条第二款的规定，在证券交易活动中作出虚假陈述或者信息误导的，责令改正，处以二十万元以上二百万元以下的罚款；属于国家工作人员的，还应当依法给予处分”。

值得一提的是，证监会发布的《证券、期货投资咨询管理暂行办法》，包含不少行政处罚条款：未经许可，擅自从事证券投资咨询业务的，监管部门可以要求责令停止，并处没收违法所得和违法所得等值以下的罚款。证券投资咨询机构报送的文件、资料有虚假陈述或者重大遗漏，未按照规定履行报告和年检义务，未按照规定履行对本机构有关情况发生变化的变更手续，本机构证券、投资咨询人员违反本办法规定、受到证券监管部门行政处罚，或者干扰、阻碍监管部门检查、调查或者隐瞒、销毁证据的，或者有其他违反规定行为的，单处或者并处警告、没收违法所得、1万元以上10万元以下罚款；情节严重的，暂停或者撤销业务资格。证券投资咨询机构的人员违反相关规定的，可以单处或者并处警告、没收违法所得、1万元以上3万元以下罚款；情节严重的，暂停或者撤销其业务资格。

此外，证监会发布的《证券投资顾问业务暂行规定》第33条规定了证监会可以采取的行政监管措施。证券公司、证券投资咨询机构及其人员从事证券投资顾问业务，违反法律、行政法规和该规定的，证监会及其派出机构可以采取责令改正、监管谈话、出具警示函、责令增加内部合规检查次数并提交合规检查报告、责令清理违规业务、责令暂停新增客户、责令处分有关人员等监管措施。《发布证券研究报告暂行规定》也有类似规定。

（二）刑事法律责任

在刑事法律责任上，《刑法》第225条规定，“未经国家有关主管部门批准，非法经营证券业务的”，处5年以下有期徒刑或者拘役，并处或者单处违法所得1倍以上5倍以下罚金；情节特别严重的，处5年以上有期徒刑，并处违法所得1倍以上5倍以下罚金或者没收财产。

（三）民事赔偿责任

2005年《证券法》第171条第2款与2019年《证券法》第161条第2款，均规定了证券投资咨询机构从事业务的违法行为给投资者造成损失的，应当依法承担赔偿责任，但是未规定证券公司业务违法的赔偿责任，也未规定未经许可擅自从事证券投资咨询业务也即准入违法给投资者造成损失的，应当承担赔偿责任。

从其他民事索赔依据看，2005年《证券法》2005年修订时的二审稿曾试图引入“利用传播媒介或者通过其他方式提供、传播虚假或者误导投资者的信息”给投资者造成损害的，依法承担赔偿责任，不过，最终稿没有采纳。2019年《证券法》第56条第4款增加规定，编造、传播虚假信息或者误导性信息，给投资者造成损失的，行为人应当依法承担赔偿责任。从条文逻辑关系看，该规定仅适用于第56条第1款、第3款规定的“编造、传播虚假或者误导性信息”，还是也适用于第56条第2款的“在证券交易活动中作出虚假陈述或者信息误导”，尚存在解释空间。

三、非法证券投资咨询的查处实践

迄今尚未发生证券公司未经许可擅自从事证券投资咨询业务的案例，执法实践中其他主体擅自从事证券投资咨询业务则呈现高发、频发的态势。较早的一批案件发生于2007年，针对当时利用互联网从事非法证券投资咨询业务日益泛滥、猖獗的势头，证监会开展专项执法行动，查处了“带头大哥777”等11起利用互联网非法经营证券业务案，取缔了这些非法业务，给予行政处罚，并将6起涉嫌犯罪的案件和2起案件的犯罪线索移交公安机关。2008年，长春市绿园区人民法院依据《刑法》第225条“未经国家有关主管部门批准，非法经营证券、期货或者保险业务的”规定，以非法经营罪判处“带头大哥”王某杰有期徒刑3年，并处罚金人民币60万元，追缴违法所得款人民币205，612.72元。此后，证监会陆陆续续查处了一些此类案件。

在李某俊案（《证监会行政处罚决定书》〔2008〕16号）中，李某俊在不具备证券投资咨询业务执业资格的情况下，开立深圳红岭证券投资基金网站，以宣称可以提供内幕信息等方式非法从事证券投资咨询业务。证监会认定其违反了2005年《证券法》第122条“未经国务院证券监督管理机构批准，任何单位和个人不得经营证券业务”的规定，构成了2005年《证券法》第197条“未经批准，擅自设立证券公司或者非法经营证券业务”的行为，依据2005年《证券法》第197条之规定，对李某俊处以30万元的罚款。

在金股之王马某、刘某威案（《证监会行政处罚决定书》〔2009〕20号）中，金股之王不具有证券投资咨询业务资格，为推销其代理销售的股票软件产品，通过将公司广告录制成财经评论节目的形式进行广告宣传。节目主持人由公司员工扮演，马某、刘某威作为证券分析师轮流主讲，当事人对大盘、个股进行点评，公开发表证券投资咨询建议，夸大公司的研究水平，宣称将给拨打免费热线电话的前若干名观众免费提供即将大幅上涨的股票，为观众免费诊断手中的个股。此外，金股之王还通过有关公司与网络媒体签订协议，约定在网络媒体上投放广告。金股之王通过上述方式吸引电视和网络观众拨打公司热线电话。对拨打热线电话的观众，由业务员按照公司培训的方式予以回复，着力宣扬公司推荐股票的惊人回报率，打击客户自己买卖股票的自信心，诱使客户购买公司软件和服务并签订《产品订购确认书》。在观众出资购买公司软件和服务成为公司客户后，金股之王便通过电话和短信向其提供证券投资咨询服务，指导其买卖股票。证监会认定，上述行为违反了2005年《证券法》第122条有关“未经国务院证券监督管理机构批准，任何单位和个人不得经营证券业务”的规定，构成了2005年《证券法》第197条所述“非法经营证券业务”的行为。鉴于金股之王的行为已涉嫌犯罪，证监会将其移送公安机关，并认为马某、刘某威具有证券投资咨询业务资格，两人参与金股之王的非法证券投资咨询活动的行为，违反了《证券、期货投资咨询管理暂行办法》第13条和第19条的规定，且情节严重，依据《证券、期货投资咨询管理暂行办法》第36条的规定，撤销马某、刘某威的证券投资咨询业务资格。马某、刘某威等4人还被处以证券市场禁入（《证监会市场禁入决定书》〔2009〕11号）。

在上海主升浪案（《证监会行政处罚决定书》〔2010〕25号）中，上海主升浪文化传播有限公司制作了媒体股评节目，在四川卫视、山东卫视、宁夏卫视播放，实际经营并销售含有证券投资分析、预测和建议的《点金周刊》和“声讯卡”，并获得相关销售收入，在不具备证券投资咨询业务资格的情况下从事了证券投资咨询业务。证监会认定其行为违反了2005年《证券法》第122条的规定，构成了2005年《证券法》第197条所述的非法经营证券业务行为，只处罚了相关责任人员，未处罚该机构。

在刘某案（《证监会行政处罚决定书》〔2019〕95号）中，刘某组建并领导两个团队开展荐股分成业务，刘某本人及团队成员均不具有证券投资咨询从业资格。证监会认定其违反了2005年《证券法》第122条的规定，构成了2005年《证券法》第197条所述的非法经营证券业务行为，依据2005年《证券法》第197条之规定，没收刘某违法所得21，671.86元，并处以30万元罚款。

在马某亚、王某洁案（《证监会行政处罚决定书》〔2019〕103号）中，马某亚、王某洁二人系夫妻关系，马某亚实际控制23个微博账号，负责所推荐的具体股票的分析、筛选工作，形成证券投资建议；王某洁协助马某亚在淘宝网站购买业务推广所用实名认证的带粉丝微博账号，负责受雇人员招聘、日常考勤及工资发放，承担部分微博和微信账号的维护和为缴费客户提供后续服务等管理工作。二人在实施上述行为的过程中分工协作，相互配合，通过提供证券投资咨询服务共获取非法收入2,686,419元。经查，二人未取得证券投资咨询业务许可。证监会认定其行为违反了2005年《证券法》第122条的规定，构成了2005年《证券法》第197条所述的非法经营证券业务行为，依据2005年《证券法》第197条之规定，没收违法所得2,686,419元，并处以2,686,419元罚款。

近年来，非法证券投资咨询呈现采取公司化运作、组织性强，跨省市作案、涉案范围广，作案过程环环相扣、欺骗性强，通常与推销炒股软件相结合等新的动向与特点，公安司法机关在证监会配合下陆续查处了一些刑事案件。

在（2009）浦刑初字第969号判决中，上海昌汇公司陈×等人非法经营，“向不特定的人推荐股票信息”，被判处有期徒刑、罚金。

在（2010）深中法刑二终字第1037号判决中，被告人组织人员通过在山东广播经济频道等媒介进行股票知识讲座，吸引股民注意，而后由公司业务员通过电话向全国各地不特定股民提供股票咨询和推荐股票，以获取部分股民的信任，多名被告人以非法经营罪被判处有期徒刑、罚金。

2011年湖南省法院判决的王某等人非法经营案，被纳入最高人民法院指导案例。该案中，被告人违反国家证券法规，利用深圳金牛王公司、湖南智盈公司、湖南金诚公司非法经营股票咨询业务，采取制作股评节目到电视台播放、建立财经网站等宣传手段，对外鼓吹公司拥有专业的证券分析专家团队，可以为股民提供股票咨询。其间大肆宣传公司所谓的专家免费咨询热线，以此获取有股票咨询需求的股民电话资料。掌握股民电话资料后，王某等人又指派经过公司“话术”培训的业务员通过电话和股民取得联系，向股民夸大公司、股评师实力，宣传公司能准确提供炒股信息且收益甚高，不断给股民灌输只有交钱与公司合作炒股才能赚钱的观念，以推荐股票帮股民赚钱等为由蛊惑股民成为公司客户，并收取股民3800～56,000元或更高额的咨询费用，甚至以升级的方式诱使股民反复缴纳费用。至案发时，与上述3家公司发生业务往来的股民遍及全国近30个省市，汇款人数达3400余人，非法经营额共计3300余万元。王某因犯非法经营罪，被判处有期徒刑12年，并处罚金120万元，其他多名共同参与非法经营的被告人分别被判处2～6年不等的有期徒刑。

北京市海淀区人民法院2012年审理的中鼎财富（北京）软件开发有限公司总经理徐某朝等人案中，徐某朝带领3名公司员工，主要是通过在云南卫视做广告，然后向客户推销软件，逐步把客户套牢，骗客户的钱，该公司的客服部员工在出售软件的同时也为客户提示一些股市信息和为客户推荐股票，总经营数额达到850万余元。

2012年5月，北京市西城区人民法院对张某非法证券投资咨询案一审宣判，认定被告人张某非法从事证券投资咨询业务，情节严重，构成非法经营罪，判处张某有期徒刑1年，并处罚金人民币5万元。该案系北京证监局根据投资者举报调查后移送，张某利用中国金融投资网及其关联公司，未经证监会批准，以销售炒股软件为幌子，利用随机拨打电话等手段招徕不特定客户，然后通过在线下提供证券投资咨询服务，收取服务费，非法从事证券投资咨询服务。

在（2016）鄂刑终185号判决书中，法院认为黄某辉、黄某刚明知其公司和员工没有从事证券投资咨询业务的资质，仍然违反国家证券管理法律法规，在代理销售炒股软件的过程中为客户诊股、荐股，指导客户买卖特定的股票等证券投资咨询业务，并收取客户资金，二人分别被判处有期徒刑3年，并被处以罚金。

2018年年底，上海证监局向公安机关移送了上海元慧企业管理咨询有限公司以在线投资者教育为名开展非法证券投资咨询活动、涉嫌非法经营犯罪的案件线索。经查，该公司设立了股轩堂网站，并包装成大型投资者教育在线平台，宣传所谓教育课程上的证券荐股业绩，诱导投资者缴纳费用获得证券投资教育。该公司在未经有关部门批准的情况下，采用由公司业务员随机拨打电话，QQ、微信随机添加好友，以及发展下级代理商等方式，以承诺推荐个股可获月收益6%～45%为饵，招徕客户加入公司会员，购买998～69,800元不等的月度、季度、半年或年度会员课程，并以导师直播投资课程的方式，向会员客户提供证券市场分析预测、证券个股推荐、个股买卖点指导等证券投资咨询服务，涉及经营金额巨大。

2019年7月，上海警方通报了廖某强等人，利用廖某强原财经节目主持人的名人效应，非法从事证券、期货投资咨询业务的情况。2020年1月，上海市第二中级人民法院发布了受理此案起诉的消息。公诉机关指控，自2016年4月起，廖某强陆续设立7家公司，在未取得证监会经营证券业务许可的情况下，招募不具备证券、期货从业资格的讲师，采用线上发布直播视频、解盘节目，线下举办讲座等方式，面向公众提供有偿证券、期货投资分析、预测、建议，非法从事证券、期货投资咨询业务，非法经营数额共计人民币 5 亿余元；自 2016 年 10 月起，廖某强伙同其他人利用其参股经营的公司，在未取得证监会业务许可的情况下，开发销售具有荐股性质的相关软件，面向公众提供有偿证券投资分析、预测、建议，非法从事证券投资咨询业务，非法经营数额共计人民币 3000 余万元。上海市高级人民法院官网显示，该案已于 2021 年 4 月 16 日在上海市第二中级人民法院一审开庭。

四、证券投资咨询业务违法的查处实践

对证券公司从事证券投资咨询的业务违法，目前还没有行政处罚案例，近年多发的基本是证券分析师发布研究报告不当，被地方证监局依据相关规章采取行政监管措施。比如，2020 年 1 月，湖南证监局认定方正证券未对分析师郭某丽在微信群发布的某上市公司研究报告进行合规审查，也未根据公司制度由合规质控人员对所发布研究报告的微信群进行监督；方正证券、郭某丽分别受到出具警示函、监管谈话的监管措施。2020 年 3 月，深圳证监局发布对李某霄采取监管谈话措施的决定，李某霄作为英大证券分析师，通过新浪微博、微信公众号发表言论提供证券市场投资分析意见，部分投资分析意见未能提供研究报告依据，未能充分遵循客观、专业、审慎原则等。2020 年 11 月，北京证监局认定中信建投证券分析师武某则等人发布的研究依据不充分，研究报告参考资料未经规范信息源确认，关键数据交叉验证不足，数据基础不扎实，以及研究方法不够专业谨慎，分析逻辑客观性不足，以预测数据和假设条件主观推定结论，对中信建投证券采取责令改正的监管措施，随后对武某则等实施监管谈话。2020 年 11 月，上海证监局发布对申万宏源证券采取责令改正措施的决定，申万宏源证券子公司申万宏源研究所开展发布证券研究报告业务，但未对研究所署名证券分析师刘某在冠以公司名称的公众号上发布的某篇证券研究报告进行发布前的质量控制和合规审查；2021 年 6 月，上海证监局发布对刘某采取监管谈话措施的决定，刘某作为申万宏源署名证券分析师，违反公司研究报告发布审核流程，在冠以公司名称的公众号上发布了某篇证券研究报告，未能保证相关信息来源的合法合规。2020 年 12 月，山东证监局发布了对中泰证券的责令改正决定，中泰证券在制作和发布关于史丹利的研究报告《转型农业服务商，打开成长新空间》过程中，未能遵循独立、客观、公平审慎原则，未对引用的重要信息和数据的真实性和可靠性进行核实，导致该研究报告内容出现重大错误，客观上传播了虚假、不实、误导性信息，涉案分析师谢某也受到了出具警示函的监管措施。

不过，曾经发生过证券公司的投资咨询人员因触犯原《证券法》的其他相关条款受到行政处罚的案例。在王某春案（《证监会行政处罚决定书》〔2016〕115 号）中，王某春时任五矿证券首席策略师，通过其注册的新浪微博传播“注册制实施”虚假信息；证监会认定其行

为违反了2005年《证券法》第78条第1款关于“禁止国家工作人员、传播媒介从业人员和有关人员编造、传播虚假信息，扰乱证券市场”的规定，依据2005年《证券法》第206条责令改正，并处以15万元罚款。在浦某懿、郑某威案（《证监会行政处罚决定书》〔2016〕139号）中，二人作为东方证券研究所分析师，使用诱导性和夸大性的语言文字编写东方证券关于上市公司安硕信息的分析报告和推介材料；证监会认定二人行为违反了2005年《证券法》第78条第2款禁止在证券交易活动中作出信息误导的规定，依据2005年《证券法》第207条，责令改正，并分别处以20万元、15万元罚款。

对证券投资咨询机构从事业务中的违法违规行为，整体上存在行政监管措施多、行政处罚少的问题，鲜有撤销牌照或移送司法的案例。从证监会公布的行政处罚案例看，主要涉案违法行为并不是立法明确列举的“代理委托人从事证券投资”，“与委托人约定分享证券投资收益或者分担证券投资损失”或者“买卖本咨询机构提供服务的上市公司股票”，而是集中在向监管部门报送存在虚假记载或者重大遗漏的报告，利用传播媒介或者通过其他方式提供、传播虚假或者误导投资者的信息，以及违规发展会员与收取费用。

在大福投资案（《证监会行政处罚决定书》〔2008〕45号）中，广东大福投资管理顾问有限公司违规招收异地会员，违反了《会员制证券投资咨询业务管理暂行规定》第6条的规定；向监管机构报送的文件、资料有虚假陈述，违反了《证券、期货投资咨询管理暂行办法》第33条第1项和2005年《证券法》第171条第1款第5项的规定，构成了2005年《证券法》第226条第3款所述行为，被处以20万元罚款。

在万国公司案（《证监会行政处罚决定书》〔2009〕22号）中，河南万国咨询开发有限公司提交的有关会员制咨询业务清退工作进展的报告及退费材料与事实不符，存在虚假，其行为构成了《证券、期货投资咨询管理暂行办法》第33条第1项所述“向证券监管部门报送的文件、资料有虚假陈述或者重大遗漏的”违法行为；同时，该行为还违反了2005年《证券法》第171条第1款第5项的规定，构成了2005年《证券法》第226条第3款所述“证券服务机构违反本法规定或者依法制定的业务规则的”行为，被处以10万元罚款。

在智多盈、黄某等4名责任人员案（《证监会行政处罚决定书》〔2009〕56号）中，深圳市智多盈投资顾问有限公司及其责任人员，利用合法证券投资咨询机构的社会影响力、证券投资咨询人员的专业身份以及公众媒体所具有的公信力，在电视股评节目中发表误导性言论，证监会依据《证券、期货投资咨询管理暂行办法》第34条、第36条和2005年《证券法》第226条第3款的规定，对智多盈予以责令改正，并处以20万元罚款；撤销相关人员的证券投资咨询业务资格并分别处以罚款。

在股海观潮、刘某斌等9名责任人员案（《证监会行政处罚决定书》〔2009〕57号）中，深圳市股海观潮投资顾问有限公司及其责任人员，在电视股评节目中多次使用含有夸大性字眼的表述或使用含有误导性的言论，对相关证券作出分析、评述、推荐，证监会依据《证券、期货投资咨询管理暂行办法》第 34 条、第 36 条和 2005 年《证券法》第 226 条第 3 款的规定，对股海观潮予以责令改正，并处以 30 万元罚款；撤销相关人员的证券投资咨询业务资格并分别处以罚款。

在华鼎财经、曹某等 10 名责任人员案（《证监会行政处罚决定书》〔2009〕58 号）中，深圳华鼎财经资讯股份有限公司及其责任人员，违反提供证券投资咨询分析、预测或建议应遵循客观、谨慎、准确、完整的规定，在电视股评节目中对相关个股情况进行评价、预测、推荐时，大量使用含有夸大性字眼的表述，影响了普通公众投资者对证券投资风险的正常判断，证监会依据《证券、期货投资咨询管理暂行办法》第 34 条、第 36 条和 2005 年《证券法》第 226 条第 3 款的规定，撤销华鼎财经的证券投资咨询业务许可，并处以 30 万元罚款；撤销相关人员的证券投资咨询业务资格并分别处以罚款。此外，李某忠还被处以市场禁入（《证监会市场禁入决定书》〔2009〕16 号）。

上海天力、深圳前沿、熊某波等 13 名责任人员案（《证监会行政处罚决定书》（〔2010〕25 号）既涉及业务违法也涉及准入违法。上海天力投资顾问公司、深圳前沿投资顾问有限公司不同程度地存在发布虚假、夸大、误导性的言论，向投资者承诺收益，违反了《证券、期货投资咨询管理暂行办法》相关规定与 2005 年《证券法》第 171 条第 4 项、第 5 项的规定，证监会依据《证券、期货投资咨询管理暂行办法》相关规定与 2005 年《证券法》第 226 条，撤销上海天力的证券投资咨询业务许可，并处以 30 万元罚款；撤销深圳前沿的证券投资咨询业务许可，并处以 10 万元罚款；对相关责任人员也给予了证券投资咨询业务资格与罚款处罚。处罚决定书还进行了大段说理，告诫作为经批准从事证券投资咨询业务的投资咨询机构及其从业人员，务必谨守执业准则和规定，谨慎、勤勉、客观、公平地为投资者提供咨询服务，共同维护市场秩序和行业声誉。此外，熊某波等 4 名责任人员还被处以市场禁入（《证监会市场禁入决定书》〔2010〕9 号）。

在江苏现代案（《证监会行政处罚决定书》〔2011〕8 号）中，江苏现代资产投资管理顾问有限公司向监管部门报送的文件、资料有重大遗漏，构成了《证券、期货投资咨询管理暂行办法》第 33 条第 1 项所述向证券监管部门报送的文件、资料有虚假陈述或者重大遗漏的行为，同时，该行为还违反了 2005 年《证券法》第 171 条第 1 款第 5 项规定，构成了 2005 年《证券法》第 226 条第 3 款所述违法行为，被处以撤销证券投资咨询业务许可，并处以 30 万元罚款；丁某康对江苏现代的违法行为负有主要责任，情节严重，性质恶劣，被处以 5 年市场禁入。

在个别案件中，证监会并未给涉案机构行政处罚，而是给责任人员给予市场禁入。如在李某坚案（《证监会市场禁入决定书》〔2008〕14 号）中，大摩投资广州分公司在明知其总公司青岛市大摩投资咨询有限公司已被暂缓通过年检，在该期间招收新会员违反有关管理规定的情况下，采取签订合同、提供短信咨询服务等方式，招收新会员并收取会员费，违反了证监会《会员制证券投资咨询业务管理暂行规定》第6条的规定；并在向监管部门提供的报告中隐瞒了上述招收新会员的事实，构成了《证券、期货投资咨询管理暂行办法》第33条第1项所述违法行为，同时违反了2005年《证券法》第171条第1款第5项的规定，构成了2005年《证券法》第226条第3款所述违法行为，且情节严重；李某坚是大摩投资广州分公司的负责人，直接提供个人银行账户用于收取会费，并在违法违规行为中起组织、决定作用，是上述违法违规行为的主要责任人员；依据2005年《证券法》第223条和《证券市场禁入规定》第3条及第5条的规定，李某坚被采取5年市场禁入措施。

2020年8月，证监会通报，2019年，各证监局共对53家投资咨询法人机构和99家分支机构实施了现场检查，发现违法违规问题373项。已涉嫌严重违反证券投资咨询相关法律法规、符合立案稽查标准的10家机构和2名个人，按执法程序移交稽查部门处理，对存在违规问题的37家法人机构、26家分支机构依法采取责令改正、出具警示函、责令暂停新增客户等行政监管措施，并将21家涉嫌违反行业自律规则的法人机构、分支机构及其涉及从业资格问题的人员移交中国证券业协会处理。主要问题：一是人员管理不到位，大量无资质人员从事业务活动；二是客户营销和服务行为不当；三是投资者适当性管理不到位；四是投资建议缺乏依据；五是业务留痕及档案管理不完整、不健全；六是服务协议或风险揭示书不合规；七是未向客户提供基本信息。

五、证券投资咨询违法民事赔偿案例

目前可以检索到的案例，是多年前发生的所谓“股评第一案”。1997年3月，《亚太经济时报》在头版头条登载了一篇署名熊劲松的《湘中药自信潜力无穷》的文章，作者推断出“湘中药股价将上涨四五倍”，而得出判断的依据是湘中药原董事长申甲球接受《香港商报》采访时“1997年该公司业绩将增长1倍以上”说法。1997年3月20日，山东股民张某自称看了该文后，共16次买入该股27,500股，后湘中药股价从13元跌至7元左右，张某割肉出局，亏损近8万元。2004年，山东省淄博市中级人民法院经审理查明，文章关于当年财务指标、FDA认证、公司销售防假打假、生产线建设、租地扩大生产规模等五个方面的叙述与实际情况不符，认为文章纯属无中生有，臆造事实，虚假陈述，多处出现明显诱导性的言辞，系严重误导的失实报道，该报道致使张某的权益受到了侵害，造成了经济损失；判处作者熊劲松赔偿张某的损失8万余元，《亚太经济时报》承担连带赔偿责任。当年11月，广州市天河区人民法院向熊劲松收取了该案执行款。据了解，法院判决依据的是当时有效的《禁止证券欺诈行为暂行办法》（1993年国务院批准，国务院证券委员会发布）第11条“禁止任何单位或者个人对证券发行、交易及其相关活动的事实、性质、前景、法律等事项作出不实、严重误导或者含有重大遗漏的、任何形式的虚假陈述或者诱导、致使投资者在不了解事实真相的情况下作出证券投资决定”，《股票发行与交易暂行条例》（1993 年国务院发布）第 77 条“违反本条例规定，给他人造成损失的，应当依法承担民事赔偿责任”，以及新闻出版署 1999 年《关于发布报刊刊载虚假、失实报道处理办法的通知》第 2 条规定：“报纸、期刊刊载虚假、失实报道和纪实作品，有关出版单位应当在其出版的报纸期刊上进行公开更正、消除影响；致使公民、法人或其他组织合法权益受到侵害的，有关出版单位应当依法承担民事责任”。

六、完善证券投资咨询业务违法责任追究的建议

1. 从功能监管的角度，由国务院出台《证券投资咨询监督管理条例》。

第一，虽然根据现行规定，证券公司、证券投资咨询机构、公募基金投资顾问业务机构是可以从事证券投资顾问业务的三类法定机构，不过市场实践中也有其他金融机构或者非金融机构在或多或少地从事此类业务。证监会发布的《证券基金投资咨询业务管理办法（征求意见稿）》认可了这一现实。根据意见稿第 34 条（特别规定二）规定，证券公司、基金管理公司、期货公司、商业银行、保险公司以及证监会认可的其他金融机构从事证券基金投资咨询业务的，不适用本办法相关规定，但应当遵守法律、行政法规和金融监管部门的有关规定；证券公司、基金管理公司、期货公司、商业银行、保险公司以及证监会认可的其他机构通过其全资下设机构申请从事证券基金投资咨询业务的，可以按照合并口径适用本办法第 8 条、第 9 条的规定；私募基金管理人为资产管理产品提供证券基金投资咨询服务，为存在实际控制关系或者受同一控制人控制的合格境外机构投资者提供证券基金投资咨询服务，证监会另有规定的，从其规定。在机构分业监管的大格局下，有必要从功能监管、行为监管的角度，为所有从事证券投资咨询业务的金融机构与非金融机构，统一划定业务开展过程中的“底线”和“红线”，适用同样的违法责任条款，避免监管空白、监管错位与监管套利。

第二，追究证券投资咨询违法责任，尤其是打击非法证券投资咨询，涉及众多政府职能部门，包括证监会、中国银行保险监督管理委员会（以下简称银保监会）、新闻出版、工信、广电、市场监管、公安、网信等，以及地方政府。虽然存在一个打击非法证券期货业务的部际协调机制，但是，仅靠证监会出台的行政规章，无法落实各有关部门的具体职责，实践中也的确出现了一些推诿拖延的情况。而且，受《立法法》以及国务院通知关于行政规章设定行政处罚的限制，证监会的规章无法设定具有足够威慑力的处罚条款，这从《证券基金投资咨询业务管理办法（征求意见稿）》第 31 条（援引上位法的处罚）空洞、乏力的规定可见一斑，而《证券公司监督管理条例》也不能涵盖证券公司以外的机构。

第三，从成熟资本市场法域的经验看，美国有专门的《投资顾问法》，涵盖了投资咨询

与资产管理两类业务，对规范主体并未设过高门槛，且行为主体不以法人为限，其立法模式系将投资顾问广泛定义后，再以除外规定排除，更有助于全覆盖的金融监管。欧盟与日本为了实现金融市场整合目标，也分别制定《金融市场工具指令》《金融商品交易法》，即使没有投资顾问的专门法律，也依据业务的功能种类进行划分，将金融商品与金融服务横向整合，强化投资者保护。

2. 全面梳理、整合、补充、升级、细化违法责任条款，完善证券投资咨询行政与刑事违法责任体系。

第一，澄清“证券业务”与“证券服务业务”导致的法条适用紊乱，理顺相关违法责任条款。从处罚实践看，证监会自始至终对未经许可从事证券投资咨询业务的机构与个人，认定为违反了2005年《证券法》第122条“未经国务院证券监督管理机构批准，任何单位和个人不得经营证券业务”的规定，构成了2005年《证券法》第197条“非法经营证券业务”的行为并依据该条处罚。此种认定与处罚逻辑，在法律适用上是颇值商榷的。如上文所述，在我国2005年《证券法》下，“证券业务”与“证券服务业务”是不同的概念。“证券业务”只能由证券公司经营，证券投资咨询业务是证券公司获得许可可以经营的“证券业务”之一，如果证券公司未经许可擅自从事证券投资咨询业务，毫无疑问应当适用2005年《证券法》第12条、第197条。而且，2005年《证券法》第122条处在“证券公司”专章，按体系解释只能适用于证券公司的行为，与其对应的第197条自然也应照此理解。其实，对于证券公司以外的机构或者个人擅自从事证券投资咨询业务的行为，属于擅自从事“证券服务业务”，更为妥当的条款应是2005年《证券法》第169条第1款规定的投资咨询机构从事证券投资咨询业务必须经过批准，与对应的第226条第2款罚则。不过，2005年《证券法》第169条第1款、第226条第2款的缺陷是，把适用主体限定为“投资咨询机构”，导致个人擅自从事证券投资咨询业务时，无法适用；而且，第226条未规定没有违法所得情形下的处罚，也未规定责任人员的责任。2019年《证券法》并未改变“证券业务”与“证券服务业务”的这种区分，不过2019年《证券法》第160条第2款已经适用于一般主体，任何机构或者个人，“从事证券投资咨询服务业务，应当经国务院证券监督管理机构核准”。但是遗憾的是，与其对应的2019年《证券法》第213条第1款，却还是把违法主体限定为“投资咨询机构”，没有解决2005年《证券法》下的老问题；而且画蛇添足地在2005年《证券法》的“投资咨询机构”前加上“证券”二字，给本条适用带来新的麻烦，因为既然冠之以“证券投资咨询机构”，就默认为已经取得了证券投资咨询业务资格，似乎就不存在“擅自从事证券服务业务”问题了。如果按照上述《证券法》下“证券业务”与“证券服务业务”的区分，《刑法》上的“非法经营证券业务”似乎也不能涵盖证券投资咨询业务。不过，刑事司法实践已经适用该条处罚了不少非法证券投资咨询案件，也引发律师与学者对《刑法》规定的“证券业务”是否包括证券投资咨询业务的质疑。[1] 因此，今后出台或者修订的法律或者行政法规，应使这些概念尽量周延。

第二，补充完善证券投资咨询行政违法责任体系。一是弥补对证券公司只有准入违法责任、没有业务违法责任的立法缺陷，消除实践中基本上所有的业务违法只受到行政监管措施而没有行政处罚的情况，业务违法上应适用与证券投资咨询机构一样的规定。二是弥补 2019 年《证券法》的修订疏漏。2019 年《证券法》把 2005 年《证券法》第 226 条第 2 款、第 3 款的罚则整合为第 213 条第 1 款，大幅提高了处罚力度，适用同样的罚则，补充了擅自从事证券投资咨询业务没有违法所得情形下的罚则，补充了相关责任人员的法律责任，但是遗憾的是去掉了违反“依法制定的业务规则”的表述，只能适用兜底规定给予处罚。修法时的一个重大疏漏是，未保留 2005 年《证券法》第 226 条第 3 款对于违法情节严重的证券投资者咨询机构，可以“撤销证券服务业务许可”。同样是需要核准的业务事项，2019 年《证券法》第 182 条规定可以用行政处罚的方式对保荐业务实施“暂停或者撤销保荐业务许可”，第 140 条规定可以用行政监管措施的方式对证券公司的其他业务实施“撤销有关业务许可”。今后，对于证券投资咨询机构是否还能以及如何撤销业务许可，顿成疑问。

第三，升级、细化证券投资咨询行政违法责任体系。一是基于证券投资咨询业务的信义义务性质，从违背信义义务（包括忠实义务与审慎义务）出发，设定违法责任，可以考虑借鉴美国等法域的做法，引入和适用反欺诈的一般责任条款，加强对违反投资者适当性规则、利益冲突规则、客户最佳利益规则等核心要求的监督处罚。[2] 二是废止 1997 年发布的、已经与实践严重脱节、而且许多罚则不符合《立法法》规定的《证券、期货投资咨询管理暂行办法》，[3] 针对近年来监管执法中遇到的比较突出的主要违法行为样态，细化违法责任条款，做到有法可依。三是在违法责任设定上，应当合理配置机构与从业人员的责任，明确规定什么情形下可以把雇员违法直接归咎为单位违法，什么情况下从选任失察、监督失败、内控失灵上追究单位责任，并引入单位合规的免于处罚或者暂缓处罚机制。

---

〔1〕 比如，上述最高人民法院第 1043 号指导案例中，就有意见认为，我国《刑法》第 225 条第 3 款规定了未经国家有关主管部门批准非法经营证券业务属非法经营，但并未明确指出证券业务是否包括证券咨询业务，因此，根据法无明文规定不为罪的刑法基本原则，被告人王某等的行为没有违反刑法禁止性规定，不构成非法经营罪。对此，指导案例的撰写者明显牵强地进行了反驳与解释。其认为，应当根据《刑法》第 225 条关于罪状的表述方式并结合证券法等相关法律来理解该条文的含义；该条款的基本表述属空白罪状，所谓空白罪状，就是“没有具体说明某一犯罪的构成特征，但指明了必须参照的其他法律、法令”；因此，准确适用《刑法》第 225 条的前提便是考察与该条文关系密切的其他法律，本案即应考察《证券法》的相关规定。根据 2005 年《证券法》第 122 条的规定，设立证券公司，必须经国务院证券监督管理机构审查批准，2005 年《证券法》第 125 条另规定，经国务院证券监督管理机构批准，证券公司可以经营证券投资咨询业务。换言之，设立证券公司和开展证券投资咨询业务，都需要经国务院证券监督管理机构批准。在本案中，被告人王某及其公司并未根据主管部门批准成立证券公司，当然更不可能依据证券监管部门的批准合法开展证券咨询业务。

〔2〕 参见张子学：《美国证监会全面解读投资顾问信义义务与行为标准及其启示》，载《投资者》2019 年第 3 期。

〔3〕《证券基金投资咨询业务管理办法（征求意见稿）》本应取代《证券期货投资咨询管理暂行办法》，却将之作为上位法，援引其法律责任条款。这一做法实不足取。

3. 完善证券投资咨询违法的民事赔偿责任，引导与支持投资者依法索赔。

目前《证券法》规定的民事赔偿责任，明显存在覆盖主体、行为过于狭窄，责任要件、举证责任等核心责任要素缺失等问题，以至于实践中罕见投资者维权索赔的案例。应利用好2019年《证券法》增加的“编造、传播虚假信息或者误导性信息”民事赔偿责任，让存在此类行为的从事证券投资咨询业务的机构与人员赔偿投资者损失，可以作为一种临时性救济措施。有学者认为，在证券投资咨询中，证券投资咨询机构（及其从业人员）与投资者之间的关系符合信义关系的要素；将信义义务引入证券投资咨询，明确投资者向证券投资咨询机构（及其从业人员）追究民事责任的法律基础，有利于保护实际承受风险的投资者的合法权益；应在明确信义义务内涵的基础上，赋予利益受损的投资者私人诉权和完善事前预防机制，以达到证券投资者保护这一立法目的。[1]另有学者认为，在当前学界，证券分析师民事责任的性质有违约责任说、独立责任说和侵权责任说三种不同理论；从我国现行侵权责任法背景和侵权责任的要素出发，侵权责任说较为合理；在归责原则方面，基于证券分析师行业与市场中其他责任主体的区别，过错推定责任原则可能会让证券分析师承担不合理的过重责任，且在实际效果上并不利于投资者保护这一终极目标的实现，而过错责任原则无论在现行规则还是在未来可能的规则修改情形中，都不会过多加重投资者的举证负担，且可以作为“诉讼阀门”有效平衡分析师行业的发展与投资者保护，是较为合理的选择。[2]另有学者认为，证券分析师专家侵权责任先由其雇主承担，然后由雇主追偿；当证券分析师与其他相关人员存在共同故意或重大过失，应承担连带责任，存在普通过失时，则按过错程度承担按份责任；同时，也应合理界定第三人的范围，以保护证券分析师的合法权益。[3]这些都是值得考虑的建议。同时，应注意发挥2019年《证券法》赋予的投资者保护机构职能与投资者保护机制的作用，加强教育引导，支持投资者依法维权索赔。

4. 研判证券投资咨询业务创新引发的违法责任特殊问题。

第一，管理型投顾。如上文所述，中国证券业协会曾试图允许具有证券投资咨询业务资格并符合规则条件的证券公司、证券投资咨询公司，接受客户委托，代理客户执行账户投资或交易管理。在2019年《证券法》修订过程中，也有建议提出有序放开证券投资咨询业务中的全权委托账户管理。《证券基金投资咨询业务管理办法（征求意见稿）》第7条（管理型投顾）规定：“符合中国证监会规定条件的从事基金投资顾问业务的机构，可以向客户提供管理型投资顾问服务，在客户授权范围内代理客户办理交易申请等事项。具体规则由中国证监会另行制定。”可见，监管层已经准备开放基金投顾中的管理型投顾，包括代客交易乃

---

〔1〕 参见倪受彬、张艳蓉：《证券投资咨询机构的信义义务研究》，载《社会科学》2014年第10期。

〔2〕 参见张羽晓：《证券分析师利益冲突的法律规制——基于中美比较法视角的研究》，山东大学法学院2018年博士学位论文。

〔3〕 参见戴谋富：《证券分析师对第三人民事责任》，载《求索》2009年第6期。

至全权委托账户管理。可以预见，在将来修改或者变通理解《证券法》禁止全权委托、禁止代客交易规定之后，证券公司、证券投资咨询公司以及其他证券投资咨询机构的管理型投顾业务也有可能放开。管理型投顾在信息披露、利益冲突管控等方面的要求，要高于仅是提供投资建议的服务，相关责任标准应等同或者趋同于基金管理人的责任。

第二，智能投顾。智能投顾作为人工智能在金融领域的典型运用，改变了传统证券投资咨询方式，但投资者与证券投资咨询机构之间的基础法律关系并未发生实质性的变化。《证券基金投资咨询业务管理办法（征求意见稿）》第 35 条（程序化咨询）规定："证券基金投资咨询机构运用算法、模型等信息化技术手段，向客户提供自动化的证券基金投资咨询服务的，应当向其住所地中国证监会派出机构报告有关技术方案、模型参数、投资逻辑等信息、资料。"但是未明确智能投顾的法律属性与违法责任归属。有学者认为，从目前人工智能发展深度来看，智能投顾尚不能作为民事主体，不具有承担民事责任的能力；根据"长臂规则"原理，智能投顾运营商理应承担信义义务，但具体内容与传统人工投顾模式下有所不同；忠实义务强调运营者披露算法中的利益冲突，注意义务关注的是问卷调查的合理性以及算法的有效性。另有学者认为，在理财机器人（智能投顾）法律责任认定困难之基础下，应先以雇用人责任等转承责任作为方案，由具有控制权或较有资力之人负最终责任，而若可举证属于算法瑕疵或设计尚欠缺程序正当性时，才由编码者或自行开发理财机器人之公司负责；至于遭遇虚拟科技威胁或网络攻击时所导致损失，基于消费者保护理念，则由备位强制保险或特别补偿基金先为支付，再由基金或保险代位追讨，移嫁消费者求偿不易之分险。

新三板挂牌公司摘牌法律问题研究

——基于多层次资本市场协同发展的视角

郑 彧*

目 次

就摘牌公司的后续监管而言，“摘牌公司”在法律属性上应属于“非公开交易型公众公司”，对于这些公众公司要遵循“完全的市场出清”原则，不能继续进行“公开型交易”：一方面，要改变原来那种“公开发行 = 公开上市 = 维持交易”的固有思维；另一方面，要尝试以市场化方式引导以“非公开为特征”的场外交易市场（系统）的出现，通过建立统一的公众公司信息披露系统来实现公众公司对于公众投资者的法定信息披露义务。

---

* 郑彧，华东政法大学教授。本文为笔者承接全国股转公司 2020 年委托课题的部分成果。感谢上海方达律师事务所王梦婕、马凌君、王珺律师的帮助，华东政法大学 2019 级法律与金融专业研究生陈思玮、邓佩茹为本文的数据和资料收集亦做出了卓越贡献。

一、公众公司的逻辑转换：两个不同维度

（一）公众公司的“两分法”：公开发行型公众公司与公开交易型公众公司

“公众公司”〔1〕的认定核心在于其“公众性”（public）。“公众性”的特征存在于两个环节：一个是发行的“融资”环节，解决的是发行人如何将股份出售给投资者的问题，涉及的是增量股份的问题；另一个则是“交易”环节，解决的是购买这些股份的初始投资者如何进一步通过有效的渠道（比如通过证券交易所挂牌竞价交易）进行二次交易的问题，涉及的是存量股份的问题〔2〕。虽然股份上市（挂牌交易）是发行人在进行股份融资后的通常选择，但股份发行本身并不等同于股份上市，〔3〕公司也可以不选择发行股份而自行直接挂牌上市交易。由此，公众公司可以划分成“公开发行型公众公司”和“公开交易型公众公司”两个基本类型（见图1、图2）。

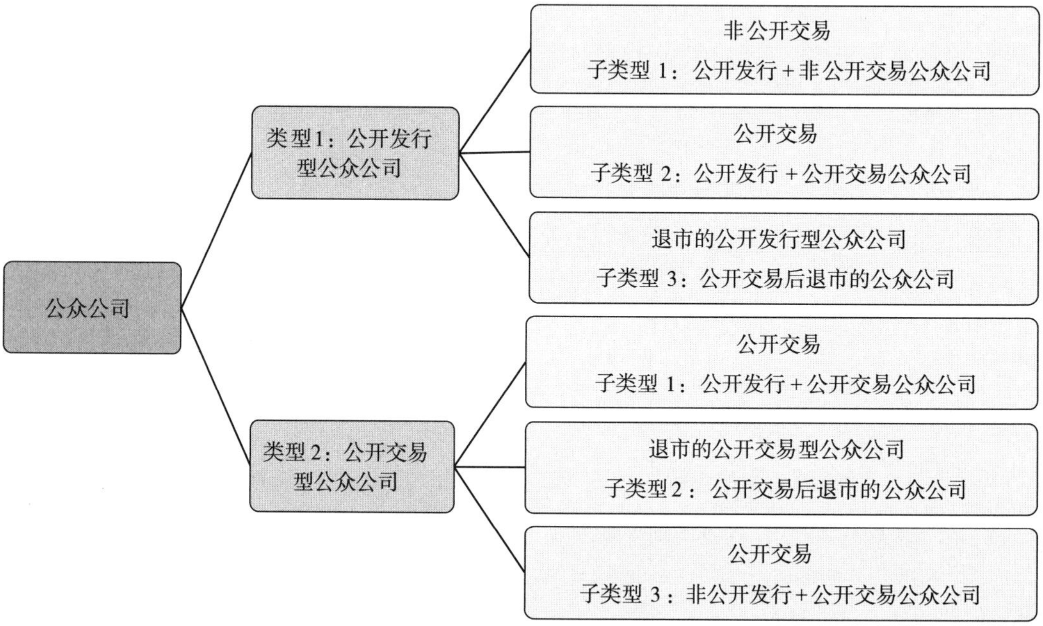

图1　公众公司的类型

〔1〕 为论述简便，本文所指公众公司均局限于以普通股发行与交易为标志的公司，而不涉及债券、优先股的公开发行或者公开交易。

〔2〕 在这里，“流动”与“流通”的区别在于：“流通”意指资产（这里指证券）能以合理价格变现的能力；而“流动”表达的是资产（证券或资金）配置运行方向的问题。

〔3〕 在我国，在政府主导的“审批”控制下，证券的发行与上市过程合二为一，长期的操作经验使市场上有一种“发行＝上市”的错误认识。而在成熟资本市场，发行与上市实为证券交易的不同阶段。

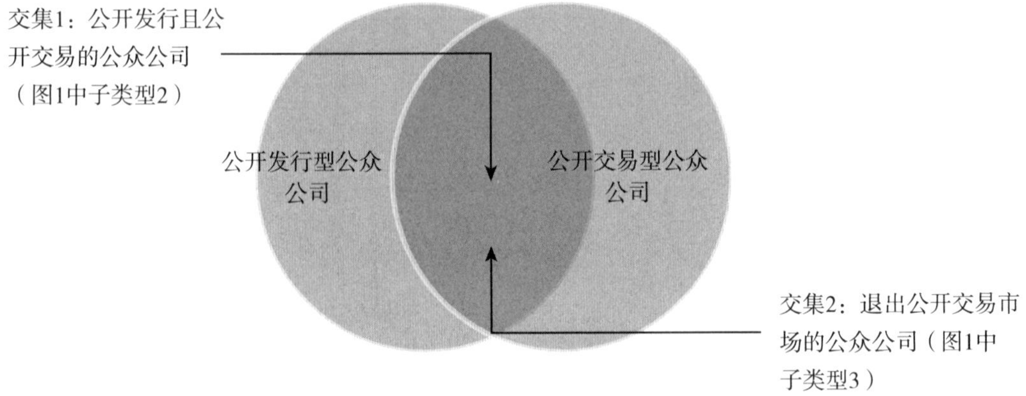

图 2　两类公众公司的交集

（二）“两分法”下公众公司的域外监管经验

在美国，《1933 年证券法》和《1934 年证券交易法》构成了两种不同注册要求的公众公司的类型（合称“报告公司”，reporting company）。美国证券交易委员会（United States Securities and Exchange Commission，SEC）逐步根据这两部法律的授权制定了一系列为细化公众公司进行信息披露所需要的法令与规则，并颁布了一整套信息披露注册表格（如 S 系列表格、F 系列表格等）范式，建立起了统一的公开披露系统（Electronic Data Gathering，Analysis，and Retrieval system，EDGAR 系统）。

在英国，对于非上市股票的发行而言，公司只需向公司注册署进行注册登记，而无须特定的证券交易所的同意或者审核；对于上市股票而言，发行公司需要得到伦敦证券交易所（London Stock Exchange，LSE）或者英国上市管理部门（UK Listing Authority，UKLA）的上市许可。

在股份发行与股份交易二分的逻辑层次下，因为“发行融资”与“上市交易”在程序、功能和监管逻辑上都属于可以互相联系但却相互独立的不同阶段，因此将“公司在证交所‘挂牌上市’简化理解为‘上市融资’”的观点是片面且错误的。

二、公开交易型公众公司的“市场结构”：多层次资本市场的经济学与法学解释

（一）多层次资本市场的经济学解释

在证券市场发展过程中，集中的证券交易所在很大程度上是为了降低交易成本而进行的制度创新，但资本市场对于市场参与各方提供资源配置的效率仍然要取决于在特定市场从事交易可能带来的成本。受限于监管与服务的成本，证券交易所可服务的上市证券的数量并不是无限量的。而多层次资本市场中的“多层次”是指能够满足不同主体需求、适应不同交易

成本的市场结构，由此形成不同的“上市标准”来筛选企业，实现各自的定位目标。一个健康的多层次资本市场当然应该是赚钱的企业、亏钱的企业、发展成熟的企业、初创企业都能有机会进入不同的市场以寻求低成本的融资机会和交易机会，形成为发行人和投资者提供最佳交易效率和最低交易成本的市场交易机会。

（二）多层次资本市场的法律体现

1. 市场类型的法律界定：场内交易市场 vs 场外交易市场

场内交易是一种以订单驱动（order – driven）为特征的市场，而场外交易是一种以报价驱动（quotation – driven）为特点的市场。所谓订单驱动的市场，就是在一个中心化的市场中，通过将某一特定证券的买入和卖出订单聚焦到一起，出价最高的买入订单和要价最低的卖出订单会不断地发生匹配而得以执行，由此通过最佳价格的发现机制实现中心化市场的有序性、连续性交易；而场外交易市场是一个可以显示可能的“报价—询价”以供潜在交易双方交易参考的价格引导机制，其不具备自动进行撮合交易的功能。由此，产生一个实际的逻辑分类就是：中心化、集中化的证券交易所实施的是“交易”行为，而那些非中心化的场外交易市场只不过是为其会员或者参与者提供了一个价格发现的机制。

2. 市场组织的模式选择：“所有者”众多的场内交易市场 vs. 股东单一的场外交易市场

会员制证券交易所天然具有“所有者人数众多”的特点。而20世纪90年代掀起的“非互助化”趋势中，交易所的“所有者”在上市的过程中呈现出越来越多的股东人数特征；相反的是，作为场外交易市场，由于新型交易方式并不依赖于所谓市场参与者的“订单连续性”，这就减少了对股票经纪商或者自营商的依赖性，单一股东或者少量投资者就可以建立起基于计算机报价系统的交易设施或者价格交流平台。

3. 市场监管的法律保障：特殊的自律组织 vs 普通的契约关系

在此基础上，场外交易的“非涉公众”特性，使得场外交易场所的交易规则可以不受证券监管机关的“特别管束”，场外交易市场有权自我决定、调整交易规则以满足市场交易的需求，从而使得其交易方式更具有灵活性和可变性；而场内交易市场的“涉众性”特点反倒使得其交易规则需要受到更多的证券监管机关的“约束”和“牵制”，并不具有完全的自主性。

（三）多层次资本市场结构下的“新三板”：“场内交易市场”的定位与功能解构

1. 新三板作为“场内交易市场”的法经济学解释

沪深两地证券交易所主板市场“以三年连续盈利”为标志的发行上市条件树立起了一套针对成熟型企业、相对成熟型企业的市场准入筛选标准，但这些指标难以满足大量中小型企业特别是创新型企业的融资需求。由此，在“满足股份流动性需求”的撮合性市场定位下，新三板市场必然是在多层次资本市场体系中对于交易所市场进行有益补充的同等性质的“场内交易市场”。

2. 新三板作为“场内交易市场”的法教义学解释

在2017年交易制度改革中，将股票“盘中交易”的协议转让方式统一调整为“盘中申报、盘中成交”的集合竞价模式后，新三板市场的标准化、份额化、竞价化的交易特点就决定了其已经从原来的做市商“报价驱动”的场外交易市场模式转向了“订单驱动”的场内交易市场模式。

三、多层次资本市场的“市场出清”的美国经验

（一）美国多层次市场的基本体系

美国的多层次市场体系由内部具有多层次板块的场内证券交易所和不同类型的场外交易市场组成（见图3）。

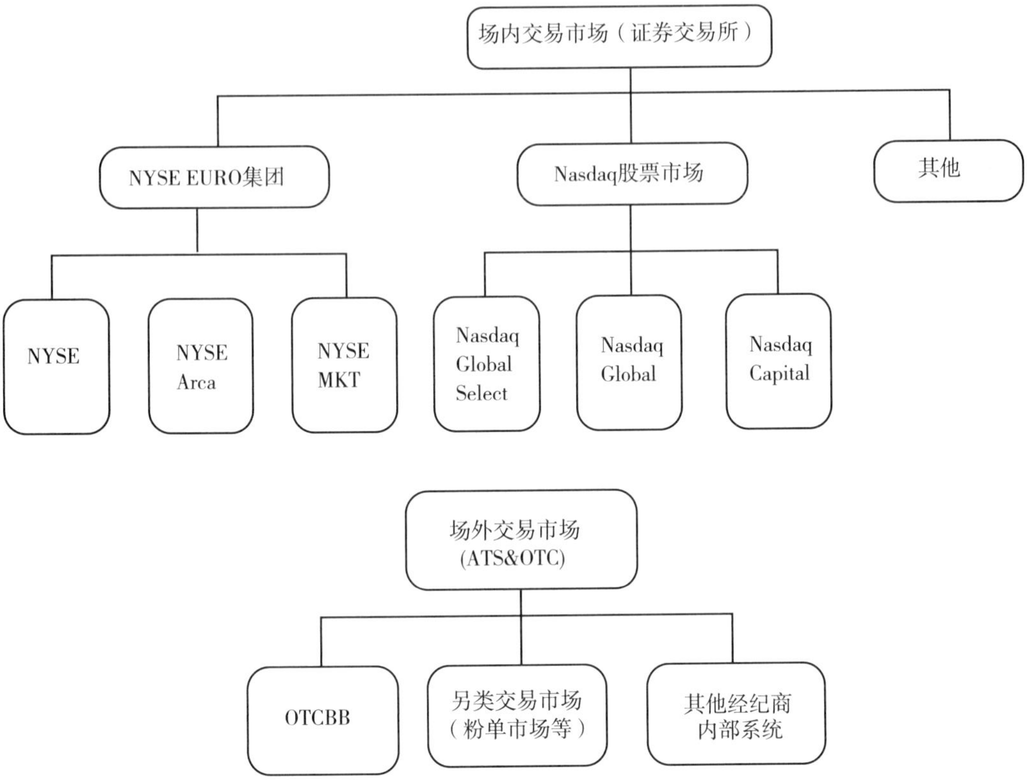

图3　美国场内交易市场与场外交易市场结构示意

SEC希望在场内交易市场和场外交易市场间保持相应的竞争性，鼓励场内交易市场之间、场内交易市场与场外交易场所之间的充分竞争，这也是通过监管实现保护市场、提高市场效率的一个方式。

（二）美国场内交易市场退市（摘牌）标准的设计

美国场内交易市场退市规则的特点在于其退市标准往往与上市规则和交易规则密切相关。在退市标准的执行上，交易所具有充分的裁量权和灵活性，以保证上市公司质量与维护投资者权益。主要证券交易所退市（摘牌）的标准既包括主观性标准（主营业务情况、是否破产清算、财务运营能力等），也包括客观性标准（股东数量、公众持股量、交易量、市值、股价等），还包括一些合规性指标要求（收入、盈利、资产、股东权益、公司治理结构、信息披露、年报审计要求等）。

（三）美国场内交易市场退市（摘牌）公司的去向

以纳斯达克上市公司的退市为例。一般而言，纳斯达克上市公司如果触发所在板块的退市条件，其仍有机会以降板方式继续在纳斯达克市场公开挂牌交易或者转入场外交易市场进行交易。在此过程中，公司可以自主选择场外柜台市场（Over the Counter Bulletin Board，OTCBB）或粉单市场（Pink Sheets）挂牌，也可以是根据某些股东的经纪商在履行特定申报程序后将这些已退市公司的股份交易放至场外市场进行报价、询价。

（四）美国场内交易市场退市（摘牌）公司的后续监管

依据《1933年证券法》和《1934年证券交易法》的要求，无论是否仍然继续在场外交易市场进行交易，只要其符合“公众公司”的标准，则这些公司仍应遵守联邦证券法律的所有披露或者报告要求；而如果其不再是法定意义上的“公众公司”，则作为私人公司的非公众型公司的非公开交易就无须受到作为公法的联邦证券法的外力干预。

四、新三板摘牌制度设计的回溯与反思：基于场内交易市场的定位

（一）新三板市场摘牌制度的“拾缺补漏”

1. 摘牌条件的设计仍与交易所市场退市条件对标，未充分显示多层次资本“市场出清”标准的差异化

新三板市场所采取的摘牌规则与上海、深圳证券交易所的退市规则存在高度重合。对于“有上有下”的新三板市场而言，基于其对多类型、多元化企业的包容度，诸如评估公开交易股票“质量”的盈利或营收标准，评估交投活跃的“市场流动性”标准，以及评估市场信心的“市值”标准应该与证券交易所市场的规则有所区别，不应该与主板市场的退市标准一概而论。

2. 终止挂牌标准可能过于严格，需要考虑提高对挂牌公司的包容度

第一，单独将“利润标准”作为调整层级的判定因素，逻辑略显简单，没有对应到在挂牌标准中以“利润标准”+“营业收入”或者“挂牌市值”（3选1）的那种复合标准，无

法体现摘牌指标与挂牌准入指标的对应关系。

第二，新三板市场的价值是为更多的企业提供更为普遍、更为多元的交易服务，在市场准入端只是以公司资产水平（净资产标准）而非流动性水平（价格标准）作为标准的前提下，“面值退市”标准相反可能会成为阻碍新三板市场为中小企业提供更多流动性机会的“拦路虎”。

第三，目前拟议中的终止挂牌标准并没有体现新三板市场上对于不同层级挂牌企业更大的包容度，反而收紧了挂牌标准的适用条件。比如，在利润亏损指标方面将“一年”内出现的相同情形列为调整出“创新层”和“精选层”的事项，而主板市场在各板块中至少还是允许“三年”[1]不达标后才触发退市要求，并没有表现出对挂牌公司更为灵活的包容度。

（二）新三板摘牌制度的改进建议

1. 摘牌标准与主板标准的差异化设计

作为梯级递进的多层次资本市场的“压舱石”，新三板市场的摘牌规则更应体现合而不同的包容性特点。在“亏损指标 + 营业收入指标”的复合指标下可以考虑额外反映市场供求关系的例外标准，设计一种更加缓和的摘牌条件。比如，在亏损情形下满足的特定市值标准；在特定的周期内挂牌公司满足股票流动性比率（成交量与股本之比）要求；在特定时期以周为单位计算的连续单周成交股数达成一定标准等。

2. 摘牌标准与挂牌标准的趋同衔接

“有上有下”的市场状态往往需要依赖于市场出清与市场准入的趋同标准。比如，可以针对创新层、精选层挂牌条件中的“利润指标”、“营业收入 + 复合增长率”和“市值 + 做市商”的 3 选 1 设置同样对应的 3 选 1 调层标准；根据准入标准中“业务明确，具有持续经营能力”的要求相应增加对于无实际运营或者无实体业务的“空壳公司”的退出要求；取消“连续 60 个交易日，股票每日收盘价均低于每股面值”的面值调整标准等。

3. 特定情形下挂牌交易的“休眠程序”

在新三板市场尚不具备向公众投资者融资功能的情形下，对于挂牌后不符合流动性交易要求的公司可以给予更为包容的挂牌环境。比如，采取一种类似于对于交易完全锁定的“休眠程序”，对不符合挂牌标准的公司的股份在公开市场的交易进行“冻结”，只有“解冻”条件满足时才予以恢复场内市场的交易。

4. 摘牌制度执行程序的灵活性考虑

可以允许挂牌公司在出现不符合继续挂牌交易的条件时，在特定的缓冲期内继续挂牌交易（但需定期披露消除不符点的措施、进展和可能）；在缓冲期内不符点消失的，可以继续

[1] 2020 年 12 月 31 日，上海、深圳证券交易所退市新规实施后，该指标由三年连续亏损的暂停上市 + 暂停上市期后一年的继续亏损的过渡指标改为“连续两年亏损”的直接指标。

挂牌交易；在缓冲期内不符点继续存在的，则进入摘牌或者“休眠程序”。

5. 全国股转公司特定情形下摘牌的酌情权授权

在强调新三板市场在包容、灵活的基础上支持多元化、多类型企业的背景下，新三板市场也会碰到制度设计之初所无法遇见的情形，此时，如果能够有一个以满足新三板市场定位和“摘牌目的”为标准的自由裁量条款，则可确保以制度的不变应对“市场的万变”。

五、新三板市场被摘牌公司的后续监管：基于非公开交易型公众公司的视角

（一）新三板市场对非公开交易型公众公司并无持续提供流动性服务的义务

首先，并不是所有的公众公司都存在公开交易的必要，能否成为公开型交易公众公司是由作为交易组织机构的场内交易市场决定的，不应该将“上市（挂牌）”认为是公开发行型公众公司的天然性权利，上市（挂牌）是场内交易市场与上市（挂牌）公司之间的双向选择过程，不应成为应然性的法定要求。

其次，《非上市公司监督管理办法》第 4 条明文限定只有“公开转让股票”情形才属于第三板的服务范围，国务院《关于全国中小企业股份转让系统有关问题的决定》也明确了新三板只应提供“公开转让股份”的服务，这就决定了新三板市场没有为“非公开转让股份”提供场外市场交易的服务定位。

最后，2019 年《证券法》第 37 条规定，只有“公开发行的证券”才应当在依法设立的证券交易所上市交易或者在国务院批准的其他全国性证券交易场所交易，而新三板除精选层存在向“不特定合格投资者的公开发行”外，基础层和创新层的发行都只有“定向发行”的情形，并不满足《证券法》“进场交易”的法定条件。

（二）2019 年《证券法》修改背景下新三板摘牌公司并无法定的“流动性权利”

首先，1998 年《证券法》第 32 条要求“经依法核准的上市交易的股票、公司债券及其他证券，应当在证券交易所挂牌交易”，2005 年《证券法》《公司法》联动修改时，1998 年《证券法》第 32 条和 1993 年《公司法》第 144 条有关“股份转让”的条款双双得到修改（见表 1）。

表 1　2005 年《公司法》《证券法》联动修改比较

部门法	2005 年联动修法之前	2005 年联动修法之后
《证券法》	第 32 条　经依法核准的上市交易的股票、公司债券及其他证券，应当在证券交易所挂牌交易	第 39 条　依法公开发行的股票、公司债券及其他证券，应当在依法设立的证券交易所上市交易或者在国务院批准的其他证券交易场所转让

续表

部门法	2005 年联动修法之前	2005 年联动修法之后
《公司法》	第 144 条　股东转让其股份，必须在依法设立的证券交易场所进行	第 139 条　股东转让其股份，应当在依法设立的证券交易场所进行或者按照国务院规定的其他方式进行

结合 1998 年《证券法》立法和 2005 年《证券法》修改的背景及立法参与者的说明，非上市公众公司的股份转让方式其实并不应该仅仅被狭义地理解为受限于以竞价交易为主要特点的这些场内交易场所，其转让方式还可包括通过场外交易市场的报价所实现的特定对象之间的转让。

其次，《证券法》遵循的是“发行与上市合二为一”的方式，而非发行、上市各自独立的方式。但这套适用于沪深主板体系的监管惯例却很难套用到新三板的挂牌公司，因为根据《非上市公司监督管理办法》的规定，非上市公众公司（包括公开转让公众公司）只存在“股票转让”（第四章）和“定向发行”（第五章）两类行为，新三板市场这套“定向发行”的规则与交易所市场“先发行、后上市”的惯例规则完全不同。

最后，对照 2019 年修改后《证券法》第 37 条的规定，新三板只有精选层存在“向不特定机构投资者公开发行”的行为，其他在创新层、基础层挂牌的公众公司，要么不存在发行的行为（只是因为公开转让超过 200 人的标准），要么只存在“定向发行”超过 200 人构成需要核准的情形，均不涉及规则上的公开发行行为，这就决定了该条的规定其实不应适用于新三板摘牌公司的后续股份转让。

（三）公开流动性隔断背景下新三板摘牌公司的后续监管建议

1. 对于非公开交易型公众公司投资者保护的重点，应在于信息披露的保护而非继续交易机会的提供。

过往对于公众公司监管理念和监管实践的偏差在于以“公众化的结果反推公众化的监管方式”，即将“投资者的公众化”等同于“交易的公开化”，由此产生的结论是试图“为公众化的公司提供公开化的市场退出机会”。但事实上，基于公开发行型公众公司与公开交易型公众公司的差异化之分，摘牌后的公司不应再沿用公开交易型公众公司的监管方式。而且新三板在制度设计上均是面向合格投资者进行，并不像交易所市场那样面对普通公众投资者。如果说老三板市场的存在是一种对于公众投资者的特殊保护措施的话，那么在新三板市场中设置合格投资者的准入，其意义本身就是这些合格投资者要对包括流动性风险在内的交易风险自负责任。

2. 通过建立对所有公众公司统一适用的信息披露报告系统，以实现对非公开交易型公众公司的信息披露监管。

对于无论上市与否的所有公众公司，采取以“信息披露为主”的监管方式，已经是全球证券监管的共识。由此，证券监管机关应承担起构建统一、规范的信息披露基础设施的职能。目前，中国证监会并没有诸如像EDGAR那样可统一适用于公众公司的单一信息披露系统，无法做到跨市场、跨证券品种的信息查询，因此笔者建议由中国证监会授权全国中小企业股份转让系统有限责任公司（以下简称“全国股转公司”）开发统一的公众公司信息披露平台（比如该等平台的名称为“全国公众公司电子申报与披露系统”），逐步将所有公众公司（包括公开发行型公众公司和公开交易型公众公司上市或者退市、挂牌或者摘牌）的法定信息披露文件整合到一个统一的系统中进行申报、注册、登记、管理和检索。

3. 由新三板市场主导建设一个真正的会员制场外报价系统

从技术上讲，即便挂牌公司被摘牌，投资者所持有的证券权利，对于发行人而言仍然是完整的。退市或者除牌并不会影响到证券持有人对于证券的任何股东权利，只要有愿意的买家，他仍然可以进行证券交易。因此，全国股转公司可以继续向后端衍生建立出一个具备真正意义的场外交易市场作为多层次资本市场的必要组成部分。但过往“强制性变迁路径”在很多时候呈现的是“政府在前面拉着市场在往前走”，而不是“政府在后面帮着推动市场往前走”。笔者建议场外报价系统不搞强制入伙，不摊派任务，完全以市场化的方式发起，以真正的会员制形式运作，由会员真正按照章程决定这套系统运营过程中包括人事、技术、规则、利益分配的一切事情。场外交易系统只履行报价的职能，不进行撮合，真正形成由会员以“会员契约”方式进行自我管理和自我约束的自律性法人组织，证券监管机关只作为规则设计和规则执行的外部监管方，确保转让规则对于所有当事方的公平性，不去干涉场外交易系统的任何运营性决定。

4. 摘牌公司股东权利行使的《证券法》与《公司法》衔接

新三板挂牌公司被摘牌后在公法义务层面主要需受制于《证券法》所要求的法定性的强制信息披露的要求：(1) 摘牌公司没有履行发布定期报告（年报和半年报）的义务，或者信息披露义务不真实、准确、完整，摘牌公司及其董事应受到《证券法》第197条有关违反信息披露义务的行政处罚，同时投资者可以援引《证券法》第95条有关“普通代表人”和“特别代表人”规定追究摘牌公司及其董事（包括可能存在的“首恶”）的赔偿责任；(2) 如果摘牌公司的股东违反摘牌后不得进行公开转让的规定，可参照《证券法》第186条的规定给予警告，没收违法所得，并处以买卖证券等值以下的罚款。

与此同时，新三板摘牌公司的股东权利保护更多地不应依赖于《证券法》的公法保护，而是更多地依赖于作为私法的《公司法》的股东权利保护（除非违法行为是发生在新三板摘牌之前而构成对于《证券法》的违反），除了信息披露以外的诸如知情权、分红权、参与公司治理、投票权等权利纠纷仍应该通过《公司法》的路径寻找司法的最终解决。

上市公司收购失败后再收购行为规制

王 雪*

目 次

一、上市公司收购失败后再收购行为规制的必要性

“上市公司收购是以上市公司为目标公司的收购”,〔1〕“上市公司收购”的本意是指“收购上市公司”,〔2〕即上市公司被收购，而非上市公司（目标公司）收购其他公司。上市公司收购行为是证券市场发展到一定阶段的必然产物。在各个国家和地区的收购制度中，判断收购成功或失败主要依赖预定收购数量标准和控制权标准,〔3〕前一标准是指收购人是否取得拟收购数量的股份；后一标准是指收购人最终是否可以控制目标公司。在域外上市公司收购制度中，其核心点都在于对控制权之争的规制。总体来说，收购失败为收购目的未达成的结果，收购失败

* 王雪，法学硕士、现任职于富安达基金管理有限公司。

〔1〕 冯果主编:《证券法》，武汉大学出版社 2014 年版，第 148 页。

〔2〕 李东方:《证券监管法论》，北京大学出版社 2019 年版，第 414 页。

〔3〕 吴高臣:《目标公司小股东的法律保护——以收购要约为背景》，中国海关出版社 2003 年版，第 135 页。

后反复发起的收购会产生一系列负面影响，因而资本市场较为发达的国家和地区几乎都对收购失败后的再收购行为予以规制。

（一）收购失败后再收购对中小投资者利益的影响

1. 目标公司防御措施对中小投资者利益的影响

收购失败[1]，乃因非收购方自愿性或主动性因素导致收购目的未达成。除政策性因素外，大概率下，收购失败要么源于收购方的交易条件遭到了交易对方的直接拒绝，要么源于目标公司采取的反收购措施，即防御性策略。防御性策略的使用会引发许多潜在的证券问题。草率地采取防御性措施时，目标公司的董事会不对收购行为对公司利益可能带来的利弊之处进行非常充分且细致的考量，只是条件反射式地抱着不顾及任何损失的态度反对收购人的收购行动，最终会造成采用的反收购措施并非为促使公司利益最大化所不得不予实施的行为。[2]我国现行制度框架下董事会采取的反收购措施需得到股东大会的同意，尽管实践中存在通过公司章程部署反收购事宜的情形，但无论是事前防御还是过程中防御，反收购措施的决定权依旧掌握在极少数的大股东或实际控制人手中，防御措施鲜少会考虑公众投资者的利益。面对反反复复的敌意收购，作为执行者的管理层可能不愿履行对上市公司的忠实勤勉义务，甘为原控股股东意志的表达者，以“愚忠”的姿态坚决抵抗收购人，容易忽视未掌握话语权的股东的利益。[3]如果允许反复发起的收购，那么随之而来的反复的反收购措施将对公众投资者产生较大程度的负面影响。

2. 信息不透明现状对中小投资者利益的影响

收购人与目标公司大股东合谋以发起收购的方式虚抬股价时，公众投资者是最大的受害者。收购信息极易对目标公司股价产生波动性影响。无论收购人是以何种方式谋取上市公司控制权的变动，其操作行为可能因购买大量股票改变股票供求关系，进而影响到正常的市场价格；[4]也有可能通过释放收购信息引起投资者情绪的变动进而使股价产生变动。在利益诱导下，收购人收购行为的真实目的不得而知。监管机构和公众投资者只能通过其行动外观判断其是否具有谋取控制权的目的，但是收购人的行动是否为单方或与他方合谋操纵被收购公司的股价难以判断。因而，收购行动在使股价产生波动的同时，也会在证券市场上引致内幕交易和操纵市场等违法现象。[5]由于证券市场中的公众投资者获取信息、甄别信息以及分析

---

〔1〕“失败”一词出自《李卫公问对》卷下：“故有出而交绥，退而不逐，各防其失败者也。”“失败”意指被对方打败。

〔2〕参见 Crouse – Hinds 公司诉 InterNorth Inc. 案，法院的观点是商业判断规则要求目标公司董事会公平地考虑要约的品质。转引自［美］托马斯·李·哈森：《证券法》，张学安等译，中国政法大学出版社 2003 年版，第 564 页。

〔3〕参见焦福刚：《反收购防御站岂能无底线》，载《证券时报》2019 年 1 月 17 日，第 A03 版。

〔4〕参见叶林：《证券法》（第四版），中国人民大学出版社 2013 年版，第 240 页。

〔5〕李东方：《证券监管法论》，北京大学出版社 2019 年版，第 416 页。

信息的能力较弱，因此需要从制度层面上保护公众投资者的利益，才能促进证券市场长远健康地发展。各国上市公司收购监管立法的核心为有效保护中小股东的利益。[1]鉴于保护中小股东利益原则的重要性以及实践需求，[2]应对收购失败后再收购行为可能对投资者利益造成的损害予以关注。

（二）收购失败后再收购对目标公司治理效率的影响

1. 控制权争夺频发对目标公司治理的影响

反复的控制权之争通常会降低目标公司治理效率。在导致上市公司收购失败的市场性因素中，除了由对价条件直接被拒绝、合谋策划导致之外，敌意收购是重要的影响因素，即收购者在控制权之争中失败。敌意收购的失败，通常是目标公司通过运用公司治理的方式进行防御引起的结果。综观证券市场上经典的上市公司收购案例，打持久战的控制权之争过程中避免不了收购方与目标公司之间的对抗，收购方如果能与目标公司就收购事项达成一致，亦就不存在收购失败的命题。恰恰是因为收购方的收购行为受到了目标公司的抵触或排斥，才极容易导致收购失败情况的发生。收购失败后若收购方短时间内再次发起收购，可能会招致目标公司采取新一轮的反收购措施。杠杆收购时代下[3]，金融资本收购上市公司通常不是基于产业集聚或产业更新的目的，其关注的重点并非收购后如何妥善经营目标公司，因此该等收购的反复发起不仅对证券市场的危害较大，对实体产业的发展不可避免也会产生严重的负面影响。

2. 目标公司管理层举措对目标公司治理的影响

目标公司管理层除了按照股东大会决策执行反收购措施，也会基于自身利益的考虑而自行利用公司治理的工具对抗收购方。被收购方的管理层在面对突然的敌意收购时通常会采取措施予以反抗该项收购，这是利益驱动下管理层极易采取的措施，当目标公司管理层决定不计损失地和意图谋取公司控制权的人展开争夺战，很有可能浪费公司日常经营所需的资产或形成其他不当的决策。[4]不可否认，上市公司收购行为具有纠错监督的正当价值，但也不能因此忽略收购可能对收购双方当事人以及市场环境造成的不利影响。[5]上市公司收购行为尽管能够使目标公司管理层保持危机感从而勤勉尽责，但反复的收购与反收购之争也会让管理层疲于控制权之争而影响实体产业的经营。在公众公司的治理过程中，无论基于股东利益还是管理层自身利益的考虑，当管理层将多数精力付诸延绵不绝的反收购行动中，势必会影响

---

〔1〕 李东方：《证券监管法论》，北京大学出版社2019年版，第414页。

〔2〕 冯果主编：《证券法》，武汉大学出版社2014年版，第159页。

〔3〕 参见曹晓路：《注册制背景下完善我国上市公司收购与反收购制度立法建议——从“万科股权之争”反思上市公司反收购决定权的归属》，载《证券法律评论》（2016年卷），中国法制出版社2016年版，第353页。《李宇嘉：从美国经验看我国如何规范杠杆收购》，载http：//finance.ce.cn/rolling/201612/10/t20161210_18571941.shtml，最后访问时间：2021年1月3日。

〔4〕 ［美］托马斯·李·哈森：《证券法》，张学安等译，中国政法大学出版社2003年版，第557页。

〔5〕 马永斌、刘昱珩：《恶意收购的演变及道德风险防范》，载《金融理论与实践》2018年第12期。

公司正常的经营发展。

二、上市公司收购失败后再收购行为规制的现状分析

（一）上市公司收购失败后再收购行为规制的规范梳理

通览现行规制制度，除《上市公司收购管理办法》第 31 条第 2 款以及第 78 条第 2 款对在公告要约收购报告书前自行取消收购计划的收购人以及违约的收购人再次发起收购的行为予以限制外，只有《股票发行与交易管理暂行条例》（以下简称《股票暂行条例》）第 51 条第 1 款后半句对收购失败后再收购行为规制予以简单的规定（见表 1）。

表 1　制度对比

分类	《上市公司收购管理办法》第 31 条第 2 款	《上市公司收购管理办法》第 78 条第 2 款	《股票暂行条例》第 51 条第 1 款
规制的时点	取消收购计划的公告之日	未按约定支付收购价款或购买预受股份的事实发生之日	收购期满，持股比例未达 50% 之时
规制的内容	公告之日起 12 个月内，不得对同一上市公司进行收购	事实发生之日起 3 年内不得收购上市公司	除发出新的要约，每年购买的普通股不得超过 5%

（二）上市公司收购失败后再收购行为规制的时点不明

1. 未达绝对控股比例的规制时点与收购实践的脱节

《股票暂行条例》第 51 条关于收购失败后再收购行为规制的有效性和合理性存疑。首先，由于《证券法》未对收购成败按照《股票暂行条例》的原则规定相应的持股比例标准，某种程度上可以解读为对《股票暂行条例》第 51 条内容的否定，[1] 因此，该条的有效性遭受到了怀疑。其次，收购的目的是谋取目标公司的控制权变动，持股比例达到多少才能实现收购目的与目标公司的股权结构密切相关。[2] 因此，取得股权分散的上市公司控股权，可以不需要收购 50% 以上的总股份。因此该条的合理性在目前的制度环境和实践中有待商榷。

实践中对收购失败时点的认定出现了与《股票暂行条例》第 51 条不同的方法。在安徽梦舟实业股份有限公司（ST 梦舟）（以下简称安徽梦舟）收购案中，收购人最终由于收购期满后预受实际股数不足要约收购报告书中记载的拟收购股数，因而公告收购失败。[3] 失败的

---

〔1〕 参见史振郭：《中国证券法学》，甘肃人民出版社 2003 年版，第 151 页。

〔2〕 参见姜廷松：《中国证券法与证券法律实务》，华夏出版社 2002 年版，第 120 页。

〔3〕 参见《安徽梦舟实业股份有限公司要约收购报告书》，载 http：//www. sse. com. cn/disclosure/listedinfo/announcement/c/2020 -06 -03/600255_20200603_4. pdf，最后访问时间：2020 年 8 月 29 日。

续表

原因为未实现要约收购报告书所披露的收购计划，与《股票暂行条例》第 51 条所规定的收购失败的确定标准存在不符之处。

2. 未达绝对控股比例的规制时点与收购制度的不兼容

现行制度语境下何为“收购目的未达成”？首先需厘清现行制度中的收购内涵。《证券法》及《上市公司收购管理办法》均未对“上市公司收购”的定义予以阐述，鉴于上市公司收购及收购管理制度最早产生于域外资本市场，不妨解读收购规制的本源之意，以供分析我国收购制度的应有之义。

英国和我国香港特别行政区的收购监管制度涵盖了两个规制视角，一是对引起确定的或是可能的控制权变更情形予以规制，二是对引起控制权获得和巩固这两种可能性的控制权变更情形予以规制。[1] 德国则是明确了收购要约的定义为获取控制权的要约，并且对控制权的认定以列举的方式予以阐释。[2] 根据《英国收购守则》第 35 条规则、《香港收购守则》第 31. 1 条规则以及德国《有价证券收购法》第 26 条的规定，收购失败通常表现为收购期满但未满足相应条件。

美国联邦法层面没有直截了当地对股权收购予以下定义，但是美国通过一系列案件说明当旨在谋取目标公司控制权的私下交易为威廉姆斯法旨在改善的问题时，股权收购就可能存在了。[3] 换言之，股权收购判断的基石为存在控制权交易情形。美国通过判例法明确了《威廉姆斯法案》适用于对公开市场及私下交易中所涉及的以控制权为交易内容的股权收购的规制。尽管对收购失败没有明确的定义。但根据对收购的阐释，可以推断出收购失败乃为未获取控制权目的的交易结果。

通过域外制度供给的考察，再回首我国的现行制度，不能以绝对控股的思路界定上市公司收购失败的内容。关于上市公司收购的理解，学界新近观点多围绕“控制权”讨论上市公司收购的内涵，且不局限于探讨投资者持股数量对上市公司收购认定的影响。因此，收购制度的关注点在于控制权的变化，收购失败亦应当以控制权未获得作为上市公司收购失败的认定要点。

（三）上市公司收购失败后再收购行为规制的内容不足

1. 规制内容的逻辑不自洽

《股票暂行条例》的规定内容在逻辑上难以自洽。根据《股票暂行条例》第 51 条第 1 款

---

〔1〕 See The City Code On Takeovers And Mergers 12th edition，Introduction 3；参见我国香港特别行政区《公司收购及合并守则》（Code on Takeovers and Mergers），引言第 4. 1 条。

〔2〕 收购要约是指以获取控制权为目的的要约，控制权是指投资人持有目标公司 30% 以上的股份或表决权。参见德国 2020 年 3 月修订的《有价证券收购法》；参见中国证券监督管理委员会编译：《德国证券法律汇编》，法律出版社 2016 年版，第 131 ~133 页。

〔3〕 ［美］托马斯·李·哈森：《证券法》，张学安等译，中国政法大学出版社 2003 年版，第 525 页。

后半句规定：（1）收购人于收购失败后可以再次发出新的收购要约，且可以通过新的收购要约购买超过目标公司发行在外的普通股总数的5%的股份；（2）通过除要约之外的其他方式购买的目标公司发行在外的普通股不得超过普通股总数的5%。仅因为收购人采取方式不同，其可获得的股份数量即存在差异，这其中的逻辑不能令人信服。

如果收购失败后，允许通过新的收购要约购买超过目标公司发行在外的普通股总数的5%的股份，那么亦应当允许以其他方式购买或增持超过目标公司发行在外的普通股总数的5%的股份。收购失败后再收购的规制是为了减少反复收购带来的不利影响。〔1〕由于再次要约收购亦会对投资者利益保护、目标公司治理产生不利影响。所以需对所有再次发起控制权争夺的行为一视同仁，否则不能完全达到规制再收购行为的本意。

2. 规制内容的实际价值不足

在实践中，通过非公开要约方式增持目标公司5%以上的股份且不予披露的行为大量存在。〔2〕根据《证券法》的相关规定，收购人不予披露的行为在监管机构责令改正后应当予以改正，并且在违规增持后的36个月内，对违规增持部分的股份不得行使表决权。限制表决权行使的规定虽是对违规增持行为后的权利剥夺，但是不影响对股份的收益权等其他权利的影响。并且，违规增持行为完成后，从所有归属层面来看，违规增持人是所有权人，违规增持人的交易相对方对股份不再享有包括表决权在内的任何权利。违规增持部分的股份表决权因此被“冻结”后会影响公司股东表决权的分布情况。那么，收购人可以通过违规增持行为对目标公司的5%以上的表决权分布情况产生影响。由此可见，《股票暂行条例》第51条第1款后半句的规定在实践中效果甚微。

收购失败后，收购人每年通过非要约方式增持目标公司的股份不得超过5%，此项规定不免过于严苛，易有损控制权市场的交易自由。在英国、德国以及我国香港特别行政区的制度中，对收购失败后再收购的限制通常为1年，既考虑到收购失败后的控制权之争带来的不利影响，也避免了过度干预对市场的影响。对收购失败后的每年增持行为都予以限制，不免有些矫枉过正。当收购人有交易需求时，反而更容易僭越制度约束，每年的交易行为均予以限制的规则也沦为空谈。

三、上市公司收购失败后再收购行为规制的理念

上市公司收购失败后再收购的规制既涉及对投资者利益的保护，也涉及对自由交易权利

〔1〕 参见赵万一、赵舒窈：《中国需要一部什么样的证券法》，载《暨南学报》2018年第1期。

〔2〕 自2006年1月《证券法》修订实施至2017年7月，证券监管机构对违反大额持股披露制度作出行政处罚的案件共有131起，违反大额持股披露规定的主要表现为违反披露规则后继续交易股票。参见伍坚：《论我国大额持股披露制度的完善》，载《法学》2018年第5期。

的保障；既涉及对控制权争夺行为的调整与限制，也涉及激发控制权争夺行为的正向激励作用。如何调和这些利益，是规制收购失败后再收购应明确的问题。自20世纪60年代末开始，资本市场较为发达的国家和地区针对上市公司收购专门制度的核心问题寻找并确定多种不同利益之间的最佳平衡点。[1]

（一）中小投资者保护与收购自由保障的平衡

由于收购绩效不明，所以收购制度的完善需平衡中小投资者利益和收购方自由收购权利。收购一直存在着股东无法得到一视同仁待遇的风险。[2]在域外制度中，收购制度尤其重视对中小投资者的保护。例如，美国多数州自20世纪80年代末至1991年的收购立法中，授权董事会以权衡股东之外的利益相关者的利益为缘由防御敌意收购，体现了对公司社会责任以及股东之外的利益相关者的利益的关注。[3]“英国《收购守则》很多内容也只是为了让分散的公众投资者受益。”[4]但仍需注意的是，收购失败后再收购规制不是对收购行为价值的否定，是基于不同需保护的利益进行考量后进行的取舍。“即使是敌意收购行为，允许其自由运作应被视为一种政策的选择，”[5]因此在对收购失败后再收购予以规制时，要兼顾收购人自由交易的权利，收购失败后再收购干预的性质必须是不会不适当地妨碍收购。

（二）过度控制权争夺调整与纠错激励的平衡

上市公司收购失败后再收购行为的规制，一方面要降低控制权过度争夺带来的负面影响，另一方面也要促进收购纠错激励作用的发挥。首先，上市公司收购制度背景下，不可避免地会有敌意收购情形的出现。“反收购的成功意味着收购的失败。”[6]由于反收购对收购失败产生重要的影响，且收购失败后再收购引起再次反收购可能产生较为严重的不利影响，因而再收购行为规制需要符合现行反收购决策权配置模式的制度需求，以达到各方利益平衡。各国不同的反收购决策权模式下均采取相关制度对各方利益全力予以平衡，规制的视角努力保持中立状态。其次，上市公司收购规制应当涉及收购前、收购中、收购后可能会对证券市场和实体产业造成不利影响之处，同时也要注重发挥控制权争夺应有价值的理念，从而最大限度地发挥收购制度的价值。

---

〔1〕 See Blanaid Clarke, *Takeover Regulation – Through the Regulatory Looking Glass*, German Law Journal, Vol. 8, 2007, p. 382.

〔2〕 See Fernalpekel, *Operation of the Equality Principle in the UK City Code on Takeovers and Mergers*, Yearbook of International Financial and Economic Law, Vol. 5, 2000 –2001, p. 425 –426.

〔3〕 刘俊海：《公司的社会责任》，法律出版社1999年版，第61 ~62页。

〔4〕 See Andrew Johnston, *Takeover Regulation: Historical and Theoretical Perspectives on the City Code*, Cambridge Law Journal, Vol. 66, 2007, p. 448 –449.

〔5〕 See Andrew Johnston, *Takeover Regulation: Historical and Theoretical Perspectives on the City Code*, Cambridge Law Journal, Vol. 66, 2007, p. 460.

〔6〕 参见冀希：《上市公司反收购基本问题的法律思考》，华东政法大学2009年博士学位论文，第71页。

四、上市公司收购失败后再收购行为规制的内容

（一）规制的主体：收购人及其一致行动人

收购失败后再收购行为的规制应当与现行制度相衔接，因此根据《上市公司收购管理办法》第5条的规定，禁止再收购制度的约束主体应包括收购人及其一致行动人。“具有一致行动关系的主体是一致行动人。”[1]一致行动关系通常是指多个投资者为了达到特定的目的而产生的合作关系，特定的目的通常是指共同巩固对目标公司的控制。

在域外收购失败后禁止再次收购的相关制度中，一致行动人亦包含在相关制度的约束范围内。我国香港特别行政区《公司收购及合并守则》第31号规则第1条“禁止再作出要约的期限”的内容约束要约人及其一致行动人；[2]《英国收购守则》第35号规则第1条“延迟12个月”的规则约束要约人及其一致行动人；[3]《德国有价证券收购法》第26条的“保护期”条款用以约束要约人及其一致行动人，[4]这也是该法于2020年修订的内容之一。现行制度中尚未对一致行动人的认定要素予以明确归纳，但学界多有探讨，此处不予赘述。探讨收购失败后禁止再收购制度约束的一致行动人，相对于传统讨论内容而言，最为重要的一点在于是否需要将不同时间点的一致行动人进行区分对待。首先，毫无疑问的是，收购人收购失败前已存在的一致行动人受禁止再次提起收购制度的约束。其次，收购人收购失败后与其产生一致行动关系的一致行动人亦应需要受禁止再收购制度的约束，否则将使上市公司收购失败后的再收购行为规制形同虚设。

（二）规制的时点：收购失败结果确定之时

早年间有学者赞同《股票暂行条例》中收购失败后再收购规制时点的认定标准，但逐渐被收购计划完成度的标准所取代。有观点区分了要约收购的主观性和数量特征，认为如下情形为要约收购失败后再收购规制的时点：在自愿要约收购和部分要约收购中，是指收购期满时预受股份没有达到预期数量；在全面要约收购中，是指收购人未能控制或持有目标公司已发行在外的75%以上的股份。[5]亦有观点为将要约收购予以类别分析，认为仅当无法完成收购要约中计划收购的股数时，乃为要约收购失败后再收购规制的时点。[6]也有观点提及对协

---

〔1〕 吴双：《一致行动认定论：概念重构与规范变革》，载《理论月刊》2020年第9期。

〔2〕 参见我国香港特别行政区：《公司收购及合并守则》（Code on Takeovers and Mergers），第31条规则。

〔3〕 See The City Code On Takeovers And Mergers 12th edition，Rule 35. 1.

〔4〕 中国证券监督管理委员会编译：《德国证券法律汇编》，法律出版社2016年版，第130页。

〔5〕 参见郑彧：《上市公司收购法律制度的商法解读》，载《环球法律评论》2013年第5期。

〔6〕 参见李东方：《上市公司收购监管制度完善研究——兼评“〈证券法〉修订草案”第五章》，载《政法论坛》2015年第6期。

议收购失败后的再收购行为规制。[1]前述代表性观点仅针对部分收购行为，显然不符合《证券法》以及《上市公司收购管理办法》制度下的规制要求。应当以控制权变动目的未达成之时作为收购失败后再收购规制的时点，综合目标公司的治理结构与股权分布情况判断是否为控制权变动目的未达成。

1. 控制权变动的客观目的未达成时

投资者的真实目的藏于内心，他人无法判断投资者的真实目的为何。若采取“取得股份之目的”这一主观要素作为判断标准，[2]极有可能产生两种损害证券市场秩序的情形，一是使真正的收购逃离监管，二是将上市公司收购规则混同于普通的证券交易。因此，应当以客观上证券交易可能产生的控制权效果作为认定上市公司收购的标准。[3]首先，不同上市公司的股权结构和治理结构不同，难以仅通过固定的股权比例判定是否具有控制权。其次，即使投资者的行动最终是为了获取目标公司的控制权，但是在持股披露时也可以在不同阶段调整其行动的目的，因此推断投资者的主观目的不具有实践操作性。最后，在证券市场上，有能力策划并实施收购计划的投资人都是对证券市场规则有清晰认知的群体，上市公司收购无论采取何种收购方式，投资人在投资行为发生之前已经过深思熟虑的商业判断，按照其投资计划是否会发生目标公司控制权变动属于投资人充分了解的事项，其收购计划的客观状态能够体现为是否将实现控制权变动。因而，以收购人行为的客观状况作为识别控制权变动的标准，更加符合监管实践的现实需求。投资者客观目的可依据其采取的实际行动内容以及公开披露的信息予以判断。并且，由于投资人达成控制权变动的目的不局限于采取要约收购的方式，因而上市公司收购失败后再收购规制不应只针对要约收购失败后的行为。

2. 公开要约的数量条件未达成时

（1）部分要约的数量条件未达成时

首先，投资者采取公开要约之外的大宗交易行为，该等交易涉及的利益主体范围较小、交易失败的信息难以被监管机构和证券市场接收，因而交易失败后的行为不应受到规制。其次，投资者采取公开要约的大宗交易行为，交易失败后的行为应当受到限制。原因如下：①要约收购对股价、投资者利益和证券市场稳定产生影响；[4]②公开要约的大宗交易实为潜在的旨在获取上市公司控制权的行为；③域外制度中都将要约收购作为上市公司收购制度的重点规制对象，英国及我国香港特别行政区的《收购守则》都适用于受要约公司控制权可能变更或巩固的情形。最后，部分要约不同于全面要约，收购期满后未达到要约收购报告书中的拟收购股份的数量条件时应认定为收购失败后再收购行为规制的时点。根据英国和我国香

---

〔1〕 参见陈洁：《上市公司协议收购信息披露的逻辑与规范》，载《法学》2018 年第 3 期。

〔2〕 冯果主编：《证券法》，武汉大学出版社 2014 年版，第 149 页。

〔3〕 参见叶林：《证券法》（第四版），中国人民大学出版社 2013 年版，第 240 页；明杰：《上市公司收购诸问题研究》，载《法学》2001 年第 2 期。

〔4〕 冯果主编：《证券法》，武汉大学出版社 2014 年版，第 163 页。

港特别行政区的《收购守则》，因条件未达成而遭撤回或失去时效的要约，其再发起要约的行为将受到限制。[1]为避免失败后再次公开要约对证券市场带来的不利影响，要约期届满而未达到部分要约收购报告书中记载的数量条件时，应对其之后的行为予以规制。

（2）巩固控制权的全面要约未增持5%股份时

收购人在依法发出全面要约前尽管可能持有了目标公司30%的股份，但也要结合公司股权分布情况和治理结构考量收购人是否已经取得目标公司控制权。首先，如果收购人在发出全面要约之前尚未取得目标公司控制权，则以全面要约期满后收购人取得的股份数量能否使其获得控制权作为判断标准。其次，如果收购人在发出全面要约之前已经取得目标公司控制权，基于以控制权变动目的未达成作为全面要约收购失败的考察要素，笔者认为，以未增持5%股份作为巩固控制权的全面要约收购失败的判断标准更加符合现行制度要求。一方面，从制度价值的统一和5%设置的重要性[2]这两方面考虑，5%的标准应同样适用于旨在巩固控制权行为的判断标准；另一方面，现行制度层面允许持股不低于30%时自由买卖2%范围以内的股份，那么亦不应对巩固控制权的全面要约失败后再收购行为规制时点的判断标准设置过于苛刻的要求，以保护收购人一定范围内的投资自由。

3. 其他收购条件未达成时

上市公司收购中涉及的条件，除了公开要约中的数量条件，还包括其他约定条件和法定条件。第一，约定条件未达成，收购双方当事人之间就收购未能达成合意，收购人的特殊收购目的未达成，收购自然归于失败，自收购条件未达成的公告之日起，其后的收购行为应当受到规制。第二，法定条件未达成，映射出收购方规避收购监管制度的意图，以逃避现行制度对其收购行为及其利益的制衡与约束。收购的相关管理制度对于收购方行为的规制，主要是为了防止其在争夺控制权的过程中对相关方的利益造成严重的损害。收购人未达成法定条件，必然突破了现行制度对相关方的利益保护规则，按照现行规定需承担《上市公司收购管理办法》第9章“监管措施与法律责任”中规定的不利后果，[3]并在改正前限制相关当事人行使表决权。收购人在责令改正期内未改正至符合法定条件的，鉴于其无法满足现行制度下的条件或刻意规避法定条件，在法定期限内无法实现其收购目的，应当在法定责令改正期满后对其再次发起收购等行为予以限制。

（三）规制的行为：谋取控制权变动的收购行为

域外对收购失败后再收购的规制具有较为悠久的历史，可通过借鉴域外制度完善我国对

---

〔1〕 参见我国香港特别行政区《公司收购及合并守则》（Code on Takeovers and Mergers），第31.1条规则；See The City Code On Takeovers And Mergers 12th edition，Rule 35.1。

〔2〕 5%乃上市公司收购管理的重要考察标准，乃是制度设计时综合考虑5%的持股比例对市场的影响和保护股东的知情权的需要而要求持有5%以上股份的股东必须进行信息披露的义务。参考中证中小投资者服务中心：《上市公司反收购章程不应超过法律》，载《证券日报》2017年5月27日，第A03版。

〔3〕 未达成法定条件的不利后果主要为中国证监会责令改正，采取监管谈话、出具警示函、责令暂停或者停止收购等监管措施。

收购失败后再收购行为的规制。收购制度是为了突出保护效率，反收购制度是为了维护公平，这番较量后对收购失败后再收购予以规制是为了矫正私人活动时对其他利益相关者利益的损害之处。为了避免频繁的反收购措施给公司治理、投资者保护等诸多利益带来的挑战，在探究域外对收购失败后再收购规制的经验时，需考虑域外反收购的决策权归属，以分析域外制度中在反收购层面所注重保护的利益对象以及存在的问题，进而探究其如何通过事后规制进一步矫正。

无论是股东大会掌握反收购决策权的国家和地区，还是管理层掌握反收购权的国家，都对收购失败后的再收购行为予以规制。英国、我国香港特别行政区、德国对此均有明确规定；美国主要依赖于信息披露制度对收购相关行为予以规制，其中与收购失败后再收购行为相关的规定为《威廉姆斯法案》第 14 节（e）条。我国《上市公司收购管理办法》第 78 条亦存在与《威廉姆斯法案》前述条款的类似规定。[1]深究发现，首先，《上市公司收购管理办法》第 78 条规制的内容小于《威廉姆斯法案》的范畴，美国的制度设计包含与收购相关的任何前述条款中的禁止性行为。其次，目前的制度和执法现状反映出对利用公开要约虚假披露、操纵市场的行为难以予以实质性约束。[2]最后，目前信息披露的制度要求下，投资者持股变动义务加重后可能会反向“激励”其更可能选择不做披露。[3]因此，我国现行制度中并不包括如美国制度中那般全面的、针对收购活动的规定，我们需要借鉴英国、我国香港特别行政区、德国的相关规定对收购失败后再收购行为的相关制度予以完善。

1. 禁止再收购的行为范畴

此前部分学者基于英国和我国香港特别行政区关于上市公司收购失败后再收购规制的制度经验，针对要约收购[4]、协议收购[5]提出完善收购失败的相关监管制度。上市公司收购行为围绕着控制权争夺而展开，无论采取何种方式开展收购活动，收购失败都是双方利益无法妥协和统一的结果。因此，为了避免反复收购行为给证券市场、目标公司以及目标公司中小股东带来的不利影响，应对以任何方式发起的收购失败后的再收购行为予以规制。

原则上，收购失败后禁止的行动包括采取任何方式发起的潜在或直接谋取控制权变动的收购行动，投资人的重大事项提议行为是否被列为禁止行为应视不同情形而定。具体而言：

第一，收购失败后禁止再收购的对象应仅限于曾经收购失败的对象（目标公司）。有

---

〔1〕《上市公司收购管理办法》第 78 条规定，发出收购要约的收购人在收购要约期限届满，不按照约定支付价款或者购买预受股份的，收购人涉嫌虚假披露、操纵证券市场的，中国证监会依法追究其法律责任。

〔2〕 参见李珍、夏中宝：《新〈证券法〉中操纵市场条款修订的得失评析》，载《金融理论与实践》2020 年第 7 期。

〔3〕 参见伍坚：《论公司法上的缺省性规则——兼评新〈公司法〉相关规定之得失》，载《法学》2007 年第 5 期。

〔4〕 参见郑彧：《上市公司收购法律制度的商法解读》，载《环球法律评论》2013 年第 5 期。

〔5〕 参见陈洁：《上市公司协议收购信息披露的逻辑与规范》，载《法学》2018 年第 3 期。

观点提出应当规制收购方于收购失败后持续不停地向原被收购方或其他公司提出收购的行为，[1] 即收购失败后禁止再收购的对象亦包括除曾收购失败的上市公司之外的其他上市公司。收购失败后再收购的禁止是为了防止反复的收购行为对目标公司及其中小股东造成的不利影响，对其他上市公司发起收购不会对未曾发起收购的上市公司造成负面影响，应当保护对其他上市公司予以收购的交易自由。因而，收购失败后禁止再收购不包括禁止除收购失败的目标公司之外的其他上市公司，避免对收购人收购自由的过度限制而影响到收购市场的繁荣发展。

第二，收购失败后禁止的行为包括但不限于向同一上市公司发起的公开要约再收购行动，也包括取得该目标公司投票权等旨在谋取控制权变动的行为。《英国收购守则》第35号规则和《香港收购守则》第31号规则对此均有类似规定。

第三，收购失败后，投资者仅以投资增值目的购买上市公司股份不应被列为禁止行为。投资者在收购失败后的投资行为不构成对上市公司控制权的争夺，不会使上市公司产生控制权变动的可能结果，投资人与上市公司不会因收购与反收购的“拉锯战”而产生负面效应，因而此种投资行为不在上市公司收购失败后再收购行为规制的范畴之内。

第四，收购失败后，投资人的重大事项提议行为是否被列为禁止行为应视不同情形而定。首先，若收购人于收购失败后未实施任何谋取控制权变动的行为，则重大事项提议权不宜被剥夺。尽管投资人重大事项的提议行为落实后可能会对目标公司的控制权变动产生影响，但提议事项从被提议出来到正式落实需要公司内部决议支撑，提议权尚不会对目标公司的控制权变动产生重大影响。另外，如果投资人未发起收购，则不会出现收购失败的结果，那么投资人依然享有重大事项的提议权。投资人对重大事项的提议权属于其作为股东的正当权利，且该权利的行使并非必然对目标公司产生不当后果，因而收购人于收购失败后正常行使股东权利不应受限。其次，若收购人于收购失败后违规增持，导致其违规增持部分的表决权被冻结而不能行使，此种情形下应禁止收购人行使重大事项的提议权。尽管收购人于违规增持部分的表决权冻结后丧失了对该部分的表决权，但是不排除收购人通过此种冻结的方式改变目标公司已发行股份的表决权分布状况。根据《公司法》第103条的规定，股东大会的决议是当出席会议的股东所持表决权的比例达到固定比例以上时才通过。收购人通过违规增持有可能在不改变增持前已有表决权的情形下影响股东大会决议的结果，因此需要对此种情形下收购人的重大事项提议权予以禁止。

2. 禁止再收购的期限设置

域外制度中通常都以12个月作为收购失败后禁止再收购的期限，结合英国、我国香港特别行政区、德国的已有制度经验以及理论界的讨论[2]，以12个月作为收购失败后再次收

---

〔1〕 参见赵万一、赵舒窈：《中国需要一部什么样的证券法》，载《暨南学报》2018年第1期。
〔2〕 郑彧、陈洁等学者均赞成以12个月作为收购失败后再收购的规制期限。

购的禁止期限较为妥当。具体理由如下：

首先，以12个月作为禁止期限，可以克服《股票暂行条例》第51条第1款后半句规定的弊端。对比每年以非要约方式购买目标公司股份不超过5%的规制内容，以12个月作为再收购的禁止期限，一方面可以减免过度控制权争夺带来的不利影响；另一方面不对收购失败后再收购的规制拉长线，可以兼顾保护收购人自由交易的权利并发挥控制权争夺的应有价值。其次，借鉴现行制度关于收购人在收购进程中违约后禁止再收购的期限，以12个月作为收购失败后再收购的禁止期限较为合理。根据《上市公司收购管理办法》第31条第2款的规定，收购人自取消收购的公告之日起12个月内，不得对同一上市公司（原被收购公司）发起再收购。根据《上市公司收购管理办法》第78条第2款规定，若收购人收购要约期满时不按照约定履行支付价款或购买股份的义务，之后的3年时间内不得再次收购市场上的任一上市公司。在《上市公司收购管理办法》第31条和第78条规定的两种违约情形之间，收购失败后再收购和自行取消要约收购后再收购的不利影响相当，对证券市场的影响未达到收购完成后不支付价款的严重程度。因此，收购失败后再收购的禁止期限应设置为自应规制时点之日起12个月。

（四）规制的例外情形：再收购消极影响的消失

1. 目标公司同意

禁止收购失败后再收购，是通过一定程度剥夺投资者自由投资的权利来实现对中小投资者和实体产业过度内耗的利益平衡。当对中小投资者以及目标公司业务发展的不利情况消失时，对投资者投资自由的权利剥夺便不再具备现实意义，此时应当允许投资者再次发起收购。禁止再收购是为了防止公司长期被围困，因此有观点提出如果在禁止期内目标公司董事会同意提出新的要约，应允许收购失败的收购人再次发起收购。[1]即在原被收购方的董事会同意后，原收购方禁止再收购的限制即被豁免。

在域外制度中，存在禁止原则之外的豁免情形。《英国收购守则》第35号规则第1条规定了禁止收购的例外情形，即经收购小组同意可豁免。[2]《香港收购守则》第31号规则第1条“禁止再作出要约的期限”规定了该条适用的例外情形，即经执行人员同意，要约人及其一致行动人可不受“禁止再作出要约的期限”条款的约束，即要约人及其一致行动人可在要约失败后短时间内再次发起要约。[3]《德国有价证券收购法》第26条第4款内容规定，如果目标公司同意豁免，联邦金融监管局可以根据书面申请豁免要约失败的各要约人在1年内禁

---

〔1〕 See Alan Au, *Hong Kong Code on Takeovers and Mergers: –Toothless Watchdog of Handmaiden of Equality*, Hong Kong Law Journal, Vol. 17, 1987, p. 54.

〔2〕 See The City Code on Takeovers and Mergers 12th edition, Rule 35. 1.

〔3〕 参见我国香港特别行政区《公司收购及合并守则》（Code on Takeovers and Mergers），第31. 1条规则。

止发起要约。[1]英国、我国香港特别行政区与德国的制度差异在于对禁止收购享有豁免决定权的主体不同，英国、我国香港特别行政区由监管人员决定豁免，德国由目标公司决定豁免并辅之以监管机构的审核。

结合域外的制度经验以及我国的制度现状，笔者认为，禁止再收购例外情形的豁免权应交由目标公司行使，且由目标公司股东大会决定。第一，基于我国金融监管易被俘获的惯性，将收购失败后再收购的豁免权交给监管机构行使，极易造成权利寻租的现象。将豁免权交由监管机构行使，则相关利益方的合谋收购失败后，监管机构被俘获后以保护投资自由的理由允许收购者再次发起收购，那么禁止再收购的制度效果将大打折扣。第二，基于我国反收购决策权归属于股东大会的制度现状，应当将豁免权交由股东大会。若将豁免禁止再收购的决定权交给董事会，董事会同意收购者再次发起收购后，股东大会决定采取反收购措施，便退回禁止再收购制度设置的出发点，董事会决定豁免并没有改变引起收购失败的阻碍条件。第三，目标公司股东是与再收购行为所带来的风险及利益最密切的联系者，将豁免禁止再收购的第一道防线交由股东大会掌握，是对收购市场交易自由行动的尊重，也是降低收购失败后再收购风险的有效举措。第四，股东大会作出豁免决定时，股东大会或相关大股东应当就收购失败的决定性因素做出允诺，允诺其应配合或不阻碍收购计划，即消除目标公司方可能与收购方合谋而产生的不利影响。第五，上市公司股东大会行使对收购失败者再收购行为的豁免权时，应当征求公众投资者的意见。笔者认为，可以通过网络技术促使中小投资者在股东大会对收购失败者再收购行为豁免决议时行使股东的投票权，制度层面可以要求上市公司形成对收购方的豁免决议时需达到的中小投资者表决同意的比例。按照以上思路，上市公司股东大会行使豁免权既能实现收购失败后再收购规制的价值，又能保障投资者的交易自由和增强收购市场的活力。

2. 监管机构审查通过

目标公司股东大会同意收购人于收购失败后再次发起收购后，收购人应当提交包含目标公司股东大会决议在内的申请材料至监管机构。监管机构对收购人的申请审查通过后，收购人方可启动收购程序。监管机构的审查应以通过为审查原则，以不通过审查为例外情形。具体理由如下：一是禁止再收购的豁免权在于目标公司股东大会，如果实质性阻碍收购人发起收购的条件已灭失，再收购不再具有其他应禁止的理由，因此不需要监管机构设置更高的要求对收购人的再收购申请予以审核。二是经股东大会同意后，规避了再收购行动属于合谋型收购的可能性，投资者利益和证券市场秩序不再遭受潜在的威胁，目标公司在再次收购进程中不需要分散公司经营的精力，因而监管机构只需审查股东大会决议中的决议内容或相关股东承诺事项，就可以了解再收购计划是否具有实质性障碍、禁止再收购制度所保护的利益是

---

[1] 中国证券监督管理委员会编译：《德国证券法律汇编》，法律出版社 2016 年版，第 130 页。

否遭受损害。三是目标公司同意为前置条件，可以减轻监管机构审核的压力并提升监管工作的效率。随着证券市场的发展，上市公司收购行为更加频繁，收购失败的可能性亦会增加，监管机构的监管压力也随之加大，市场行为过度依赖监管机构不利于提升交易效率，因而监管机构的审查应当为目标公司股东大会同意之后的程序。如若经过审查，发现再收购的现有条件较收购失败之前的条件没有发生实质性变化，投资者权益、目标公司正常业务经营以及证券市场秩序将因再次收购而遭受损失，监管机构应当审查不通过。

合意操纵还是言论自由:“游戏驿站”事件背后的监管逻辑与启示

安 达

目 次

一、“游戏驿站”事件:个体投资者集体行动的“放大”效应

自2020年新冠肺炎疫情以来,美国政府为了维持本国经济增长,通过量化宽松等政策为市场大量注入流动性,美股作为避险资产因此持续走高,华尔街金融精英们从而获得了不菲的收益。与此相对应的是,大量的美国民众因为疫情收入锐减,美国社会内部贫富差距加大,社会内部矛盾积聚。在此背景下,美国普通民众开始通过Reddit社区中的WSB(Wall Street Bets)论坛等社交平台关注股票市场,并借助于以Robinhood为主的互联网零股交易平台进行证券交易,以期通过证券投资缓解疫情导致的困境。

本次“逼空”事件肇始于个体投资者和机构投资者对游戏驿站证券价格的分歧:该公司作为美国知名的线下电子游戏销售商,由于受到疫情及电子游戏线上

分销的双重影响，被金融机构视为绝好的做空目标，而个体投资者则由于该公司管理层的变动，认为游戏驿站可以完成线上化转型，从而提升营收。在这种分歧的基础上，知名做空机构香橼研究在游戏驿站股价开始上涨之后于1月19日发布做空报告，同日WSB论坛的用户开始讨论通过买入进行逼空，在这一过程中该论坛一位真名为Gill Keith的用户因为早在2019年9月就已经买入了游戏驿站的股票并一直持续保持持仓，且在2020年8月就已经在YouTube中发表看涨游戏驿站的言论而受到大量其他用户的关注，进而成为了本次逼空事件的意见领袖。在该用户的带领下，个体投资者们在WSB论坛中交换关于游戏驿站股价的观点，并最终在群体情绪的推动下决定集体行动进行逼空。在之后一段时间里，个体投资者利用互联网券商线上开户便利、零佣金交易的特征，进行了大量的证券现货/看涨期权小额买入，并且彼此分享持仓情况为逼空行动注入信心，最终在几天时间里将游戏驿站的股价推上了三四百美元的历史高位，逼迫做空机构清仓离场，甚至一度导致游戏驿站股票交易和WSB论坛使用受限。（见表1、图1）

表1　游戏驿站重大时点的股价　　　单位：美元

日期	开盘价	最高价	最低价	收盘价	事件
1月11日	19.41	20.65	19.01	19.94	Chewy创始人Ryan Cohen加入游戏驿站；WSB论坛看涨游戏驿站
1月19日	41.55	45.52	36.64	39.36	香橼就游戏驿站发表看空报告；WSB论坛用户开始逼空
1月22日	42.59	76.76	42.32	65.01	香橼不再就游戏驿站发表意见
1月26日	88.56	150.00	80.20	147.98	Melvin Capital平仓离场
1月27日	354.83	380.00	249.00	347.51	香橼平仓离场
1月28日	265.00	483.00	112.25	193.60	Robinhood禁止Gmestop及相关证券交易；WSB论坛短暂受限，需要特别邀请才能进入
1月29日	379.71	413.98	250.00	325.00	香橼停止发布做空报告；Robinhood恢复游戏驿站交易
2月1日	316.56	322.00	212.00	225.00	Robinhood再次限制游戏驿站股票交易
2月4日	91.19	91.50	53.33	53.50	Robinhood恢复游戏驿站交易
2月18日	48.49	48.87	40.65	40.69	众议院举行游戏驿站听证会

逼空结束了，个体投资者用真金白银证明了自己是一股能够塑造市场的力量，但随之而来的问题却并未完全解决：个体投资者的这种联结该如何定性？以Keith Gill为首的投资论坛意见领袖是否违法？更重要的是，本次事件对中国又有何种启示？为此，本文试图以证券

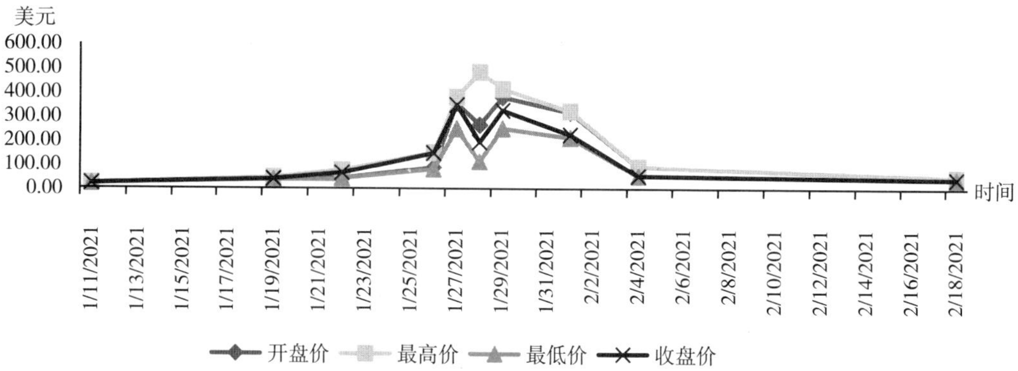

图 1　游戏驿站事件重要节点股价波动

监管的根本目的为基础对前述问题作出回答。

二、个体投资者的集体行动：违背基本价值面的集体行动构成操纵吗？

在针对本案的评论中，最为常见的一种观点是：根据华尔街金融机构的研究，游戏驿站的股价是被高估的。这种情况下的逼空是一种违背基本价值面判断的交易，它是非理性的，因此需要被加以监管，因为这种交易模式会导致剧烈的市场波动，而“这种赌场般的市场波动……在扰乱公平有序的有效市场”〔1〕，从而影响价格机制发挥作用。但波动未必等于需要监管，经济判断的结果也未必等于法律判断的结果，因为在美国联邦证券法项下对于操纵有着其特定的界定标准。

（一）何为美国证券法中的“市场操纵”？

在美国证券法中，规范操纵的条款主要有《1933 年证券法》第 17 条（a）款、《1934 年证券交易法》第 9 条（a）款、《1934 年证券交易法》第 10 条（b）款以及美国证券交易委员会（United States Securities and Exchange Commission，SEC）根据该款制定的 10b－5 规则。其中《1933 年证券法》第 17 条（a）款主要针对的是证券的发售和出售过程，与本案的买入逼空无涉；〔2〕《1934 年证券交易法》第 9 条（a）款共有 6 项，分别禁止了洗售、对敲、制造交易影响价格、误导性陈述、散布即将进行的操纵行为吸引买卖证券以及不符合证监会规

---

〔1〕“I am deeply concerned that these casino－like swings in the value of GameStop and other company shares are yet another example of the gamesmanship that interferes with the fair，orderly，and efficient function of the market，” See Elizabeth Warren Urges SEC to Review GameStop Surge，Prevent “Market Manipulation”，Accessed July 27，2021，https：//www. breitbart. com/economy/2021/01/29/warren－sec－gamestop－surge/.

〔2〕参见［美］路易斯·罗思、［美］乔尔·赛里格曼：《美国证券监管法基础》，张路等译，法律出版社 2008 年版，第 662 页。

章规则的固定价格行为;[1]《1934年证券交易法》第10条（b）款实际上并不具备独立的可操作性，它作为一个兜底条款授予了SEC制定规则的权利以避免欺诈和操纵，但由于《1934年证券交易法》第9条（a）款只针对在全国证券交易所（National Securities Exchange）注册的证券，SEC于是根据前述（b）款制定了10b-5规则以弥补原有法律保护范围的不足，虽然该规则行文措辞中只涉及欺诈而不涉及操纵，但因为作为其来源的10条（b）款指向的是操作和欺诈两种违法行为，故该规则随后被大量使用并成为了SEC反操纵及反欺诈的主要规则。

在法条的基础上，美国法院也通过判例对于操纵进行了更为具体的定义，如在United States v. Mulheren案[2]中操纵被定义为"影响证券价格"（affect the price of a security）；在GFL Advantage Fund, Ltd. v. Colkitt案[3]中操纵定义的关键被界定为"为市场注入不准确的信息"（injected "inaccurate information" into the market）；而在2015年的Fezzani v. Bear, Stearn's& Co. 案[4]中，操纵则被更加综合的定义为"通过传播虚假价格信息误导投资者"（mislead investors by sending a false pricing signal to the market）。虽然上述表述形式上有所不同，但实质上都将操纵认定为一种"通过虚假信息人为影响股价从而误导投资者"的行为。

除定义外，美国既往判例也对于认定操纵行为的要件进行了明确。《1934年证券交易法》第9条（a）款的构成要件，在1982年的Chemetron Corp. v. Bus. Funds案[5]中被美国第五巡回法院首先针对各款进行了分别总结，其中第（2）项与第（4）项更为重要，第（2）项的构成要件有五部分组成："（i）存在一系列创造了存在或看似存在的交易量或抬高、打压该证券价格的交易，（ii）出于故意，（iii）目的是为了引诱他人进行证券交易，（iv）以上交易被原告信赖，（v）并影响到了原告进行交易的价格"；第（iv）项的构成要件有六部分组成：（a）存在虚假陈述或遗漏，（b）与重大事实有关，（c）出于故意，（d）目的是为了引诱他人进行证券交易，（e）以上交易被原告信赖，（f）并影响到了原告进行交易的价格。随后因为其中第（b）项的规定概括更为完整，在纽约南部地区法院1991年作出的判决中[6]，该项的要件被总结为第9条（a）款的整体构成要件。10b-5规则的构成要件有三个：第一，重大虚假陈述或具有误导性的重大遗漏；第二，需与证券交易相关；第三，存在行为的故意。[7]其中"重大性"则是三个构成要件中的重点所在。

---

〔1〕参见马江河：《美国证券市场操纵认定标准研究》，载《证券市场导报》2005年第8期。

〔2〕See United States v. Mulheren, 938 F. 2d 364 (2d Cir. 1991).

〔3〕See GFL Advantage Fund, Ltd. v. Colkitt, 272 F. 3d 189 (3d Cir. 2001).

〔4〕See Fezzani v. Bear, Stearn's& Co. , 777 F. 3d 566 (2d Cir. 2015).

〔5〕See Chemetron Corp. v. Bus. Funds, 682 F. 2d 1149 (5th Cir. 1982).

〔6〕See Connolly v. Havens, 763 F. Supp. 6 (S. D. N. Y. 1991).

〔7〕See SEC v. Merch. Capital, LLC, 483 F. 3d 747 (11th Cir. 2007). "(1) material misrepresentations or materially misleading omissions, (2) inconnection with the purchase or sale of securities, (3) made with scienter."

在美国最高法院1968年的SEC v. Tex. Gulf Sulphur Co. 案〔1〕中，重大性的判断标准被定义为“会影响到股价的信息”（such information constituted material facts as it might have affected the price of the stock）“使理性投资者产生信赖”（have made reasonable investors rely on it），在Tsc Indus. v. Northway案〔2〕中，该标准被进一步明确为：重大性不需要证明到当遗漏的事实被披露后就会影响到投资者的行为，只要被遗漏的事实对理性投资者具有实际意义即可。〔3〕随后在Basic Inc. v. Levinso案〔4〕和Amgen Inc. v. Conn. Ret. Plans & Tr. Funds案〔5〕中，“客观的一般理性人认为会影响证券价格”的重大性判断标准被再次重申。由此，在操纵是以虚假陈述进行的情况下，《1934年证券交易法》第9条（a）款和10b－5规则的适用会有所重叠。尽管如此，根据美国既往判例，〔6〕10b－5规则在以下三个方面要比第9条（a）款的保护更加宽泛：第一，10b－5规则所要求的故意（scienter）要比第9条（a）款更加宽泛，包括了疏忽（recklessness）层面；第二，在故意层面，第9条（a）款需要意图引诱（intent to induce）交易，但10b－5规则无此规定；第三，在因果关系层面，第9条（a）款要求原告买卖证券的价格被影响了（the plaintiff's purchase or sale price must be “affected”），但10b－5规则只需要虚假陈述涉及（touchesupon）影响价格的原因〔7〕即可。以上不同使10b－5规则的适用更加灵活与广泛。

（二）集体逼空构成操纵吗？法定主义视角下的观点

在前述的操纵五要件中，后两个要件是作为索赔的逻辑环节出现的，并不属于严格的“操纵行为”必备的构成要件，因此认定操纵所需要的要件实际上是以下三点：（1）存在一系列创造了存在或看似存在的交易量或抬高、打压该证券价格的交易；（2）出于故意；（3）目的是引诱他人进行证券交易。在本案中，对故意的认定并不困难，个体投资者所进行的逼空行为都是有意而为之，因此对于集体“逼空”行为法律性质判断的关键在于集体“逼空”行动能不能被认定为是通过创造交易影响价格的操纵行为和能否认定存在引诱他人进行交易的目的。

对此，国内有学者认为，这是非常标准的“先抬后抛”（pump and dump）〔8〕。但买入使得股价上涨，随后抛售的行为本身不能天然地被认定为操纵，如美国国会在关于《1934年证

〔1〕 See SEC v. Tex. Gulf Sulphur Co. , 401 F. 2d 833 (2d Cir. 1968).

〔2〕 See Tsc Indus. v. Northway, 426 U. S. 438, 96 S. Ct. 2126 (1976).

〔3〕 See Tsc Indus. v. Northway, 426 U. S. 438, 96 S. Ct. 2126 (1976). “This standard does not require proof of a substantial likelihood that disclosure of the omitted fact would have caused the reasonable investor to change his vote, but contemplates a showing of a substantial likelihood that, under all the circumstances, the omitted fact would have assumed actual significance in the deliberations of the reasonable shareholder.”

〔4〕 See Basic Inc. v. Levinson, 485 U. S. 224, 108 S. Ct. 978 (1988).

〔5〕 See Amgen Inc. v. Conn. Ret. Plans & Tr. Funds, 568 U. S. 455, 133 S. Ct. 1184 (2013).

〔6〕 See Chemetron Corp. v. Bus. Funds, 682 F. 2d 1149 (5th Cir. 1982).

〔7〕 See Huddleston v. Herman & MacLean, 640 F. 2d 534 (5th Cir. 1981).

〔8〕 缪因知：《穿透GME——一场反做空的市场操纵》，载《经济观察报》2021年2月8日，第23版。

券交易法》的报告中就指出"倘若某人只是为了获得大量股票，即使其知晓这种买入行为会影响股价，也不会使得他的行为违法"[1]，并且如同前述法院对操纵的认定，美国学者也认为证券监管的对象从来不是某种交易方式，而是蓄意的对证券价格形成机制的扭曲。[2]因此，本案中是否构成操纵，要看证券价格形成机制是否受到了人为的不正当影响。对于此，笔者的看法是，因为本次逼空中产生的价格都来自个体投资者真实的证券交易行为，证券的价格是真实价格而非被扭曲的虚假价格，因此个体投资者的逼空行为不构成操纵。

1. 散户的集体逼空行为在本质上存在真实的交易需求，虽然极端但没有刻意扭曲证券的供求关系。如前所述，操纵行为可以被综合表述为："通过虚假信息人为影响股价从而误导投资者。"其中的虚假信息包括单纯的散布信息，也包括通过交易制造出的虚假信息。[3]但本案中"逼空"行为本身并没有制造出虚假信息，而且不同于洗售或者对敲那种通过虚构交易或自己账户间交易而反映虚假的交易需求，在"逼空"行动中所有逼空者的交易都是真实的，市场供求关系是真实的，由此产生的价格是真实的价格而非虚假的价格。同时"逼空"行动的形成、目标及相关意思联络都是公布在公开的互联网平台的，并且因为本次事件的戏剧性，媒体及普通投资者都对此极为关注，只要是对游戏驿站股票有所关注的投资者自然都会知道针对游戏驿站的"做空"计划，不存在逼空导致的股价上涨被投资者误认为其他原因的可能性。所以仅就"逼空"行动而言，不存在虚假信息，市场及投资者没有被误导，价格形成机制没有被扭曲，自然也就不可能构成操纵。

2. 集体行动虽然针对"逼空"行为，但很难构成一种欺诈的"共谋"。根据《1934 年证券交易法》第 9 条（a）款（2）项的文本[4]，倘若"逼空"行动被认定为"操纵行为"，那么所有进行逼空的个体投资者都会被视为共谋。虽然美国法院对共谋的举证要求很低，朋友、亲戚、商业伙伴等都足以被认定为"与他人合谋"，[5]但无论是朋友、亲戚、还是商业伙伴，之所以能够在这些情况下认定共谋关系存在，都是因为这些关系能实际上提供某种约束机制，使参与共谋的其他人倾向于履行共谋的操纵计划，而非背叛。但在本案中，进行逼空的个体投资者之间的联系并没有紧密到此种程度，个体投资者之间唯一的关联是他们都属于同一个网络论坛的用户，但在网络匿名性等因素的影响下，这种网友关系并不足以形成一种维持共谋不进行背叛的约束。甚至恰恰相反的是，随着"逼空"行动的进行，股价越是推高股价回调的可能性就越大，一个参与逼空的个体投资者继续持仓的风险就越大，他就越倾

---

[1] See Lewis D. Lowenfels, Sections 9 (a) (1) and 9 (a) (2) of the Securities Exchange Act of 1934: An Analysis of Two Important Anti – Manipulative Provisions under the Federal Securities Laws, 85 *NW. U. L. Rev.* 698 (1990 – 1991).

[2] SeeA. A. Berle Jr., Stock Market Manipulation, 38 *Colum. L. Rev.* 393 (1938).

[3] SeeA. A. Berle Jr., Stock Market Manipulation, 38 *Colum. L. Rev.* 393 (1938).

[4] See SecuritiesExchangeAct § 9, 15 U. S. C. S. § 78i.

[5] 参见马江河：《美国证券市场操纵认定标准研究》，载《证券市场导报》2005 年第 8 期。

向于背叛逼空计划套利立场。此时倘若认定“逼空”行动中的所有个体投资者都构成共谋，那么构成证券操纵共谋的标准会降低为“接受过同一信息（逼空计划）进行了交易（逼空行为）”，这实际上会使除去完全不接受任何信息的盲目投资者之外的其他投资者，在进行任何交易时都事实上被课以了承担共谋操纵责任的风险。

3. 集体行动的逼空并不构成引诱交易。引诱交易作为主观要件，在实践中一般根据情势证据（circumstantial evidence）进行证明。在美国法院既往判例中，认定该要件需要证明两点：第一，被告在价格变动上有经济利益；第二，被告有采取行动影响价格变动。[1]其中第二点如前所述，因为集体逼空没有人为扭曲影响价格而无从认定；第一点则因为参与逼空的个体投资者对于逼空不具有经济利益而无从认定：引诱交易作为动机要件，其判断的是行为开始时行为人的状态，因此是否具有价格变动上的经济利益应当以“逼空”行为开始时为判断基准。对于本次逼空的参与者而言，在“逼空”行动开始时他们中的大部分人是不持有游戏驿站公司的股票的，除去少数提前购买者之外，他们的行动逻辑是在看到逼空计划觉得通过逼空或许有可能大赚一笔之后才开始买入该公司的股票。因此，在逼空计划开始的时间节点上，大部分个体投资者对该公司股价上涨并不具有经济利益，他们的意图并非通过引诱其他人进行交易从而获益，而在于通过逼空计划将被做空的股票抬升至合理价格从而获利，这是一种投资的策略，而非一种引诱交易的操纵意图。

三、个体投资者集体行动的诱因：意见领袖的鼓动交易构成违法吗？

在本次“逼空”事件中，除集体逼空的个体投资者外，另一个重要的主体是以 Keith Gill 为首的意见领袖。他们最早在 WSB 论坛内发帖表示游戏驿站的股票被严重低估，同时也在积极地散布相关判断并且披露自己的持仓以给逼空的个体投资者信心。在逼空之外，他们的鼓动行为是否合法是本案的第二个争议点，具体而言，这些意见领袖能否被认定为投资顾问？他们是否要对个体投资者承担投资顾问的信义义务？他们的股东构成操纵吗？构成欺诈吗？

（一）意见领袖是否构成投资顾问？

根据美国《1940 年投资顾问法》定义，投资顾问是指“为了报酬，直接从事或者通过出版物、写作等方式从事，就证券的价值和证券投资、买卖的机会向他人提供建议活动的任何人，或者为了报酬，作为日常业务的一部分，发行或者发布涉及证券的分析、报告的任何人”。[2]据此可知，投资顾问的认定的要件有三个核心因素：就证券价值、买卖提供建议，

〔1〕 参见马江河：《美国证券市场操纵认定标准研究》，载《证券市场导报》2005 年第 8 期。
〔2〕 See Investment Advisers Act § 208, 15 U. S. C. S. § 80b –2.

获取报酬，该提供建议为业务经营行为。除此之外，在 Lowe v. SEC 案[1]中，美国最高法院通过裁定完善了投资顾问的定义，要求投资顾问必须提供针对特定人的个性化投资建议，而通过公开出版物发布与证券有关的报告不构成需要注册的投资顾问。

在本案中，意见领袖的行为主要是通过在公开论坛中发布对游戏驿站的看多意见，吸引个体投资者买入该公司股票以完成对抗华尔街机构投资者的"逼空"行动。根据他们的行为，可以排除他们的投资顾问责任。首先，在投资顾问认定的三要件中，获得报酬是认定要件之一。但在本案中，意见领袖并没有直接通过提供投资建议获得收入，这使得他们在形式上不符合投资顾问的认定条件。其次，根据 Lowe v. SEC 案的判决，通过公开出版物发布非个性化投资建议的人不构成投资顾问，在本案中根据实质解释，虽然互联网论坛不是严格的法律意义上的"出版物"，但它依旧如同公开出版物一样，是针对不特定的公众的，这使得其中的意见本身是不可能具有个体性的，因此意见领袖不符合投资顾问的法定定义，不承担意见领袖的法定义务。

（二）意见领袖的鼓动是否构成操纵？

在本案中，意见领袖的鼓动行为存在构成信息型操纵的可能，但根据要件检索其鼓动行为会因为操纵故意的缺失导致操纵行为不成立。

如前所述，《1934 年证券交易法》的第 9 条（a）款（4）项所要求的证明标准是相对较高的，它要求虚假陈述或遗漏的作出者"知道或应当知道这些表述是错误的或具有误导性的"。[2]但在本案中，以意见领袖 Keith Gill 为例，根据其自己的陈述[3]及其在 You Tube 及 WSB 论坛中的发言，他对 GameStop 股价的评判总体而言是基于公开信息的基本面分析。比如，"该公司（GameStop）有机会通过改善对游戏玩家的客户服务，升级其在线业务，以及提供 PC 游戏和配件等互补产品线来重振这一业务"；[4]同时他也将上述分析的资料来源及分析过程在其公布在 You Tube 的视频中进行了展示，并且自其发布看多游戏驿站的言论之后他就长期在 WSB 论坛中展示自己的持仓情况，无论股价暴涨还是回撤他都没有对持有的游戏驿站的股票进行抛售。[5]根据上述事实，从逻辑上很难认定一个作出具有证据支撑结论的人认为这些具有证据的陈述是具有误导性的，并且从他保持持仓这一事实也无法推导出他具

---

〔1〕 SeeLowe v. SEC，472 U. S. 181，105 S. Ct. 2557（1985）.

〔2〕 See Chemetron Corp. v. Bus. Funds，682 F. 2d 1149（5th Cir. 1982）. Subsection 9（a）（4）covers statements or omissions made if the speaker "knew or had reasonable ground to believe" that they were false or misleading.（emphasis added）.

〔3〕 参见孙铭蔚：《游戏驿站余波——带头大哥证词称没有为私利而怂恿散户逼空》，载 https：//www. thepaper. cn/rss. newsDetail_forward_11369416，最后访问时间：2021 年 7 月 27 日。

〔4〕 参见孙铭蔚：《游戏驿站余波——带头大哥证词称没有为私利而怂恿散户逼空》，载 https：//www. thepaper. cn/rss. newsDetail_forward_11369416，最后访问时间：2021 年 7 月 27 日。

〔5〕 参见方凌：《GME 大跌，坚守散户巨亏，带头大哥晒单——一股未减、日亏 1300 万》，载 https：//wallstreetcn. com/articles/3619328，最后访问时间：2021 年 7 月 27 日。

有操纵牟利的故意。

甚至于严格遵循操纵所要求的法律要件，倘若意见领袖根据事实分析认为股价被低估，并且通过传播自己的分析结果鼓动其余投资者买入该股票后反向操纵清仓牟利，只要他主观上不具有误导的故意，如他认为股价确实被低估，50 美元更为合理，在股价确实达到 50 美元后清仓，那么依旧无法认定其行为构成证券市场操纵。

（三）意见领袖的鼓动是否构成欺诈？

相比起操纵，构成欺诈的要件相对不那么严格。根据 10b－5 规则的要求，构成欺诈需要能够认定存在故意的具有重大性的虚假陈述。其中重大性的认定在本案中没有障碍，对一个一般理性的投资者而言，某个证券被低估的观点毫无疑问是会影响到投资决策的重大信息。但认定故意和认定陈述虚假依旧会面临障碍。认定故意困难的理由与无法在操纵层面认定故意存在的理由相同，不再赘述。而认定陈述虚假的原因同样是因为本案中意见领袖的发言是来自对公开信息的理性分析。

在 2000 年的 Jonathan G. Lebed 案[1]中，一个新泽西州十五岁的学生因为其在雅虎金融等论坛发布了关于某公司股价的不实陈述（false and/or misleading statements），并在股价上涨后抛售获利 27 万多美元，被 SEC 认定违反了 10b－5 规则，在该案中被认定为构成虚假陈述的内容是"股价会暴涨"（The stock was about to "take off"）、"股票会获得十倍收益"（Next stock to gain 1，000%）、"是被低估最多的股票"（Themostundervalued stock ever）。在更近的 SEC v. Fassari 案[2]中，被告 Andrew L. Fassari 在推特（Twitter）发布称"（该公司）将会发生高达 5 亿股的减持""我拥有（该公司的）财报，他们正在扩张业务""在和（该公司）CEO 交谈后我调整了我的目标价格"。但根据 SEC 的调查，该案被告的陈述都是虚假的误导信息，所谓的减持计划、财报、和 CEO 的会面都是被告自行杜撰出的结果。

通过将上述案例与本案对照，本案中意见领袖并没有散布无来由的夸张利好信息，也没有编造无根据的非公开信息，他公布在 You Tube 上的分析视频也是以基本面和游戏市场的前景作为切入点，并且有相应的证据支撑，除此之外他所做的只是定期披露自己的持仓情况和浮动营收，并没有其他与游戏驿站股票相关的言论。因此，无从认定其存在欺诈行为。

此外，与操纵相同，倘若他一开始就给出了自己的目标价格，并且没有进行虚假陈述，那么在达到目标价格后进行清仓也无法根据法定要件被认定为欺诈。

---

[1] See U. S. Securitiesand Exchange Commission，AdministrativeProceeding，File No. 3－10291.

[2] See SEC v. Fassari，2021 U. S. Dist. Case No. SACV 21－403 JVS（ADSx）.

四、"游戏驿站"事件的中国启示

（一）市场背景的趋同性决定了中国存在可能的"土壤环境"

在"游戏驿站"事件引发关注后，有学者认为，类似事件在中国不太可能会出现，因为我国股价管控制度相对严厉、做空机制不发达、年轻投资者入市比例不高。[1]但出现类似监管挑战并不需要完全复刻"游戏驿站"事件的全部要素，涨跌停制度和交易所自律监管只能限制波动的范围，但不代表类似的操纵会无利可图。而能否存在做空作为导火索、是否有低门槛的交易模式以及是否存在民主化的证券讨论空间才是本案揭示的监管挑战存在的前提。

在本次事件中，作为导火索的"做空"作为一种在美股市场中频繁存在的交易模式，在A股市场中是被严格限制的。但"游戏驿站"式的事件倘若要在我国证券市场中出现，实际上并不必然要求有相应的做空机制，只需要存在对应的能炒热市场的导火索即可。而在A股市场中，特定的操盘手、基金的抱团、热门概念都可以像金融巨头的做空一样成为挑动散户神经的导火索：散户对"解放路敢死队"的追逐、对茅台的热捧、"碳中和"背景下对三峡能源次新股的热炒，都是相关例证。

低门槛交易在本次事件中主要体现为以Robinhood为主的互联网券商对证券投资经济业务的变革：通过互联网券商，美国个体投资者可以线上随时开户、通过手机客户端随时交易且享受零佣金交易，这使得证券投资几乎没有门槛。而上述三要素在我国证券市场中几乎同样存在：目前我国绝大部分券商都已经支持7×24小时线上开户，完善的移动客户端交易及行情查看也已是标配，虽然根据我国相关规定尚不允许券商零佣金开户，但同花顺、东方财富等侧重线上的证券开户平台佣金费率大部分都在"万分之2.5"，甚至有不少券商曾推出过"万一免五"的佣金优惠，[2]在宏观数据上，证券公司佣金收入的占比自2011年起也在持续下降，[3]在券商之间的竞争之下我国证券投资门槛已然不高。

讨论空间在本次事件中以Reddit及其WSB子论坛为主，而我国同样有股吧等讨论平台，且该平台子论坛设计以个股为单位，用户可以被关注，甚至论坛内部就有对投资者影响力的衡量标准，某种程度上甚至比WSB论坛更适合个体投资者统一意见抱团行动。例如，2020年8月，在肉牛出栏价格高涨的利好推动下，散户们在一个月里将财务情况并不良好的天山生物从5元炒至34.6元；2021年6月在"碳中和"和"次新股"两重概念的加持下三峡能

---

〔1〕参见郑丽雅、易宪容：《美股游戏驿站事件：反思与镜鉴》，载《证券市场导报》2021年第5期。

〔2〕参见《万一免五券商佣金大战暗中开打！赔本赚吆喝的违规操作是另有所图?》，载http://finance.eastmoney.com/a/202006191527266013.html，最后访问时间：2021年7月27日。

〔3〕参见肖函：《互联网金融背景下券商经纪业务佣金"价格战"的法律规制》，载《证券市场导报》2019年第3期。

源被散户持续热炒，股价涨幅达到 231%；同一时期在华为“鸿蒙系统”概念的光环中，润和软件也因为股价被热炒带来剧烈波动自行停牌核查，凡此种不一而足。因此，在中国市场背景下对类“游戏驿站”事件进行关注是未雨绸缪而非杞人忧天。

（二）2019 年《证券法》下对操纵市场的界定

《证券法》在最近一次的修订中对于证券操纵行为的外延进行了拓展，新加入了“……（四）不以成交为目的，频繁或者大量申报并撤销申报；（五）利用虚假或者不确定的重大信息，诱导投资者进行证券交易；（六）对证券、发行人公开作出评价、预测或者投资建议，并进行反向证券交易；（七）利用在其他相关市场的活动操纵证券市场；……”作为证券市场操纵行为，其中着重强调了对利用信息进行的操纵行为的规制。在此背景下，倘若“游戏驿站”式的逼空发生在 A 股市场中依旧会因为前文所述的原因导致责任认定无法进行。

因为对个体投资者而言，根据我国《证券法》第 55 条规定，“禁止任何人以下列手段操纵证券市场，影响或者意图影响证券交易价格或者证券交易量：（一）单独或者通过合谋，集中资金优势、持股优势或者利用信息优势联合或者连续买卖……”他们真实的交易因为没有产生虚假的价格而不应当被认定为影响证券交易价格或交易量；论坛网友的松散联结也不足以使得个体投资者之间被认定为合谋，而分别考察时他们各自单独的交易又因为体量过小而完全不具备构成操纵的可能。

对意见领袖而言，我国《证券投资顾问业务暂行规定》将其约束范围明确规定为“证券公司、证券投资咨询机构”，意见领袖因此不受投资顾问相关法律法规的约束。同时还根据我国《证券法》第 55 条规定，“禁止任何人以下列手段操纵证券市场，影响或者意图影响证券交易价格或者证券交易量：……（五）利用虚假或者不确定的重大信息，诱导投资者进行证券交易；（六）对证券、发行人公开作出评价、预测或者投资建议，并进行反向证券交易；……”利用信息操纵在法律要件上要求诱导信息必须是“虚假或不确定的”，因此当意见领袖的言论并非重大虚假时无法据此认定其构成信息型操纵；而“评价、预测或者投资建议”一项虽不要求虚假，但必须要进行了反向交易才能够被认定为操纵，但此时反向交易的缺失依旧使得无法对意见领袖的行为加以规制。

因此与美国相同，在我国现行《证券法》项下，当互联网平台意见领袖利用真实信息煽动个体投资者炒热特定公司股价时，只要该意见领袖预先披露目标价格且对反向交易也进行相应披露，则法律对其行为完全无从规制。

（三）警惕新意见领袖的操纵风险：持牌人员的职业操守与非持牌人员的法律责任

基于前文结论，“游戏驿站”事件真正披露出的问题并不是个体投资者联结起来进行某种交易影响价格的合法性问题，而是越来越多的个体投资者通过互联网联结起来之后带来的证券监管问题：个体投资者是更容易被鼓动的投资群体，而一种对个体投资者的鼓动却可以通过一种外观上的具有瑕疵的客观性获得合法效果。

对于证券投资的意见领袖而言，倘若他们认为某个证券被低估了，同时找到了一些证明这一证券被低估的理由，并且大致给出了自己的目标价格。然后利用自身的影响力，在预先建仓后通过上述信息鼓动其关注者买入该证券，只要该意见领袖能够至股价达到预先披露的目标价格后再进行反向操作，即可规避被认定为操纵的法律风险。在本案中，假设意见领袖确实认为游戏驿站被低估了，而且这种判断有相应的证据支撑，但因为证券市场回归价值的时间是未知的，所以他深层次的内心真意是希望通过操纵市场让市场的纠正提前到来以获得收益，但从法定主义的视角出发，这种操纵是完全合法的。

在国内已有相关案例，在廖某强案中，廖某强预先建仓而后荐股，在上涨后卖出套利，其在陈述申辩意见中提出，他的行为"是在进行技术分析研究的基础上才在微博和博客上推荐股票的，其中绝大部分股票的走势，验证了其技术分析和判断，其荐股行为具有合理性和准确性"。[1]对此证监会的回应是："我会处罚的是廖某强的操纵行为而非单独处罚其荐股行为。我会对廖某强进行处罚所依据的是《证券法》第七十七条第一款第四项'以其他手段操纵证券市场'的规定，追究的是廖某强操纵证券市场的责任，其操纵市场行为是由先行建仓、公开荐股、反向卖出的系列行为构成的，并非单纯就其中的公开荐股行为进行追责。此外，廖某强称其通过技术分析看好并推荐'全柴动力'等8只股票，在其推荐后的10日至3个月时间内，上述股票涨幅均很大，但根据'张某萍'等13个证券账户的交易记录，廖某强在荐股后随即将荐股前买入的股票卖出，其卖出行为与荐股行为以及其所称的上述股票后续上涨情况均产生矛盾。"[2]证监会在回应中，暗示了荐股本身是合法的，只是廖某强这种行为构成了操纵，且在"此外……"部分，证监会的回应似乎也在暗示，如果其卖出行为与荐股行为匹配（如提前给出将清仓的目标价格），那么这种行为就很难被认定为是操纵。

综上所述，各类互联网社交平台的出现，使得个体投资者有了被意见领袖凝聚成一个群体的可能性，此时倘若意见领袖能够精心设计其言行，那么其个人实际上可以在预先建仓之后如同投资咨询机构一样，发布证券研究报告报告，影响证券价格并牟利。但意见领袖与投资咨询机构不同的是，投资机构会受到法律法规、自律监管、行业声誉等规则和机制的影响，可以保证其言论总体可控，而意见领袖并不面临类似的监管。

此时意见领袖实际上处于反操纵、反欺诈规则和持牌人员法定及自律监管之间的"空白地带"。他们可以通过言论的合规操作利用真实性规避操纵与欺诈的责任；利用非持牌人员的身份免受相应约束机制的影响，此时聚焦于保护中小投资者的证券市场监管规则在中小投资者成为需要被监管的对象之后出现了一个巨大的法律"真空地带"。

因此，在反操纵反欺诈的层面上，监管应当注重对意见领袖言论及其所控制账户的审查：对意见领袖发表的荐股信息应当要求其披露信息来源、分析过程等，以保证其真实性；

---

〔1〕 中国证监会行政处罚决定书〔2018〕22号。
〔2〕 中国证监会行政处罚决定书〔2018〕22号。

同时需要注意意见领袖自身账户的交易动向和其言论是否符合，是否存在反向交易的情况。在利用持牌人员的监管规则层面上，对于意见领袖需要监管的是他们进行的投资咨询活动，由于我国《证券投资顾问业务暂行规定》将其约束范围明确规定为“证券公司、证券投资咨询机构”，《证券基金投资咨询业务管理办法（征求意见稿）》第6条第1款也规定“从事证券投资顾问业务、发布证券研究报告业务，应当依法经中国证监会核准。”因此，对于具有较大影响力的意见领袖，或可要求其取得相应的资质，否则根据《证券法》第202条追究其非法经营证券业务责任。通过上述方法可以对前述法律空白加以填补，规范意见领袖的言论，防范“游戏驿站”式风险。

在监管之外，还需要注意持牌机构的投资者教育责任。证券中介机构作为证券市场的重要主体，也是促进证券市场健康发展的重要主体。与美国不同的是，我国不存在因巨大贫富差距而导致的普通民众与金融精英之间的敌对割裂，相反，我国大部分的个体投资者对于机构及专业人士带有天然的信任。在这种情况下，大量的个体投资者触手可及的信息依旧主要来自非持牌人员，在某种程度上代表着证券中介机构责任承担的缺失。“游戏驿站”已经证明了个体投资者具有极大的能量而且容易被影响，在监管意见领袖使其审慎表意的同时，还需要使得专业的中介机构成为新的意见领袖，让更多更有效的证券分析意见变得更容易被普通个体投资者接触和理解，从而提升证券市场的总体有效性。

五、结语

综上所述，从法定主义视角出发，本次集体逼空事件中的个体投资者和意见领袖都无须因为其集体“逼空”行为而承担证券违法责任。因此监管者需要意识到，在面对与联结于互联网的个体投资者相关的证券监管问题时，倘若依旧固守传统的监管思路和监管要件，则会使证券市场规制体系中存在一处利用非虚假信息煽动个体投资者造成证券市场波动的监管空白。面对这一问题，证券监管者首先需要坚守市场本位的证券监管思路，对由此而来的真实交易造成的市场波动持一个客观、中立、包容、接纳的态度，不能看到波动就立刻管制，要接纳个体投资者集体行动的合法性。但与此同时，也要警惕社交媒体平台赋予自然人意见领袖的类似机构投资者的影响力，因此需要将各种社交媒体意见领袖纳入投资咨询业务管理体系以弥补监管空白。在投资民主化的大背景下，如何对待日益崛起的散户是每一个监管体系的必修课，通过分析“游戏驿站”事件带来的法律争议，我国证券监管机构也可以为A股市场今后可能面临的类似挑战早做准备。

破产法制

预重整理论实践之检视及立法建议

高建清 *

目 次

一、引言：预重整勃兴的背景

近年来，随着中央积极推进供给侧结构性改革、着力优化营商环境，传统的企业拯救方式——无论是庭外重组还是庭内重整都得到了更为充分的运用，起到了拯救困境企业的积极作用，体现新时代企业再建主义的发展趋势。但实践亦反映出上述两种制度目前仍存在一定缺陷，如庭外重组中部分表决人钳制多数表决人、阻碍重组方案的通过，以换取高于平均水平的利益，即所谓“钳制观望问题”；[1] 而对于庭内重整，很多破产重整案件周期跨度长达数年、成本偏高、程序烦琐，并且一旦重整失败，只能被动转入破产清算。而以英、美等为代表的西方

* 高建清，上海铁路运输法院破产审判庭法官助理。

〔1〕 参见［美］查尔斯·J. 泰步:《美国破产法新论》（下册），韩长印等译，中国政法大学出版社 2017 年版，第 1135 页。

破产法治先进国家为解决上述问题，在实践中逐步探索出一套融合庭外重组和庭内重整各自优势的衔接机制，我国业界称为“预重整”制度[1]。预重整作为一种企业挽救辅助性模式，自其从域外传播进入我国后，便日益受到实务界和理论界的关注。

预重整，是指由大部分或全部债权人与债务人、出资人、投资人等利害关系人在庭内重整程序正式启动前，在法庭外通过谈判协商达成重组协议，并在破产重整申请裁定受理后，对已拟定的协议予以法律确认的程序。联合国国际贸易法委员会（United Nations Commission on International Trade Law，UNCITRAL）制定的《破产法立法指南》则将预重整定义为：使受到影响的债权人在程序启动之前的自愿重组谈判中谈判商定的计划发生效力的程序。详言之，预重整将破产重整中债权债务清理、债权人会议、债权人表决等内容前置到正式破产重整之前；目的是在庭外即促成大部分利害关系人达成一致意见并在此基础上形成预重整方案，令该预先拟定的重整协议进入正式程序后在庭内快速完成法律上的确定，使之成为约束债务人和全体债权人的重整计划。较之传统的庭内重整，这种“庭外协商+庭内确认”的预重整方式，将大大增加正式进入破产重整程序后破产重整计划草案通过的概率，从而缩短正式破产重整程序的时间，提高破产重整效率。按照王欣新教授的总结，预重整的优势在于“通过两种制度进行先后的有机衔接、补强组合，发挥各自优势，规避劣势，市场化、法治化地解决债务与经营困境企业的挽救再生”。[2]

鉴于预重整制度的瞩目优势，近年来无论是学术界还是实务界，关于构建我国预重整制度的呼声越来越高。对此，最高人民法院2018年3月发布的《全国法院破产审判工作会议纪要》（以下简称《破产会议纪要》）、2019年11月发布的《全国法院民商事审判工作会议纪要》（以下简称《九民纪要》）提出，要完善庭外重组与庭内重整的衔接机制，降低制度性成本，提高破产制度效率。实践中，温州、深圳、北京、重庆等地先后开始预重整的探索，不仅涌现了“二重”重整案、“珠峰系公司”重整案、ST舜船重整案、怡丰成公司重整案等典型的预重整案件，而且也形成了多个关于预重整的专章甚至专项地方规范性文件，取得了较好的司法和社会效果。但是，预重整制度在我国仍属起步探索阶段，既缺乏立法层面的顶层设计，亦无最高人民法院司法解释或司法文件作为全国范围内统一的司法实务指引。进一步检视现阶段国内预重整的制度探索，可以发现，无论是理论观点还是实践模式，仍有较大分歧，甚至产生了预重整只不过是法院为了规避现行破产法重整期间较短、将重整期间延伸至程序前的错误观念，以及将预重整效力与正式重整的程序效力等同化的错误实践。因此，厘清预重整制度的本质属性，纠正当前部分预重整实践的错误认识和做法，对于构建起

---

〔1〕“预重整”一词，一般认为是从美国预重整制度英文表述“prepackage reorganization”“pre－organization”等词直译而来，因此也有人称为“包裹式重整”。参见王佐发：《预重整制度的法律经济分析》，载《政法论坛》2009年第2期。

〔2〕王欣新：《预重整规则与实务辨析》，载“中国破产法论坛”微信公众号2020年10月28日。

符合我国实践需求的预重整制度意义重大，这也是当前修改完善我国破产立法亟须解决的现实问题。

二、经验借鉴：域外预重整制度的考察

预重整制度起源于20世纪八九十年代破产法治相对发达的国家，经过逐步演进，发展出相对成熟的制度设计，如《德国破产法》第21条第2款规定的临时管理人制度〔1〕、日本的法庭外再生程序即“事业再生ADR程序”〔2〕等。其中，最具代表性和影响力的是美国和英国的两种模式。

（一）美国的预重整模式

一般认为，美国是预重整实践的发源地，也是预重整制度规范较为完善的国家之一。在美国，预重整的主要法律依据为《联邦破产法》第11章下的第1102条、第1121条以及第1126条。其中，根据第1102条（b）（1）规定，债权人委员会也可以在案件开始前组成，只要该委员会是公平挑选出来的，而且代表不同债权人的主张。〔3〕该条考虑到预重整前债权人委员会以公平合理方式组建，鉴于其熟悉债务人以及庭外协商的情况，如在庭内程序开始后继续担任债权人委员会，则可以节省成本、提高效率。第1121条（a）则提供了预重整的主要法律依据，其规定：“债务人可以伴随启动自愿破产案件的申请提交重整计划，也可以在自愿破产或非自愿破产案件的任何时间提起。”根据第1126条规定，在符合充分信息披露条件以及满足计划通过的份额要求的前提下，如果债权或权益的持有人在案件开始以前已经接受或拒绝重整计划，则视为其在正式案件开始后已接受或拒绝重整计划。该条的核心是，程序前预先制定的重整方案只要符合信息披露的充分性、征集表决的合法性，该计划就可以在程序开始后产生法律上的效力。

美国模式的预重整更倾向于传统的重整制度，即以债务人为中心，但是当事人就重整申请的时间与调整债权债务的协商时间发生了互换，即先协商一致，再申请启动程序。因预重整方案的达成与通过均有相应规则予以规范，从而赋予预重整以法律的强制力。〔4〕

（二）英国的预重整模式

英国的预重整也被称为“伦敦模式”（London Approach）。与美国的债务人中心模式不同，为增加债务人获取贷款的便利性，英国模式通常由银行等主要债权人主导，其目的是对

---

〔1〕 参见［德］莱因哈德·波客：《德国破产法导论》，王艳柯译，北京大学出版社2014年版，第55页。

〔2〕 参见［日］谷口安平主编：《日本倒产法概述》，佐藤孝弘、田言等译，中国政法大学出版社2017年版，第26页。

〔3〕 参见李飞主编：《当代外国破产法》，郑冲等译，中国法制出版社2006年版，第637~638页。

〔4〕 参见王薇：《论困境企业预重整制度的构建》，载《第九届中国破产法论坛暨改革开放四十周年纪念活动论文集》（上册），第460页。

涉及多个出借人的公司提供非正式拯救援助，或者参与债转股行动。[1] 全体债权人选举出一个主导债权人，或者组建债权委员会，负责债权人之间的沟通协调，并要求债权人暂停行使对债务人的催债权利，主导研究制定重组方案，由法院最终确认后即赋予其司法执行力，使其约束所有债权人。

英国模式最核心的特点是债权人中心，从其实践来看，更接近于庭外重组，更加注重庭外协商的灵活性和便利性，较传统重整最大的区别在于当事人的庭前协议可以通过法院的确认，赋予其私人合同的法律效力。

三、实践检视：国内预重整制度的探索

（一）全国层面——仅原则性规定，鼓励实践创新

现行《企业破产法》并未对预重整作出任何规定，最早提出预重整的文件是最高人民法院于2017年8月7日颁布的《关于为改善营商环境提供司法保障的若干意见》。该意见第16条规定："积极推动构建庭外兼并重组与庭内破产程序的相互衔接机制，加强对预重整制度的探索研究。"

为积极探索适应重整制度的发展需求，最高人民法院在2018年3月发布的《破产会议纪要》第22条中明确提出要"探索推行庭外重组与庭内重整制度的衔接"。同时，该条还将预重整描述为："在企业进入重整程序之前，可以先由债权人与债务人、出资人等利害关系人通过庭外商业谈判，拟定重组方案。重整程序启动后，可以重组方案为依据拟定重整计划草案提交人民法院依法审查批准。"尽管该条规定较为原则性，但体现了最高人民法院鼓励探索、倡导践行的司法政策取向。[2]

2019年11月，最高人民法院发布《九民纪要》，其中第115条再次强调："继续完善庭外重组与庭内重整的衔接机制，降低制度性成本，提高破产制度效率。"该条进一步规定了预重整协议的效力延续规则或视为同意规则，即"人民法院受理重整申请前，债务人和部分债权人已经达成的有关协议与重整程序中制作的重整计划草案内容一致的，有关债权人对该协议的同意视为对该重整计划草案表决的同意"。例外情况是："重整计划草案对协议内容进行了修改并对有关债权人有不利影响，或者与有关债权人重大利益相关的，受到影响的债权人有权按照企业破产法的规定对重整计划草案重新进行表决。"

最高人民法院在上述两个广受关注的司法文件中先后两次规定预重整，表明其已经意识到预重整制度建立的重要性。值得注意的是，无论是《破产会议纪要》还是《九民纪要》，

〔1〕 参见［英］费奥娜·托米：《英国公司和个人破产法》，汤维建、刘静译，北京大学出版社2010年版，第77页。

〔2〕 参见王富博：《破产重整制度的发展与完善》，载《人民法院报》2018年3月28日，第7版。

均没有直接使用“预重整”的表述，但已原则性描述了预重整制度的核心规则。此外，2019年6月22日最高人民法院与国务院十二部委联合发布的《加强完善市场主体退出制度改革方案》、2020年5月15日最高人民法院颁布的《关于依法妥善审理涉新冠肺炎疫情民事案件若干问题的指导意见（二）》[1]也均已明确提出了“预重整”概念，鼓励进行预重整实践。

（二）地方层面——规范与实践并行的双重探索

在最高人民法院仅有原则性规定的情况下，各地人民法院根据本地区实际情况纷纷加强对预重整规则的探索。早在2013年7月，浙江省高级人民法院就颁布了《关于企业破产案件简易审若干问题的纪要》，首先提出企业破产申请预登记制度。即法院经合理评估后，可以参照浙江省高级人民法院《关于试行诉前登记制度的通知》的要求，进行企业破产申请预登记。该企业破产申请预登记制度，实质上就是对于破产预重整的探索实践。近年来，尤其是自2018年以来，各地预重整的实践案件和地方规定宛若雨后春笋，大多取得了较好的实践效果。

在制度方面，地方预重整规定大体上分为两类，一类是地方法院出台的破产重整规范或指引中以“专章”形式规定预重整制度和具体规则，如北京市第一中级人民法院、深圳市中级人民法院、广州市中级人民法院、南京市中级人民法院等；还有一类则是直接制定以预重整为主题的“专项”规范性文件，名称多为“预重整指引”“预重整工作指引”等，典型代表为成都市中级人民法院、苏州市吴江区人民法院、重庆市第五中级人民法院等。（见表1）

表1　我国地方预重整规范制定情况

形式	制定者	规范文件名称	施行日期
专项规定	重庆市第五中级人民法院	《预重整工作指引（试行）》	2021年1月8日
	眉山市中级人民法院	《破产案件预重整操作指引（试行）》	2020年9月18日
	成都市中级人民法院	《破产案件预重整操作指引（试行）》	2020年8月24日
	宿迁市中级人民法院	《关于审理预重整案件的规定（试行）》	2020年7月9日
	淄博市中级人民法院	《关于审理预重整案件的工作指引（试行）》	2020年6月30日
	厦门市中级人民法院	《企业破产案件预重整工作指引》	2020年5月21日
	四川天府新区成都片区人民法院、四川自由贸易试验区人民法院	《预重整案件审理指引（试行）》	2020年5月21日
	苏州市吴江区人民法院	《审理预重整案件的若干规定》	2020年2月19日
	温州市人民政府	《关于印发企业金融风险处置工作府院联席会议纪要》	2018年12月27日

〔1〕意见第17条规定：“……引导债务人通过庭外调解、庭外重组、预重整等方式化解债务危机，实现对企业尽早挽救。”

续表

形式	制定者	规范文件名称	施行日期
专章规定	广州市中级人民法院	《关于破产重整案件审理指引（试行）》	2020 年 5 月 28 日
	南京市中级人民法院	《关于规范重整程序适用提升企业挽救效能的审判指引》	2020 年 1 月 20 日
	北京市第一中级人民法院	《北京破产法庭破产重整案件办理规范（试行）》	2019 年 12 月 31 日
	深圳市中级人民法院	《审理企业重整案件的工作指引（试行）》	2019 年 3 月 25 日

进一步检视上述预重整实践，各地在预重整的费用、报酬以及与庭内重整的衔接规定上大致相同，但在启动程序、预重整的效力、临时管理人的指定方面，各地又呈现了不同特点，总体来说目前形成三类预重整模式。

1. 政府主导型

该类型是指破产申请前，政府主导、法院指导监督下的预重整。其主要特征是在申请人即债务人或债权人向人民法院申请启动破产重整程序前，由政府部门牵头组织程序前的预备工作，重整计划草案预表决通过后，由债权人或债务人提出重整申请，法院审查后对符合规定的申请裁定予以受理。这种模式既充分发挥了当前各地政府部门在维稳、职工安置、国有银行资金引入等方面的资源优势，又发挥了法院对预重整的监督指导作用，保障预重整工作合法合规。

这一做法以浙江省温州市为典型代表，如该地政府出台《关于印发企业金融风险处置工作府院联席会议纪要》（温政办函〔2018〕41 号），认为："政府主导下的预重整机制是我市推动市场化破产程序的有益尝试，更是我市企业风险处置工作中的一项重要创举。"根据该纪要，政府部门在预重整中的主导作用主要表现为：在程序启动方面，预重整程序由属地政府启动，并且需要政府发布书面文件确认；在临时管理人的确定方面，由政府参照破产程序中管理人指定规定，指定管理人名册中的中介机构负责具体工作，管理人向债权人会议、法院以及属地政府报告预重整工作；在债权人会议组织方面，由政府召集主要债权人成立债权人会议，并制定议事规则。可以明确看出，人民法院在预重整工作中的主要角色定位是工作监督和法律指导，而属地政府则扮演主导性作用。即使该规定将"预重整应坚持市场化和当事人自治原则"放置在十五项具体规则的首位，但检视该纪要，政府在预重整工作的角色定位似乎过于"强势"，是否符合预重整制度的设计理念值得商榷。比如，有观点认为："温州这种以强大的府院联动为依托的模式，是否具有可复制性、可推广性，可能要打一个问号。

其次，从政府的职能边界及角色定位上也并不妥当。”[1]

2. 法院主导型

在该模式下，预重整工作启动发生在债务人或债权人向人民法院提起破产申请之后、法院裁定受理前。法院接受申请人的预重整申请后，委派临时管理人对债务人是否具有重整价值或可能性进行预先调查，并制定预重整计划草案进行预表决，由法院决定是否受理重整申请。这种方式以北京、深圳、南京、苏州等地区的操作方式最为典型。

例如，根据北京市第一中级人民法院制定的《北京破产法庭破产重整案件办理规范（试行）》第27条，预重整系“人民法院在以‘破申’案号立案后、受理重整申请前指定临时管理人履行本规范第三十六条规定的职责，债务人自愿承担本规范第三十八条规定的义务，由临时管理人组织债务人、债权人、出资人、重整投资人等利害关系人拟定预重整方案的程序”。在该模式下，法院在受理重整申请前，对于具有重整原因的债务人，为识别其重整价值及重整可行性，提高破产程序内重整效率和成功率，由人民法院指定临时管理人，对债务人进行预重整。临时管理人依法忠实执行职务，向人民法院汇报工作。与政府主导型不同的是，尽管该模式不完全排除政府部门在推进预重整工作中发挥作用，但法院扮演了程序推进的主导作用。

3. 法院“弱介入与不介入”型

该模式强调并重申预重整庭外重组的本质属性，认为对于预重整来说，法院的角色定位应主要限于提供健全的制度供给，具体工作则应交由当事人或者临时管理人，充分尊重当事人的意思自治，法院仅需要审查预重整协议的形成程序和实质内容是否符合法律规定。

该模式以重庆市第五中级人民法院的做法最为典型。该院于2021年1月8日出台实施《预重整工作指引（试行）》，将预重整区分为“破产申请前的预重整”以及“破产申请审查阶段的预重整”。

第一类即“破产申请前的预重整”，是指申请重整前，重组协议已经表决通过，债务人认为，庭外重组阶段完成的各项工作符合本指引的规定，且需要继续转入重整程序的，可以请求人民法院在受理重整申请后根据本指引批准其预先制作并表决通过的重整计划草案。在该情形下，法院遵循“不介入”原则，在预先提供制度供给的前提下，其作用在于事后审查，即通过对受理重整申请后的批准条件进行规定，要求当事人按照指引规定进行预重整，否则其预重整取得的成果不能获得法院的批准，强调预重整是受规则约束的庭外重组的本质特征。[2]

第二类即“破产申请审查阶段的预重整”，即债务人向本院申请重整并同时提交预重整

[1] 王静：《我国预重整模式的实证分析》，载“中国破产法论坛”微信公众号2020年11月2日。

[2] 参见《重庆市第五中级人民法院关于〈预重整工作指引（试行）〉的说明》，载“重庆破产法庭”微信公众号，2021年1月13日。

申请的，人民法院收到申请后经审查符合预重整条件的，应当进行备案登记，出具预重整备案通知书。在该情形下，法院的自我定位也只是适度介入，并不主动干预。具体表现在：一是文书方面，法院对于预重整不出具裁定书、决定书，只出具备案通知书。二是在预重整辅助机构的选任方式上，优先由债务人与主要债权人自行协商确定，只有在协商不成的情况下，人民法院才根据债务人或者主要债权人的请求，选任预重整辅助机构，也即选任临时管理人以当事人意思自治优先为原则。三是审查预重整辅助机构提交的工作报告，严格控制破产申请审查阶段预重整的期限等方式进行“弱介入”。

四、溯本清源：预重整功能定位之再检视

当前我国预重整形成多个迥异的实践模式，上文已予以梳理和简要分析。这其中固然有各地区实际情况不同的因素驱动，但也在一定程度上反映出当前实务界和理论界对预重整制度的功能定位有着较大争议和认识分歧，导致实践中的做法存在差异甚至相悖。这表明，构建符合我国国情实际的预重整制度，亟须进一步检视、厘清预重整制度的功能定位，通过溯本清源以摒弃错误观点，促进预重整制度回归本源，充分发挥其应有功能。

已达成共识的是，预重整制度应当是庭外重组与庭内重整制度的衔接机制和规则。例如，《破产会议纪要》《九民纪要》表述时均采用“完善庭外重组与庭内重整的衔接机制”；王欣新教授则认为：“预重整是在庭外重组和庭内重整两种制度的基础上融合创新产生的一种企业挽救辅助性模式。”[1]因此，从逻辑上分析，预重整既不是庭内重组，也不是庭外重组，至少说不是纯粹的庭外重组。具体阐述如下。

（一）预重整制度不是庭内重整的“翻版”

实践中不乏预重整“无用论”的言论，这种观点将预重整理解为法定期间之外、重整程序之外的一种预先审查制度，或者认为预重整只是法院规避现行《企业破产法》重整期间较短的一种做法，是法院在法律规定之外变相延长重整期间的规避方式，即所谓“重整期间不够，预重整来凑”。这其中最值得警示的是，从已出台的地方规定看，不少法院比照重整程序的效力来设计预重整规则，甚至赋予预重整以正式破产重整的法律效力，如中止执行、解除保全、中止诉讼、中止担保债权人对担保物的执行、停止计算债权利息等错误做法。如此一来，预重整基本已与正式重整等同化，区别只在于预重整完成了所有重整事项，庭内重整环节的唯一作用只不过是在形式上对重整协议完成法律确认。但是，预重整不是重整程序的前置程序，它是当事人自主协商与司法程序之间衔接的准备程序。否则，预重整将产生过长的司法干预期间，造成原本就极度稀缺的破产审判资源更加紧张；重整效力向预重整的扩

〔1〕 王欣新：《预重整的制度建设与实务辨析》，载《人民司法》2021 年第 7 期。

张，也将导致申请执行人、担保物权人等利害关系人权利受到不当损害。总之，预重整不是庭内重整的“翻版”，预重整制度有其独立价值和功能，法院既不应当直接干预或者主导当事人协商，更应避免将预重整等同重整的错误做法。

（二）预重整制度亦非纯粹的庭外重组

预重整相比庭内重整来说，最大优势在于其最大程度上遵循当事人意思自治原则，但并不是说预重整制度就是庭外重组，或者是商业重组的一种类型。在效力方面，预重整与单纯庭外重组的区别在于，预重整阶段制定的重整计划草案经过预表决通过后，该表决的效力可以有效延伸至庭内法院审查阶段，因此重要问题的谈判、相关问题的沟通、利益的妥协等事项前置到程序前就基本完成，进而提高了重整成功率和效率。并非只要形成庭外重组协议，该协议就能获得庭内重整程序的确认，之所以预重整形成的协议具备向庭内程序延伸的效力，乃在于预表决系预重整规则下的表决，并非单纯意义上的商事谈判，即只有遵循预重整信息披露、重整计划制定、征集和表决程序等法定预先制定的预重整规则，该表决才具备上述效力；而程序前单纯的商事谈判意欲获得同等或类似效力，则必须经过庭内重整所需要的表决条件。因此，从某种程度上说，预重整规则具备间接性，即法院并不直接干预预重整的过程，而是提供预重整的制度供给，最大程度予以各方利害关系人意思自治，充分发挥商事谈判的灵活性。

综上所述，预重整兼具私法性与司法性的双重属性。私法性体现在预重整必须首先遵循市场化原则，符合平等、自愿、协商原则，禁止法院直接干预；司法性则体现为预重整程序不同于一般的庭外重组，预重整阶段的协商、谈判、表决等环节必须在法律事先确定的预重整规则下进行，否则其效力就无法直接获得庭内重整的认可。上述属性并不是孤立分离的，而是相互融合、彼此制约、缺一不可。申言之，预重整强调当事人意思自治在庭外协商中的重要作用，法院并不主动干预具体程序，而是通过审查预重整方案的制定、表决和形成是否符合预重整规则，以决定是否批准预重整方案，从而实现“迫使当事人在事前的预重整谈判、信息披露、重整计划制定、利害关系人权益维护、权利人表决等活动中不得不自觉地遵守规则”的司法导向。正是在这个意义上，预重整融合了私法性与司法性，既发挥了庭外重组的灵活性，又通过预设规则，引导当事人合理、合法参与表决并有效达成协议。

五、立法建议：对预重整制度建构的具体思考

（一）程序设置

预重整的程序设置是关于预重整以何种形式启动运行的问题。实践中主要有三种观点：第一种为庭外程序论，即认为利害关系人的谈判、协商、表决等过程有预重整规则约束，法院除此之外无须也不应干预预重整过程，只需要预重整形成协议后完成是否确认的法律判

断。简言之，认为“预重整是当事人之间的庭外谈判与重组，是否进行预重整是当事人决定的事情，无论是预重整的开始还是结束，都不需要向法院（包括政府）申请，不需要法院的受理或者批准”。第二种通过预登记立案进行预重整登记，主要以浙江地区为代表，如温州的《企业金融风险处置工作府院联席会议纪要》第 2 条第 5 项规定，“人民法院根据政府文件由立案部门立‘引调’案号交破产审判业务庭”。第三种认为应编制“破申”字号，即同其他重整申请案件一致，实践中采该模式的法院较多，如北京破产法庭〔1〕、成都市中级人民法院〔2〕等。

笔者认为，根据最高人民法院相关规定，“破申”和“破”是目前破产案件的两个类型案号。人民法院将预重整案件立为“破申”案件，有助于在实际案件中及时掌握企业的预重整情况，发挥其监督指导作用，这不等同法院的强制性或实质性干预预重整；相比纯粹的庭外重组，登记“破申”有助于规范预重整程序，防止程序无序、久拖不决，也有利于提升债权人、投资人对债务人重整的信心和预期；在利害关系人无法选任临时管理人时，人民法院可以在登记正式的“破申”案件中通过摇号等方式推荐中介机构。也有观点从提升破产办案法官的积极性角度，认为应对预重整案件编制“破申”案号。〔3〕事实上，无论是主流的“破申”字号，还是目前个别法院采取的所谓“引调”“破收”等备案字号，以及将来可能采取正式的预重整字号，其实质都是预重整双重属性中司法性一面的体现，切不能把登记案号等同于认同法院干预的正当化。

（二）预重整期间

关于预重整启动后的期限问题，有学者认为预重整既然是当事人庭外自行协商，那么就不需要法院来设置期限。〔4〕笔者认为，通过上文分析预重整宜登记“破申”案号，则确定一定的预重整期限较为合理，考虑因素有四：一是从效率角度，无期限的协商本身是一种无经济效率的行为，与预重整的制度目的相悖；反之，合理期限的设置无形中给予各方当事人一定的合理预期，客观上有助于促成当事人及时达成协议。二是从权利保护角度，合理期限的设置对那些为推进预重整而暂缓行使自身权利的利害关系人具有保护效力，避免无期限的拖延导致权利受到实质损害。三是从解决争议角度，预重整期满仍未达成协议的结果则表明矛盾纠纷较大，则理性的利害关系人可以选择庭外协商一致后再次申请预重整，或者根据实际情况，选择更具强制力的破产重整甚至破产清算。四是从程序灵活性角度上说，设置预重整期限并非意味着必须经过该期限，如其他主体依法申请破产重整或破产清算，法院经查明认定预重整实施的客观情况发生变化、确实不应再继续预重整且破产清算或重整更有利于债权

〔1〕参见北京市第一中级人民法院《北京破产法庭破产重整案件办理规范（试行）》第 27 条。
〔2〕参见成都市中级人民法院《破产案件预重整操作指引（试行）》第 4 条。
〔3〕王静：《我国预重整模式的实证分析》，载“中国破产法论坛”微信公众号，2020 年 11 月 2 日。
〔4〕王欣新：《预重整的制度建设与实务辨析》，载《人民司法》2021 年第 7 期。

人的，亦可以提前终止预重整程序。

（三）启动效力

预重整理论与实践一个争议较大的问题：是否赋予预重整保全解除、执行中止、诉讼仲裁中止以及担保物权暂停行使等庭内重整启动的法律效力？主要观点或实践做法有：第一种，预重整作为法庭外的重组显然不能具有中止执行、解除保全、停止计息等重整程序启动的各种法律效力。持该观点的学者认为："如果企业的困境已经达到无法协商解决，只能靠法院的司法权力强制中止执行、解除查封等才能救助的程度，就已经不具备在自行协商基础上进行预重整的条件了，如果企业还想获得挽救，应当直接去申请重整程序。"[1]第二种，采纳认可预重整的上述"类重整效力"，与第一种观点截然不同，认为重整的法律效力可扩张到预重整程序，如深圳市中级人民法院《审理企业重整案件的工作指引（试行）》第33条第2款明确规定："在预重整期间，合议庭应当及时通知执行部门中止对债务人财产的执行。已经采取保全措施的执行部门应当中止对债务人财产的执行。"第三种，规定限制仅在辖区范围内中止执行、保全，采取该做法的为成都市中级人民法院，[2]该法院对破产申请的受理做扩大解释，将受理破产申请的范围扩大解释到包含预重整，如在北龙建设集团有限公司申请成都华茂锦业建设投资有限公司执行一案中，该院即鉴于债务人已进入预重整而作出中止执行裁定。第四种，以温州地区的做法为代表，认为预重整期间应优先保障债务人的重整，暂缓可能影响债务人重整的执行措施，但采取由属地政府与相关法院协调的方式。[3]

笔者认为，根据上文对预重整功能定位之再检视分析，预重整并非是庭内重整的"翻版"，不能将预重整与重整程序完全混同，将上述保全解除、执行中止、诉讼仲裁中止以及担保物权暂停行使等效力复制到预重整程序中的做法，不仅没有法律依据，而且可能形成对部分当事人合法利益的侵害。具体来说，其一，对于中止诉讼或执行，如在平安证券股份有限公司与河南众品食业股份有限公司、朱献福保证合同纠纷中，广东省高级人民法院就认为人民法院并未正式裁定受理重整申请，不属于《企业破产法》第20条规定的"人民法院受理破产申请后，已经开始而尚未终结的有关债务人的民事诉讼或者仲裁应当中止"的情形，故不予认可预重整管理人提交的中止审理申请。其二，对于保全来说，由于预重整结束后并非一定进入重整程序，而保全措施解除后一旦未进入破产程序，则债权人可能丧失首封等优先分配的权利。其三，对于担保物权的暂停行使亦缺乏法律依据且难以实现。

审视目前支持预重整复制重整程序效力的观点，确实也有保障推进债务人重整的实际考虑，如实践中债务人的债权，尤其是银行债权大多为担保债权，如果在预重整程序中不加以限制，无疑会对重整工作产生较大的不利影响，类似的情况还有中止执行程序、停止计息

---

〔1〕 王欣新：《预重整的制度建设与实务辨析》，载《人民司法》2021年第7期。

〔2〕 参见成都市中级人民法院《破产案件预重整操作指引（试行）》第5条。

〔3〕 参见温州市人民政府办公室《关于印发企业金融风险处置工作府院联席会议纪要》第2条第12项。

等。对此，笔者认为，一方面，要尊重意思自治、法院有限干预的预重整理念，不能在预重整程序中强制解除保全措施、中止执行与诉讼仲裁以及暂停担保物权的行使；另一方面，在必要时通过发挥府院联动机制，寻求政府部门的沟通协调，或者由债权人委员会、临时管理人引导部分金额较大的债权人共同申请法院暂停自身的相关执行、自愿暂缓担保权的行使，以提高重整成功率。

（四）临时管理人

预重整的利害关系人，如债务人、债权人、出资人、投资人等，由于彼此利益可能相互影响甚至产生冲突，可能影响预重整程序的顺利推进。在很多情况下，困境企业进行预重整需要中介机构提供法律中介服务，推动各方协商制定预重整方案。一个相对客观、中立，各方都能够接受的中介机构有助于协调、整合各方利益诉求，提供中立、客观、专业的审计、评估、法律意见供各方决策参考，从而推动预重整方案及时有效形成。就预重整实践关于临时管理人争议较大的问题阐述如下：

1. 关于预重整程序是否需要法院指定临时管理人。王欣新教授认为："在预重整中不存在指定管理人的问题，即使称为临时管理人，也不能掩饰其与预重整作为当事人自行进行庭外重组的性质冲突。债务人（或与债权人共同）可以聘请在管理人名册中相应级别的中介机构担任预重整辅导机构。"笔者认为，该观点实际上并不否定预重整程序需要中介机构担任临时管理人的做法，只是说临时管理人的选定不能直接由法院指定。其一，债务人或债权人或双方可以共同选聘管理人名册中的中介机构担任临时管理人，也可以决定不聘用临时管理人。其二，利害关系人无法就选聘达成共识，或者直接向人民法院提出确定临时管理人申请的，可以由人民法院通过参照重整程序中管理人摇号或竞争选任等方式确定中介机构，即法院确定临时管理人须是后置的、被动的，法院不应主动甚至强制为债务人指定管理人。

2. 关于临时管理人是否可以担任庭内重整程序的管理人问题。少数观点认为，中介机构在预重整程序中为企业提供了法律中介服务，故符合最高人民法院《关于审理企业破产案件指定管理人的规定》第 23 条规定的"在人民法院受理破产申请前三年内，曾为债务人提供相对固定的中介服务""现在担任或者在人民法院受理破产申请前三年内曾经担任债务人、债权人的财务顾问、法律顾问"的情形，构成利害关系，故不能担任庭内重整的管理人。对此分析如下：其一，从规范的文义理解来看，该条规定"社会中介机构、清算组成员有下列情形之一，可能影响其忠实履行管理人职责的，人民法院可以认定为企业破产法第二十四条第三款第三项规定的利害关系"，即符合所列情形时，还必须满足"可能影响其忠实履行管理人职责的"条件，并不必然构成具有利害关系。其二，上述规定将"提供相对固定的中介服务"或者"担任法律顾问、财务顾问"认定为可能构成利害关系，原因在于上述情形下该中介机构为特定企业提供中介服务，容易产生利益偏向；而在预重整中，中介机构并非维护企业单方利益，而是为债权人、债务人、出资人、投资人等各方整体利益提供中介服务，并非当然产生利益冲突。其三，该临时管理人在预重整阶段提供中介服务，熟悉预重整期间各方协商谈判情况，了解企业情况，继续担任管理人有助于快速推进庭内重整相关工作。其四，以上分析论证的是临时管理人转为正式管理人的可能性而非必然性，如果发现临时管理人在预重整期间有违反法定职责等不宜继续担任后续程序的管理人的情形，人民法院经债权人申请或依职权，也可以决定其不担任庭内重整程序的管理人。

（五）效力延伸规则及其例外

预重整之所以可以提升庭内重整的程序效率，最重要的是因为遵循预重整规则下的庭外重组协议效力可以延伸到重整程序中得到认可。根据《九民纪要》第115条规定："人民法院受理重整申请前，债务人和部分债权人已经达成的有关协议与重整程序中制作的重整计划草案内容一致的，有关债权人对该协议的同意视为对该重整计划草案表决的同意。"预重整在庭外协商阶段形成的协议，该协议即对相关当事人产生约束力，如在庭内重整时未发生客观情况的重大改变，则各方应禁止反悔，否则就违背了诚实信用原则。需要注意的有：其一，预重整协议效力延伸的前提是其与重整计划草案内容一致。"内容一致"的认定应坚持实质性原则，如果方案内容发生了重要变化，尤其是对相关权利人产生不利影响的，自然应当允许其重新表决，以确保有关债权人的表决权不因此受到损害。[1]其二，遵循充分信息披露规则。协议达成或方案表决前债务人隐瞒重要信息、披露虚假信息，受到实质性影响的权利人有权对重整计划草案重新进行表决。其三，应保障有关债权人的异议权。如果重整计划草案对于预重整方案进行了实质性变更且对其产生不利影响，或者债务人未依法履行信息披露义务且可能对预表决产生实质影响的，相关债权人有权提出异议。

（六）信息披露义务

信息披露对于重整程序的重要性不言而喻，充分的信息披露是债权人对预重整方案进行表决的基础和前提。如学者所述："破产程序中的相关利益主体存在信息的博弈，保证信息充分、准确、对称的各种制度是消解利益冲突的重要手段。"[2]否则，如果在表决时债权人从债务人处获取的信息不真实、不全面、不准确，其作出的预表决则难以反映其真实意思表示，亦即失去了在正式重整程序中要求其禁反言的事实基础。

从域外实践来看，充分信息披露规则是预重整制度不可或缺的条款。以《美国破产法》为例，根据第11章第1126条规定，满足相关法律、法规对披露充分性的规定，是债权或权益的持有人在该章案件开始以前的接受或拒绝重整计划视为在程序中已经接受或拒绝重整计划的条件。简言之，预先表决延伸效力以充分进行信息披露为前提。同时，该章在第1125条详细规定了披露主体、请求主体、披露范围等内容。值得注意的是，无论是《破产会议纪

---

〔1〕参见最高人民法院民事审判第二庭编著：《〈全国法院民商事审判工作会议纪要〉理解与适用》，人民法院出版社2019年版，第582页。

〔2〕杨忠孝：《破产法上的利益平衡问题研究》，北京大学出版社2008年版，第160页。

要》还是《九民纪要》，关于预重整的规范条文均没有规定信息披露义务。但各地出台的预重整规定中，大多规定了信息披露义务，如厦门市中级人民法院《企业破产案件预重整工作指引》第3条规定：“债务人在协商、拟定重整计划草案中，应当如实、全面、准确向债权人披露企业的资产、负债和经营、财务等情况。”

具体建议如下：其一，关于披露的范围，笔者认为，披露内容应当包括表决所必要的全部信息，包括但不限于“导致破产申请的事件、经营状况、相关财务状况、履约能力、可分配财产状况、负债明细、重大不确定诉讼、模拟破产清算状态下的清偿能力、重整计划草案重大风险等”。[1]披露事项既包括《企业破产法》本身，也包含《证券法》《公司法》等非破产法律的相关规定；既包括法律、法规已经规定的必须披露事项，也包含非法定但可能实质影响表决的其他重要信息。其二，披露的原则，信息披露应当遵循及时性、全面性、准确性、合法性的原则，确保表决在充分信息基础上作出。其三，披露的主体范围不仅包含债务人，如果预重整方案涉及出资人权益调整事项的，则出资人有义务如实披露其出资权益的涉诉情况，以及出资权益上设定的质押、被保全等权利负担情况。其四，预重整参与人在预重整程序中披露的信息，其他参与人或临时管理人违反法律规定或当事人约定的保密义务对外披露，造成他人损失的，依法承担赔偿责任。

〔1〕 参见深圳市中级人民法院《审理企业重整案件的工作指引（试行）》第35条。

个人破产制度准入机制建构研究

龚乾厅 *

目 次

一、引言

随着市场经济的发展，个人在现代社会中扮演着越发重要的角色，但与此同时，个人过度负债问题亦开始普遍化，且无力偿还债务的比例日渐升高，个人债务在执行案件中的比例已达到70%。[1] 如何有效且高效地解决个人过度负债这一影响社会稳定的问题，对我国法律体系的完善提出了更高的要求。因此，我国的顶层设计以及学界研究将目光转向了域外的个人破产制度。2020 年 5 月中共中央、国务院印发了《关于新时代加快完善社会主义市场经济体制的意见》，强调要“健全破产制度”“推动个人破产立法，建立健全金融机构市场化退出法

---

* 龚乾厅，华东政法大学经济法学院 2020 级硕士研究生。

〔1〕《最高人民法院相关负责人就“攻坚‘基本解决执行难’”答记者问》，载观察者网，https：//www. guancha. cn/politics/2019_03_12_493277_3. shtml，最后访问时间：2021 年 6 月 2 日。

规，实现市场主体有序退出”。一些法院通过建立个人债务集中清理机制这一与个人破产制度功能相当的试点工作，如温州市中级人民法院2019年8月印发了《关于个人债务集中清理的实施意见（试行）》（以下简称《实施意见》），对个人债务集中清理进行了探索式的规定。

对现有的关于个人破产制度的研究成果进行梳理发现，关于我国个人破产制度较早且具有影响力的研究见于汤维健教授于1995年发表的《关于建立我国个人破产程序制度的构想》一文，对个人破产制度的必要性、模式选择、程序构思和制度设置等方面的基本问题进行了一定思考。之后，学界对个人破产制度的研究亦是着眼于建立个人破产制度对于我国的现实意义、建立该制度的实践基础以及自由财产、破产免责和失权复权等特殊制度构建等方面。但对于个人破产准入机制的建构，即个人破产能力（适用个人破产制度的主体为何）、个人破产原因（该种主体需要具备何种条件时才可适用个人破产程序）两方面的内容却鲜少有学者进行深入地研究。并且，从我国个人破产立法的相关规定来看，即便是深圳市人大常委会所颁发的《个人破产条例》所规定的个人破产能力和个人破产原因也仅是作笼统概括，并未加以区分和细化。[1]而个人破产准入机制的建构，是个人破产制度在我国落地生根、发挥制度绩效不可或缺的一环，有其必要性。故，本文以个人破产能力与个人破产原因的规则设计为研究对象，以期提出行之有效的规则设计，为我国个人破产程序的发展和完善助益。

二、个人破产准入机制的构建意义

个人破产准入机制构建具有十分重要的意义：其一，关涉个人破产程序的启动和有效开展；其二，通过明确何种主体、何种原因可以适用个人破产程序，对债务人进行救济，同时亦不同于“参与分配”情形下债权人需要取得执行依据或者对执行财产享有优先权、担保物权的条件，该机制加强了所有债权人之间的公平分配，有效地平衡债务人与债权人之间的合法权益；其三，构建从“执行不能”转个人破产的途径可有效化解“执行不能”的司法难题，畅通“执行不能”案件的退出路径，同时也为合伙企业破产问题提供了解决路径。

（一）个人破产程序有效开展的基础

深圳市人大常委会颁布的《深圳经济特区个人破产条例》（以下简称《个人破产条例》）是我国首个关于个人破产制度的规定，即使在这之前温州市中级人民法院发布过《实施意见》，但其所采用的表述为“与个人破产制度功能相当的”个人债务集中清理，是面对我国

〔1〕 具体而言，只要满足因为生产经营、生活消费导致丧失清偿债务能力或者资产不足以清偿全部债务，在深圳居住、参加深圳社会保险连续满3年的自然人即可申请个人破产。

个人破产制度规定缺失之下的无奈之举。以《个人破产条例》为例，个人破产程序与企业破产类似，主要包括重整、和解、破产清算三种类型。个人破产准入机制的合理构建关系着三类破产程序的有序开展。就个人破产清算中的个人自愿破产而言，并非所有的债务人都可以申请破产清算，其破产原因亦是需要考量的准入因素，以防止恶意消费的债务人通过个人破产清算程序逃废债。尽管适用破产重整与和解的债务人最终都不会被宣告破产，达成破产和解或是破产重整需要视债务人自身能力而定，而这与个人破产能力、破产原因有着密切联系。破产能力决定着债务人是否能够进入和解和重整程序，破产原因则决定着最终程序的走向。

（二）平衡债务人与债权人之间的合法权益

个人破产制度其本身具有两方面的基本制度要素和根本目的：一方面要保证债权人得到公平有效的清偿；另一方面为"诚实但不幸"的债务人提供救济。[1]基于该种制度价值理念下所构建的个人破产准入机制便成为债务人与债权人之间合法权益的平衡点。其一，个人破产准入机制的构建可从两个层面对债权人的合法权益进行保护：首先，随着现代破产法完成从破产有罪主义向破产免责主义的跨越，个人破产制度一旦成为我国法律体系的内容之一，道德风险问题亦伴随而来。个人破产准入机制通过对可进入个人破产程序的债务人所应当符合的破产能力和破产原因进行规定，且明确债务人进入破产程序后获得免责的前提应当是债务人的"诚实"，进而将故意举债或者恶意藏匿、转移财产的债务人排除在外，减少了纵容债务人滥用个人破产程序以达到逃避债务目的的道德风险。其次，进入破产程序后，债权人可得更为公平有效的清偿。其二，符合个人破产准入条件的债务人其本身已丧失清偿债务能力或者资产不足以清偿全部债务，债务人经过破产清算、重整或者和解，其未清偿债务得到免除，与债权人之间的剩余债务便自然失效。这意味着债权人既不能继续向法院申请强制执行，亦不可就这一已失效的债权重新向法院起诉。债务人则可重新融入至自由生活状态中，不必困扰于债务履行压力之下。并且"如果一个企业家因为无法获得任何个人破产救济而毁灭，获得未来生产力或企业获利的机会也就丧失了。只有给自然人带来破产救济的制度才能抓住问题的要害"。

（三）完善我国法律体系

个人破产准入机制的构建可完善我国法律体系，主要体现在可畅通个人"执行不能"案件的依法退出路径。如前所述，我国司法实践中大量存在"执行不能"的情形，这一情形不同于案件能够执行到位、但因各种因素无法及时执行到位的"执行难"情形。固然"执行难"问题困扰着各级人民法院执行工作的顺利开展，但对"执行不能"案件中的被执行人的救济亦是需要予以关注的领域。就现行规定而言，"执行不能"案件的处理方式包括如下三种：

---

〔1〕 参见韩长印：《世界银行自然人破产问题处理报告》，中国政法大学出版社 2016 年版，第 31 页。

第一，终结执行[1]；第二，终结本次执行程序[2]；第三，给予申请执行人司法救助[3]。具言之，被执行人只有在死亡、无遗产可供执行又无义务承担人或者被执行人生活困难无力偿还借款且无收入来源、又丧失劳动能力的情形下才可以终结执行，摆脱债务的困扰，但实践中的大部分被执行人并不能达到上述要求。而在终结本次执行程序的情形下，被执行人应当继续履行义务，一旦恢复执行条件，执行法院则依职权主动恢复执行，但实际上恢复执行率仅达8%，[4]也即被执行人大多数并无债务履行能力，但却长期担负着司法压力，归根结底，个人破产制度的缺失导致矛盾在执行制度中聚集，反观企业执行不能案件，"执转破"制度畅通了执行不能程序与破产程序之间的通道，企业在该种情形下可以通过破产程序结束债务泥潭。没有得到及时、有效地解决的债权债务，亦有可能牵连其他经济关系的正常运转，最终必然形成环环相扣、难解难分的"债务与锁链式三角债"，加重整个经济运行的负担。个人破产准入机制的构建将明确个人"执行不能"案件中，被执行人符合何种条件可转为破产程序，破除个人执行转破产的壁垒，完善个人债务退出路径。

三、个人破产准入机制构建之破产能力

个人破产准入机制中的破产能力也即有破产原因的债务人具有法律上为破产程序之进行的资格。[5]换言之，并非所有丧失偿债能力或者资产不足以清偿全部债务的债务人都可适用个人破产，而需要符合法律上所规定的资格才可适用破产程序，因此需要明晰"个人"的外延。

（一）我国适用的个人破产主体立法取向

结合域外相关国家以及我国香港特别行政区与我国台湾地区的规定进行分析，破产主体的立法取向一般而言分为商人破产主义以及一般个人破产主义。前者也即仅商人可申请

---

〔1〕 终结执行，也即在作为被执行人的公民死亡，无遗产可供执行，又无义务承担人（《民事诉讼法》第257条第3项）、被执行人生活困难无力偿还借款且无收入来源，又丧失劳动能力（《民事诉讼法》第257条第5项）以及执行过程中，被执行人被法院裁定宣告破产（最高人民法院《关于人民法院执行工作若干问题的规定（试行）》第61条）这三种情形下可以终结执行。

〔2〕 终结本次执行程序，也即在经过财产调查后并未发现可供执行的财产，申请执行人签字确认或者执行法院组成合议庭审查核实且经过院长批准即可终结本次执行程序（最高人民法院《关于适用〈中华人民共和国民事诉讼法〉的解释》第519条）。

〔3〕 2009年3月19日中央政法委、最高人民法院发布的《关于规范集中清理执行积案结案标准的通知》（法发〔2009〕15号）第3条：对于无财产可供执行的案件，执行程序在一定期间无法继续进行，被执行人确无财产可供执行，申请执行人属于特困群体，执行法院已经给予其适当救助资金的。经合议庭评议，可裁定终结本次执行程序后结案。

〔4〕 参见《解决人民群众最不满意的问题 彻底摘掉"执行难"的帽子——访最高人民法院审委会专委刘贵祥》，载最高人民法院网，http：//www.court.gov.cn/zixun-xiangqing-124871.html，最后访问时间：2021年6月10日。

〔5〕 参见汪世虎、李刚：《自然人破产能力研究》，载《现代法学》1999年第6期。

个人破产，后者则意味着商人、非商人均可适用个人破产。从我国现有的规定，也即深圳现有的《个人破产条例》来看，因生产经营、生活消费导致清偿债务能力丧失或者资产不足以清偿全部债务可以适用破产程序，其所采取的立法取向为一般个人破产主义。该种立法模式在我国具有合理性：其一，我国法律体系中并未严格区分商人与非商人，亦不存在商人破产主义的历史基础。若在个人破产能力的规定中要求对民事主体与商事主体进行区分在司法实践中难以操作，且于法无据。其二，全球化背景的市场经济领域，许多个人可能具有多重身份，其不仅是生活中的消费者，亦可能是生产经营者，如个体经营户、合伙企业主等。根据北京大学数字金融研究中心联合蚂蚁金服研究院发布的《中国个体经营户系列报告之一》显示，全国2018年个体经营户总量约为9776.4万户。〔1〕个体经营户作为一种家庭经营方式，非常典型地展现出个人可能同时具备消费者与生产者的身份特征。其三，如前所述，个人破产制度的制度目的不仅是保证债权人的公平受偿，亦需要保证债务人的合法权益。若以个人缺乏商事主体的属性为由限制其适用个人破产程序，并不符合个人破产的制度目的。〔2〕

（二）“个人”外延之明晰

对个人破产主体在采用一般个人破产主义的立法取向之下，意味着无论是经营行为或者消费行为所导致的丧失清偿能力的个人都可申请破产。例如，美国主要规定了三类债务人可以申请破产：其一，因营业行为而担负债务，如企业的股东、合伙企业的合伙人等；其二，因消费行为而担负债务；其三，同时负担因营业行为以及消费行为产生的债务。结合我国实际情况，立法中应当赋予破产能力的个人包括独资企业主、个体经营者、个人消费者以及普通合伙人。

1. 独资企业主

独资企业破产适用个人破产还是适用《企业破产法》取决于其法律地位，并不当然适用个人破产。当其属于一人公司时，因为公司人格的存在，除非出资人的财产与公司财产出现混同、公司人格出现混同的情况下，适用公司法人人格否认，出资人需对公司债务承担连带责任时，才可能适用个人破产的规定。根据《个人独资企业法》以及《企业破产法》的相关规定，独资企业可以参照适用破产清算程序，出资人需对企业的债务承担无限责任。独资企业破产程序中，清偿债务的顺序一般为独资企业先以企业财产清偿，当独资企业丧失清偿债务能力或者消极财产多于积极财产时，再以其背后的企业主个人财产清偿。实质上，在无限责任的形式下，独资企业与企业主丧失清偿能力的状态是一致的，独资企业可以通过破产

---

〔1〕 参见《北大最新报告：全国个体户总量9776万，解决了2.3亿人就业》，载凤凰网，https://finance.ifeng.com/c/7uRKA7ywnNQ，最后访问时间：2021年6月13日。

〔2〕 参见王卫东、刘昌忠：《我国个人破产的司法实践及其制度建构》，载《山东法官培训学院学报（山东审判）》2020年第4期。

清算退出市场，而企业主借助个人破产的规定可获得救济。这亦与2019年6月国家发改委、最高人民法院、国资委等13个部委印发的《加快完善市场主体退出制度改革方案》（以下简称《改革方案》）指出的要“研究建立个人破产制度，重点解决企业破产产生的自然人连带责任担保债务问题。明确自然人因担保等原因而承担与生产经营活动相关的负债可依法合理免责”意旨相符合。

2. 个体经营者

大多数国家立法中都赋予了个体经营者以破产能力，总体而言，个体经营者破产往往是因为管理模式不当、经营规模偏小以及新开业。[1]个体经营者在我国主要包括个体工商户与农村承包经营户，但并非两类个体经营者都适宜赋予破产能力。根据《个体工商户条例》，个体工商户可以为个人经营或家庭经营。[2]结合《民法典》的规定，个体工商户的债务承担取决于经营形式：个人经营的，以个人财产承担；家庭经营的，以家庭财产承担；无法区分的，以家庭财产承担。[3]个体工商户是我国比较特殊的经济组织形式，因其债务承担形式存在两种情况，故与一般的个人破产程序设置有所不同：其一，以个人财产承担的债务，则对个人实施破产；其二，若以家庭共同财产承担的债务，则对家庭共同财产实施破产。但实际上，在一般的个人破产案件中，个人破产背后隐含的前提常常是，其家庭共同财产亦无法偿还债务。

对于农村居民，包括农村集体承包经营户，[4]现阶段是否具有破产能力颇有争议。笔者认为，农村居民因农业生产周期较长，其收入来源并不固定，个人收入构成较为复杂，由此造成其收入计算具有难度，很难形成稳定的收入预期，并且难以确定破产原因，亦存在“无产可破”的困境。一般而言，农村居民最为重要的财产为土地，在现行改革背景下，农村土地实行所有权、承包权、经营权三权分置，农村集体经营性建设用地可以在市场流转，但值得注意的是，“入市”有着明确的前置条件，只有符合规划和用途管制的土地才可“入市”，但是当前对于农村集体经营性建设用地如何“入市”并未作具体规定，且该类财产难以评估其价值。因此，就我国而言，破产能力的制度构建可以采取逐步推进的方式，从城市到乡村，最终建立起全面的个人破产制度。[5]

---

〔1〕 参见刘静：《个人破产制度研究——以中国的制度构建为中心》，中国检察出版社2010年版，第175页。

〔2〕《个体工商户条例》第2条：有经营能力的公民，依照本条例规定经工商行政管理部门登记，从事工商业经营的，为个体工商户。个体工商户可以个人经营，也可以家庭经营。个体工商户的合法权益受法律保护，任何单位和个人不得侵害。

〔3〕《民法典》第56条：个体工商户的债务，个人经营的，以个人财产承担；家庭经营的，以家庭财产承担；无法区分的，以家庭财产承担。农村承包经营户的债务，以从事农村土地承包经营的农户财产承担；事实上由农户部分成员经营的，以该部分成员的财产承担。

〔4〕 农村承包经营户，是指通过签订承包合同的形式，把农民家庭由生活单位变为生产和生活相结合的形式，实质上其并不具有独立的民事主体地位，只是作为户主（自然人）的一种特殊形态。

〔5〕 参见胡倩文、李尚泽：《个人破产制度的立法重构》，载《贵州警察学院学报》2020年第3期。

3. 个人消费者

"信用债务不再只存在于商业性交易之间，而渐渐已经深入一般民众的日常生活之中。"[1]在消费信用体系不断发展和完善的情势之下，我国居民负债消费也随之增长。根据央行发布的《2020年第四季度支付体系运行总体情况》显示，我国银行卡信贷规模保持增长。在该季度，银行卡授信总额较上一个季度增加了0.37万亿元，但信用卡逾期半年未偿信贷总额为838.64亿元。除此之外，实践中还存在大量的交通事故纠纷、人身伤害纠纷、刑事附带民事诉讼纠纷等纠纷类型，需要履行金钱给付义务的一方当事人往往一开始履行能力很弱，出现风险之后亦不具备偿还能力，进而陷入过度负债的困境。面对上述现实背景，过度负债的个人需要行之有效的市场退出机制，否则将造成大量确无财产可供执行的现象，法院大量积压"执行不能"的案件，据最高人民法院统计，全国无财产可供执行案件约占到全部执行案件的40%至50%。[2]

赋予个人消费者以破产能力是一把"双刃剑"：一方面，对于解决银行呆账问题、救济因客观原因导致丧失履行能力的债务人具有重大意义。且随着我国征信系统逐渐完善，赋予个人消费者以破产能力具有一定的现实基础：截至2020年12月底，"中国人民银行征信系统"已经收录11亿自然人信息，6092万户企业及其他组织信息，个人征信接入放贷机构3904家。[3]同时大多数消费信贷较为开放的国家，对于消费者破产事件不断增多的问题都在不同程度上规定了消费者破产的程序。例如，《德国破产法》中第十部分对于消费者破产中的消费者申请条件、债务清偿计划等进行了规定，具体而言，进行独立经济活动的债务人只有在其债权人少于20人的情况下，才可提出启动破产程序申请，并且债务人需提交债务清偿计划。另一方面，结合我国的实际情况，因消费债务而申请破产的债务人，宜对债权数额以及债权人数量进行一定的限制，否则将可能在一定程度上造成超前消费的狂欢，进而出现大量的个人消费者破产案件涌入法院，使得司法资源不堪重负。

4. 普通合伙人

我国《合伙企业法》中主要规定了普通合伙企业、有限合伙企业以及特殊的普通合伙企业。从现行的法律规定来看，合伙企业可根据《企业破产法》第135条[4]及《合伙企业法》第92条[5]的规定获得破产程序救济：合伙企业不能清偿到期债务，债权人可以向法院提出

---

[1] 参见郑有为：《破产法学的美丽新世界》，台北，元照出版公司2006年版，第261页。

[2] 参见《何谓"执行不能"？如何处理"执行不能"案件》，载全国法院切实解决执行难信息网，http://jszx.court.gov.cn/main/ExecuteInterlocution/120155.jhtml，最后访问时间：2021年5月30日。

[3] 参见《截至去年底央行征信系统收录11亿自然人》，载人民网，http://finance.people.com.cn/n1/2021/0126/c1004-32011582.html，最后访问时间：2021年6月16日。

[4] 《企业破产法》第135条：其他法律规定企业法人以外的组织的清算，属于破产清算的，参照适用本法规定的程序。

[5] 《合伙企业法》第92条第1款：合伙企业不能清偿到期债务的，债权人可以依法向人民法院提出破产申请，也可以要求普通合伙人清偿。

破产申请，并参照适用破产清算程序。换言之，合伙企业破产清算的前提是其合伙企业本身的财产无法清偿到期债务。从合伙人承担责任形式的层面而言，有限合伙人仅以其认缴的出资额为限对合伙企业的债务承担有限责任，而普通合伙人与独资企业主类似，对合伙企业的债务承担无限连带责任。故就债务无法清偿的部分，普通合伙人需要以其个人财产进行清偿，合伙企业丧失清偿债务能力实质上意味着普通合伙人丧失清偿债务能力。普通合伙人可向法院申请启动个人破产程序，以期结束深陷债务泥潭的状态，恢复经济活力。但应当明确的是，当合伙企业与普通合伙人同时存在债务时，合伙企业应当优先以合伙企业自身的财产偿还合伙企业债务，普通合伙人应优先以个人财产偿还个人债务。

四、个人破产准入机制构建之破产原因

破产原因也即导致破产程序发生的原因，是认定债务人丧失清偿债务能力或者资产不足以清偿全部债务，债务人得以申请破产，法院以此启动破产程序的法律标准。[1]破产程序的启动以破产原因为前提，因为它是衡量债务人是否能够陷入破产的界限，因此又称为破产界限，亦有国家称为“破产行为”。“债务人丧失清偿债务能力”是较为抽象的标准，而为了构建具体切实可行的个人破产准入机制，需要在法律意义上将其进行具象化。同时，因为破产程序之间存在一定的差异性，因申请启动破产程序的主体不同，破产原因也存在一定的差异性，因此破产原因应当进行针对性设计。

（一）我国适用的破产原因规定方式

各国立法对破产原因一般采取两种规定方式，也即列举主义与概括主义。前者是指在立法中明确列举特定行为，一旦发生该种行为即可认定债务人具有破产原因，债权人可以此为由向法院申请启动破产程序。[2]采取该种规定方式的有英国、加拿大等国家。1914年《英国破产法》第1条规定了八种破产行为，根据该条规定，债务人有下列行为之一的属于破产行为（破产原因）：（1）债务人为债权人一般利益让渡财产；（2）债务人诈欺转让财产；（3）债务人偏颇转让财产；（4）债务人隐匿躲债；（5）债务人的财产已受强制执行；（6）债务人明示无力偿付债务或向法院申请破产；（7）债务人有破产犯罪行为；（8）债务人的其他足以构成无力清偿债务的行为。

概括主义则是立法对破产原因以概括性的事实加以抽象地规定，大陆法系立法中常使用该种规定形式。总体而言，主要是以下三种原因：（1）不能清偿或支付不能，也即债务人因缺乏清偿能力，对已届清偿期而受请求的债权全部或者大部分不能清偿的客观经济状态；

〔1〕 参见汤玉枢主编：《商法学》，厦门大学出版社2009年版，第204页。
〔2〕 李永军：《试论破产原因》，载《政法论坛》1995年第6期。

（2）债务超过，也即债务人的消极财产总额超过其积极财产总额的状态，与我国所规定的资不抵债类似；（3）停止支付，是指债务人以其行为向债权人作出不能支付一般金钱债务的主观意思表述，但大多数大陆法系国家并未将其直接作为破产原因，而是作为推定债务人形成破产原因的基础事实。其中，有的国家采用双重标准，如德国的破产法规定申请个人破产的一般原因为资不抵债以及债务人不能履行到期支付义务，同时若当债务人停止付款时，即可推定具有破产原因，债权人可以申请法院启动破产程序。亦存在国家采用单一标准，如法国破产立法中将停止支付作为唯一的破产原因。

我国现有规定在个人破产原因上主要采用概括主义的立法方式。以深圳的《个人破产条例》以及温州市中级人民法院所印发的与个人破产制度功能相当的《实施意见》为例，前者所规定的破产原因为“丧失清偿债务能力或者资产不足以清偿全部债务”[1]，后者亦有异曲同工之处，被执行人因为不能履行生效法律文书确定的金钱给付义务，并且资不抵债或者明显缺乏清偿能力，且符合一定条件的，可以启动执行转个人债务集中清理程序。由此可见，我国现有立法在个人破产原因的判断上存在双重标准——不能清偿和债务超过。但就个人破产而言，两类标准所针对的情形并不相同，需要结合不同的破产程序、不同的申请主体进行具体化分析。

（二）破产清算案件的破产原因

破产清算案件是最为常见的破产案件。事实上，破产最初就是为了对债务人的清算变现而设置的。破产清算案件中因其申请主体的不同，被分为个人自愿破产与个人强制破产。前者是指以债务人为破产程序申请人而启动的破产程序，后者则指由债权人提交破产申请所启动的破产程序。因提出破产申请的主体不同，两类案件的准入原因亦有所区别。

1. 个人自愿破产的破产原因分析

如上所述，我国个人破产的破产原因主要采用双重标准，两类标准本质上都是债务人丧失债务清偿能力。债务人一般而言更清楚自身的财产状况，可对偿债能力进行准确判断，故而两类情形皆可作为债务人申请破产的破产原因。丧失债务清偿能力于债务人而言主要包括以下四个方面的内容：其一，债务人穷尽所有偿债手段都不能对债务实施清偿；其二，债务不限于金钱支付的标的，但是必须是能够以金钱评价的债务，否则该债务在破产程序中无法得到偿还，即使宣告破产亦无实际意义；其三，债务人应当是持续性地丧失清偿债务能力；其四，债务人不能清偿的债务应当是已届清偿期且债权人已提出清偿要求的无争议债务。即使债务人欠缺清偿能力，但债权人并未对已届清偿期的债权主张清偿的，债务人不宜申请破产，以保护债权人的权益。

---

〔1〕《深圳经济特区个人破产条例》第 2 条：在深圳经济特区居住，且参加深圳社会保险连续满三年的自然人，因生产经营、生活消费导致丧失清偿债务能力或者资产不足以清偿全部债务的，可以依照本条例进行破产清算、重整或者和解。

但满足上述条件的债务人并非都可申请破产，个人破产制度主要保护的是“诚实且不幸”的债务人。因此债务人申请破产时，法院应当对债务人进行审查。一方面，需要对债务人的财产客观情况进行审查，换言之，债务人的偿债能力情况并非依债务人的主观认识或者表示而定，应由法院依法裁定；另一方面，恶意借个人破产程序逃废债的债务人不应通过法院的审查。可针对债务人是否恶意逃废债设立设定诚实债务人标准：其一，债务人不当地负担债务，如因非法行为所产生的债务不得适用个人破产的规定；其二，债务人在申请破产前的一段时间内不得存在隐匿、转移财产或者恶意处分财产、不当地减少财产价值等损害债权人利益的行为；其三，债务人在一定期限内曾经被宣告破产的不宜再次启动破产程序。

2. 个人强制破产的破产原因分析

目前个人破产立法中的两类标准对于债权人申请破产的情形并非十分适用。一方面，是“不能清偿”标准以“丧失清偿债务能力”作为文字表述，不能准确体现“不能清偿”之标准的内涵与外延；另一方面，从司法实践的可操作性角度而言，债权人与债务人之间存在信息不对称的情形，债权人难以了解债务人的财产状况，进而对债务人的偿债能力无法作出准确判断。若债权人提出破产申请，需对债务人丧失清偿债务能力或者资不抵债进行证明，则超出了债权人可能的举证能力范围。因此笔者认为，我国个人破产立法中的破产原因可借鉴《德国破产法》所规定的通过债务人停止支付来推定债务人不能清偿。[1]在停止支付的条件下，债务人以明示或者默示的方式对到期债务表示持续性地停止支付，债权人通过债务人这一行为可以较为容易判断债务人的偿债能力，且更符合债权人可能的举证能力。从我国司法实践情况来看，停止支付可以具体体现为以下三种情形：（1）债务人向债权人明确表示无力清偿债务；（2）债务人经过强制执行程序之后，到期债务仍然处于未能清偿的状态；（3）债务人存在多个债权人，且多个到期债务并未得到履行，此时债务人对多个到期债务都无法及时履行的行为即可表明债务人已经以其行为表示停止支付。出现上述三种情形的，债权人可向法院申请启动破产程序。

在立法中规定停止支付推定为债务人不能清偿，进而转入个人破产程序对于合理解决“执行不能”问题提供了解决路径，具有可行性。一方面，“执行不能”也即被执行人确无财产可供执行，或者被执行人的财产客观上无法处置。该类案件不能得到执行、无法实现“案结事了”，其根源在于被执行人丧失了清偿能力。换言之，在该类案件中，被执行人符合个人破产程序的准入条件。同时，经过强制执行程序后，到期债务仍然不能清偿，属于典型的停止支付情形之一，债权人此时可以向法院申请执行转破产程序。另一方面，我国在个人破产方面相关的司法实践初见成效。温州市中级人民法院于 2019 年 10 月审结了全国第一例与个人破产管理功能与程序相当的个人债务集中清理案件之后，全国其他地区的部分法院亦

〔1〕 参见赵吟：《个人破产准入规制的中国路径》，载《政治与法律》2020 年第 6 期。

开始审理个人债务清理案件。2020 年 5 月江苏省亦审结了其省内首例个人债务清理案件，与前述案件类似，债务人因经营不善导致公司资金链断裂，其唯一住房被执行后，仍有 110 余万元无力清偿。经过债务人承诺不存在隐匿、转移财产等行为，并且积极履行债务清偿计划，债务人将在 2 年内分期支付 13 万元。该类案件属于典型的停止支付的情形，通过与个人破产功能相当的个人债务清理程序实现了对“诚实且不幸”的债务人的救济，亦为个人破产程序构建提供了实践经验。

破产法向来允许债权人在适当的时机提交强制破产申请以控制局势，在便利债权人在适当的时机启动破产程序的同时，又要防止债权人用强制破产要挟债务人以攫取不当收益，[1]故对有资格提出强制破产申请的债权人应当设置一定的限制条件。针对债权人的限制主要包括两个层面：其一，债权人必须具备正当的启动理由，并承担相应的举证责任。例如，《德国破产法》中规定如果债权人在启动破产程序中具有合法利益，并使其债权与启动理由具备正当性，则债权人的申请应得到法院的允许。尽管债权人与债务人在债务人财产信息方面存在一定的信息不对称，但在举证责任方面并非完全转移给债务人。《日本破产法》规定，债权人申请启动个人破产程序的，对于债权的存在以及破产原因的产生应当承担初步的证明责任。[2]我国可借鉴上述规定，为防止提出破产程序申请损害债务人利益，债权人应当对债权的存在以及债务人可能存在破产原因提出初步的证明，如终止本次执行的裁定、债务人向其明确表示无力清偿债务等的证明。其二，申请人的债权在性质和数额上应满足特定的标准，而并非所有的债权人都可申请债务人破产，即全部申请人所持的无担保债权的总额应达到一定数额。如英国破产案件中，债权人向法院申请启动债务人破产程序的起始金额为无担保债权不少于 750 英镑，《美国破产法典》亦规定了申请人的债权在数额上应当满足特定的标准。

（三）重整与和解案件破产原因建构的特殊考量

从各地法院的个人债务清理规定以及深圳的《个人破产条例》来看，目前我国个人破产适用的程序与《企业破产法》规定类似，包括和解、重整以及破产清算程序。重整与和解程序实质上属于破产预防程序体系的组成部分，经过这两种程序，债务人并不会被宣告破产。个人破产和解程序，是指债务人为了避免破产清算，而与债权人达成以减免债务清偿的数量、延期清偿债务或即时分配财产等内容的协议，经法院认可后生效的法律程序。[3]而个人破产重整程序，则是指债务人为了避免破产清算，提出未来一段时期的债务清偿计划，经过债权人同意或者法院批准后按照计划清偿债务的程序。上述两类程序与破产清算程序的启动

---

〔1〕 参见［美］查尔斯·J. 泰步：《美国破产法新论》（上册），韩长印等译，中国政法大学出版社 2017 年版，第 172 页。

〔2〕 伊藤眞『破産法・民事再生法』，有斐閣 2018 年版，139 頁。

〔3〕 参见齐树洁主编：《破产法研究》（修订版），厦门大学出版社 2005 年版，第 220 页。

原因存在一致之处，亦有一定的差异。

和解程序实质上是以债权人与债务人达成一致同意为核心的程序。同时，和解是在消极意义上避免债务人受破产宣告或破产分配，债权人通过与债务人积极协商和解方案尽可能使债务人履行债务，从而得到清偿。其与破产清算制度并无太大不同之处。因此，个人破产和解程序的启动原因与破产清算的启动原因皆为债务人丧失清偿债务能力。但相较于破产清算程序，和解程序的正当性源于当事人的合意，故和解程序可以依托契约展开，但和解程序不需要和解协议经过全体债权人的同意而只需多数债权人同意即可。在我国，尽管被称为国内首例个人破产案件的蔡某个人债务清理一案所采用的是和解程序需债权人全体同意的规定，但该案中仅有 4 名债权人。当我国个人破产案例呈现常态化后，面对债权人数量庞大的案件，若因少数债权人的反对即可阻止和解程序的进行，该程序将陷入僵化状态，无实效性、可操作性可言。并且对和解程序的设置采取和解前移模式更为合理，即将破产和解制度前置，只有当债权人与债务人就破产和解无法达成一致时才可申请启动破产清算或重整。在此种程序设置之下，可以将和解程序的价值最大化。〔1〕

较和解程序而言，重整程序实际上是以债务人的债务清偿规划为核心，该程序的正当性在于，债务人通过债务清偿规划是否能够走出现存的债务履行不能的困境。因此，债务人申请启动重整程序应当具备稳定的收入预期或者个人经济状况有回复至正常状态之可能。具体而言，重整程序的启动应当先于破产清算程序，存在丧失清偿债务能力的这一启动原因事实上并不适用于个人重整程序，否则将会导致重整程序的启动时间过晚而失去债务人重整的时机。破产程序的启动原因与破产清算的启动原因即丧失债务清偿能力不同，应为债务人具有明显丧失债务清偿能力的可能性。从我国破产法领域的理论与实践来看：一方面，司法实践中，企业法人有明显丧失清偿能力可能的，可以依照《企业破产法》进行重整；〔2〕另一方面，我国台湾地区“消费者债务清理条例”中亦规定“债务人有不能清偿之虞”的，可以申请重整程序。〔3〕将债务人存在明显丧失债务清偿能力的可能性作为重整的启动原因的同时，其亦具备个人经济状况回复至正常状态之可能，意味着债务人具备一定的清偿能力，通过重整程序，债务人可以积极避免清算，转而亦有助于债权人获得更多的清偿机会。

五、结语

个人破产制度一方面着眼于保护债权人公平受偿；另一方面着眼于救济“诚实且不幸”

〔1〕 参见颜卉：《我国个人破产程序设置的模式选择》，载《甘肃社会科学》2021 年第 2 期。

〔2〕《企业破产法》第 2 条第 2 款：企业法人有前款规定情形，或者有明显丧失清偿能力可能的，可以依照本法规定进行重整。

〔3〕 我国台湾地区“消费者债务清理条例”第 3 条：债务人不能清偿债务或有不能清偿之虞者，得依本条例所定更生或清算程序，清理其债务。

的债务人。从各国的破产实践来看，个人破产已成为解决不同层次债务的“金钥匙”。破产制度准入机制的构建对于实现个人破产制度功能具有重大意义。这种准入机制的构建应当着眼于破产能力与破产原因两方面：针对破产能力，应当在立法中明确“个人”的外延；针对破产原因则需要根据破产程序的不同以及申请破产主体的不同进行针对性的设计。我国立法层面针对个人破产虽然没有正式规定，但在深圳以及一些地区法院的先行先试之下，个人破产制度在我国的全面推行指日可待。

律师实务

信托公司参与互联网金融资产证券化法律实务

林先海 *

目 次

引言：信托公司参与互联网金融资产证券化现状

以消费金融为代表的互联网金融业务是近年来信托公司业务转型的主要方向之一。根据中国信托业协会披露的统计数据，近年来，信托公司开展的消费金融业务无论在参与信托公司数量方面还是金融科技投入、业务规模、业务创收方面均呈现不断上升的趋势。根据新世纪评级的相关统计，2020 年发行的企业资产证券化产品中，基础资产为个人消费贷款的产品数量及发行规模均居于市场首位，而其中，个人消费贷款又是以利用大数据、云计算、移动互联网等技术手段发放的贷款为主。[1] 根据资

* 林先海，上海市锦天城律师事务所资深律师。主要业务领域是金融、公司、资产管理等，在互联网金融及其资产证券化等领域积累了丰富的法律服务经验。

〔1〕 参见刘志轩、冯碧清：《【专题研究】2020 年国内资产证券化市场概况》，载搜狐网，https：//www. sohu. com/a/444300827_120055288，最后访问时间：2021 年 5 月 3 日。

产证券化分析网的统计数据，截至2021年5月3日，以个人消费金融为基础资产的企业ABS业务中，发行规模排名前十的原始权益人中信托公司占六家。[1]

一、互联网金融资产证券化的特点及在我国的发展

资产证券化是以基础资产未来所产生的现金流为偿付支持，通过结构化等方式进行信用增级，在此基础上发行资产支持证券进行融资的过程。“只要有稳定的现金流，就把它证券化”，这是华尔街流传的一句名言，资产证券化也被称为伟大的金融创新，其对于增强资产流动性、降低融资成本具有重要意义。在科技高速发展的今天，互联网金融资产证券化更是资产证券化业务的重要发展方向。

（一）互联网金融资产证券化的特点

所谓“互联网金融资产证券化”，是指在基础资产形成或基础资产管理等过程中依靠互联网金融技术开展的资产证券化业务。

就互联网金融资产而言，其具有如下特点：一是依靠互联网金融技术形成基础资产。目前企业资产证券化中，基础资产占比较高的消费金融贷款资产便主要是依靠互联网金融技术形成的基础资产。例如，广受关注且累积发行规模超过千亿元的蚂蚁花呗资产证券化产品中，其基础资产蚂蚁花呗贷款债权从获客到授信审查、风险控制、贷款管理以及贷款回收全流程均需要通过互联网金融技术自动化处理。二是依靠互联网金融技术管理基础资产。一些小额分散的基础资产亦需要互联网金融技术进行管理。例如，在浙商链融系列企业应收账款资产支持票据项目中，其基础资产便是在“企业应收款链平台”上登记并通过“平台”流转的基于境内货物买卖/服务合同、境内工程承包/分包/转包合同等基础合同而享有的按期支付货物/服务价款/工程价款及支付滞纳金、违约金、损害赔偿金等应收账款债权。该“企业应收款链平台”是浙商银行推出的基于区块链技术的应收款链平台，为中小企业应收账款融资提供了便利。浙商银行的“一种区块链密钥管理系统及方法”已被国家知识产权局授予发明专利。[2]

与传统资产证券化相比，互联网金融资产证券化也形成了自身鲜明的特色：一是对互联网金融科技较为依赖。互联网金融资产证券化中的基础资产一般具有标的小、数量庞大、资产分散的特点，这类资产的形成及管理一般需要互联网金融科技的协助。此外，对于采用循环购买等结构的资产证券化产品而言，互联网金融科技对于实现频繁的循环购买结构起到重要作用。互联网金融科技的有效性、稳定性、可靠性等均关系到资产证券化产品的安全。二是通过持续购买解决期限错配问题。在互联网金融资产证券化业务中，基础资产期限很难与

---

〔1〕 数据来源网址：www. cn－abs. com，最后访问时间：2021年5月3日。

〔2〕 参见《构建平台，链向未来！浙商银行探路“区块链＋”》，载新浪财经，https：//baijiahao. baidu. com/s? id＝1650632837563185158&wfr＝spider&for＝pc，最后访问时间：2021年5月4日。

资产证券化产品期限完全匹配，如消费金融贷款资产期限一般较短，并且发生早偿的可能性比较大，为解决期限错配问题，一般会选择安排持续购买（又称循环购买）的结构，即在一定期限内基础资产回款可继续用于循环购买基础资产。三是发行模式主要为储架发行。在互联网金融资产证券化业务中，基础资产的同质化程度较高，一般会选择储架发行的模式在各交易场所注册发行。在储架发行模式下，可就某类同质化资产（如蚂蚁花呗）一次申报较大金额的发行额度，并在有效期内分多期发行。

（二）互联网金融资产证券化在我国的发展

2014 年，我国企业资产证券化门槛降低，随着互联网金融业务的蓬勃发展，各互联网金融企业纷纷入局资产证券化业务。2015 年发行的京东白条应收账款资产证券化产品被称为我国首单以互联网金融资产为基础资产的资产证券化产品。随后，分期乐、宜人贷、蚂蚁花呗、小米小贷、携程拿去花等互联网金融资产相继发行资产证券化产品。[1]但在 2016 年下半年，随着互联网金融业务整顿的监管趋势，互联网消费金融资产证券化产品被监管窗口指导予以叫停，[2]随后相继恢复，并于2019 年回稳，互联网金融科技的作用更加明显。[3]以基础资产为个人消费金融的企业 ABS 业务为例，根据资产证券化分析网（网址：www. cn - abs. com）的统计数据，其在 2020 年发行规模及发行单数较之前均有大幅增长，并且预计在 2021 年还会有大幅提升，具体如图 1 所示：

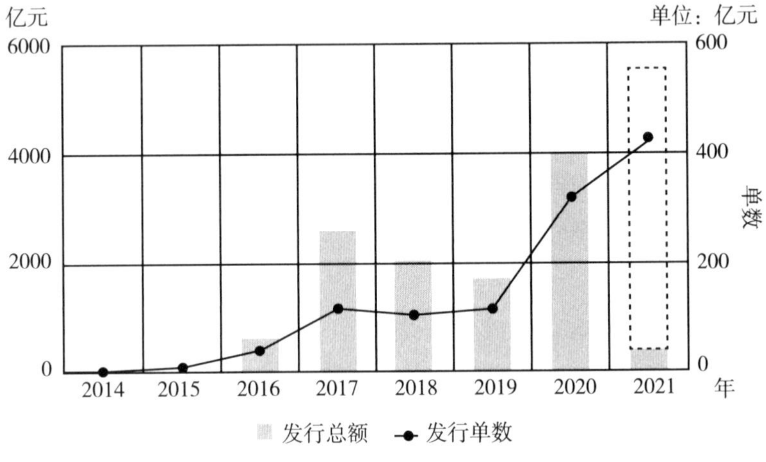

图 1　年度发行数据

资料来源：资产证券化分析网 www. cn - abs. com，最后访问时间：2021 年 5 月 3 日。

---

〔1〕参见《蚂蚁京东等纷纷涉水资产证券化 原因何在?》，载 http://www. myzaker. com/article/57b15c029490cbd936000081，最后访问时间：2021 年 5 月 4 日。

〔2〕参见汪旭：《消费金融资产证券化中的法律难题及监管进路》，载《互联网金融法律评论》2017 年第 4 期。

〔3〕参见岳品渝：《消费金融 ABS 发行回暖 巨头平分天下》，载金融界，https://baijiahao. baidu. com/s?id =1639871494478125123&wfr =spider&for =pc，最后访问时间：2021 年 5 月 4 日。

二、信托公司参与互联网金融资产证券化的动因及主要模式

近年来，随着信托公司参与互联网金融非标准化债权业务的逐渐深入，信托公司对于互联网金融资产证券化业务的需求亦不断增强，信托公司可通过担任受托管理人、资产服务机构等多个角色参与互联网金融资产证券化业务。

（一）信托公司参与互联网金融资产证券化的动因

信托公司参与互联网金融资产证券化的动因既有政策鼓励等外部因素，又有业务转型等内部因素。

就外部因素而言，首先，资产证券化业务是监管鼓励信托公司进行业务转型的重要方向之一。早在2014年，监管部门便下发中国银行业监督管理委员会办公厅《关于信托公司风险监管的指导意见》，鼓励信托公司开展信贷资产证券化及企业资产证券化。其次，在小微企业贷款及消费金融领域运用资产证券化是监管部门鼓励的模式。例如，2016年中国人民银行等多部门联合下发的《关于金融支持工业稳增长调结构增效益的若干意见》明确要求进一步推进信贷资产证券化，加快推进应收账款证券化等企业资产证券化业务发展，盘活工业企业存量资产。中国人民银行、银监会《关于加大对新消费领域金融支持的指导意见》亦明确要求大力发展个人汽车、消费、信用卡等零售类贷款信贷资产证券化。最后，资管新规对于资产证券化产品的特殊优待是信托公司青睐资产证券化业务的重要原因之一。根据《关于规范金融机构资产管理业务的指导意见》规定，资产管理产品受到期限错配、多层嵌套等多重限制性规定，而依据金融管理部门颁布规则开展的资产证券化业务，不适用该等规定，对于部分资产管理业务而言，安排资产证券化结构具有一定的政策优势。

就内部因素而言，首先，信托公司是监管认可的法定参与主体。在信贷资产证券化、资产支持票据以及银登中心信贷资产流转业务中，财产权信托是法定SPV，信托公司是财产权信托的法定受托人。在企业资产证券化业务中，信托公司已被允许担任管理人，目前华能信托与中信信托已获批在交易所市场开展管理人资格试点。[1]在债券承销业务中，截至2019年年末，共有12家信托公司获得非金融企业债务融资工具承销资格。其次，持有大量互联网金融资产的主体存在融资、出表等多方需求，信托公司可以利用其法定参与主体身份提供重要帮助。例如，就小额贷款公司而言，中国银保监会办公厅《关于加强小额贷款公司监督管理的通知》明确规定将其通过发行债券、资产证券化产品等标准化债权类资产形式融入资金的余额放宽至不得超过其净资产的4倍，具有互联网金融背景的小额贷款公司通过资产证

---

〔1〕 参见《12家信托公司债券承销业务战果初现：华润华能数量规模领先》，载搜狐网，https：//www.sohu.com/a/400808379_120053697? _f=index_pagefocus_1.，最后访问时间：2021年5月4日。

券化业务进行融资的需求进一步加大。就信托公司而言，压降融资类信托业务规模是监管趋势，部分信托公司近年来开展的消费金融、小微贷款等互联网金融资产规模较大，将该等资产非标转标进行资产证券化亦是信托公司合规发展的重要途径，甚至部分信托公司目前同意继续开展新增互联网金融业务的附加条件便是后期可以进行资产证券化。

（二）信托公司参与互联网金融资产证券化的主要模式

在互联网金融资产证券化业务中，信托公司可以参与的角色主要包括受托人、管理人、发起机构、原始权益人、资产服务机构、承销商、销售机构、投资者等。

1. 作为受托人、管理人

这其中主要包括如下几类：（1）信贷资产证券化受托人。根据《金融机构信贷资产证券化试点监督管理办法》规定，信贷资产证券化业务项下“特定目的信托受托机构”由依法设立的信托投资公司或者银监会批准的其他机构担任。信托公司是法定特定目的受托机构（财产权信托 SPV 的受托人）。（2）资产支持票据受托人。根据《非金融企业资产支持票据指引》规定，发行载体可以为特定目的信托等，特定目的载体管理机构对特定目的载体进行管理。目前资产支持票据的主要发行载体是财产权信托，信托公司亦是目前主要的特定目的载体管理机构（财产权信托受托人）。（3）银登中心挂牌产品受托人。根据《银行业信贷资产登记流转中心信贷资产登记流转业务规则》规定，信贷资产登记流转业务可采用信托受益权转让等形式进行。信托受益权转让，系指出让方将符合相关要求的合格底层资产委托给信托公司成立自益财产权信托，并作为受益人依据相关法律法规将其持有的信托受益权转让给受让方。该信托受益权应等分化、可交易。出让方委托信托公司设立财产权信托并转让信托受益权的模式是银登中心信贷资产流转的主要方式。（4）类资产证券化受托人。在早期场外资产证券化业务盛行时期，信托产品是民间资产证券化云平台等交易结构中的重要载体，如在京东金融资产证券化云平台发行的首单资产证券化产品“京东·中腾信微贷资产证券化产品”结构中，结构化信托产品便是其发行载体。此外，不在任何场所挂牌交易的财产权信托结构、结构化信托结构亦是场外资产证券化的重要模式，信托公司作为受托人设立的信托产品均是其重要载体。（5）资产支持专项计划基础资产受托人。根据《证券公司及基金管理公司子公司资产证券化业务管理规定》及《非金融企业资产支持票据指引》，基础资产可以是信托受益权。对于以信托受益权作为基础资产的资产证券化产品而言，该等资产证券化业务结构中存在双 SPV，基础资产层面的 SPV 为信托产品，信托产品的受托人必定为具有信托业务资质的信托公司。（6）资产支持专项计划管理人。根据《关于信托公司试点参与企业资产证券化业务有关事项的函》，证监会已与银保监会信托部会商和征求意见，一致同意在目前已获得特定目的信托受托机构资格且资产证券化业务经验丰富的信托公司中选择公司治理和内控体系完善、监管评级良好、合规状况良好的信托公司参与试点，[1]交易所也已批准华能信托、中信信托专项计划管理人试点资格，信托公司亦可以作为企业资产证券化管理人发行资产证券化产品。截至目前，华能信托及中信信托作为管理人均已发行多个产品。

2. 作为发起机构、原始权益人

这其中又可分为以下两类：（1）资产支持票据“发起机构”。根据《非金融企业资产支持票据指引》规定，“发起机构是指为实现融资目的开展资产支持票据业务的非金融企业”。信托公司是金融机构，不能作为资产支持票据业务中的发起机构。但是在实践中，信托公司可以通过其他非金融企业间接成为实质发起机构。（2）资产支持专项计划原始权益人。目前企业资产证券化产品中，信托公司亦可以作为原始权益人参与发行。鉴于信托公司在最近几年中大量参与互联网消费金融业务，目前存量贷款资产规模较大，近年来信托公司以其管理的信托产品项下互联网消费金融贷款债权作为基础资产发行企业资产证券化的模式较为流行。

3. 作为资产服务机构

依据资产支持证券的类型不同，又可分为：（1）资产支持票据中资产服务机构。根据《非金融企业资产支持票据指引》规定，“资产服务机构是指接受发行载体委托，就基础资产的管理提供约定服务的机构。”在信托公司实质作为发起机构的资产支持票据业务中，信托公司会同时承担资产服务机构的职责，为资产支持票据提供约定服务，并收取一定的报酬。（2）资产支持专项计划中资产服务机构。根据《深圳证券交易所基础设施类资产支持证券挂牌条件确认指南》《上海证券交易所基础设施类资产支持证券挂牌条件确认指南》《机构间私募产品报价与服务系统基础设施类资产支持证券挂牌条件确认指南》规定，资产服务机构可以由原始权益人担任。当然，根据证监会 ABS 业务问答，资产服务机构不是必须由原始权益人担任。在实践中，若信托公司作为原始权益人的，一般会安排由信托公司作为资产服务机构。

4. 作为承销商、销售机构

2018 年 4 月 17 日，中国银行间市场交易商协会发布《关于意向承销类会员（信托公司类）参与承销业务市场评价结果的公告》，依据市场发展需要，经协会第五届常务理事会第四次会议审议通过，并报中国人民银行备案同意，增加 6 家信托公司类会员可开展非金融企业债务融资工具承销业务。根据中国银行间市场交易商协会网站公布的会员信息，截至 2021 年 5 月 4 日，共有 12 家信托公司获得意向承销类会员资格。该等信托公司可参与资产支持票

[1] 类 REITs 项目为何要通过基金或是信托搭建股债结构？‖第四章 类 REITs 标的资产并购与股债结构的搭建（上），载 https://mp.weixin.qq.com/s?src=11&timestamp=1620125864&ver=3048&signature=YTHqn9n51t8w1rvVyamusH0w0UMmMecxgqqehpoCLYD2iorCiQtwFQWiyq7UwbFaYfE95dgqmLj5AD9gZ*POpcAFzgaQE*tFh09vdwxwOKnWvKK4qR0FGnmh-oYUde*j&new=1.，最后访问时间：2021 年 5 月 4 日。

据等非金融企业债务融资工具承销。

如前所述，华能信托和中信信托已获得试点作为管理人开展企业资产证券化业务，其作为管理人的同时亦可自行销售其管理的资产支持专项计划。[1]

5. 作为投资者

信托公司可以设立信托产品募集信托资金投资资产证券化产品。信托产品是资产证券化产品的重要投资者。

三、信托公司参与互联网金融资产证券化面临的主要法律问题

鉴于信托公司参与互联网金融资产证券化业务相较于传统资产证券化业务存在特殊性，其主要法律问题相较于传统资产证券化业务亦存在一定区别。

（一）基础法律关系问题

在信托公司参与的不同类型互联网金融资产证券化业务中，其基础法律关系亦有所区别。

一是信托关系。在信贷资产证券化、资产支持票据、银登中心信贷资产流转及部分场外资产证券化业务中，财产权信托是其载体，信托关系是该载体项下基本法律关系。该等载体是依据我国《信托法》规定，由委托人（发起机构）将其持有的基础资产（互联网消费贷款债权、应收账款或以其为底层资产的信托受益权）作为标的财产权利委托信托公司作为受托人设立的财产权信托。此外，在以信托受益权作为基础资产的资产证券化业务中，基础资产项下基础法律关系亦为信托关系。在信托公司作为管理人设立的企业资产证券化产品中，信托公司与投资者之间亦为信托关系。

二是信托受益权转让关系。在以信托受益权作为基础资产的资产证券化业务中，委托人（发起机构或原始权益人）以其持有的信托受益权作为基础资产发行资产证券化产品，其基础法律关系为信托受益权转让。

三是债权转让关系。在互联网消费贷款债权、应收账款债权作为基础资产的资产证券化业务中，发起机构（原始权益人）向财产权信托或资产支持专项计划等发行载体交付债权的基础法律关系为债权转让法律关系。根据我国《民法典》规定，债权人可以将债权的全部或者部分转让给第三人，这是债权转让生效实现破产隔离的法律基础。

四是信托财产管理运用关系。在信托公司参与资产证券化业务过程中，其可以代表固有业务身份，亦可代表信托产品身份。例如，在信贷资产证券化及资产支持票据等财产权信托

---

〔1〕 参见启金智库 William：《中信信托推出信托业首单单层 SPV 结构 CMBS 产品》，载搜狐网，https://www.sohu.com/a/407784344_120791332，最后访问时间：2021 年 5 月 4 日。

载体中，信托公司代表固有业务身份作为受托人，其收取的信托报酬属于其固有财产。在信托公司以信托产品项下互联网金融贷款债权作为基础资产发行资产证券化业务项下，信托公司代表信托产品身份作为发起机构或原始权益人，其获得的转让对价应归属于信托产品项下信托财产，该结构项下信托公司从事的行为属于信托财产管理运用行为。在信托公司作为资产服务机构时亦存在类似区分。但是，信托产品并不是法定民事主体，其并不能独立参与民事活动，无论是代表固有还是代表信托产品，法律上的民事主体仍是信托公司。

（二）基础资产适格性法律问题

场内资产证券化及部分场外资产证券化业务中入池基础资产应符合监管的要求，我国资产证券化法律法规对基础资产规定了基本的入池条件，而对于互联网金融资产证券化，相关具体法律法规还对其有些特殊要求。

一是高利贷问题。互联网金融资产证券化业务中存在大量消费金融贷款、小微企业贷款等互联网贷款资产，其贷款人均为金融机构。根据我国法律法规明确规定，目前除了个人房贷有最低下限限制外，中国人民银行对于一般情况下金融机构发放贷款没有明确的上下限限制，金融机构可自主确定贷款利率水平。但这是否意味着金融机构发放贷款不受任何限制，金融机构发放贷款利率无论多高均可以入池发行资产证券化呢？并非如此。根据最高人民法院《印发〈关于进一步加强金融审判工作的若干意见〉的通知》等规定及相关司法判例，金融机构贷款年利率超过24%的约定会被认定无效，司法实践中亦存在人民法院使用自由裁量权参照民间借贷等规定进行裁判的情况。在资产证券化业务实践中，基于基础资产合法合规的基本要求，交易场所一般要求互联网贷款年化利率不能超过24%。

二是现金贷问题。根据《关于规范整顿“现金贷”业务的通知》规定，交易场所一般不允许“现金贷”“校园贷”“首付贷”作为基础资产发行资产证券化，银行业金融机构投资者亦会关注其投资该类资产的合规性。对于“现金贷”而言，一般从是否具备“无场景依托、无指定用途、无客户群体限定、无抵押”等特征进行判断。对于“校园贷”，一般从借款产品是否针对学生，是否安排有排除学生群体借款的风控措施等方面进行判断，目前监管机构发布了新规《关于进一步规范大学生互联网消费贷款监督管理工作的通知》，该规定对于校园贷的要求更为严格，明确规定金融机构应精准识别大学生，助贷机构不得向金融机构推送引流大学生，该规定的具体操作标准尚待进一步确认。对于“首付贷”，一般从借款用途约定及贷后用途核查安排等方面进行判断。

三是联合贷款问题。根据中国银监会《关于进一步规范银行业金融机构信贷资产转让业务的通知》，银行业金融机构转让信贷资产应当遵守整体性原则，若以互联网贷款债权入池资产证券化的，贷款债权不得拆分转让。在目前的互联网金融贷款业务模式中，联合贷款是一类重要的合作业务模式，所谓联合贷款，一般是指金融机构与其他金融机构（作为助贷机构）共同出资向同一借款人发放贷款，金融机构之间按照约定比例享有贷款债权。若金融机构单方将其享有的联合贷款债权入池发行资产证券化产品的，则需判断其是否满足监管不得拆分转让的要求。根据我国《民法典》规定，联合贷款债权的法律属性可以根据不同情形区分为按份债权和连带债权。若为按份债权，则债权人之一将其持有的全部份额转让可以满足监管不得拆分转让的要求。若为连带债权，则债权人之一将其持有的全部份额转让无法满足监管不得拆分转让的要求。因此，若以联合贷款债权入池资产证券化的，应注意在相关协议中将其明确约定为按份债权。

（三）基础资产转让法律问题

在资产证券化业务中，基础资产转让至关重要，其涉及能否实现真实出售、破产隔离的法律效果。互联网金融资产证券化业务中，转让通知和循环购买是涉及基础资产转让且区别于传统资产证券化业务的重要问题。

首先，关于转让通知。我国资产证券化相关监管规定均要求基础资产为债权的，其转让应通知债务人。例如，根据《证券公司及基金管理公司子公司资产证券化业务管理规定》，“基础资产为债权的，应当按照有关法律规定将债权转让事项通知债务人。”根据我国《民法典》规定，若债权转让未通知债务人，则该等转让仅在转让方与受让方之间生效，而不能对抗债务人。在传统资产证券化业务中，对于笔数较少的基础资产转让而言，一般会要求转让方及时通知债务人。而在互联网金融资产证券化业务中，由于基础资产金额小、数量庞大，逐一通知借款人会导致操作成本过高。因此，在该类业务中一般会安排权利完善事件，将起诉借款人等事项约定为权利完善事件触发条件，若未发生权利完善事件，则无须通知借款人，若发生权利完善事件，则通知相应借款人，完成债权转让通知。“权利完善事件”结构是目前互联网金融资产证券化业务的常规操作安排，但在理论界存在观点认为其无法实现真实出售的效果。

其次，关于循环购买。循环购买（持续购买）是互联网金融资产证券化业务中特有的为解决期限错配问题、提高资金使用效率的有效措施。目前在各类资产证券化业务中均已获得监管认可。例如，根据《个人消费类贷款资产支持证券信息披露指引（2019版）》规定，信贷资产证券化中的个人消费贷款基础资产分为循环资产和非循环资产，信贷资产证券化可以对循环资产或非循环资产进行持续购买，对循环资产进行持续购买的结构安排解决了类似于信用卡循环发放的贷款入池问题，信用卡贷款债权可以按信用卡账户入池。根据相关报道，2019年4月15日，招商银行发起的“和智2019年第一期个人消费贷款资产支持证券”，是首单信用卡账户下采用“循环资产+循环结构”交易类型的消费贷资产支持证券。[1]

（四）资产回购法律问题

资产证券化业务中一般会安排基础资产赎回、置换、清仓回购等资产回购结构，互联网

---

〔1〕 参见《“循环资产+循环结构”，消费贷ABS新成员来了》，载搜狐网，https：//www.sohu.com/a/308899565_778083，最后访问时间：2021年5月5日。

金融资产证券化业务的资产回购具有一定的特殊性。

首先，关于赎回、置换。资产证券化业务中一般均会约定基础资产入池标准，对于不符合入池标准的基础资产，若入池后发现的，一般需由发起机构（原始权益人）予以置换或赎回。在传统资产证券化业务中，有些基础资产因无法匹配同质化资产而无法安排置换，仅可安排赎回，而在互联网金融资产证券化业务中，基础资产同质化程度较高，无论赎回或者置换均可安排，但若基础资产金额较小的，一般仅从简安排赎回，而不安排置换。

其次，关于清仓回购。清仓回购是信贷资产证券化业务中的法定概念，但在其他类型资产证券化业务中，尤其是互联网金融资产证券化业务中亦会借鉴。根据《金融机构信贷资产证券化试点监督管理办法》的规定，"'清仓回购'是指在全部偿还资产池资产或者资产支持证券之前，赎回证券化风险暴露的一种选择权。清仓回购的通常做法是在资产池或者资产支持证券余额降至一定的水平之后，赎回剩余的证券化风险暴露。"为满足出表条件，清仓回购亦需符合一定要求，如只有在资产池或者以该资产池为基础发行的资产支持证券余额降至10%或者10%以下时，才能进行清仓回购，否则发起机构需为其计提资本。因此，为满足出表要求，清仓回购一般会安排为发起机构的权利，而非义务，并且其清仓回购时点等亦需满足监管要求。在企业资产证券化等业务中，对于互联网金融资产等较为分散的资产而言，出于降低摊还成本等考虑，亦会安排清仓回购的结构，但若有出表需求的，一般需参照上述信贷资产证券化的要求，若无出表需求的，则清仓回购安排可更为灵活，例如清仓回购时点可以安排在循环期结束等。

（五）信用增级法律问题

信用增级是资产证券化业务的重要特征，信用增级一般包括内部信用增级和外部信用增级。内部信用增级一般是指结构化安排、超额抵押、超额利差、现金储备账户等；外部信用增级一般以主体信用担保为主，主要包括信用增级机构信用增级、差额支付承诺、流动性支持等。内部信用增级一般仅是基础资产现金流分配的结构安排，并不涉及主体信用，而外部信用增级则涉及信用增级机构的信用。

信用增级机构是资产证券化业务中明确规定的参与主体之一，如根据《金融机构信贷资产证券化试点监督管理办法》规定，信用增级机构根据在相关法律文件中所承诺的义务和责任，向信贷资产证券化交易的其他参与机构提供一定程度的信用保护。信用增级机构在其他资产证券化业务中亦是常规参与机构。

就法律性质而言，信用增级机构及其增信行为应如何界定，是否需具备相应的资质，这涉及信用增级效力问题。根据《关于印发〈融资担保公司监督管理补充规定〉的通知》规定，开展债券发行保证、担保业务的信用增进公司，应当按照规定申领融资担保业务经营许可证。笔者理解，对于经营增信业务的信用增信机构，其应按照规定申领融资担保业务经营许可证，否则可能认定为违法违规经营，其增信行为效力亦可能不被支持。而对于原始权益人或其关联方偶发的提供增信行为，若其未经营该业务，则无须申领融资担保业务经营许可证，其增信行为不因此受到影响。

根据最高人民法院《关于印发〈全国法院民商事审判工作会议纪要〉的通知》规定，差额补足、流动性支持等类似承诺文件作为增信措施，其内容不符合法律关于保证的规定的，依据承诺文件的具体内容确定相应的权利义务关系，并根据案件事实情况确定相应的民事责任。参照该规定，信用增级并不一定都是保证，对于不符合保证规定的，应按合同约定确定其约定效力。

（六）个人信息法律问题

在互联网金融资产证券化业务中，个人信息收集、使用、共享及征信报送均有其特殊性。

关于个人信息收集、使用、共享的问题。根据我国法律法规规定，个人信息收集、使用、共享均需获得借款人的明确授权。在互联网金融资产证券化业务中，基础资产均为存量资产，一般情况下发行载体管理人、受托人等无法就个人信息事项逐一获得借款人等个人的明确授权，在该等情况下，发起机构（原始权益人）向其提供个人信息的，是否涉及违规呢？我们需要根据具体情况进行分析判断。首先，若所涉个人信息为转让标的基础资产项下个人信息的，则发行载体管理人、受托人等作为受让方当然享有获取相关信息的权利。根据中国银监会《关于进一步规范银行业金融机构信贷资产转让业务的通知》规定，“转出方应当向转入方提供资产转让业务涉及的法律文件和其他相关资料”，借款人个人信息应为上述规定中的“相关资料”，发起机构（原始权益人）作为转出方向发行载体管理人、受托人等作为转入方提供个人信息的，不违反上述规定。其次，若所涉个人信息是模拟资产池项下个人信息的，则其缺乏明确法律依据。鉴于互联网金融资产证券化业务项下通常采用模拟资产池进行申报，而模拟资产池中的资产并不一定是后续入池基础资产，若提供该等资产项下个人信息的，其合法依据不够明确。但参照信贷资产转让的相关规定，提供模拟资产池项下个人信息的行为不应认定为违法。

关于个人征信报送的问题。根据《个人信用信息基础数据库管理暂行办法》《征信业管理条例》《个人信用信息基础数据库数据报送管理规程（暂行）》《个人信用信息基础数据库数据金融机构用户管理办法（暂行）》等规定，金融机构应按要求报送借款人征信信息。在互联网金融资产证券化业务中，若基础资产为贷款资产，则涉及借款人发生逾期后如何报送征信的问题。在业务实践中存在仍由原债权人继续报送征信的安排，亦存在委托第三方金融机构（如助贷机构）报送征信的安排。我国法律法规未明确禁止作为非债权人的金融机构报送个人信用信息，但参照上述相关规定中的“本行”“本机构”等表述，金融机构为报送本机构贷款项下个人信用信息的责任主体，原则上应由作为债权人的金融机构自行报送本机构的个人信用信息。根据中国银保监会办公厅《关于开展不良贷款转让试点工作的通知》，不良贷款转让后，征信权责由受让人履行，受让人需要原出让方协助的，由双方按照市场化原则在债权转让合同中约定。按“参照最相类似法律规定”原则，若存在其他金融机构协助报送个人信用信息更为及时、便捷等特殊情况的，债权人可委托其他金融机构协助报送个人信用信息，以确保借款人合法征信权益。

（七）信息系统法律问题

互联网金融资产证券化业务对于互联网金融科技依赖性较强，信息系统是互联网金融科技的重要表现，交易场所对于信息系统核查提出了明确要求。例如，根据《企业应收账款资产证券化业务尽职调查工作细则》规定，“循环购买通过原始权益人信息化系统或提供信息化系统服务的资产服务机构进行的，管理人应当对信息化系统的有效性、可靠性和稳定性等进行充分尽职调查，核查原始权益人或相关资产服务机构信息化系统的功能机制、相关的 IT 权限和授权情况、循环购买操作流程、系统的有效性、可靠性和稳定性、系统应急机制和备选方案等。”根据《非金融企业资产支持票据业务尽职调查指引（试行）》规定：“循环购买通过信息化系统进行的，还应对信息化系统的有效性、可靠性和稳定性进行核查。”

对于上述核查，核查主体是否需聘请中介机构进行核查以及相关中介机构是否需具备相应资质，现行法律法规并未明确规定，交易场所一般亦未提出明确要求。在业务实践中，各机构操作方式不一，有的要求律师进行核查，有的要求评级机构进行核查，有的则安排由受托人、管理人自行核查。笔者认为，相关监管部门应尽快明确合规、有效的操作标准，目前各机构的操作方式并不能在本质上解决问题。例如，对信息化系统的有效性、稳定性、可靠性进行核查需要计算机专业知识，而律师是法律服务主体，其专业知识仅是法律相关知识，律师一般并不具有计算机专业能力，其出具的意见亦无法使人信服。该等核查工作应由具备计算机专业知识和能力的专门审计机构进行核查才具有合理性和信服力。

（八）储架发行法律问题

在传统资产证券化业务中，每次发行分别注册的发行安排较为常见，但随着互联网金融资产证券化业务的发展，各机构产生了储架发行的需求，各交易场所亦对此予以明确认可，但其需满足一定的条件。

根据《关于信贷资产支持证券发行管理有关事宜的公告》规定，具体较高同质性的信贷资产可以通过一次注册、分期发行的模式储架发行信贷资产证券化产品。上海证券交易所和深圳证券交易所则对储架发行提出了明确要求，并且管理人及律师应对是否符合相关要求发表意见。例如，上海证券交易所要求资产证券化项目储架发行需同时符合基础资产具备较高同质性、设置相同的基础资产合格标准等多个条件。

（九）投资法律问题

就投资者投资资产证券化产品而言，投资者人数要求及次级投资者条件均是重要法律问题。

首先，关于投资者人数。市场上一般会将所有的场内资产证券化产品称为公募产品，这种观点是不准确的。资产管理产品根据其募集方式不同区分为公募产品和私募产品。公募产品，是指向不特定多数投资者进行募集的资产管理产品。私募产品，是指向不超过一定人数的特定投资者进行募集的资产管理产品。资产证券化产品并非全部为公募产品，对于不同类型的资产证券化产品，法律法规有不同规定。根据《信贷资产证券化试点管理办法》规定，信贷资产证券化可以采用私募方式定向发行及交易，亦可采用公募方式在全国银行间债券市场公开发行与交易。根据《证券公司及基金管理公司子公司资产证券化业务管理规定》规定，资产支持证券应当面向合格投资者发行，发行对象不得超过二百人，单笔认购不少于100 万元人民币发行面值或等值份额。《深圳证券交易所资产支持证券挂牌条件确认业务指引》明确规定，管理人应当向符合规定的合格投资者非公开发行资产支持证券。因此，企业资产证券化为私募资产管理产品，不能采用公募方式向不特定对象发行。根据《非金融企业资产支持票据指引》规定，资产支持票据可以采用公募或私募方式发行，对于不同的发行方式有不同的监管要求，如公开发行资产支持票据，应聘请具有评级资质的信用评级机构对资产支持票据进行信用评级。

其次，关于次级投资者条件。对于信托公司作为受托人的资产支持票据、信贷资产证券化等财产权信托而言，若信托公司认购次级份额的，则其合规性尚需进一步探讨。根据中国银监会《关于加强信托公司结构化信托业务监管有关问题的通知》规定，信托公司开展结构化信托业务，不得以利益相关人作为劣后受益人，利益相关人包括但不限于信托公司及其全体员工、信托公司股东等。资产证券化业务项下财产权信托的基本法律关系仍为信托关系，信托公司作为管理人的企业资产证券化在本质上亦属于信托关系。对于该等信托是否适用上述监管对于结构化信托的规定，目前存在不同的理解：有些观点认为资产证券化业务属于监管另行批准的业务范围，不属于普通信托业务，不适用上述规定；有些观点则认为应予以适用。若适用上述规定，则信托公司自行认购其发行的财产权信托或企业资产证券化项下次级份额的结构安排存在合规障碍。当然，也有观点认为，若资金来源为信托资金，且信托资金投资者并非利益相关人的，可以认定为不违反上述规定。而在信贷资产证券化业务中，监管部门则另行作出了明确规定。根据《金融机构信贷资产证券化试点监督管理办法》规定，信托公司不能以其自有资金及信托资金认购其发行的财产权信托项下优先级份额、次级份额等任何份额。

（十）风险自留法律问题

风险自留是避免发起机构发生后续道德风险的重要结构安排，不同类型资产证券化产品对于风险自留有不同的要求。根据《关于进一步规范信贷资产证券化发起机构风险自留行为的公告》规定，“信贷资产证券化发起机构需保留一定比例的基础资产信用风险，该比例不得低于 5%。”信贷资产证券化发起机构应持有不低于 5% 的份额，该份额可全部为次级份额，亦可为各档同比例垂直自留。根据《上海证券交易所企业应收账款资产支持证券挂牌条件确认指南》规定，原始权益人及其关联方应当保留一定比例的基础资产信用风险，但符合一定条件的原始权益人可免于风险自留要求。

四、结语

在信托公司参与的互联网金融资产证券化业务中，无论是从参与主体信托公司的角度，还是从互联网金融的角度而言，均具有明显的有别于传统资产证券化业务的特征及法律问题。基于互联网金融的快速传导特性以及信托公司业务的创新特性，若其特殊特征及法律问题未得到足够重视，则批量化的业务模式可能导致无法挽救的批量化的法律风险。例如，2006 年开始逐步显现并于 2007 年席卷美国、欧盟和日本等世界主要金融市场的次贷危机，就是由于监管部门对于美国次级房贷及其资产证券化业务监管缺失而引发。限于篇幅，笔者未对信托公司参与的互联网金融资产证券化业务风险展开论述，而仅就相关法律问题进行分析。笔者建议，相关参与主体及监管部门参考相关法律问题并结合监管部门对于互联网金融监管的最新趋势，加强信托公司参与的互联网金融资产证券化业务的政策支持与管理以及法律风险预防，避免类似于美国次贷危机的后果在我国发生。

域外法制

澳大利亚抵押贷款经纪人最佳利益义务监管指南*

范晓宁　高俊鹏　译

A 概　述

要点

2009 年《国家消费者信贷保护法案》（以下简称《国家信贷法》）要求抵押贷款经纪人在提供信贷帮助时以客户的最佳利益行事。如果存在利益冲突，抵押贷款经纪人必须优先考虑客户利益。

本指南列出了澳大利亚证券与投资委员会（ASIC）对于这些义务要求的观点，以及抵押贷款经纪人可以采取的措施，以最大限度降低不合规风险。

本节系指南的概述部分，它释明何时适用这些规定，以及如何管理这些规定。

抵押贷款经纪人的义务是什么?

第 1 条　皇家银行、退休金与金融服务不当行为调查委员会（皇家委员会）考虑了澳大利亚的抵押贷款经纪行业，并在其最终报告中提出关于抵押贷款经纪人的建议，其中包括 1.2（最佳利益义务）与 1.3（抵押贷款人薪酬）。

第 2 条　作为对最终报告建议 1.2 的对应，政府通过以下立法：

（a）确立抵押贷款经纪人以客户的最佳利益行事（最佳利益义务）；

---

*《抵押贷款经纪人的最佳利益义务监管指南》由澳大利亚证券与投资委员会 2020 年 6 月 24 日发布。囿于篇幅限制，本文在翻译中删去了帮助理解本指南的相关案例和评述。

（b）要求抵押贷款经纪人在提供信贷帮助时优先考虑客户的利益（冲突优先规则）。

第3条 这些义务——在本指南中统称为“最佳利益义务”——对客户的期望给予了立法上的承认。金融部门改革的《替代解释性备忘录》（海恩皇家委员会的回应——《客户保护条例草案》2019年版）在第3.11段中概述了义务的目标：

新法的目的是改善客户的状况。首先，通过要求抵押贷款经纪人以客户的最佳利益行事；其次，通过减少潜在的利益冲突来影响客户从抵押贷款经纪人处所获得的建议。

第4条 自2021年1月1日起，抵押贷款经纪人以及相关的其他信贷被许可人必须遵守这些义务。

第5条 最佳利益义务仅适用于由《国家信贷法》规定的信贷产品，即为个人、家庭用途，或为购买、改善住宅和投资房地产而向客户提供的产品。

最佳利益义务

第6条 根据《国家信贷法》第158条LA章节与第158条LE章节的规定，抵押贷款经纪人必须在提供信贷帮助时为客户的最佳利益行事。

第7条 抵押贷款经纪人的定义是：

（a）就住宅房地产所抵押信贷合同提供信贷帮助业务；

（b）在大多数此类合同中不作为信贷提供者；

（c）根据《国家信贷法》s15B章节，为由一个以上的信贷提供者提供的信贷合同提供信贷帮助业务。

第8条 无论提供信贷帮助之人头衔为何，皆适用此定义。例如，符合这些标准的抵押贷款经理满足这一定义，应当履行最佳利益义务。

冲突优先规则

第9条 《国家信贷法》第158条LB章节和第158条LF章节包含了针对抵押贷款经纪人的冲突优先规则。如果在提供信贷帮助时存在利益冲突，则抵押贷款经纪人必须优先考虑客户的利益，不得优先考虑自己的利益或信贷提供者或第三人的利益。

反避税条款

第10条 禁止订立或执行旨在避免适用最佳利益义务的协议，同时禁止发生薪酬冲突。反避税条款的目的在于确保（抵押贷款经纪人）不会通过行业或交易结构规避“抵押贷款经纪人改革法案”的政策意图。

最佳利益义务得以履行的路径

第11条 最佳利益义务旨在使抵押贷款经纪人之利益与客户的利益更加紧密地结合，[1]这

〔1〕 参见《替代解释性备忘录》第3.4段以及第3.22段。

是管理这些义务的指导原则。

第 12 条 这些义务是高级别的原则，不包含为确保抵押贷款经纪人和其他人遵守这些义务而应当遵循的规定性步骤。《替代解释性备忘录》第 3. 24 段指出：何种行为能够满足义务履行之要求，将取决于在何种情况下向客户提供与信贷合同有关的信贷帮助……该义务并未规定在特定情况下为履行该义务应当采取何种行动。在相关情况下，抵押贷款经纪人有义务确保其行为符合“为客户的最佳利益行事”之标准。

第 13 条 本指南阐述了证券与投资委员会对最佳利益义务的观点以及对信贷行业的期望；本指南中的任何内容都不旨在提供“安全港”。

第 14 条 不得通过提供给客户或由客户签署的任何通知或免责声明来逃避最佳利益义务。抵押贷款经纪人不得仅通过征得客户同意某些信贷帮助或利益冲突来履行这些义务。

总则

第 15 条 以下为管理这些义务的指导事项：

（a）最佳利益义务旨在使抵押贷款经纪人的行为与客户的期望更为紧密地保持一致；

（b）这些义务应当改善信贷帮助过程中抵押贷款经纪人向客户提供的支持、指导与沟通；

（c）这些义务应当促使抵押贷款经纪人提供更高质量的信贷帮助；

（d）抵押贷款经纪人推荐的任何产品都必须符合客户的最佳利益，并且应当记录得出此结论的原因并向客户释明；

（e）如果提供某种信贷帮助符合抵押贷款经纪人或相关第三人的利益，则只有在也符合客户的最佳利益的情况下，方可提供信贷帮助；

（f）最佳利益义务和冲突优先规则系相互独立的义务，它们在抵押贷款经纪人每次提供信贷帮助时均会同时适用。它包括对与房屋贷款绑定在一起的信用卡提供信贷帮助，对个人贷款的信贷产品以及独立的信贷产品提供信贷帮助。

对抵押贷款经纪人的期望

第 16 条 抵押贷款经纪人必须为每位获得信贷帮助的个人客户的最佳利益行事。这些义务要求抵押贷款经纪人评估何种产品以及何种信贷帮助将符合客户的最佳利益。

第 17 条 抵押贷款经纪人履行义务程度与其对客户的个人情况及其需求、目标和财务状况的考虑高度相关。如果抵押贷款经纪人的工作流程通常会导致客户“放之四海皆准”之结果，则违规风险将大幅增加。

第 18 条 抵押贷款经纪人在确定什么才符合客户最佳利益时，需要作出自己的判断。在某些情况下，这将包括挑战客户对其最佳利益的认知。尽管是由客户决定接受还是拒绝推荐，以及是否继续进行申请，但是抵押贷款经纪人的唯一责任是确保其推荐符合客户的最佳利益。

第19条 在决定推荐一种信贷产品是否符合客户的最佳利益时，可能会涉及多种因素。这种决定包括对产品进行全面考虑，并根据产品为客户提供的价值和利益来权衡相关因素。

第20条 在大多数情况下，抵押贷款经纪人应当为客户提供多种选择。如果有多种选项可供客户考虑，则应当以符合其最佳利益的方式进行呈现。[1]

第21条 证券与投资委员会期望符合最佳利益义务的证据主要来自抵押贷款经纪人的记录。[2]这些记录可以帮助抵押贷款经纪人证明自己已经履行了义务，并帮助信贷被许可人采取合理措施以确保作为其信贷代表的抵押贷款经纪人遵守这些义务。

其他义务

第22条 最佳利益义务与其他法律一起发挥作用，这些法律会影响向客户提供信贷帮助的方式。它们并不会改变现有法律，包括责任贷款义务。

第23条 当抵押贷款经纪人根据《国家信贷法》的规定提供信贷帮助时，最佳利益义务和责任贷款义务是截然不同的义务。

第24条 最佳利益义务引入了责任贷款义务以外的要求和步骤。这些义务是相辅相成的，即使责任贷款义务不要求采取某些步骤，抵押贷款经纪人也必须遵守这两项义务。[3]

第25条 为履行责任贷款义务而收集的信息可能有助于抵押贷款经纪人履行最佳利益义务。收集到的信息还可能帮助抵押贷款经纪人履行自2021年10月以后的设计和分销义务。[4]

B 以客户的最佳利益行事

要点

最佳利益义务要求抵押贷款经纪人以客户的最佳利益行事。

为了客户的最佳利益而采取的行动将取决于客户的个人情况。抵押贷款经纪人可能需要：

·收集有关客户及其个人情况的信息；

·利用该信息来评估哪种信贷帮助将符合客户的最佳利益；以及

·根据该评估结果，可能会向客户推荐一种或多种选项，并提供关于为何推荐的选项符合客户最佳利益的信息。

---

〔1〕 参见《监管指南》(273号) 第87～104条。

〔2〕 参见《监管指南》(273号) 第162～172条。

〔3〕 参见《替代解释性备忘录》第3.5段。

〔4〕 设计和分销义务旨在帮助客户获得适当的金融产品，要求发行人和分销商在设计和分销金融产品时采取以客户为中心的方法。

本节列明抵押贷款经纪人为履行最佳利益义务可能需要采取的行动。关于与本义务有关的特定问题的补充指导请参见 C 节。

何为最佳利益义务

第 26 条 抵押贷款经纪人通过代表客户与信贷提供者接洽并与其进行谈判，来协助客户获得房屋贷款。该过程的重要部分是抵押贷款经纪人根据其可用的信贷提供者顾问小组审查各种信贷合同，并根据客户和产品性质的信息向客户作出推荐。

第 27 条 最佳利益义务通过要求抵押贷款经纪人确定和评估客户的最佳利益，作出符合这些利益的推荐来推进这一过程。

第 28 条 《国家信贷法》并未规定抵押贷款经纪人履行这些义务的情形。这意味着没有“安全港”；抵押贷款经纪人将需要采取一切必要措施，以确保他们为相关客户的最佳利益行事。

第 29 条 抵押贷款经纪人的工作流程和所采取的行动，是确定抵押贷款贷款经纪人是否履行最佳利益义务时的关键考虑因素。表 1 概述了抵押贷款经纪人为履行最佳利益可能需要采取的一般措施。

表 1 履行最佳利益义务

步骤	流程	指导
收集客户有关信息	此步骤可能涉及通过获取有关客户试图实现的目标以及他们重视的产品功能的信息来调查客户的个人情况、目标和财务状况	《监管指南》（273 号）第 30 ~ 43 条
进行个人评估	此步骤可能涉及：考虑一系列相关产品，以确定可供客户采用以实现其目标的选项；以及评估该特定客户的最佳利益为何	《监管指南》（273 号）第 44 ~ 86 条
提供信息与建议	此步骤可能涉及：作出反映抵押贷款经纪人考虑与客户个人情况相适应的选择范围的推荐（注：作出推荐通常涉及推荐客户申请特定的信贷合同，因此涉及信贷帮助）；以符合其最佳利益的方式向客户作出推荐和提供信息；教育和使客户做好准备，以使他们能在知情条件下作出决定，包括是否在抵押贷款经纪人的协助下使用推荐的产品；并遵循适当的流程与客户沟通，并协助他们申请他们所选择的信贷产品（注：协助客户申请特定的信贷合同也是信贷帮助。这包括作出推荐或协助客户对现有贷款进行再融资①）	《监管指南》（273 号）第 87 ~ 104 条

注①参见《国家信贷法》第 8 条以及《监管指南》（203 号）。

收集客户有关信息

第 30 条　作为抵押贷款经纪人，为了确定何为客户的最佳利益，需要收集客户的有关信息，包括他们接触抵押贷款经纪人的原因以及他们寻求实现的目标。

第 31 条　为了履行责任贷款义务，抵押贷款经纪人必须获取客户的有关信息。这些义务要求抵押贷款经纪人或授权他们的信贷被许可人对客户的要求和目标进行合理的询问，并对客户的财务状况进行合理的查询。

第 32 条　尽管责任贷款义务和最佳利益义务是彼此独立的义务，但为责任贷款目的而收集的信息可能会帮助抵押贷款经纪人确定什么是客户的最佳利益。如果需要其他资料进行评估，则抵押贷款经纪人需要从客户处获取该信息。

接受指示并进行询问

第 33 条　最佳利益义务并未规定抵押贷款经纪人应当如何收集客户或其个人情况的有关信息。但是，良好的沟通和询问（通常可以确保抵押贷款经纪人的角色和更宽泛的申请流程获得理解）通常可以表明抵押贷款经纪人的行为符合为客户的最佳利益而行事。反之而言，这可能会帮助客户理解抵押贷款经纪人在适当时候提出的任何建议并从中作出选择。

第 34 条　客户可能会以不同的方式和不同程度的形式来传达其指示。例如，可以通过面对面的会议、电话或电子邮件，或通过在线平台输入信息来提供指令。某些客户可能有一个特定的要求，如抵押贷款经纪人是否可以帮助他们获得比他们目前拥有或已经找到的贷款更佳或更便宜的贷款。

第 35 条　客户最初披露的信息通常不足以让抵押贷款经纪人识别客户的个人情况，并根据他们的最佳利益进行必要的分析以推荐产品。

第 36 条　在许多情况下，客户会与抵押贷款经纪人联系，因为他们不知道或完全不了解与房屋贷款申请有关的情况。在报告（628 号）：《寻找抵押贷款：客户获得房屋贷款的经验和期望》（REP628）中发现，通过抵押贷款经纪人获得贷款的客户通常对贷款流程不完全了解，并且亦不确定哪种贷款更适合他们。

第 37 条　客户还可能提出不明确的指示，或者提出与他们的情况似乎不一致的要求。在这些情况下，抵押贷款经纪人应当进行进一步的询问以识别客户的情况，从而为产品推荐提供依据。这可能对抵押贷款经纪人确定与客户有关的各种产品功能或选项的意义也很重要。

第 38 条　进行这些询问没有规定的方式。这可能是一个反复的过程，因为与客户的接触可能会引导抵押贷款经纪人确定与其计划提供的信贷帮助有关的其他事项。

第 39 条　如果客户的财务能力较低，或者拟议的交易或所寻求的房屋贷款产品结构复杂，则进一步的询问信息尤为重要，并且可能会更加详细。例如，与有经验的借贷人相比，首次购房者可能需要更详细的询问，因后者考虑为自有房地产的贷款再融资。

客户有关情况的不完整或不准确信息

第 40 条 如果有合理证据表明客户有关个人情况的信息不完整或不准确，则应进一步询问以获取完整而准确的信息。

第 41 条 如果在询问客户的个人情况时未能获得关键信息，则抵押贷款经纪人当避免提出建议。《替代解释性备忘录》第 3.25 段指出：如果在询问客户的个人情况时未能获得关键信息，抵押贷款经纪人应当避免对信贷提出建议，因为这可能导致信贷不符合客户的最佳利益。

第 42 条 抵押贷款经纪人在房屋贷款申请中提供不完整或不准确的信息并不符合客户的最佳利益，即使不准确的信息会增加批准的可能性或让客户享有更好的条件。

第 43 条 在提供信贷帮助的过程中，客户可能会披露其他信息或其个人情况发生变化。如果发生这种情况，抵押贷款经纪人应当向客户作出澄清，并且考虑是否需要更改所提供的信贷帮助的内容。

进行个人评估

第 44 条 作为抵押贷款经纪人，在经过收集信息的过程之后，抵押贷款经纪人可能需要考虑可用的产品，并评估其中哪些产品（如果有的话）符合客户的最佳利益。[1]

第 45 条 履行最佳利益义务需要什么，这取决于客户的个人情况、需求、目标和财务状况。

第 46 条 抵押贷款经纪人在考虑客户提供的信息并进行评估时所作出的判断是为客户最佳利益行事的重要组成部分。

第 47 条 进行评估时，抵押贷款经纪人并没有特定的程序或一系列因素可供考虑。抵押贷款经纪人应当考虑每位客户的个人情况，包括任何可能影响该客户最佳利益的事项。

第 48 条 在对评估不作限制的情况下，抵押贷款经纪人可能需要考虑以下事项：

（a）客户对不同产品或信贷提供者的优先级和偏好（包括贷款价格、捆绑产品或对冲账户之类的产品功能以及信贷提供者的服务水平）；

（b）客户的需求和目标（包括贷款期限、贷款金额以及客户希望达致的结果）；

（c）客户的个人情况和财务状况，其可能影响不同产品的适配性；

（d）客户个人情况和财务状况合理可预见的变化；

（e）抵押贷款经纪人是否有能力获得满足客户需求、目标、偏好和优先级的产品；以及

（f）抵押贷款经纪人是否具备能力或专业知识，能够提出满足客户需求、目标、偏好和优先级的建议。

---

〔1〕 参见《替代解释性备忘录》第 3.25 段。

第 49 条 评估哪种产品符合客户最佳利益须定位在特定时间点。[1]

第 50 条 如果抵押贷款经纪人不能为客户的最佳利益提供信贷帮助，抵押贷款经纪人就不应当提供这种信贷帮助。

考虑成本

第 51 条 信贷产品的成本会显著影响客户达致的结果，以及与信贷产品无关的其他目标。因此，信贷产品的成本（如利率、收费和还款数额）成为抵押贷款经纪人应当优先考虑的因素。

第 52 条 考虑信贷产品的成本与客户对抵押贷款经纪人的期望相一致。在对《报告》（628 号）的研究中发现，客户的重点是找到“最佳贷款”，通常系指低利率或富有竞争力的利率。房屋贷款的成本通常被认为系最重要的特征，对某些客户而言灵活性亦很重要。

第 53 条 此外，在《报告》（516 号）“对抵押贷款经纪人薪酬的审查”中发现，聘用抵押贷款经纪人的客户也往往具有更高的贷款收入比和更高的杠杆率。这表明，更低的成本和负担得起的还款可能是这些客户的优先考虑事项，并且很可能符合其最佳利益。

第 54 条 如果未考虑成本或调查最低成本选项是否适用于客户，这可能意味着抵押贷款经纪人并未履行最佳利益义务。任何建议使用成本较高的贷款的情况都需要有证据证明该建议符合客户的最佳利益。

第 55 条 此外，建议客户申请贷款时——如果抵押贷款经纪人可以推荐另一种更便宜的贷款，可以满足他们的非成本需求和目标，则抵押贷款经纪人的建议不太可能符合客户的最佳利益。

第 56 条 但是，利率最低的产品并不一定是所有客户的最低成本选择。例如，一种可以使用对冲账户或提现功能的产品可以为某些客户提供更大的灵活性，并为他们节省相当可观的利息成本。此外，与某些贷款或贷款套餐相关的年费或建房费可能意味着，尽管利率较低，但对于客户而言，贷款费用将更加昂贵。

第 57 条 成本并非是与推荐某种产品是否符合客户的最佳利益相关的唯一问题。某些客户的个人情况将意味着特定功能所提供的好处可能会胜过成本的重要性。[2]

第 58 条 对于正在考虑为现有贷款进行再融资的客户而言，再融资所产生的费用可能会超过新贷款所节省的成本。在这种情况下，推荐新的贷款产品可能不符合客户的最佳利益。告知客户一切与再融资相关的潜在小额节约成本，向客户说明何时节约成本将超过再融资费用，这对客户是有益的。

---

〔1〕 参见《监管指南》（273 号）第 116 ~122 条。
〔2〕 参见《监管指南》（273 号）第 71 ~79 条。

特定产品受限使用的客户

第 59 条 根据客户的个人具体情况（包括他们的信贷风险和期望的贷款金额），他们申请使用某些种类的产品可能会受到限制。

第 60 条 信贷提供者的信贷政策、定价惯例和风险偏好可能会使某些客户申请使用成本最低的产品。信贷提供者针对诸如贷款人的抵押贷款保险、需要查看重复的储蓄历史以及接受担保等问题采取不同的政策和方法，可能会影响某些产品是否可供客户申请使用。

第 61 条 在这种情况下，抵押贷款经纪人应当：

（a）解释为何无法申请使用该产品的原因和可用选项所涉及的限制；以及

（b）仍要考虑可用选项的成本（如果抵押贷款经纪人认为该申请很有可能为信贷提供者所批准）。

促销优惠

第 62 条 某些信贷提供者提供促销优惠以吸引客户购买他们的信贷产品。这些优惠可以包括：

（a）现金返还或奖励积分优惠；

（b）免除或减少费用；或者

（c）贴现利率。

第 63 条 任何可量化的促销优惠将被视为信贷产品成本的一部分。例如，现金返还、免除费用和降低利率都可以量化。在考虑这些优惠时，重要的是要知悉资格标准、除外条款和时效限制。

第 64 条 某些促销优惠的价值不容易量化。例如，提供奖励积分优惠对某些客户而言可能更具价值。

第 65 条 抵押贷款经纪人还应当考虑较低的利率或其他功能（如对冲账户）是否能比促销优惠提供的短期利益为客户带来更多利益。例如，在客户有短期支出或债务的情况下，现金返还所提供的价值可能大于在贷款期限内相对边际成本节约所带来的价值。

政府计划

第 66 条 在考虑客户的个人情况时，很明显他们可能有资格获得政府补助或计划。这些计划通常适用于首次购房者、养老金领取者和社会住房承租人。[1]

第 67 条 在这种情况下，抵押贷款经纪人应当向客户普及这些计划的可用性和资格要求。抵押贷款经纪人还可以帮助客户评估其资格以及该计划的潜在利益。

第 68 条 想要取得计划的全部利益，可能需要在抵押贷款经纪人开始提供信贷帮助之

---

〔1〕 证券与投资委员会研究表明，首次购房者和低收入客户均更有可能通过抵押贷款经纪人而非直接从信贷提供者处借贷。参见《报告》（628 号）第 27 段和第 28 段。

前采取措施。例如，采用“首次购房退休金储蓄计划”（FHSSS）的客户通常会在寻求抵押贷款经纪人的信贷帮助之前自愿缴纳养老金。

第 69 条 其他方案可以替代抵押贷款经纪人和专业反向抵押贷款经纪人可申请使用的信贷产品。例如，养老金贷款计划和股权共享贷款计划以优惠的利率向适格的客户提供政府的替代融资。

第 70 条 如果这样的方案符合适格的客户的要求，那么申请适用该方案可能会提供优惠，以致向客户推荐任何其他信贷产品都不符合客户的最佳利益。

权衡其他因素和产品功能

第 71 条 尽管成本是一个关键考虑因素，但某些客户还可能根据其个人情况从其他贷款功能中获取价值。这些功能可能包括：

（a）实质性功能，如使用对冲账户、提现功能或包含其他信贷产品的套餐；以及

（b）比较难以量化的事项，如信贷提供者的服务水平和信贷政策。

第 72 条 在考虑这些因素的相关性时，抵押贷款经纪人应当参考客户的个人情况，作出判断。

第 73 条 在考虑这些因素的相关性时，抵押贷款经纪人应当作出判断，根据一般情况，在评估信贷产品是否符合客户的最佳利益时，抵押贷款经纪人可以考虑以下因素：

（a）满足客户需求和目标的功能，以及与这些需求和目标不一致的任何功能；

（b）如果客户有多项需求或目标，则——

（i）每一项需求或目标对客户的相对重要性；以及

（ii）解决相互矛盾的需求或目标之间任何不一致之处的方式；

（c）信贷产品相对于客户目标的期限和结构；

（d）信贷提供者的信贷政策和风险偏好；

（e）适用于信贷产品的利率、费用及收费；

（f）客户对信贷产品的理解；以及

（g）涉及转换时——转换到新的信贷合同将实现客户的最佳利益。

第 74 条 某些客户的个人情况将意味着他们可能从特定功能中获得比从低成本信贷产品中获得更佳收益。但抵押贷款经纪人无需全面评估每种功能的单独价值。

第 75 条 但是，如果某种信贷产品系由于具备某种功能而推荐给客户，则抵押贷款经纪人应当能够全面评估非成本因素是否有可能为该个人客户提供更大的价值。《替代解释性备忘录》第 3.25 段指出：一名抵押贷款经纪人不应当通过优先考虑那些不能被证实可为特定客户带来利益的因素（例如，抵押贷款经纪人与信贷提供者之间的关系）而非影响信贷产品成本或与客户更相关的因素来推荐信贷产品。

第 76 条 这种情况也可能表明某种功能与特定客户无关或对其有害。例如：

（a）一笔附带高额违约金的固定利率贷款可能对希望灵活融资的客户；或者

（b）对冲账户可能与计划不包括偿还额外金额的客户无关（如果该功能有额外成本，则可能是有害的）。

第 77 条 在某些情况下，与产品成本无关的功能将具备高度相关性。例如，由于交易时间紧迫（例如，结算日期即将到来），某些客户将优先考虑审批时间并在成本上进行妥协。但是，抵押贷款经纪人提出的任何此类性质的主张都应当有证据支撑，并且能够得到证实。

第 78 条 如果抵押贷款经纪人的工作流程通常会为客户带来“放之四海皆准”的结果，那么抵押贷款经纪人无法履行最佳利益义务的风险就会增加。

第 79 条 抵押贷款经纪人无须就专业能力范围以外的事项提供建议（例如，详细的税务或投资建议）。但是，抵押贷款经纪人应当能够就产品功能的适用性和优势方面为每位客户提供指导。

客户提出的请求

第 80 条 提供信贷帮助时，抵押贷款经纪人可能会发现，与客户最初寻求的产品不同的另一种信贷产品可能更适合客户的个人情况。在这种情况下，抵押贷款经纪人应当与客户探讨此问题并向其推荐其他产品。基于此次讨论，客户可能会改变主意。

第 81 条 如果抵押贷款经纪人认为与客户最初寻求的产品或功能不同的产品或功能可能对其更加合适，却未能就此向客户提出建议，那么抵押贷款经纪人就不太可能是为客户的最佳利益而行事。

第 82 条 如果客户有强烈的偏好或自行选择特定的信贷提供者或信贷产品类型，那么对抵押贷款经纪人而言，进行判断就尤为重要。例如，客户可能对某些信贷提供者抱有坚定的信念或偏好，而不会考虑这些信贷提供者所提供的产品竞争力。

第 83 条 在这些情况下，抵押贷款经纪人仍然可以合理地考虑和推荐这些信贷提供者提供的信贷产品，而非从一开始就将其排除在外。同样，在客户偏爱特定信贷提供者的情况下，抵押贷款经纪人应当在更广泛的产品范围进行调查，而非仅调查那些首选信贷提供者提供的产品，以便符合客户的最佳利益。

第 84 条 客户也可能对不符合其最佳利益的贷款功能产生强烈偏好。例如，客户可能会坚持使用“还息不还本”贷款或对冲账户，但在抵押贷款经纪人看来这些并不符合其最佳利益。

第 85 条 在这些情况下，抵押贷款经纪人应当作出适当的努力，向客户解释这些功能为何可能不合适或者可能无法为其提供良好价值的原因。[1]这将有助于客户作出明智的决定。如果客户决定仍然继续申请使用该产品，则抵押贷款经纪人可以协助客户进行该申请。

---

〔1〕 参见《替代解释性备忘录》第 3.27 段。

第86条　如果没有该功能的替代方案符合客户的最佳利益，抵押贷款经纪人可以在与客户的要求有所出入的前提下提出另一个替代方案。向客户提供成本效益分析可能有助于解释为什么提出该替代方案。

提供信息和建议

第87条　当抵押贷款经纪人评估了哪些选项符合客户的最佳利益时，抵押贷款经纪人将需要向客户解释这些选项。

第88条　提供关于选项的信息（包括一项或多项建议）系抵押贷款经纪人提供的信贷帮助的一部分。因此，在提供信息时，抵押贷款经纪人必须以客户的最佳利益行事。

第89条　抵押贷款经纪人应当根据具体情况评估每位客户的需求，然后确定应当向特定客户提供的选项数量。除非有充分的理由，否则抵押贷款经纪人应当为客户提供多种选择。这是一种良好的做法。例如，客户的财务状况可能意味着很少有可用或适合他们的信贷产品。

第90条　当抵押贷款经纪人推荐一种产品时，应当以这种方式来向客户提供信息，即明确说明采取所建议的行动将如何实现客户目标并符合其最佳利益（相对于其他可用选项）。

第91条　抵押贷款经纪人必须根据客户的个人情况提出建议，这包括抵押贷款经纪人对以下方面的判断：

（a）抵押贷款经纪人对客户的有关情况所作询问的程度；

（b）抵押贷款经纪人调查的信贷产品策略及类型、特定信贷产品和信贷提供者；以及

（c）抵押贷款经纪人针对信贷产品的策略及类型、特定信贷产品和信贷提供者所提出的建议。

第92条　通常情况下，向客户提供一份选项清单是很有帮助的，而其中一种选项是抵押贷款经纪人推荐的选项。例如，推荐的选项可能是对客户购买特定信贷产品的建议。

第93条　向客户提供选项并解释原因非常重要：

（a）提供给他们的选项已经被选中；

（b）没有向他们提供其他选项（例如，为什么他们收到的选项相对较少或较多）；以及

（c）已经向他们推荐了一种特定选项。

第94条　候选名单的范围可能会根据客户的个人情况而有所不同。此外，在某些特定情况下，抵押贷款经纪人可能有必要向客户提出多项建议。如果抵押贷款经纪人确定两种产品大体相似并且二者均符合客户的最佳利益，在向客户提供其他选项清单后认为把这两种产品均推荐给客户符合其最佳利益，抵押贷款经纪人便可以将这两种产品均推荐给客户。

第95条　如果提供给客户的所有选项都是来自同一信贷提供者提供的产品，则抵押贷款经纪人应当对客户作出解释并说明理由。

第96条　在某些情况下，客户可能并不理解他们可用选项的含义。抵押贷款经纪人应

当帮助客户理解为什么某笔贷款可能符合或可能不符合其最佳利益。《替代解释性备忘录》第 3.27 段指出：

在某些情况下，客户将无法正确理解不同选项的含义，因此抵押贷款经纪人可能得帮助他们理解为什么某笔贷款符合或不符合其最佳利益。

第 97 条　抵押贷款经纪人可能会发现某些事项需要频繁向多位客户解释。在这种情况下，抵押贷款经纪人可以考虑以一致的方式提供最佳解释。但是，抵押贷款经纪人所提供的任何信息或描述都应当满足接收信息的个人客户的目的。

第 98 条　例如，抵押贷款经纪人可以选择为客户提供一份标准化的情况说明书，以解释什么是对冲账户。在这种情况下，抵押贷款经纪人应当考虑这些信息是否充分，并且根据推荐的信贷产品和每位客户的个人情况，在适当之处提供进一步解释。

第 99 条　抵押贷款经纪人应当确保向客户提供的任何建议都是基于该客户的利益，而非抵押贷款经纪人可能实现的利益。抵押贷款经纪人不得通过优先考虑那些不能被证实为该客户带来利益的因素来提供建议。

提供建议以后

第 100 条　客户可能对抵押贷款经纪人提供的推荐产品、选项和信息存有疑问。这可能导致抵押贷款经纪人必须提供更多的信息。

第 101 条　在某些情况下，提供建议可能会促使客户认真思考某些产品功能的重要性。因此，抵押贷款经纪人可能需要与客户进行进一步谈论，否则抵押贷款经纪人可能需要考虑其他选项。

第 102 条　在某些时刻，客户可能会向抵押贷款经纪人表明他们希望继续使用抵押贷款经纪人提供的一种选项。届时，抵押贷款经纪人可以继续协助客户申请该特定的信贷合同。

第 103 条　可能在某些情况下，抵押贷款经纪人为客户的最佳利益行事，但客户决定不听从抵押贷款经纪人的建议，而是选择一种抵押贷款经纪人认为不符合其最佳利益的信贷产品。

第 104 条　抵押贷款经纪人应当确保：

（a）与《监管指南》（273 号）第 80 ~ 86 条中的指导相一致，这些客户被告知并理解抵押贷款经纪人所推荐的产品的性质或由他们自行选择的产品的结构和功能；以及

（b）抵押贷款经纪人明确地记录了其所提供的建议，包括客户未选用的任何替代方案——这应当包括抵押贷款经纪人为了向客户普及有关选项而采取的措施。

C 对特定问题及最佳利益义务的指导

要点

本节提供与最佳利益义务有关的一系列特定问题的指导，包括：

·最佳利益义务与责任贷款义务的相互影响；[1]

·最佳利益义务对抵押贷款经纪人经手的信贷提供者及信贷产品范围的影响；[2]

·何时适用最佳利益；[3]

·抵押贷款经纪人何时可能要受最佳利益义务约束；[4]

·房屋贷款以外的信贷产品基于风险的定价与最佳利益义务之间的相互影响；[5]以及

·最佳利益义务在其他情况下如何适用，包括产品套餐或者抵押贷款经纪人专业知识以外的事项。[6]

与责任贷款义务相互影响

第105条 最佳利益义务除在其他法律（例如，责任贷款义务）要求下适用，也可能会影响提供给客户的信贷帮助。

第106条 作为信贷被许可人的抵押贷款经纪人将需要同时履行责任贷款义务和最佳利益义务。作为信贷代理的抵押贷款经纪人将需要履行最佳利益义务，并可能需要帮助获得授权的信贷被许可人履行责任贷款义务。

第107条 在以上两种情况下，两者义务各自独立，履行其中一项义务并不当然意味着另一项义务已经得到履行。

第108条 在对各项义务进行信息询问的过程中可能会存在某些重合之处。为履行责任贷款义务而收集的信息可能会帮助抵押贷款经纪人履行最佳利益义务。但是，如果需要更多信息以履行最佳利益义务，则抵押贷款经纪人需要询问这些信息。

第109条 责任贷款义务包括对信贷产品是否“不适合”客户的评估，这最终将成为信贷被许可人的责任。最佳利益义务在更广泛的范围内适用于抵押贷款经纪人提供的信贷帮助，延伸到抵押贷款经纪人的行为和流程的方方面面，以及信贷产品的适用性。

第110条 在某些情况下，抵押贷款经纪人可能符合责任贷款义务的要求，但并不满足最佳利益义务的要求。如果信贷产品被认为对客户“不合适”，则表明客户购买该信贷产品可能不符合其最佳利益。

第111条 《替代解释性备忘录》第3.5段指出：

在某些情况下，即使履行了责任贷款义务，抵押贷款经纪人也可能未以客户的最佳利益行事。例如，即使一种房屋贷款产品对客户而言“并非不合适”，向客户推荐该种产品可能也不符合客户的最佳利益。

---

〔1〕 参见《监管指南》（273号）第105～111条。

〔2〕 参见《监管指南》（273号）第112～115条。

〔3〕 参见《监管指南》（273号）第116～122条。

〔4〕 参见《监管指南》（273号）第123～128条。

〔5〕 参见《监管指南》（273号）第129～132条。

〔6〕 参见《监管指南》（273号）第133～143条。

信贷提供者和产品的范围

第 112 条 抵押贷款经纪人必须确保其可用的和推荐的信贷产品能使其充分履行对客户的最佳利益义务。了解市场上可用产品及其功能，并定期将它们与已有的可用或推荐的产品及其功能进行比较，以使抵押贷款经纪人确定的顾问小组和认证评估足以让抵押贷款经纪人履行对客户的最佳利益义务。

第 113 条 抵押贷款经纪人应当获得一个合理的有代表性的信贷提供者小组的认可。根据抵押贷款经纪人所在市场的不同，信贷提供者的数量可能会有所不同。例如，如果抵押贷款经纪人在信贷提供者和产品数量较少的市场中开展业务，则小组的成员可能会更少。抵押贷款经纪人应当能够根据自己的判断来确定小组的组成是否能让抵押贷款经纪人足以履行对客户的最佳利益义务。

第 114 条 抵押贷款经纪人无须向小组以外的人员推荐特定产品。如果客户对汇总商的营销资料中的其他信贷提供商的产品感兴趣，但抵押贷款经纪人无法联系到该提供者，那么抵押贷款经纪人应当将这一情况告知客户。

第 115 条 抵押贷款经纪人如果不能确保其可用的或推荐的产品、信贷提供者足以让抵押贷款经纪人履行对客户的最佳利益义务，那么抵押贷款经纪人不得向该客户提供任何信贷帮助。在拒绝提供信贷帮助时，最好将该客户推荐给另一位抵押贷款经纪人，因为其他抵押贷款经纪人可能会更好地为他们提供信贷帮助。

何时履行义务

第 116 条 抵押贷款经纪人根据目前可用信息向客户提供信贷帮助时，需履行最佳利益义务。这些信息包括可预见的客户个人情况以及财务状况的变化。

第 117 条 抵押贷款经纪人之前是否向客户提供过信贷帮助都没关系。例如，如果抵押贷款经纪人建议客户继续使用其之前帮他们获得的房屋贷款，那么抵押贷款经纪人在提出该建议时就需要履行对客户的最佳利益义务。

第 118 条 最佳利益义务不需要抵押贷款经纪人对客户的情况进行“定期审查”或向其提供未来的信贷帮助，但好的做法是不时查看客户的情况。如果抵押贷款经纪人选择查看客户的情况，或者之前曾提供过信贷帮助的客户与抵押贷款经纪人进行联系，那么抵押贷款经纪人在此时提供的任何信贷帮助均应承担最佳利益义务。

第 119 条 抵押贷款经纪人不能在未考虑是否符合客户的最佳利益情况下，建议客户继续保有当前的信贷合同。《替代解释性备忘录》第 3.25 段指出：

如果经纪人建议客户保有他们当前的房屋贷款合同，以便他们可以再融资以购买更便宜的信贷产品，那么这可能是违反义务的，因为当他们的佣金被收回时，经纪人就不愿对信贷提供者承担责任。

第 120 条 对于可能正在考虑再融资的客户，抵押贷款经纪人应考虑与再融资有关的成本。

第 121 条 如果信贷支持流程受到延迟，则应在提出信贷建议或协助客户选择信贷产品前，考虑是否需要重新评估或进一步调查客户的情况。

第 122 条 在决定是否采取这些步骤时，抵押贷款经纪人应考虑：

（a）延误的时间；

（b）所考虑的信息是否相当及时、是否仍能反映客户的情况；和

（c）抵押贷款经纪人负责的借贷义务。

抵押贷款经理

第 123 条 抵押贷款经理是帮助客户获得信贷帮助的中介机构（有时甚至从信贷提供者处获得）。一些抵押贷款经理还与特定的信贷提供者约定可以帮助该提供者进行日常贷款管理。

第 124 条 但因抵押贷款经理之间业务模式存在差异，能否成为抵押贷款经纪人并履行最佳利益义务取决于他们的个人情况和业务结构。

第 125 条 在管理信贷合同以及处理与客户的日常关系时，抵押贷款经理可以行使信贷提供者的权利或履行其义务。例如，抵押贷款经理通常帮助客户完成贷款申请，并在贷款被批准后，代表信贷提供者来管理贷款、接受付款、签发对账单、监控违约并回答客户的询问。

第 126 条 为达到最佳利益义务的目的，如果某人就其提供信贷帮助的大多数信贷合同履行了信贷提供者的义务或行使了信贷提供者的权利，则该人不能被视为抵押贷款经纪人。

第 127 条 证券与投资委员会认为行使信贷提供者的某些权利或履行某些义务就足以使一个人（包括抵押贷款经理）不能被视为抵押贷款经纪人。

第 128 条 例如，不对贷款进行证券化或行使收款权的抵押贷款经理，如果他们在其提供信贷帮助的大多数信贷合同中行使信贷提供者的某些权利或履行其某些义务，则不能被视为抵押贷款经纪人。

风险定价

第 129 条 有些信贷产品在申请过程中可用利率已经确定。例如，个人贷款产品只有一个利率范围是公开可用的，特定利率根据客户的信用风险确定。

第 130 条 在与客户商讨信贷产品时，抵押贷款经纪人应向客户解释风险定价机制是如何运作的，并对客户的情况将会如何影响信贷提供者的决策进行一般性描述。抵押贷款经纪人需要解释信贷提供者通常会考虑的事项，包括：

（a）客户过去的信用使用情况；

（b）客户的就业状况和收入；和

（c）贷款是否需要抵押，其抵押是什么。

第 131 条 在考虑风险定价下的信贷产品是否符合客户的最佳利益时，抵押贷款经纪人应熟知公开材料中特定信贷提供者所提供的利率范围以及根据其从业经验进行判断。这会让抵押贷款经纪人能够为客户提供他们期待从信贷提供者那里获得的可估计的利率范围。

第 132 条 证券与投资委员会认为通过申请贷款的方式来确定贷款的报出价格可能不符合客户的最佳利益。比如，多个贷款申请可能会影响客户的信用记录，并降低未来信贷产品的可获得性或增加其成本。

其他须履行义务的情况

第 133 条 作为抵押贷款经纪人，最佳利益义务适用于抵押贷款经纪人提供的任一信贷帮助，不仅包括为有抵押贷款内容的套餐产品提供信贷帮助，还包括为任何独立信贷产品提供信贷帮助。

第 134 条 最佳利益义务不适用于非信贷产品（例如，保险产品）。如果抵押贷款经纪人向客户提供此类产品或相关服务，不得暗示抵押贷款经纪人将会承担最佳利益义务，否则可能会被视为构成误导或欺骗性的行为。

套餐产品

第 135 条 信用卡、个人贷款以及与抵押贷款捆绑销售的信贷产品都适用最佳利益义务。

第 136 条 客户的财务状况和个人情况可能会影响套餐产品中不同信贷产品的可用性。

第 137 条 在给客户提供建议时，应对套餐产品中的每种信贷产品进行辨别和考虑：

（a）这些产品将如何满足客户的需求、目标、优先事项和偏好；和

（b）是否（以及为什么）建议客户以套餐的方式购买该信贷产品以符合客户的最佳利益。

第 138 条 形成对上述问题的看法需要抵押贷款经纪人将套餐产品与客户可获得的其他套餐产品，以及与没有捆绑销售的独立房屋贷款进行比较。在某些情况下将套餐产品作为一个整体进行评估可能会有所帮助。

第 139 条 《替代性解释备忘录》第 3. 26 段指出：

经纪人在推荐套餐产品时，应确保其符合客户的最佳利益，而不是经纪人认为的可选择范围内的独立抵押贷款（如果有）或可替代的独立抵押贷款或套餐产品。在进行评估时，经纪人需要权衡客户的相关利益和风险，这可能取决于一系列因素（包括客户试图实现的目标以及套餐产品中不同组成部分的相对价值和重要性）。

第 140 条 抵押贷款经纪人不应仅以令人满意为标准向客户推荐套餐产品，而是应基于符合客户的最佳利益进行推荐，并且被推荐的产品应比其他可获得的套餐产品以及非套餐产品更合适。

超出专业领域的事项

第141条 作为抵押贷款经纪人，证券与投资委员会不会把抵押贷款经纪人对税务或其他超出抵押贷款经纪人专业领域的事项提供详细建议作为履行最佳利益义务的一部分。但是证券与投资委员会期待抵押贷款经纪人能够为每个客户提供有关产品功能的可用性及其价值的指导。

第142条 客户的税收状况或投资目标等诸如此类的问题可能与评估客户的个人情况有关。

第143条 如果有需要客户考虑的重大事项，且超出了抵押贷款经纪人的能力范围，则可以通过以下方式来提供信贷建议以确保符合客户的最佳利益：

（a）以具有适当专业知识和能力的人（例如注册税务师或财务顾问）向客户出具的意见为基础，在这种情况下，抵押贷款经纪人必须向客户明确表明抵押贷款经纪人只是假定他们提供的建议是适当的，而不是认可它；或者

（b）仅限于抵押贷款经纪人能力范围内提供建议，在这种情况下，抵押贷款经纪人必须采取措施使客户知悉在遵循抵押贷款经纪人的建议之前，他们应向具有适当专业知识和能力的人寻求建议。

D 相关义务

要点

本节针对以下方面制定了指南：

· 冲突优先规则，该规则要求抵押贷款经纪人在发生利益冲突时优先考虑客户的利益；

· 抵押贷款经纪人需保存记录以证明其履行最佳利益义务；

· 信贷被许可人的义务，以确保他们的代表履行最佳利益义务；和

· 反避税条款。

冲突优先规则

第144条 抵押贷款经纪人应当优先考虑客户的利益，如果抵押贷款经纪人知道或应当知道客户利益与以下主体的利益之间存在冲突：

（a）信贷被许可人；

（b）信贷代表；

（c）被许可人的同事；

（d）信贷代表的同事；

（e）被许可人的另一名代表；或者

（f）被许可人的另一名代表的同事。

第 145 条 《替代解释性备忘录》第 3.28 段指出：

除了新的最佳利益义务外，新法律还要求抵押贷款经纪人解决有关客户利益方面的冲突。

……该要求基于《2001 年公司法》第 961 条的规定，该要求对财务顾问同样适用。

第 146 条 为了遵守冲突优先规则，抵押贷款经纪人需要首先明确自己或其关联方的利益，然后考虑在同等情况下但没有利益冲突的抵押贷款经纪人将会如何行事。

第 147 条 冲突优先规则意味着抵押贷款经纪人不得推荐为抵押贷款经纪人自己、抵押贷款经纪人的信贷被许可人或其他关联方带来额外收入的产品或服务，除非这样做也符合客户的最佳利益。

第 148 条 抵押贷款经纪人在有利益冲突的情况下无法优先考虑客户的利益时，则不得提供信贷帮助。

第 149 条 与最佳利益义务一样，每次向客户提供信贷帮助时，冲突优先规则均适用。

第 150 条 冲突优先规则与《国家信贷法》第 47 条规定的一般义务共同适用于所有信贷被许可人以解决利益冲突。

角色冲突

第 151 条 抵押贷款经纪人及其关联方可能在同一或相关交易中扮演多个角色。根据交易的不同，这可能会导致两个或多个收入来源之间的冲突。

第 152 条 可能会引起角色冲突的关联方包括：

（a）律师/办理不动产等让与事务者；

（b）会计师；

（c）财务策划师；

（d）房地产开发商/供应商；或者

（e）房地产经纪人。

第 153 条 在可能获得多种收入来源的情况下，抵押贷款经纪人在提供信贷帮助时，仍需确保在与客户的利益发生冲突时要优先考虑客户的利益。

关联方或信贷提供者之间冲突

第 154 条 冲突优先规则意味着，在提供信用帮助时抵押贷款经纪人不得让自己及其关联方的利益超过客户的利益。

第 155 条 这需要抵押贷款经纪人考虑可能会存在的某些利益冲突。《替代解释性备忘录》第 3.29 段指出：

优先考虑客户利益的义务不限于抵押经纪人已知的利益冲突。抵押贷款经纪人应采取积极措施，以查明第《国家信贷法》第 158 条 LB 章节涵盖的所有利益冲突，以最大程度地降低违规风险，包括因与第三方建立商业关系而可能产生的义务。

第156条 需要考虑如果客户按照抵押贷款经纪人的信贷帮助行事，信贷被许可人、信用代表或其他关联方将获得什么好处（如果有的话），这可以帮助抵押贷款经纪人确定是否存在利益冲突。

第157条 抵押贷款经纪人使用的系统是遵守冲突优先规则的重要组成部分。系统本身应是没有偏见或冲突的，即产品推荐或汇总软件不应设有内置的信用提供者或产品偏见。

第158条 抵押贷款经纪人应告知客户有关所有权结构或其他商业关系可能会影响其所提供的信贷帮助。但抵押贷款经纪人不能仅通过披露利益冲突或征得客户同意来遵守冲突优先规则。[1]

第159条 信贷提供者支付的佣金可能会引起利益冲突。违背冲突优先规则的情形包括基于佣金的以下产品推荐：

（a）高于替代贷款利息的贷款产品；

（b）客户认为不重要的或不符合其最佳利益的贷款产品；或者

（c）特定信贷提供者向大部分客户提供的贷款产品，但与客户的特定需求无关。

第160条 冲突优先规则并不总会禁止抵押贷款经纪人推荐关联方的信贷产品。但如果存在利益冲突，那么抵押贷款经纪人应在向客户推荐办理某种信贷产品或提高其信用额度时，保存相应的论证记录（关联方受益情况下）。

第161条 抵押贷款经纪人应确保所有的建议都将客户利益作为首要考虑因素。如果抵押贷款经纪人将最大化或收取非源于客户的报酬置于客户利益之上，这将违反冲突优先规则。

记录保存

第162条 抵押贷款经纪人可以保存抵押贷款经纪人提供信贷帮助时的记录，包括抵押贷款经纪人询问客户个人情况的记录以及抵押贷款经纪人在推荐信贷产品时的考虑、调查和评估。

第163条 上述记录能够清楚地显示抵押贷款经纪人是如何履行最佳利益义务的，良好的记录将帮助抵押贷款经纪人证明抵押贷款经纪人已履行这些义务。

第164条 法律可能还要求抵押贷款经纪人保存与其他义务有关的信息，因此保有良好的记录可以帮抵押贷款经纪人证明抵押贷款经纪人已履行了多项义务。[2]

第165条 通常，抵押贷款经纪人保存包含以下内容的记录：

（a）可以提供给客户的责任贷款评估书的副本，以及准备评估书的文件和信息（如果需

---

〔1〕 如果合同条款（或其他安排）试图免除《国家信贷法》第158条LB章节或第158条LF章节s334中的任何义务，则该约定无效。

〔2〕 参见《监管指南》（273号）第209条D节以及与产品设计和分销义务有关的记录保存要求。

要的话）……[1]

第 166 条 抵押贷款经纪人保存的记录类型以及范围可以根据抵押贷款经纪人向客户提供的建议和帮助而会有所不同。

第 167 条 可采用多种记录形式（不一定是书面的）。例如，它们可以包括：

（a）用于作出信贷产品推荐的文件；

（b）档案记录，包括对话记录；

（c）信件；

（d）工作文件；

（e）产品以及功能对比工具的输出记录，包括图形化展示和计算器；

（f）询问客户个人情况时使用的事实调查文件；

（g）录音；和

（h）使用合规系统的证据（包括信贷被许可人建立的任何合规系统），例如：

（i）培训材料；

（ii）参加培训人员名单；和

（iii）通话记录；和

（iv）抵押贷款经纪人是如何遵守这些制度的证据。

第 168 条 这些记录应保存多长时间取决于贷款期限、仅还利息期以及客户是否再融资等因素。抵押贷款经纪人应根据自己的经验来判断信贷产品的性质，并决定是否应将文件保存更长的时间。短期保存记录将使抵押贷款经纪人面临无法证明自己是否履行义务的风险。

第 169 条 在整个过程中时刻进行记录（同时）并保存记录可能会帮助抵押贷款经纪人在每个相关的时间点准确地记录抵押贷款经纪人的想法和论证，仅在结束时撰写说明并创建记录可能不如同期记录那样有效。

第 170 条 由于提供信贷帮助通常不是一个线性过程，因此准备一个简洁的叙述性摘要（将抵押贷款经纪人保存的各种记录联系起来）可能会有所帮助。叙述性摘要可以是概述推荐特定产品的原因、客户做出的决定以及抵押贷款经纪人在整个过程中为了实现客户最佳利益而采取的有效措施，它应基于证据并应附有同期记录。

第 171 条 抵押贷款经纪人不需要对市场每一种替代产品都作出未考虑或未推荐的说明。只需区分产品或功能的类型即可，而不用逐项排除每个产品。

第 172 条 在某些情况下，记录抵押贷款经纪人不推荐某一种产品或某种类型产品的原因将有助于证明自己已履行最佳利益义务。例如，如果某种产品或某种类型的产品有可能符合客户的最佳利益，那么抵押贷款经纪人可以记录不推荐的原因。

---

[1] 参见《监管指南》（273 号）第 209 条 D 节。

信贷被许可人的义务

第173条 信贷被许可人必须采取合理措施确保其作为抵押贷款经纪人的信贷代表遵守最佳利益义务和冲突优先规则：即《国家信贷法》第158条LE章节和第158LF章节。这包含被许可人帮助其抵押贷款经纪人遵守最佳利益义务的过程。

第174条 措施是否合理取决于经纪人业务的性质和规模以及他们与被许可人的关系。

第175条 在确定所采取的措施是否合理时，被许可人应考虑抵押贷款经纪人不遵守的可能性以及该不遵守行为可能造成的损害。

第176条 利用技术可能有助于证明被许可人已采取了合理措施来确保其代表合规。有用的技术可以是实时监控和自动分析代表在提供信贷帮助时的趋势。

第177条 这些义务要求被许可方采取合理措施来防范违规行为，而不是在发生违规行为后简单地应对：请参见《替代解释性备忘录》第3.31段。[1]

第178条 因此，抵押贷款经纪人不会因被许可人未采取合理措施而违反最佳利益义务。

第179条 为了履行这一义务，信贷被许可人可以：

（a）确保其抵押贷款经纪人受到足够的培训以及具备胜任能力［有关被许可人的信贷代表的培训和能力方面的一般要求，参见《监管指南》（273号）第206条］；

（b）提供系统、指南和其他材料，以确保经纪人了解并履行其最佳利益义务；

（c）监督遵守情况（注意，根据这些因素和被许可人可获得的其他信息，方法和频率可能会有所不同）；和

（d）确保保存适当的记录，以证明抵押贷款经纪人遵守最佳利益义务以及被许可人已采取合理措施。[2]

反避税条款

什么是反避税？

第180条 反避税条款的效果是，个人不得在以下情况下独自或与他人订立或开始实施一项计划：

（a）他这样做是将避免适用《国家信贷法》Pt 3－5A规定作为唯一的或非偶然的目的；和

（b）该计划或该计划的一部分已经实现或将要达到上述目的。

第181条 如果发现某人违反《国家信贷法》第158条T章节，则可能要承担民事罚款。

---

〔1〕 法院还以这种方式解释了金融服务被许可人的相似义务，根据《2001年公司法》（《公司法》）第961条采取合理措施：参见澳大利亚证券和投资委员会 v AMP 财务规划有限公司［2018］FCA 1708［105］。

〔2〕 参见《监管指南》（205号）E节。

第 182 条 反避税条款旨在确保纳税人不能通过行业或交易结构来达到规避“抵押贷款经纪人改革方案”的政策意图。

第 183 条 《国家信贷法》第 158 条 T 章节可能潜在地适用于广泛的情形（例如，任何合同、协议、计划、提议、行动方案）。

执行反避税条款的措施

第 184 条 在执行反避税条款时，证券与投资委员会更有可能审查那些看似没有商业目的的方案，而不是避免履行最佳利益义务以及冲突优先规则和薪酬冲突条款。

第 185 条 证券与投资委员会不太可能审查在日常业务过程中进行的正常商业计划。

第 186 条 证券与投资委员会也不太可能对为遵守禁止薪酬冲突的规定而真正达成的安排而采取行动。

英国禁止向散户销售涉及加密资产投资产品的监管政策（节选）*

钱 程 李 洁 译

1 概要

1.1 2019年7月，我们发布了《〈禁止向散户销售涉及加密资产投资产品的监管政策〉征求意见稿》（CP）19/22。我们就禁止向散户营销、分销及销售涉及某些类型加密资产的衍生品和交易所交易票据（ETN）的规则进行了意见征询。“散户”概念参照《商业行为准则》（COBS）第3.4条中的“散户”。

1.2 本次征询履行了我们在2018年10月发布的《加密资产特别工作组报告》中的承诺。特别工作组（CATF）由财政部、金融行为管理局（FCA）和英格兰银行组成。

1.3 本政策声明总结了我们收到的咨询反馈。本声明阐明了我们最终的政策立场和将于2020年10月28日生效的规范手册。

1.4 在考虑了反馈意见之后，我们正在确认经过意见征询的规则，并对其进行一些小的技术性的修改。

1.5 自2020年1月31日英国脱离欧盟以来的过渡期结束后，本规则将于2021年1月6日生效。因此，我们对规则进行了修正以反映过渡期的结束，并确

---

* 《禁止向散户销售涉及加密资产投资产品的监管政策》由英国金融行为管理局于2020年10月6日发布。

保该规则将继续适用于本应受该规则约束的相同公司。由于发布本政策声明的时间有所延迟，我们在制定规则后修改了该规则的生效日期，以使企业有更多时间为它们做准备。

谁将受到影响

1.6　我们的建议将直接影响：

- 发行或创造涉及加密资产产品的公司；
- 分销涉及加密资产产品的公司，包括经纪商、投资平台和财务顾问；
- 销售涉及加密资产产品的公司；
- 交易场所和平台的运营商；
- 散户和消费者组织。

1.7　这是一个不完全列表，并且本政策声明可能与其他利益相关者存在关联，包括受监管者和不受监管者。

本政策声明的更广泛背景

我们的征询

1.8　我们在 CP19/22 中概述的关注点与 CATF 报告一致。我们认为，散户无法可靠地评估涉及某些加密资产的衍生品和 ETN 的价值和风险。这是由于：

- 基础资产的性质，这些基础资产没有内在价值，因此不同于具有实际用途、承诺未来现金流或作为法定货币的其他资产；
- 加密资产市场中存在市场滥用和金融犯罪（包括在加密资产平台发生的网络盗窃）；
- 加密资产价格极易波动；
- 散户对加密资产的了解不足，并且缺乏对涉及加密资产的投资产品的明确投资需求。

1.9　因此，我们认为如果散户购买这些产品，他们将遭受潜在的突然意外损失的伤害。

1.10　这项禁令推动了我们确保为消费者提供适当程度保护的目标，并支持了我们保护和增强英国金融体系完整性的目标。

1.11　我们禁止在英国或从英国向所有散户营销、分销及销售涉及某些不受监管的、可转让的加密资产的衍生品和 ETN。

新冠肺炎疫情

1.12　新冠肺炎疫情正对公司和整个经济产生重大影响，我们基于当前情况考虑了现在是否实施禁令的合适时机。禁令旨在解决的危害风险并未因新冠肺炎疫情而消失，我们认为仍有必要制定规则以保护消费者。但是，我们推迟了本政策声明的公布和实施日期，以避免在公司受新冠肺炎疫情影响最严重的期间，对其强加额外的实施工作。

1.13　自 2020 年 3 月以来，我们不断看到加密资产市场出现极端波动，这与其他时期的加密资产价格波动保持一致。我们对不受监管的可转让加密资产所带来的危害的分析没有改变。

如何衡量成功

1.14　如果我们减少购买加密衍生品对散户的伤害，我们的干预将是成功的。

1.15　我们更新了成本效益分析，以纳入自 CP19/22 以来获得的有关客户情况的其他数据。我们现在估计，禁止向散户营销、分销及销售加密衍生品，每年可以减少总计 1900 万至 1.01 亿英镑的消费者损失。根据更多的客户数据，作为反馈的回应，在更长的时间内，预期收益低于我们在 CP19/22 中估计的减少 7500 万英镑至 2.343 亿英镑的消费者损失。在很大程度上，损失减少是由于欧洲证券及市场管理局（ESMA）和 FCA 对差价合约交易施加的杠杆限制。

反馈摘要和我们的回应

1.16　征询于 2019 年 10 月 3 日结束，我们收到 527 份回复，这些答复来自公司、贸易机构、散户和欧盟国家主管部门（NCAs）。

1.17　受访者关注：

- 我们的论点，即加密资产不具有内在价值，且散户无法可靠地对其进行估值；
- 禁止是否符合比例，以及其他限制性较小的措施是否可以实现我们的政策目标；
- 作为支撑的成本效益分析。

1.18　本政策声明的第 2 章总结了我们收到的反馈和我们的回应。附录 1 列出了我们的最终规则。

平等和多样性考虑

1.19　有人对我们的平等影响评估发表了评论。他们认为由于加密资产投资者并非衍生品投资者，主要是男性且年龄在 20 岁至 44 岁之间，因此该政策将对年轻的男性消费者产生不成比例的影响。

1.20　尽管年龄和性别是《平等法》规定的相关保护特征，但此信息并未改变我们的评估。禁止加密衍生品是为了保护所有散户，因此将适用于所有投资者，无论其受保护的特征如何。

1.21　我们就这些改变对具有受保护特征的影响所作的评估，与征求意见稿 CP19/22 保持不变。我们认为该政策不会对任何具有受保护特征的群体产生不利影响，包括年龄、残疾、性别、婚姻或民事伴侣关系、怀孕。

接下来的步骤

接下来您需要做什么

1.22　如果您的公司在英国境内或从英国向散户进行有关零售产品的营销、分销或销售活动，则您必须在 2021 年 1 月 6 日之前停止这些活动。

1.23　目前持有资产的散户可以在禁令后继续投资，直到他们选择撤资。对此没有时间限制；并且除非消费者要求，我们不要求或期望公司平仓投资者的头寸。

1.24 该规则适用于：

• 适用欧洲金融工具市场指令（MiFID）的投资公司，包括适用资本要求指令（CRD），在英国境内或从英国向散户营销、分销或销售加密衍生产品的信贷机构；

• 在英国境内或从英国向散户营销、分销或销售加密衍生品的 MiFID 可选豁免公司；

• 在英国境内或从英国向散户营销、分销或销售加密衍生产品的第三国投资公司的英国分支机构；

• 欧洲经济区目前进入英国并在 2021 年 1 月 6 日之后根据临时许可制度或金融服务合同制度继续在英国经营的 MiFID 投资公司。2020 年 1 月 31 日，英国签署了脱欧协议，退出了欧盟。英国脱欧已进入过渡期，该过渡期将一直持续到 2020 年 12 月 31 日。过渡期结束时，目前已进入英国并希望继续在英国运营的欧洲经济区公司将受到临时许可制度或金融服务合同的约束（包括受监督的径流公司和合同径流公司）。我们希望我们的规则适用于这些公司，就像适用于其他公司一样。

1.25 我们提醒英国和第三国投资公司，FCA 对涉及加密资产或以加密资产为基础的衍生品（加密衍生产品）的交易、安排、咨询等相关活动进行监管。在英国进行这些受监管的活动通常需要获得授权。

接下来我们将做什么

1.26 我们希望公司遵守禁令。我们在这方面的监管将重点放在：

• 试图通过以下方式规避新规范手册的影响：

——不当地将散户归类为可选择的专业客户；

——将散户转移至关联的非英国实体。

1.27 根据临时许可制度获得准入牌照公司的经营行为我们将根据《欧盟金融工具市场监管条例》第 42 条第 6 款持续审查这一禁令。如果我们看到有力的证据表明加密资产市场已经发生变化，从而实质性地解决了我们所确定的危害的影响因素，我们将考虑是否有必要审查该禁令。

2 我们对咨询反馈的回应

2.1 在 CP19/22 中，由于我们对这些投资可能造成的实际和潜在危害的担忧，我们要求就禁止在英国或从英国向散户销售、营销和分发加密衍生品的建议征询意见。

2.2 我们从一系列利益相关方处收到了 527 份对咨询的答复，这些利益相关方包括：

• 销售加密衍生品的公司；

• 发行加密 ETN 的公司；

• 提供加密衍生品和不受监管的加密资产的交易场所；
• 涉及加密资产的公司；
• 代表加密资产公司的交易主体；
• 代表受监管交易场所的交易主体；
• 代表律师事务所的组织；
• 国家主管部门（NCA）；
• 个人，包括散户、法律专业人士和学者。

2.3 大多数受访者（97%）反对我们的提议，认为：

• 加密资产具有内在价值；
• 散户有能力评估加密资产；
• 禁令不符合比例原则，并且其他措施可以实现我们的目标；
• 我们的成本效益分析不能准确代表禁止向散户销售加密衍生品的成本和收益。

2.4 我们对征询反馈的回应仅适用于在我们拟议禁令范围内、涉及不受监管的可转让加密资产的产品。本回应与处于监管范围内的证券型代币（符合指定投资条件的代币）无关。涉及证券型代币的衍生品不在我们的禁令范围之内。

加密资产的内在价值

2.5 在CP19/22中，我们概述了为什么我们认为不受监管的加密资产没有内在价值。它们不同于具有实际用途、承诺未来现金流或作为法定货币的其他资产。

2.6 我们得出结论，即作为散户投资的参考资产，加密资产是不透明、复杂且不可靠的。

2.7 一些受访者认为某些加密资产具有内在价值，因为：

• 被接受为商品和服务的付款方式，尤其表现在星巴克和微软通过Bakkt［一家由美国洲际交易所（ICE）支持的美国加密资产公司］提供的服务支持比特币付款；
• 在许多交易所都可以轻松兑换法定货币；
• 供应有限，可以像黄金一样充当潜在的价值储存手段。

我们的回应

我们承认，一些公司接受加密资产作为付款方式。这些公司以法定货币对其商品和服务进行定价，并在出售时将价格转换为比特币。实际上，法定货币仍然是基本交易媒介。国际清算银行（BIS）指出，加密资产无法可靠地提供货币的标准功能，因为它们目前波动太大，以至于无法作为价值标准。要使它们在购买商品和服务时被广泛接受，必须降低波动性。

我们不认为加密资产能够以法定货币兑换等于其具有的内在价值。我们仍然认为，加密资产的价格取决于市场情绪和投机行为。因此，未来的估值是非常主观的。下面，我们提供了支持该观点的数据分析。这是因为，基于股息/票息和生产消费材料的使用的假设，加密资产通常没有一致的估值。

我们认识到存在这样的论点，即某些加密资产将来可能会充当价值储存手段。要成为真正可靠的价值储存手段，我们认为这些加密资产需要证明它们不容易出现现有的交易代币（如比特币和以太坊）目前所表现出的波动水平。与社会、经济、文化和实际使用有关的因素目前对加密资产并不有利，而这些因素已经使黄金等其他资产成为价值储存手段。

我们认识到散户可能会为加密资产赋予主观价值。但是，这并不意味着他们可以可靠或一致地对加密资产或涉及它们的衍生品进行估值。

在 FCA 沙盒中的受控环境中接受加密资产产品测试的企业已经表明，某些加密资产（并非其衍生产品）可以减少成本和交易时间，尤其是对于跨境支付。我们认识到，加密资产在某些情况下可以使消费者获益。我们将继续通过诸如“直接支持”和“沙盒”等创新支持功能来帮助企业发挥这些功能，加密资产有可能为消费者和市场带来利益。我们还将继续考虑，在管理与某些加密资产相关的危害的同时，我们的监管框架是否允许合法使用加密资产。但是，这些潜在的好处并不意味着不受监管的加密资产目前是适当的用于为拟出售给散户的衍生品定价的基础资产。

加密资产的估值

2.8　我们表示，散户无法可靠地对加密资产进行估值，因为它们没有内在价值，而且估值模型输入是主观的，变化很大，这导致了估值的显著差异。如果没有可靠的估值模型，散户就不可能可靠地对加密衍生产品进行估值，这会导致意外损失的风险很高。

2.9　CP19/22 包含了支持我们的观点的分析，即散户无法准确地对加密资产和涉及加密资产的衍生产品定价，包括：

• 各交易所之间的价格错位：交易所数据显示，在 14 天的时间内，各交易所之间的比特币价格存在显著差异；

• 不同加密资产之间的相关性：数据显示了不同加密资产价格之间的高度相关性，这一结论支持我们的观点，即加密资产价格是由投机行为和市场情绪驱动的，而非诸如使用或技术发展等经济因素；

• 证明投机行为的数据：Google 趋势数据（用作散户对加密资产的兴趣的指标）显示，比特币和以太币的价格与 Google 对这些加密资产的搜索频次之间存在很强的相关性。

2.10　行业机构、交易所以及加密衍生品和 ETN 的制造商表示，我们没有充分考虑估值模型。他们不同意我们的观点，认为散户能够准确地评估加密资产。为了证明这一点，他们提供了有关加密资产研究和评估方法的各种示例。他们认为，这表明加密资产可以像其他资产一样估值，而这是我们允许出售给散户的衍生品的参照标准。

2.11　同一受访者表示，加密资产的波动并不意味着散户无法对其进行估值。他们还说，我们不应该以波动为由禁止加密衍生品，因为我们允许公司向散户出售波动幅度相同或更高的产品。如果能够可靠地对加密资产进行估值，那么应该将加密衍生产品与其他“高风险”资产同等对待。也就是说，要求加密衍生品受到杠杆限制并强化披露要求。

2.12　一家公司表示，散户与机构投资者一样具有评估加密资产的能力。其他受访者也表示，散户无法可靠地对外汇衍生品进行估值。

2.13　一些公司争辩说，我们证明加密资产无法可靠估值、且受投机行为驱动所使用的数据是不准确且没有代表性的，因此具有误导性。他们引述道：

●交易所之间的价格错位：我们用来证明交易所之间的加密资产价格差异的数据不具有代表性，因为我们所使用数据的来源交易所信誉不佳。他们说，我们不应该依赖来自被怀疑发布不正确交易量的交易所样本的数据。一位受访者表示，14 天的时长（2017 年 12 月 10 日至 24 日）太短了，不足以代表加密资产市场的表现；

●加密资产价格之间的相关性：显示出同一行业内市场之间的相关性，并不能证明市场是由投机行为而非经济因素驱动的。他们表示，如股票指数（如富时 100 指数和标准普尔 500 指数）也是高度相关的；

●关于投机行为：三家公司表示，谷歌趋势数据并不能证明加密资产的价格是由投机行为驱动的，因为我们无法证明因果关系。这些受访者表示，目前还不清楚是高价格导致谷歌的搜索量增加，还是谷歌的搜索量增加导致价格的上涨。另一位受访者认为，投机行为在运转良好的金融市场中是正常的，并实现价格发现。

我们的回应

我们分析并考虑了已提供的替代估值模型。该模型使用各种技术和因素来评估加密资产，包括不同的主观输入，这表明没有明确的指标能够可靠地预测加密资产的价格。对于统一的加密资产，这些模型产生的估值范围从 0 美元到 50,000 美元不等。因此，受访者提供的模型支持了我们的结论：加密资产无法可靠地估值。

我们认识到，在可靠地评估加密资产方面，专业客户将面临与散户相同的困难。但是，正如 CP19/22 中所述，我们认为专业客户和机构投资者通常会对风险有更深入的了解，并有更大的能力承受潜在的投资损失。因此，我们不会将禁令扩展到专业客户。

我们认识到，散户很难对外汇衍生品进行估值。但是，有一组客观的估值因素（例如，利率、贸易流量和经济增长）会影响其估值。这些因素不以相同的方式适用于加密资产。

我们已经考虑了针对用来证明加密资产无法可靠估值的数据的反馈。然后，我们进行了以下额外的分析：

·各个交易所之间的价格错位：为回应这些反馈，我们对其他交易所作了进一步分析，以帮助我们考虑价格错位的问题，并使用受访者所认为的更能反映实际的交易价值的一系列交易所提供的数据。我们进行了进一步的分析，以研究 2016 年 1 月至 2019 年 12 月五个不同交易所之间的价差。我们之所以选择了这些交易所，是因为它们均已通过区块链验证。区块链透明性研究所（BTI）负责测试从交易所收集的数据的准确性，并监控清洗交易事件。这一额外的分析加强了我们在 CP19/22 中得出的结论，即在给定的一天中，在最高价位时价差之间存在很大的差异。从 2016 年 1 月至 2019 年 11 月，我们观察到样本交易所之间出现了相似的价格持续错位时期，交易所之间的价差超过 1500 美元。交易所之间价格的显著差异支持了我们的结论，即加密资产无法可靠地估值；

·加密资产价格之间的相关性：我们分析了较长时间内（2016 年 1 月至 2019 年 12 月）上述五家交易所的数据。这些数据表明，在连续 30 天的时间内加密资产之间存在高度相关性，并且相关性随着时间的推移而增加。

我们认为股票指数（例如，富时 100 指数和标准普尔 500 指数）之间的高度相关性不是适当的比较，因为它不能解释加密资产之间的相关性。股票指数高度相关的部分原因是它们的涨跌将取决于共同的经济因素，如利率和增长前景。但是，个别股票可能会因各公司特有的因素而产生差异，如对其产品的需求和相对竞争力。由于加密资产因其基础技术而不同，但又在同一个市场上竞争，因此，如果估值基于经济因素，我们可以预期加密资产价格基于其使用范围的不同而致更大的价差。

关于使用谷歌数据证明加密资产价格是由投机行为驱动的，我们认为得出以下结论是合理的：

·谷歌趋势数据可以很好地反映散户对比特币的兴趣。谷歌搜索显示消费者参与度，可能包括背景研究、价格信息或寻找交易所购买加密资产等不同形式；

·比特币的谷歌搜索记录证明了散户的兴趣与比特币价格提高和交易量增长有关。英国《金融时报》称为“投资狂热”，价格上涨和收益报告鼓励更多的散户参与；

·比特币更高的价格和更高的投资者回报产生了更多的媒体曝光和更高的零售投资兴趣，这导致了 2017 年 12 月的价格泡沫。数据显示，当比特币价格开始下跌后，此前保持高速增长的比特币搜索量立即迅速下降。

挪威科技大学商学院 FrodeKjaerland 教授的分析支持了我们基于使用谷歌数据得出的关于投机行为的结论。他总结道，“基于我们的完整模型和简化模型，过去的价格表现、投资者的乐观程度和谷歌搜索量在解释比特币价格时都起着重要作用。”

我们认为，总体来说，谷歌数据以及 CP19/22 第 3. 15 段和第 3. 16 段中引用的更广泛的证据是支持我们的观点的，即加密资产价格是由投机行为驱动的，这使得消费者难以对其进行可靠的估值。

我们最近发表的一项消费者研究证实了这一点。该研究发现，47% 的受访消费者将购买加密资产的行为视为“一场可能赚钱也可能赔钱的赌博”，相比之下，2019 年的消费者研究中这一比例仅为 31% 。而 22% 的受访者购买加密资产是因为害怕错过机会。这表明，大多数散户并不是出于合法投资需求而投资加密资产。

金融犯罪风险、市场滥用风险和操作风险

2. 14　CP19/22 表示，加密资产市场的完整性和市场信心会影响持有加密衍生品的散户，因为其价值直接受到基础代币价格突然贬值或价格错位的影响。

2. 15　我们认识到，第五号反洗钱指令（SAMLD）将有助于降低加密资产匿名性带来的洗钱风险，但不会减轻其他金融犯罪风险，如滥用交易或对未受监管代币的网络盗窃。

2. 16　这些产品的行业机构、交易所和制造商质疑我们有关金融犯罪的主张，认为：

- 随着时间的流逝，金融犯罪事件有所减少，部分原因在于加密资产交易所改善了市场监督；
- 与清洗交易（市场上发生误导和人为活动）相关的交易数量正在减少；
- 提出的证据并不支持我们关于金融犯罪影响加密资产价值的结论。

我们的回应

我们已经考虑到金融犯罪和市场滥用正在减少的反馈。从 2018 年到 2019 年，经报告的黑客和盗窃事件减少了 66%。但是，根据 CipherTrace 的报告，同期由于欺诈和侵吞而导致的加密货币用户和投资者损失增加了 533%。有关行业评论认为，加密货币市场中的清洗交易正在增加，无论实际趋势如何，清洗交易问题仍然很重要。我们认为，我们的分析证据表明，金融犯罪（例如，交易所被黑客入侵）会影响加密资产价格。例如，于 2015 年 1 月 3 日公开的 Bitstamp 遭受入侵导致比特币价值下降了 15%。最近，于 2019 年 8 月，比特币价格在 Binance 遭黑客攻击后下跌了 5%，当时价值约 4000 万美元的比特币被盗。基础代币价格的这些突然变化将反映在涉及它们的衍生品价值的相应变化中。

加密衍生品不符合合法投资的要求

2. 17　CP12/22 中写明，加密衍生品不符合合法投资的要求，并且大多数散户因买卖此种产品而遭受损失。

2. 18　受访者强调了加密衍生品的潜在合法用途，包括：

- 对冲交易：直接投资于基础加密资产的投资者使用加密衍生品对冲市场波动；
- 避免托管产生的问题：加密衍生品向基础资产提供风险敞口，避免了第三方托管所产生的问题。这消除了欺诈和盗窃的风险，同时，ETN 通过与经授权的公司交易降低了交易对手风险；
- 提供流动性较高的市场渠道：与基础加密资产市场相比，衍生品市场通常具有较高的流动性；
- 使用杠杆：差价合约和期货交易向散户提供了现货交易市场中所没有的杠杆。

2. 19　一家受监管的交易所和一位散户受访者提到，加密衍生品市场对加密资产市场中的有效价格形成过程起着重要作用。禁止加密衍生品市场的零售交易将会对这一功能产生破坏。

2.20　散户提到，波动性和高回报的预期吸引了投资者，禁令将使他们无法在这些市场交易。这表明了散户出于获取利润的目的，利用加密衍生品的价格波动进行投机。

我们的回应

我们仍然认为加密衍生品不符合合法投资的要求。经研究，我们作出如下回应：

• 对冲交易：我们注意到一些散户会使用加密衍生品来对冲基础加密资产市场的风险，但这并不普遍。散户的反馈表明，加密衍生品主要被用于近似于赌博的投机性用途；

• 避免托管中的问题：我们注意到加密衍生品使得投资者可以规避因投资基础加密资产而伴随的加密资产被窃取和丢失密钥的风险。我们不认为这利大于弊，这种利益同样也不会超过禁令对散户的预期好处（详见新版成本效益分析）。我们仍然认为未受监管的数字资产风险极大，不鼓励投资者将其看作是投资产品；

• 提供流动性较高的市场渠道：我们注意到一些衍生品市场的流动性可能比基础现货市场的流动性高。但是，更高的流动性无法解决散户对加密衍生品估值能力低的问题，也无法降低我们所提到的大多数投资者交易这些产品时所受的损失；

• 使用杠杆：在杠杆可能会带来成倍收益的同时，杠杆有时也会带来成倍的损失。在CP18/38《限制与散户交易的产品及对其他零售衍生产品的讨论》中，我们就杠杆对散户的影响进行分析得出结论，较低的杠杆率能够降低交易损失。这一结论进一步支持了我们对加密资产差价合约、加密 ETN 的客户数据进行的分析（详见新版成本效益分析）。

• 价格形成：我们发现衍生品在加密资产价格形成中的作用有限。这一有限作用不能改变我们的看法，即我们认为加密资产没有内在价值并且无法可靠地估值。

禁令的合比例性

2.21　CP19/22 解释了我们不认为现存的法规有效地消除了加密衍生品的危害。考虑过其他较为宽松的管制政策措施后，如限制市场，我们认为有必要采用禁令来消除这种危害。

2.22　我们也考虑过《欧盟金融工具市场监管条例》中的第42条以及《〈欧盟金融工具市场监管条例〉授权条例》的第21条第2项的全部适用条件，我们判断面向散户营销、分销和销售加密衍生品会引起重大的投资者保护问题，并且确认其他的相关条件已经满足（见CP12/22 中第3.4段至第3.6段）。

2.23　我们对禁令用于所有涉及未受监管的可交易的加密资产的衍生品（例如，差价合约、期权和期货）以及 ETN 进行意见征求。我们认为所有的加密衍生品对于散户来讲都是有害的，因为散户没有能力对其进行评估。尽管由于出售通常不加杠杆而导致风险降低，我们认为加密的 ETN 也对衍生品构成类似的风险。我们曾见到过欧洲市场中目前可供交易的少量产品造成的不良影响。

关于现有法规消除危害问题的争论

2. 24　有一些受访者，包括某 NCA、数个提供加密衍生品的行业协会和公司，提出现有法规已经提供了足够的投资者保护。现有法规涵盖《欧盟金融工具市场指令 II》的经营守则，包括产品管理规定、信息披露规定以及招股说明书规定下的上市规则、欧盟基准利率监管规定（BMR）。

2. 25　有一家受访公司提到，欧盟基准利率监管规定意在保证授权基准利率有着恰当的方法、系统和控制以确保他们提供的价格是可靠的。他们提出，拟议的禁令不应该涵盖涉及授权加密货币基准的衍生品工具。

2. 26　有一个行业协会和两家 ETN 供应商争辩道，我们没有考虑到 2018 年 8 月生效的 2∶1杠杆限制对涉及加密资产 ETN 造成的影响。他们认为，我们的成本效益分析应当据此将更长的时间段纳入考量，以涵盖杠杆限制的影响。

2. 27　某 NCA、提供加密衍生品的公司和一位散户受访者提到，禁令将会减少散户的选择进而损害散户的利益。他们认为，禁令将会鼓励他们主动地与第三国公司进行加密衍生品的交易，或是与不受监管的实体进行加密资产的交易，散户将因此丧失现有法规保护。

我们的回应

如下所述，我们仍然认为禁令对于减少危害是符合比例性原则的，并且不认为现有法规要求消除了我们重大的投资者保护问题。

● 现有保护措施的充分性：现有的行为与信息披露法规旨在消除受监管产品（例如，衍生品、可转让证券）中存在的危害，而不是涉及受监管产品为基础资产中存在的损害。许多被提及的法规，如产品管理规定、适当性评估和适宜性测试的规定，目标都是改善适合某一类别散户的产品的分销。我们不认为，加密衍生品适合所有的散户。我们认为，基准利率监管规定（BMR）的目标在于提高市场定价和结算的质量，通过确保基准方法和选取数据的有效和稳健，以精确、可靠地代表基准试图测量的市场状况。然而，这并不能解决我们对基础加密资产市场完整性的担忧，也不能让散户可靠地评估加密衍生品的价值。

● 差价合约 2∶1 杠杆限制的影响：我们的初始成本效益测量所设定的时间意味着我们没有考虑到 2∶1 杠杆限制在更长时间范围内所带来的影响。为了回应征求意见稿的反馈，我们另外分析了从 2019 年 1 月至 2019 年 9 月的客户数据。这样，我们能够评估超过 13 个月的客户情况，在此期间加密差价合约受到 2∶1 杠杆限制。这些数据显示，杠杆限制通过减少散户的损失降低了损害，但是大多数散户依然在交易加密差价合约中遭受了重大的损失（详见第三章：成本效益分析）。我们不认为，杠杆限制能够充分地消除危害，因为杠杆限制不能够消除我们对于基础加密资产的担忧，也不能解决散户没有能力可靠地评估这些衍生品的问题。

● 禁令会驱使投资者进行未受监管的交易或者与第三国的公司进行交易：我们注意到禁止散户从事加密衍生品投资会带来一些风险，投资者可能选择进行未受监管的交易或者寻找第三国管辖权范围内的公司进行加密衍生品的交易。尽管如此，我们认为禁令将会保护大多数投资者，并且提醒散户此种交易产品的风险和危害。其他司法管辖区的较低标准不能成为我们降低自身投资者保护标准的理由。

作为对合比例性反馈的回应，我们也重新考虑了《欧盟金融工具市场监管条例》中的第42条以及《〈欧盟金融工具市场监管条例〉授权条例》的第21（2）条中的全部适用标准。我们仍然认为相关标准已经达到，面向散户的加密衍生品的营销、分销和销售导致了重大的投资者保护担忧，禁令是必要且恰当的。作为反馈的一部分，我们已经研究了一系列的替代方案，而这些都不能消除我们所确定的危害。

关于其他较为宽松的措施能够消除危害的讨论

2.28 有些受访者建议我们考虑以下针对特定产品的替代措施，以消除危害：

- 对衍生产品的杠杆限制提高到1∶1；
- 将营销及/或其销售、分销的对象群体限制在高净值人群或自我认定的高级投资者中；
- 提出适宜性测试要求，并且/或者要求消费者证明他们有足够的知识和理解；
- 提出更高程度的信息披露要求；
- 将利用这些产品进行套期保值的散户排除在外；
- 允许以排名前二十的加密资产为基础资产的衍生品。

2.29 有些受访者建议采取其他措施来消除危害：

- 要求公司持有特定许可才能提供加密衍生品；
- 控制提供加密衍生品的公司不超过730，000家；
- 对交易费用进行审查；
- 要求公司在为衍生品合约定价时，使用已建立并受认可的交易所；
- 禁止使用加密资产作为交易保证金。

2.30 一家差价合约的供应商表示，我们应首先采用其他限制性较小的措施，并在实施禁令之前评估这些措施是否消除了危害。他们认为，这将降低散户的成本，并保持英国市场的竞争力。

2.31 向散户提供加密衍生品的公司表示，禁令将比其他欧洲经济区和第三国司法管辖区的政策措施更具限制性。

2.32 许多散户受访者表示，我们不应推行禁令，因为他们会被迫承担损失。

2.33 代表加密资产公司的行业协会表示，我们应该引入一套行为准则，通过确保其更加透明和高效，来消除我们对基础市场的担忧。

2.34 某NCA赞同我们对这些产品构成的关键风险和危害的分析，并赞同我们关于禁止向散户销售、营销和分销涉及相关加密资产的衍生品和ETN的建议。

我们的回应

我们考虑了其他限制性较小的措施是否能消除这种危害。我们认为它们无法做到，原因如下所述：

• 1∶1 杠杆限制：与涉及加密资产的差价合约应用 2∶1 杠杆限制的影响相类似，我们预计，如果散户无法使用杠杆交易，他们将损失更少的钱。然而，大多数散户很可能仍然会亏损。我们的新版成本效益分析（见第三章：成本效益分析）显示，在加密资产泡沫之外的一个有代表性的数据期间，大多数散户在交易加密 ETN 时损失了钱，而这些加密 ETN 没有杠杆。

• 将加密衍生品的客户限制为高净值和自我认定的高级投资者群体：客户数据表明，更富有的投资者更有可能在交易中受到更高的损失和更高的利润。我们没有任何证据表明，较富有的散户更有能力评估这些加密衍生品。我们认为这些投资者更有能力承受损失，但我们并不认为这改变了我们对已确定的危害驱动因素的分析，也不认为这是对这些投资者采取较宽松措施的正当理由。我们不认为加密衍生品适合任何散户。提供加密 ETN 的公司还表示，将这些产品限制在一小部分较富有的投资者中，成本将是高昂的。

• 要求适宜性测试及/或要求消费者证明知情并理解：我们的分析结论是，无法对加密资产进行可靠地估值，因此我们认为散户无法展示关于加密衍生品的足够的知识和理解。

• 提高信息披露要求：这可能会潜在地提高散户对产品风险的了解。但信息披露不会改变其内在价值的缺失，也不会提高散户对其进行可靠估值的能力。

• 允许使用加密衍生品进行对冲：我们认为只有一小部分散户将加密衍生品用于合法的对冲用途。虽然我们承认，如果消费者利用对冲豁免进行有效对冲，这些客户可能会因此受益，但我们认为，总体而言，这仍将导致净损害。公司很难实施该机制，我们也很难监督。

我们还考虑了对向散户提供加密资产的公司采取措施是否会消除危害。我们认为，加密衍生品的危害是由于基础资产的风险，而不是这些产品提供的方式。因此，我们不认为采用针对公司的具体措施是有效的或更合比例的。

我们认识到，目前我们的禁令比其他欧洲经济区和大多数第三国司法管辖区更严格。但我们的分析表明，加密衍生品对散户有害，且禁令符合相关产品干预标准（《欧盟金融工具市场监管条例》第 42 条）。我们认为禁止加密衍生品以保护散户是适当且合比例的。

我们倡导市场调节措施，以提高基础加密资产市场的透明度、效率和有效性。根据《欧盟金融工具市场监管条例》第 42（6）条，我们将持续审查禁令，寻找任何显示市场出现重大改善、适当减轻已查明的危害驱动因素的证据。

有些公司建议，我们禁止公司在交易差价合约时接受加密资产作为交易保证金。我们提醒公司，对于涉及散户的差价合约交易，只能接受现金作为保证金（依据 COBS 22. 5. 1OR）。

较为宽松的措施无法消除我们对投资者保护的重大担忧。因此，我们仍然认为，为了消除危害，禁止零售是必要的。

我们已经考虑到了现有仓位的投资者的潜在成本。正如 CP19/22 指出的，目前持有资产的散户可以在禁令实施后继续投资，直到他们选择撤资。除非消费者要求，否则我们不要求或期望公司平仓投资者的头寸。

加密 ETN 的相关危害

2. 35　销售交易所交易产品的公司认为 ETN 不应该被禁止，因为它们从衍生品没有的保护中受益。例如，ETN 在受监管的交易所上市和交易，并要求有招股说明书。它们没有杠杆，收取的交易费用通常低于差价合约。因此，一些受访者认为，这些产品的风险较低，它们应该受到较少的限制措施。受访者表示，这一观点得到了成本效益分析结果的支持，成本效益分析显示，在我们所研究的期间，大多数散户从加密 ETN 中获利，而消费者在加密差价合约和加密期货中遭受损失。他们还建议我们考虑一个更长的数据周期（2017 年 6 月之前），因为这将显示散户从交易加密 ETN 中获得了更高的利润。

我们的回应

作为对反馈的回应，我们已考虑是否将加密 ETN 排除在我们的禁令之外，或对它们采取较为宽松的措施。为此我们思考，与加密差价合约、期权和期货相比，加密 ETN 的特征是否降低了投资者受到损害的风险（见表 1）。

表 1　加密 ETN、差价合约、期货和期权的对比

产品	ETN	差价合约	期货	期权
提供对加密资产的敞口	√	√	√	√
杠杆化	×	√	√	×
限制初始投资损失	√	× 损失仅限于客户交易账户中的现金	×	√
遵守 MiFID 衍生的行为规则	√	√	√	√
遵守适当性评估	×	√	√	√
附符合规定之招股说明书出售	√	×	×	×
在交易场所交易	√	最常见于场外交易	√ 一些加密期货在场外交易	目前在英国没有，但可以在交易场所或场外交易（OTC）进行交易

我们认为，衍生品和 ETN 有不同的特征，加密 ETN 并不共享衍生品的所有风险特征。

例如，它们不是杠杆产品。我们还认为，由于加密 ETN 的结构方式，它们必须满足一些额外的监管要求。具体而言：

• ETN 是在符合招股说明书指引的情况下，与招股说明书一起出售的。这可能有助于散户了解产品的结构，并认识到与加密 ETN 相关的风险。但这将使得散户无法对加密 ETN 进行可靠的估值。

• ETN 总是在交易场所进行交易。有人认为，与场外交易衍生品相比，交易所交易产品的价格通常更好。然而，散户仍然无法可靠地预测基础加密资产市场问题造成的潜在的价格影响。因此，投资者无法对 ETN 和场外交易衍生品进行可靠的估值。

• ETN 没有杠杆化。如上所述，缺乏杠杆可能会减少投资者的损失，但不会解决散户无法对加密衍生品估值所造成的损害。

尽管加密 ETN 和加密衍生品之间存在差异，但我们认为，这些产品具有相同的主要风险特征。由于加密 ETN 的价值来自无法可靠估值的加密资产，它们使得散户面临同样的危害。我们对 CP19/22 实施以来的客户数据进行额外分析的结果证明了这一点。我们的数据显示，大多数交易加密 ETN 的散户亏损了，这与交易加密差价合约和期货的结果类似（见第三章：成本效益分析）。我们的结论是，出于我们对投资者保护的重大关切，加密衍生品和加密 ETN 应该被禁止。

关于禁令与我们的政策目标相悖的讨论

2.36 某 NCA、一家贸易机构、一家贸易场所和这些产品的制造商表示，禁令违背了我们的政策目标，具体包括：

• 投资者应对自己的投资决策负责；

• 我们对其他高波动性的衍生产品的做法，如欧盟碳信用额度；

• 我们更高层次的目标是促进创新和创业，这是我们竞争政策目标的一部分。

我们的回应

我们认为，禁令符合我们更高层次的政策目标，原因如下：

• 投资者应当对其决定担责的一般性原则：我们禁止加密衍生品，是因为我们认为散户在选择是否投资时面临的信息不对称程度过大。我们得出结论，散户无法可靠地评估这些产品的价值，这意味着他们无法做出明智的投资决策。

• 促进有效竞争：我们的拟议政策旨在确保英国的公司为了投资者的利益而竞争。降低行为规范标准及/或向散户提供不适合他们的产品或服务，投资者可能因此受到伤害，这与我们的目标相悖。我们研究了禁令对竞争的影响，以及其他措施是否会消除危害且能为消费者提供适当的保护。我们还没有找到任何可以更好地促进竞争，同时消除已确定的对投资者重大危害的替代方法。

• 促进创新以支持我们的竞争政策目标：我们支持符合投资者利益的创新。我们认为，出售给散户的加密衍生品不符合此标准，因为我们的分析表明，这些产品对散户有害。我们继续提倡促进竞争、改善市场有效运作并符合消费者利益的创新，包括通过金融行为监管局的监管沙盒的创新。这包括基于分布式账本技术的创新，以及使用加密资产造福市场和消费者，如提高现有流程（如跨境货币汇款）的效率。我们注意到以下几点：

监管沙盒中的所有试验项目中有1/3是基于分布式账本技术的，其中许多试验项目都涉及加密资产的使用。如果相关公司有进行创新试验的需求并且已经做好准备，其构想真正具有创新性且为投资者提供了切实利益，我们将继续支持这样的涉及加密资产的沙盒试验项目。

在沙盒中试验基于加密资产的构想的公司得益于金融行为监管局在开发和测试兼容产品方面的支持。这些试验也帮助我们更好地了解市场发展，并确保我们的方法对合法创新起到支持作用。

继续审查禁令

2.37　许多受访者表示，我们应该继续审查该禁令。

我们的回应

我们同意，我们的禁令应该继续受到审查。这符合《欧盟金融工具市场监管条例》第42（6）条。如果有强有力的证据表明，加密资产市场正在发生充分的变化，足以消除我们所发现的危害的驱动因素，那么我们将重新考虑我们的立场。

所禁止的产品范围

2.38　我们建议禁止向散户销售、营销和分销所有涉及未受监管的可转让加密资产的衍生品（差价合约、期权和期货）和ETN。

2.39　我们所提到的未受监管的可转让加密资产旨在涵盖涉及加密资产的衍生品，我们在CP19/3：《加密资产指南》中将其称为可转让交易品和实用型代币。

2.40　我们还解释了，禁令所不涵盖的产品范围：

• 证券型代币：因为这些代币已经取得特定的投资资格，不具有与交易品和类似的实用型代币相同的风险，它们可以根据其提供的法律权利和支付承诺为基准进行估值；

• 无法进行较大范围交易的代币（例如，在私有网络上使用的只能与发行者买卖的代币）；

• 电子货币代币。

2.41　一家律师事务所和一家代表律师事务所的协会表示，我们提出的规则将涵盖我们不打算涵盖的产品。该律师事务所表示，我们的规则将禁止涉及大宗商品（如黄金）的衍生品，因为相关大宗商品的所有权记录在区块链上，同时该律师事务所提出这与我们的政策目标不一致。

2.42　这些受访者表示，我们应该通过指定我们认为应该在范围内的加密资产的关键特征，来定义加密衍生品禁令的范围。例如，我们应该考虑使用第五反洗钱指令（5AMLD）中使用的虚拟货币的定义。

我们的回应

我们注意到，我们提出的未受监管的可转让加密资产的定义可能包含了我们不打算规制的加密衍生品。例如：

- 所有权记录在区块链上的商品（加密商品）；
- 由中央银行或公共机构发行或担保的货币，通常称为中央银行数字货币（CBDCs）。

我们同意，涉及加密商品和中央银行数字货币的衍生品不应受到我们的禁止，因为它们不会造成同样的危害。例如，加密商品可以被可靠地估值，因为它代表了一种商品的所有权，这种商品被用作工业过程的原材料，是一种商业商品，或者是一种公认的价值储存方式。据我们所知，这些产品目前还不存在。然而，禁令涵盖这些产品会不必要地破坏金融市场的创新和竞争，因为它会阻碍企业将新技术应用于现有的金融产品和服务。作为对反馈的回应，我们正在修订禁止范围内的未受监管的可转让加密资产的定义，以排除加密商品和中央银行数字货币。

我们不认为有其他的加密资产应该被排除在我们禁止涉及加密资产的衍生品和 ETN 的范围之外。但是，如果产品不造成同样的危害，我们将考虑修改我们的禁令范围。

如果我们发现不属于当前范围的新产品造成与加密衍生品和 ETN 所造成的类似的危害，我们将考虑修订禁令的范围。

理论综述

2020年中国公司法理论研究综述

杨菁云

2020年，我国公司法理论研究不断深入，取得了丰硕的学术成果，其中代表性著作如下：

教材类著作：顾功耘：《公司法》，北京大学出版社；刘俊海：《公司法学》（第3版），北京大学出版社；王欣新：《公司法》（第4版），中国人民大学出版社；隋彭生：《公司法》（第6版），中国人民大学出版社；梁开银、彭真明：《公司法学》（第2版），法律出版社；等等。

理论类著作：张辉：《公司法改革的思考与展望》，社会科学文献出版社；黄辉：《现代公司法比较研究——国际经验及对中国的启示》（第2版），清华大学出版社；丁勇：《公司决议瑕疵诉讼：历史、功能与规则改进》，上海人民出版社；李润生：《种类股法律制度研究》，中国政法大学出版社；楼秋然：《股东至上主义批判：兼论控制权分享型公司法的构建》，社会科学文献出版社；雷兴虎：《公司与非公司企业法基本问题研究》，湖北人民出版社；蔡慧永：《有限责任公司股权转让效力研究》，人民法院出版社；葛伟军：《案例公司法》（第2版），法律出版社；赵金龙：《网络技术推动下的公司法律制度创新研究》，法律出版社；刘辉：《我国上市公司股份回购法律规制研究》，法律出版社；［韩］崔埈璿等：《韩国公司法》，中国政法大学出版社，王延川、崔嫦燕译；等等。

实务类著作：谢秋荣：《公司法实务精要（上、下）》，中国法制出版社；余勇波：《公司纠纷裁判观点与攻防之道（上、下）》，法律出版社；刘平凡：《公司刑商事法律风险防控实务》，法律出版社；吴飞飞：《公司章程司法裁判问题研究》，商务印书馆；赵继明：《股东代表诉讼原理与律师实务》，法律出版社；唐青林、李舒：《公司控制权争夺战》，中国法制出版社；吴明明：《图解股权》，法律出版社；陈芳：《在中国设立与运营公司必备知识和法律实务》，法律出版社；张远堂：《公司诉讼解析与实战》，中国法制出版社；郑德刚：《公司股权转让实务精要与案例指引》，法律出版社；国家法官学院：《中国法院2020年度案例：公司纠纷》，中国法制出版社；法律出版社法规中心：《2020最新公司法及司法解释汇编》，法律出版社；法律出版社法规中心：《2020中华人民共和国公司法律法规全书（含典型案例）》，法律出版社；等等。

此外，学者们也发表了大量公司法学术论文。因篇幅受限，本文仅以2020年法学核心期刊为主，对2020年公司法研究中理论界关注的核心问题作一综述。

一、公司法人格制度

（一）公司基本人格制度

独立的法人格是公司制度的基石，有学者指出公司独立法人格的核心要素在于确定独立于股东的财产制度，最大表征与实现者则为权力界定清晰的管理人制度。当前，我国认缴资本制使公司资本处于不确定性状态，公司治理架构复杂且董事会地位模糊，导致公司法人格无法彰显。为重塑公司人格制度，应以资本确定为原则，考虑在取消最低资本额的情况下，回归2005年公司法关于公司资本分期缴纳的制度规定，甚至回归非常低的最低资本制下的法定资本制或许可资本制。并在《公司法》中明确规定董事会的执行机构地位，在强化董事会执行机关责任的原则下理顺股东与公司之间的关系，更好地体现并实现公司人格。[1]

（二）法人格否认制度

“资本显著不足”是法人格否认中的一种具体情形，但有学者指出鉴于最低注册资本限额取消后“资本显著不足”缺失判断基准，且单纯依据该事由否认公司独立人格有违公司自治和风险自负精神，加之“资本显著不足型人格否认”在司法实践中日渐式微，故“资本显著不足”不应再作为法人格否认的一项事由。考虑到“资本显著不足责任”缓和后的债权人利益保护需求，应增强合同债权人的风险意识，完善公司信息公示制度，并在公司对外提供虚假信息实施欺诈或当事人为非自愿债权人的两种特殊情形下，保有基于“资本显著不足”例外适用法人格否认制度的余地。[2]

公司集团背景下的法人格否认制度有其特殊之处，有学者通过2006～2015年的案例的实证研究指出，涉及公司集团的法人格刺破面纱案件数量增长趋势明显，集中在经济发达地区，但经济不发达地区的刺破率更高，原告的个人或公司的身份对于刺破率没有显著影响；

---

〔1〕 参见徐强胜：《我国公司人格的基本制度再造——以公司资本制度与董事会地位为核心》，载《环球法律评论》2020年第3期。

〔2〕 参见陈群峰：《“资本显著不足”情形下公司法人格否认制度完善研究》，载《法学杂志》2020年第11期。

与理论预测相反，公司集团中的刺破率并不高于总体案件，侵权案件的刺破率也不高于合同案件；在刺破理由中，资本显著不足的适用案件最少，但刺破率最高；混同是刺破面纱的最常用理由，但刺破率最低。各种刺破理由经常同时提起并相互作用，业务混同的影响强于财产混同和人员混同，表明法院更加关注实质性的业务重叠而非形式上的财产和人员重叠；当控制业务混同的影响后，财产混同、欺诈或不当行为和过度控制的重要性凸显。该学者认为《全国法院民商事审判工作会议纪要》在一定程度上契合了上述研究发现，但还需要完善，在公司集团背景下不应过度依赖法人格否认制度来保护债权人，还应在规则模式层面进行改革。〔1〕

二、公司资本制度

（一）出资形式研究

有学者认为从价值一端而言，现行法所采取的可以货币估价和可以依法转让的标准限制了人力资源等形态的出资，造成了公司资源配置上的供给不足；从技术一端而言，这些出资形式的限制在实务中极易被规避，导致制度价值落空。有鉴于此，妥当的规制思路应当是从出资形式规制转向出资行为的对价合理性规制，实则系将资本规制的重心从财产形态规制转向交易过程规制，从事前规制转向事后规制。与之相适应地，应当将非货币出资的标准重设为对公司有益的一元化标准，并且将出资交易的商事判断机制、出资形式的信息公示以及股份留存制度的设置，作为平衡投资者利益与债权人利益的配套机制。〔2〕

（二）认缴资本制下资不抵债规则

有学者指出认缴资本制下资不抵债规则面临着新挑战，公司资产的动态性导致资产核定难、公司债务的扩张性导致企业轻易触碰破产界限、待缴资本挑战资产债务构成导致无法判断是否资不抵债、受理前待缴资本是否加速到期影响资不抵债的判断结果。故在认缴资本制下应该对资不抵债规则功能重新定位：一方面，限缩资不抵债规则作为一般破产原因的功能，在《破产法》中予以保留；另一方面，将资不抵债规则植入《公司法》中以拓展资不抵债规则的破产预防功能。〔3〕

（三）资本维持原则下的“对赌协议”

有学者认为我国现行《公司法》资本维持原则过于粗疏，且缺乏“大分配”概念和底线规制的思路，导致“对赌协议”下的回购只能通过减资的途径，徒增成本。域外以清偿能

---

〔1〕参见黄辉：《公司集团背景下的法人格否认：一个实证研究》，载《中外法学》2020年第2期。

〔2〕参见刘斌：《股东出资形式的规制逻辑与规范重构》，载《法学杂志》2020年第10期。

〔3〕参见吴京辉：《认缴资本制下资不抵债规则的功能转向——从破产原因到破产预防》，载《现代法学》2020年第6期。

力标准替代资本维持原则，体现了另一种以债权人利益为导向限制公司资产单向流出至股东的规制思路，但其商业逻辑上的合理性却无法掩盖更大的操作成本。在判断主体上，以美国特拉华州为代表，法官的商业判断逐渐让位于公司董事会的商业判断，却进一步凸显了公司、不同类别股东、债权人之间利益冲突的复杂状态。未来我国《公司法》的修订需要回应商业实践的诉求，PE/VC 投资者也需要直面投资失败的风险承担。[1]

（四）股份回购中的资本规制

有学者认为我国《公司法》中股份回购财源约束的欠缺是一个法律漏洞，将股份回购与公司减资相关联的漏洞填补策略混淆了两者的逻辑关系，制造了合同约定与公司程式的矛盾。当前股份回购的规制总体上采纳事由列举的模式，但回购事由仅仅是表象，公司财务才是资本约束的核心。建议实行统一的公司分配财源规制，由董事会作为商业判断主体，以克服决策上的主体缺位和责任识别问题，适应资本规制的进化方向，也为我国股东会中心主义与董事会中心主义的论争提供公司分配语境中的解答。[2]

三、股东与股权制度

（一）股东查阅会计账簿的目的限制

“实质性竞业关系”是公司抗辩股东查阅会计账簿请求的最常用事由，实证研究表明各级法院普遍坚持严格适用的立场，侧重于从具体性、现实性两方面评估、认定“实质性”的构成要件。有学者认为当前立法规范应坚持效率性的价值选择，审慎限制竞业股东的查阅权，完善替代性措施；司法裁判应将“不正当目的”限制放在股东知情权的所有限制条件中考虑，动态看待查阅目的、查阅范围、查阅方式等有效路径，灵活运用委托中介机构查阅、限制所获信息的用途、限制复制权等事后替代措施，最终达成各方利益的平衡。[3]

（二）股东共益权的行使

当前学界围绕企业社会责任制度可适用性的探讨很多，但同时应防止社会责任被滥用。有学者从共益权的内在逻辑出发，探究当社会责任与自益权相冲突时，如何通过行使共益权救济股东利益。该学者认为在公司法发展演变的过程中应当突破对共益权的传统解释，无论是授权资本制还是法定资本制，共益权应更多地作为股东对公司以及董事的监督权来行使。

---

〔1〕 参见刘燕：《“对赌协议”的裁判路径及政策选择——基于 PE/VC 与公司对赌场景的分析》，载《法学研究》2020 年第 2 期。

〔2〕 参见潘林：《股份回购中资本规制的展开——基于董事会中心主义的考察》，载《法商研究》2020 年第 4 期。

〔3〕 参见李建伟：《竞业股东查阅会计账簿的目的限制研究——〈公司法解释（四）〉第8 条第1 项的法教义学分析》，载《北方法学》2020 年第 5 期。

为了有效地遏制公司盲目尽社会责任或滥用社会责任，应使共益权中的诉权发挥作用，增强共益权中诉权的适用性，改善我国《公司法》制度中诉权僵化的现状，从而解决目前公司社会责任缺乏有效监督的问题。[1]

（三）股权转让相关问题研究

1. 解除股权转让合同的效力

指导案例 67 号所确立的裁判规则和裁判理由对法院处理股权转让纠纷产生了很大影响，法院从维护交易安全的角度考虑，将股权转让合同的特殊性、受让股东参与公司经营管理、公司财产权结构和股权价值发生变化等，作为认定是否解除股权转让合同的司法政策因素。有学者认为，公司法贯彻所有与经营相分离的原则，以这些司法政策因素考量股权转让合同是否应当解除，实难有正当性。合同目的不能实现或者根本违约，仍然是认定股权转让合同法定解除条件成就与否的关键因素。这些司法政策因素实际上是合同法上“履行情况”的判断要素，影响股权转让合同解除的法律后果，但并非否定解除权本身。[2]

2. 优先购买中转让股东后悔权

为论证股权优先购买制度中转让股东“反悔权”在理论上的正当性，有学者指出，“交易安全”和“交易自由”作为两种基本价值，没有形成绝对的位阶关系。在股东优先购买权的制度利益下，“交易安全”和“交易自由”处于平衡状态，转让股东的“反悔”不受法律责难。在私法原理的衡量下，因转让股东的“反悔”具有可归责性，所以其他股东的“交易安全”所代表的“信赖原理”具有了可适用性。这种适用性主要体现为该原理与“私法自治原理”同时发生作用，亦即转让股东必须赔偿其他股东因其“反悔”所遭受的信赖损失。[3]

（四）分类表决制度

以优先股的推出为标志，我国股份类型的多样化正逐步实现，分类表决乃类别股制度的重要内容。有学者认为公司法应本着“个人是自身利益最好法官”的宗旨，恰当确定强制表决事项，明确类别表决权要保护的是法律权利而不是单纯的商业利益，是股东自益权而非共益权。立法完善应以保护法律权利作为强制表决事项确定的原则，详细罗列直接侵害自益权的行为方式，将其作为优先股类别表决权的强制表决事项。[4]

有学者认为既应对法定分类表决事项作明确规定，亦应赋予公司章程足够的自治空间，允许公司章程在法律列举的基础上增加分类表决事项，尤其是将与类别股股东权益无直接关

〔1〕 参见陈景善:《公司社会责任的股东共益权实现路径》，载《政法论坛》2020 年第 1 期。

〔2〕 参见钱玉林:《解除股权转让合同的司法克制与问题讨论》，载《法学杂志》2020 年第 6 期。

〔3〕 参见于莹:《股权转让自由与信赖保护的角力——以股东优先购买权中转让股东反悔为视角》，载《法制与社会发展》2020 年第 2 期。

〔4〕 参见韩秀华:《论优先股股东类别表决权之表决事项确定》，载《法律科学》2020 年第 4 期。

系的事项纳入分类表决，实现对类别股股东权益的充分保护。此外，对于非公众公司尤其是有限责任公司而言，虽不能发行优先股，但只要根据公司章程、股东协议或其他安排，事实上存在两种以上公司股份（股权）类型的，公司章程亦可约定特定事项须经分类表决，并对分类表决机制作出自由安排。[1]

（五）双层股权结构

科创板实施股票发行注册制并允许采用双层股权结构，使公司治理可进行“同股不同权”的表决权差异安排。该种表决权机制下的特别表决权在有助于公司创始人维持控制权的同时，也带来了代理成本增大、公众投资者利益保护等问题。有学者认为特别表决权存在滥用风险，同时特别表决权行使需受到股东平等原则、股东信义义务的限制。通过分析表决权限制理论与总结“一股一权”表决机制下表决权滥用案例，可知特别表决权行使属于公司章程自治事项。故司法权力应谨慎介入特别表决权滥用的认定，遵循“一个目标”“两重身份”“三类行为”的司法识别路径及认定标准。[2]

有学者认为基于企业生命周期理论，双层股权结构会从一个收益大于成本的结构，演变成一个收益小于成本的结构，而日落条款则是降低相应代理成本的重要制度。被动的稀释型、事件触发型和转让型等日落条款均不可能主动定期审查与转换无效率的双层股权结构，唯一能有效解决问题的是固定期限日落条款。建议采取“遵守或解释”方式，在上市规则中确定固定期限的相关规范，不遵守的公司需要对不遵守和采取的替代措施进行充分说明；不说明或说明不充分的，则违反上市规则。对于“遵守或解释”存在的解释不足的弱点，可以通过充分发挥交易所问询函制度予以弥补。[3]

（六）股权代持的权利架构

明确股权代持的法律性质与股权归属是理顺代持股权处分效力的必要前提。有学者在对比委托代理说、信托关系说和无名合同说后，认为委托代理说能够妥当地解释股权代持法律关系。在委托代理说下，当且仅当其他股东对隐名股东之存在不知情且半数以上不同意隐名股东显名时，代持股权归属于名义股东，反之则归属于隐名股东。在明确代持股权归属后，可进一步明晰代持股权处分的效力，在无权处分的场合下，可以构成股权的善意取得；仅有善意交易相对人得强制执行代持股权。[4]

（七）股权融资合同的性质认定

在我国成文法股债二分的语境下，公司融资合同的股债认定问题不乏争议，裁判规则也

〔1〕 参见王建文：《论我国类别股股东分类表决制度的法律适用》，载《当代法学》2020 年第 3 期。

〔2〕 参见李燕：《双层股权结构公司特别表决权滥用的司法认定》，载《现代法学》2020 年第 5 期。

〔3〕 参见沈朝辉：《双层股权结构的“日落条款”》，载《环球法律评论》2020 年第 3 期。

〔4〕 参见王毓莹：《股权代持的权利架构——股权归属与处分效力的追问》，载《比较法研究》2020 年第 3 期。

不统一。有学者认为，法院在认定融资合同性质时应当以合同约定内容为基础，结合交易背景、目的、模式以及当事人权利义务、合同履行情况综合判断。在某些情况下不必拘泥于股债区分，可直接按照合同约定处理。对合同效力的认定应尊重当事人意思自治，严格按照合同法第 52 条规定，不轻易否定合同效力以促进投资、保障交易安全。[1]

（八）夫妻共有股权行使

原《婚姻法》与商法规范在夫妻共有股权行使条件上存在差异，前者强调夫妻双方“一致意见”，后者要求由公示方行使股权。有学者认为商法和婚姻法规范既有交集也有差异，在法律适用上存在规范竞合，需要更精细化的规则：第一，在公示上实现商法与婚姻法兼容；第二，在管理权行使上，商法规范具有特殊性，应当优先适用；第三，在行使处分权尤其是公示方擅自处分股权的问题上，婚姻法要求的夫妻一致意见具有特殊性，应当将商法与原《婚姻法》综合运用以完善现有规则；第四，针对公众公司股权行使应保障商法优先。[2]

四、公司治理制度

（一）公司治理立法体例

有学者指出我国的公司治理立法呈现割裂性、矛盾性与过渡性的特征，问题并不在于立法模式的选择，而在于立法体例的设计不当。目前的最佳解决途径是改变既有的公司立法体例，将公司分为开放型公司和封闭型公司来有针对性地设计公司治理制度，并对规则进一步细化，仅仅对开放型公司强制规定公司内部治理制度，对封闭型公司则赋予更多的自主权，由股东在章程中自由进行公司组织机构的设置。通过立法体例的改革和规则的细化来满足私法对自由价值的追求和商主体对成本的控制。[3]

（二）法定代表人

有学者认为我国法定代表人制度将法定代表人设置为公司法定的唯一的对外代表，由其垄断公司的对外意思表示，且赋予其对外享有概括性的不受限制的权力，这种制度设置与公司内部的意思形成机关的多元化、公司治理结构的相互制衡、公司内部各机关的权力受限性等现代公司的基本要素存在严重冲突，造成一系列实务问题。为化解制度困境，应在公司自治理念下予以革新：一是去“必设性”，用代理制取代代表制，由公司决定公司代理人是否登记，实行公司代理人选择范围的自治；二是去“唯一性”，由公司决定代理人人数；三是

---

〔1〕 参见陈明：《股权融资抑或名股实债：公司融资合同的性质认定——以农发公司诉联通公司股权转让纠纷案为例》，载《法律适用》2020 年第 16 期。

〔2〕 参见王涌、旷涵潇：《夫妻共有股权行使的困境及其应对——兼论商法与婚姻法的关系》，载《法学评论》2020 年第 1 期。

〔3〕 参见邹小琴：《我国公司治理法律制度的弊端检讨及完善路径》，载《法学杂志》2020 年第 1 期。

去“固定性”，实行公司代理人的动态选任自治。[1]

（三）董事及董事会

1. 董事对第三人责任

我国通说多以法人机关理论为由否认董事对第三人的责任。有学者认为法人机关理论的功能，仅在于解决法人这一组织体在法律上的行为活动和责任承担问题，而不在于排除董事等法人机关成员对第三人的民事赔偿责任。董事的个人性在职务活动中并未消灭，法律技术的形式逻辑推演不能完全忽视董事两面性的客观事实。无视董事个人性这一客观事实，难以真正实现对法人违法行为的有效规制。域外立法例表明，法人机关理论和董事对第三人的责任可以兼容并存。要想真正彻底改变人们对公司法人机关理论的绝对化认识，尚需要从我国立法上予以相应地修法完善。[2]

2. 破产企业董事责任

有学者认为在企业濒临破产期间，从董事的义务角度呈现了通过债务谈判或庭外重组等法庭外机制尽力化解财务困境和破产危机的趋势转变。在解释论上，我国《公司法》中董事对公司的勤勉义务与责任之规定以及《企业破产法》第125条能够为当前的司法实践提供实定法依据。在立法论上，未来《企业破产法》的修订应结合企业濒临破产期间董事义务内涵的变革与发展，就破产企业董事对债权人损害赔偿责任机制作出特别规定。[3]

3. 独立董事勤勉义务

实务中大量独立董事以不直接参与公司的经营管理、对公司的经营情况不了解为由抗辩违反勤勉义务的责任承担。有学者认为独立董事的职责决定了其不能不了解公司的经营管理，要求独立董事在一定程度上要像一个侦探一样到现场去进行全面的调查，而不是坐在监控大厅盯着屏幕查看。法律同时也赋予了独立董事参与董事会决议、进行调查核实、独立聘请第三方机构协助调查、出具并披露独立意见等权力，确保独立董事能够持有履责之“利剑”。对于独立董事来说，唯有用好法律赋予的“权杖”方是正理。[4]

4. 高管言行谨慎义务

有学者认为公司高管在非职务行为中主要涉及两类不当行为：一为非职务行为中指向公司业务的不当言行；二为纯粹私人行为中的不当言行。高管言行谨慎义务产生于高管与公司之间的紧密联系、公司存在需受保护的利益、高管行为的危险性及对损害的预见性；言行谨慎义务的程度则取决于公司的知名度、高管的学历与知识以及预防成本与损害发生可能性、

---

〔1〕参见袁碧华：《法定代表人的制度困境与自治理念下的革新》，载《政法论丛》2020年第6期。

〔2〕参见王长华：《公司法人机关理论的再认识——以董事对第三人的责任为视角》，载《法学杂志》2020年第6期。

〔3〕参见金春：《破产企业董事对债权人责任的制度建构》，载《法学论坛》2020年第17期。

〔4〕参见张婷婷：《独立董事勤勉义务的边界与追责标准——基于15件独立董事未尽勤勉义务行政处罚案的分析》，载《法律适用》2020年第2期。

严重性之间的相当性。高管涉及第一类行为由侵权责任法予以保护；涉及第二类时，可尝试将高管非职务行为中的言行谨慎义务纳入《公司法》，必要时由公司在特定情况下对其享有劳动合同的单方解除权。[1]

5. 法人董事的构建

我国董事局限于自然人范围之内。有学者认为这一规范解释的合理性与正当性值得商榷。事实上，法人担任董事所涉及的人格问题、代表人利益冲突以及董事独立性疑虑均能够在法人董事制度内部实现逻辑自洽。法人董事在提高董事会实效、回应法人股东需求以及平衡控制股东责任等方面具有自然人董事所不可比拟的优势。无论是于集团内部为母公司提供对子公司实质合理的驾驭之术，还是引入专业管理公司进入董事会改善公司治理之困境，均是法人董事于商业环境之有效运用。法人担任公司董事的构建，可通过建立强制任命常任代表与完善连带责任规则等制度实现。[2]

6. 董事职务期前解除

最高人民法院《关于适用〈中华人民共和国公司法〉若干问题的规定（五）》以“委托关系”定性为理论基础，明确了董事职务期前解除的无因立场。有学者认为仅仅通过委托关系这一教义学归类，不足以证立股东（大）会对董事享有当然的任意解除权，且在股权结构呈现“一股独大”特征、缺乏有效的衡平司法救济的背景下，无因解除规则很可能加剧我国公司治理结构本就存在的失衡现象、激化控股股东和中小股东之间的利益冲突。因此，《公司法》在未来应转回有因立场。另外，无论采取有因或无因解除的立场，我国《公司法》在包括解除事由、程序和司法解除等问题上仍存漏洞，应当在原则立法的基础上，通过逐案判断的司法实践加以填补。[3]

7. 董事会职权

主流观点认为中国应从“股东会中心主义”走向“董事会中心主义”，有学者认为这一判断未充分考虑企业治理实践中广泛的“代理权下沉”。中国公司的组织构造是一种夹层结构——董事会居于股东会与经理层之间，此种夹层机制导致决策层级多、效率低下。公司内部至少存在四层代理权，组织法应介入多层次内部代理行为的调整。拥有法律强权的董事会，在实践中早已“形式化”。有必要将董事会从日常经营事务中解放出来，让其致力于公司战略改进和经理层评价，股东会也应远离具体经营。由此可见，《公司法》应夯实经理层的经营决策职权，与其走向“董事会中心主义”，不如认可“经理人中心主义”。此外，还应允许以公司章程、股东会决议或董事会决议授权、股东协议等方式修正公司机构的法定职

[1] 参见吴金水：《公司高管非职务行为中言行谨慎义务的认定》，载《东方法学》2020年第3期。
[2] 参见林少伟：《法人董事之可能与构建》，载《北方法学》2020年第4期。
[3] 参见楼秋然：《董事职务期前解除的立场选择与规则重构》，载《环球法律评论》2020年第2期。

权，以此维持公司治理世界的弹性结构。[1]

（四）控股股东

有学者指出现行公司治理制度的重大缺陷是公司治理的法定主体与实际主体严重脱节，未将控股股东作为公司治理主体并忽略和放弃对其相应的法律规制。公司治理的重要方向和出路是建构以控股股东为核心的治理结构和机制，顺应公司控股的股权结构和治理态势，围绕控股股东控制权的行使建构科学、合理、系统的法律规则，使其依法掌权行权，充分利用和发挥控股股东在公司治理中独特的积极作用。公司治理的核心问题首先是遏制控制权的滥用，同时亦应合理引导和规范控制权的行使，由控股股东代行股东会职权的职权代行机制是创新公司治理制度、规范控制权行使的重要方式。[2]

有学者认为应构建我国控股股东信义义务以实现股东间的利益平衡。控股股东与公司，控股股东与其他公司参与者之间的利益冲突无法避免，这是控股股东信义义务产生的根本原因。非控股股东对控股股东的信任、禁止权利滥用、公司合同的固有缺陷也是控股股东信义义务产生的原因。就我国控股股东信义义务的法律适用而言，应立足于我国市场经济及司法实践，以“解释论”为基础，结合“立法论”，在《公司法》的修订中，认真考虑如何对控股股东信义义务作出明确规定，确定勤勉义务、忠实义务及善意“义务”的具体适用方案。[3]

（五）公司决议制度

1. 公司决议效力瑕疵形态

《公司法司法解释（四）》实现了我国公司决议效力瑕疵形态由二分法向三分法的转变。然而有学者认为，法律行为理论无法证成公司决议不成立独立存在的必要性。不成立与无效的法律效果并无区别，区分二者没有实益。比较法上公司决议不成立只是局部现象，有明确的适用边界，且欠缺坚实的理论基础，借鉴意义十分有限。公司决议不成立引发了实体法上公司决议成立要件的无休止争论以及程序法上的诸多新难题。故应当回归《公司法》第 22 条确立的二分法。具有严重程序瑕疵的公司决议应通过类推适用《公司法》第 22 条第 1 款而被评价为无效。[4]

2. 公司决议无效的认定

有学者认为在现行法下，对股东会决议无效规则的解释，不应采用概念法学分析路径，不宜搬用法律行为规则或侵权责任法的分析路径，应当尽力回归公司法解释路径，斟酌公司

[1] 参见蒋大兴：《公司董事会的职权再造——基于“夹层代理”及现实主义的逻辑》，载《现代法学》2020 年第 4 期。

[2] 参见赵旭东：《公司治理中的控股股东及其法律规制》，载《法学研究》2020 年第 4 期。

[3] 参见王建文：《论我国构建控股股东信义义务的依据与路径》，载《比较法研究》2020 年第 1 期。

[4] 参见柯勇敏：《公司决议不成立的质疑与二分法的回归》，载《法律科学》2020 年第 5 期。

关系的安定性、决议形成的程序性和效力控制的时间性，达成维护公司关系安定性与消除决议违法性的双重目标。在认定股东会决议违法无效时，应当从决议无效的本质出发，重视决议无效与撤销规则在适用中的交叉和互动，将违反公司本质、违反公司民主参与规则、强制性规定和违反公序良俗，作为股东会议决议无效的一般法定事由。[1]

有学者表示认同，认为现行法套用民事法律行为范式，以瑕疵决议一律自始无效所提供的原告救济本身缺乏正当性、针对性和可行性。应当按比例原则的要求，以瑕疵严重程度区分法律后果，从瑕疵决议效力这一源头上重建组织法范式下原告个体与公司整体利益的平衡。仅在瑕疵特别严重时，才应自始否定决议效力，从而禁止其实施或在实施后恢复原状，否则只应适用决议面向将来无效、损害赔偿等柔性法律后果，公司由此可在更大范围内获得决议实施效率及安定。以此为基础，应取消现行“三分法”的诉讼类型划分，而代之以统一的决议瑕疵诉讼及诉讼期限。公司变更决议仅在排除特别严重瑕疵后方可实施并获得存续效力。[2]

3. 公司瑕疵决议的效力

对瑕疵决议效力的判断与决议性质的界定有关。有学者认为公司决议是意思形成行为，指出《民法典》第85条、《公司法司法解释四》第6条设定的善意相对人保护规则过于简单和武断，需区分决议内容、瑕疵事由而类型化地认定公司依瑕疵决议所为行为之效力。在公司内部，瑕疵决议溯及无效，但需依裁量驳回制度认定后续决议之效力，并适用法律行为相对无效理念保护第三人利益。就外部行为，决议无效导致行为违法，应依《民法典》第153条认定行为效力；决议不成立或被撤销，则仅在法律设有强制决议规则之前提下方才导致行为欠缺法定要件，从而影响外部行为效力。[3]

有学者对此表示认同，认为决议更接近于意思表示中的效果意思，代表着公司意欲与公司外第三人形成法律关系，只有通过公司的专门机关将决议表达于外，才能够形成一个完整的意思表示。该学者聚焦于公司担保决议外部性问题，认为应当承认决议在特定情境下的外部效力，课以第三人形式审查义务，确立相对人善意的客观判断标准。相对人非善意又未达恶意串通致使合同无效情形时，可类推无权代理制度赋予公司追认之权利，同时应强调相对人因非善意不能享有撤销权。[4]

还有学者认为公司的决议行为，虽属意思形成过程，本身却有法律行为属性，是一种“内部法律行为”，公司意思表示构造中存在两类法律行为：一类是公司内部意思形成之法律行为；另一类是公司意思外部表示之法律行为。两位学者的观点有相似之处，认为特殊情形

---

〔1〕 参见叶林：《股东会决议无效的公司法解释》，载《法学研究》2020年第3期。

〔2〕 参见丁勇：《公司决议瑕疵立法的范式转换与体系重构》，载《法学研究》2020年第3期。

〔3〕 参见徐银波：《法人依瑕疵决议所为行为之效力》，载《法学研究》2020年第2期。

〔4〕 参见马更新：《公司担保中的决议形成程序与合同效力认定间牵连关系探析》，载《法学杂志》2020年第6期。

下公司决议效力可能具有外部扩张性，此种外部扩张的渠道主要有二：一是通过法律规定进行效力扩张；二是通过合同约定进行效力扩张。该学者指出在合同约定之情形，公司内部股东会/董事会决议可能被理解为交易合同之生效条件抑或交易合同订立过程中公司合意之构成部分，本来在公司内部生效的股东会/董事会决议，其效力都可因此扩张到合同相对人，从而使内部决议之效力外化。〔1〕

然而，有学者则认为将决议作为公司内部的意思形成是一个误区，指出意思形成说将公司决议当作影响外部行为效力的直接因素，与诚实信用原则相悖，威胁交易安全。该学者认为现行法律规范中确立的“善恶二分制”存在不足，忽视和损害了应受优位保护的公司组织及相关利益主体的利益，在此背后存在关于决议外部效力的一系列认识误区。其指出新规则的构建需要考量三维区分：组织法上的法益差序格局与交易法上的法益差序格局之区分；法定议决事项与意定议决事项的决议的外部效力之区分；权力机构的决议与执行机构的决议的外部效力之区分。〔2〕

（六）公司对外担保

有学者认为公司担保权利能力并非来源于公司章程的规定，《公司法》第 16 条关于公司对外提供担保的一般性规则宜认定为管理性强制性规定，其目的在于防止公司经营层侵犯公司及股东（尤其是中小股东）的利益，这从根源上决定公司担保相对人对与担保相关的文件负有形式审查义务，否则可认定担保相对人主观恶意，不满足适用表见代理（表见代表）制度的构成要件，公司将不受越权担保合同的约束。但是在越权担保的认定中，有权决议机构不宜局限于《公司法》第 16 条规定的范畴，而应尊重公司的章程自治；公司对外提供担保决议的有效认定除符合实质表决权外，原则上还须符合召开会议进行表决这一形式要件。〔3〕

有学者持反对观点，认为公司对外担保制度蕴含着公司生存权与发展权、公司善治、股权文化、契约精神与信托义务等公序良俗，为效力性规范，法定代表人越权签署的担保合同无效，除非由公司决议予以追认或善意相对人主张表见代表制度保护。该制度创设了债权人审慎审查公司公章、法定代表人或代理人主体资格、公司授权决议与章程的法定注意义务。该义务为审慎的形式审查义务，义务履行之衡量应以理性人标准为主、主观标准为辅。合同无效时，相对人可请求法定代表人履约或赔偿，但与公司无涉。并且建议《公司法》原则上禁止公司为他人债务作保以根治公司滥保顽疾。〔4〕

---

〔1〕 参见蒋大兴：《公司组织意思表示之特殊构造——不完全代表/代理与公司内部决议之外部效力》，载《比较法研究》2020 年第 3 期。

〔2〕 参见李建伟：《公司决议的外部效力研究——〈民法典〉第 85 条法教义学分析》，载《法学评论》2020 年第 4 期。

〔3〕 参见石冠彬：《论公司越权担保的认定标准及法律效果》，载《法商研究》2020 年第 2 期。

〔4〕 参见刘俊海：《公司法定代表人越权签署的担保合同效力规则的反思与重构》，载《中国法学》2020 年第 5 期。

还有学者则从《公司法》第16条第2款、第3款出发，认为这两款是最低限度程序性强制规定，并未全面实体性禁止公司关联担保，而在效力评价过程中，对公司提供关联担保的内部决议行为与外部合同行为应“内外有别”。基于类型化的研究表明，一人公司关联担保问题在形式上虽为立法漏洞，但实则法律持禁止态度，处于“法律上不能”之状态；上市公司关联担保的诸多规则异常严苛，其违法关联担保难以发生，基本处于“事实上不能”之状态；对担保公司关联担保则应放弃不合时宜的实体性禁止，转向强化关联担保的程序正义之要求。[1]

（七）公司股东承包经营制度

公司股东承包经营制度有别于传统的公司治理模式，有学者认为公司由股东承包经营不违反公司法强制性规定，承包股东的责任承担不影响公司有限责任原则，公司利润分配规则也是合理的。今后，应进一步完善公司股东承包经营制度适用层面的配套机制，明确经股东会特别决议程序决定公司的股东承包经营模式；合理界定承包股东经营权限；建立异议股东股份回购机制，赋予其他股东直接诉讼的权利，创设公司股东承包合同公示公信制度，保护中小股东及善意第三人合法权益。[2]

（八）公司合规制度

有学者认为公司法作为合规制度的最重要载体，对整个合规制度的构建具有基础和核心作用，因此应该在兼收并蓄的基础上制定出一部既能满足公司的营利性和道德性双重需要，又能对世界公司法发展起一定引领作用的模范公司法典。具体的实现路径是：首先以塑造公司的良好道德品格为基点，从基本原则层面将合规要求作为公司组织和相关成员的基本义务；然后从具体制度设计层面将其规定为公司组织、公司负责人和公司工作人员的基本行为准则；最后通过缜密的法律责任制度，强化公司的合规意识和道德担当意识。促成公司在成为先进生产力践行者的同时，还要成为社会责任的积极承担者和公序良俗的模范遵守者。[3]

有学者从商刑交叉的视野出发，认为辩诉交易制度和暂缓起诉协议制度通过要求违法企业承诺制定以提高公司合规要求为对价的合规计划来换取减轻量刑、延缓对企业的起诉决定的方式，不仅有利于从根本上铲除企业犯罪的制度漏洞，而且有利于堵塞企业内部治理的漏洞，为企业更好更快地发展打下坚实的基础，应作为新兴的公司治理机制。[4]

然而，也有学者认为当前我国确立合规制度的基础性条件尚欠缺，公司治理中的两权分立不足、组织化水平低下、权力集中于股东会、合规的公司制度条件不足等原因导致了国内现有的合规实践上的悖论与畸形。但该学者也指出不能否定公司合规制度的意义，采纳合规

---

〔1〕 参见曾大鹏：《公司关联担保三大类型的效力解释》，载《法律科学》2020年第6期。
〔2〕 参见李旭辉：《公司股东承包经营制度研究》，载《法学杂志》2020年第11期。
〔3〕 参见赵万一：《合规制度的公司法设计及其实现路径》，载《中国法学》2020年第2期。
〔4〕 参见崔文玉：《公司治理的新型机制：商刑交叉视野下的合规制度》，载《法商研究》2020年第6期。

仍然是法律制度的进化方向。[1]

还有学者认为我国合规制度的构建应该改变以往强调商业合规的“硬干预”“强干预”的窠臼，走向更为符合商业合规选择偏好的“软干预”“弱干预”的范式。借助大数据、小数据分析以及认知心理学实验，探索哪些因素会对公司合规行为产生显著影响，定位于如何设计和优化公司自动化承担合规责任的“高效认知界面”，为更精准地提出商业合规的“巧干预”提供独特的思维和路径。[2]

五、债权人保护

（一）认缴资本制下的债权人保护

认缴资本制的确立给债权人保护带来严峻挑战，强化信息披露规制是应对这一问题的有效路径。有学者指出当前我国信息披露规制存在立法权威性、质量标准性、披露及时性、获取便捷性以及责任缺失性等一系列问题，严重阻碍着债权人保护制度体系功效的发挥。有必要在借鉴美国、英国、德国以及日本信息披露规制立法的基础上，通过优化信息披露立法模式、提升信息披露标准、完善信息披露类型、拓展信息披露渠道以及强化信息披露责任等措施予以应对，以推进债权人保护水平的提升。[3]

（二）股权转让中的债权人保护

关于股权转让人对股权转让之后到期的出资义务是否承担责任，《公司法》及其司法解释都没有明确规定，导致司法实践中出现了认识模糊、适用错误、结论不一等问题。有学者认为尚未到期的出资依附于股权之上，不具有债务属性，股权转让之后应由股东（受让人）承担出资义务；如果股东（受让人）因拖欠出资而被要求在拖欠出资的本息范围内承担连带责任或者因公司不能清偿到期债务而被要求在未缴出资范围内承担补充责任时，股权转让人应在股权转让后的一定期限内对前述之责任承担补充责任。该责任不是因违反出资义务而为自身承担的责任，而是属于为他人承担的“与出资相关的责任”。[4]

（三）股东出资加速到期与债权人保护

有学者认为在公司不能清偿债务时，即使未被认定具有破产原因，但公司债权人的合法权益面临无法获得及时清偿的危险，有获得保护的必要性与迫切性。因此，应当在《九民纪要》基础上进一步拓宽未出资股东承担补充责任的情形，根据商事诚信原则、债权人利益保护要求、资本维持原则以及公平原则的要求，在公司经过强制执行不能清偿债务时，确认未

---

〔1〕 参见邓峰：《公司合规的源流及中国的制度局限》，载《比较法研究》2020年第1期。
〔2〕 参见杨力：《寻找商业目标与公司合规之间的最大公约数》，载《政法论丛》2020年第2期。
〔3〕 参见赵树文：《认缴资本制下公司信息披露的法律规制》，载《法商研究》2020年第3期。
〔4〕 参见王东光：《论股权转让人对公司债权人的补充责任》，载《法律科学》2020年第2期。

出资股东对公司债权人承担补充责任，其实质要件为：公司不能清偿债务、债权人在给公司借款时对股东出资情况的不知情；形式要件为穷尽财产调查与执行手段。[1]

有学者对此表示赞同，认为股东出资期限利益的保护不应被绝对化，当公司经营发生重大变化时，公司可以解除权对抗股东出资期限利益，向股东主张出资债权，未出资股东应向公司履行出资义务；公司债权人可以代位权、请求权、撤销权对抗股东出资期限利益，未出资股东应对公司债权人承担出资责任。[2]

还有学者认为股东对公司的出资义务既是约定义务也是法定义务。在非破产情形下，股东出资加速到期的本质不是股东丧失出资期限利益而履行约定的出资义务，而是股东应以其认缴的出资额为限承担对公司出资的法定义务，是股东有限责任的实质内容。《公司法》司法解释所规定的股东对公司债权人的补充赔偿责任，其本质是股东以出资额为限对公司承担的责任，公司债权人可申请强制执行股东认缴出资范围内的该部分公司责任财产以保护自身权益。且完善股东出资义务规则，应增加规定股东违反出资义务的延迟赔偿责任，并以公司资产不能清偿到期债务为界限，确立《公司法》第 3 条的适用条件。[3]

六、我国《公司法》修订的制度走向

对《公司法》修改，有学者建议：废止有限责任公司制度，推动公司组织形式的统一化与弹性化；导入单层课税的特殊有限责任公司制度，促进中小微公司茁壮成长；扭转公司治理中有名无实的现象，尊重公司自治，鼓励公司章程个性化设计，引进商业判断规则，弘扬企业家精神；弘扬股权文化，加强股东权益保护，将前小股东保护纳入公司法；既要促进公司资本制度弹性化，也要更加注重维护交易安全；明确对赌条款的效力；提高公司登记制度透明度，增强公司登记信息的公示公信效力；规定公司章程属于公司登记事项，并应记载于国家企业信用信息公示系统；完善非上市股份公司的股权质押制度；专章规定公司集团制度，重点破解一仆难侍两主的道德与法律困境；建立法人董事制度；明确股权间接转让中的优先购买权规则以及预防母公司被揭开公司面纱的法律风险。[4]

有学者对有限责任制度进行了具体的论述，认为实践中的有限责任公司多为中小型的民营和混合经营状态的企业，其管理更为灵活与自治，下一步的公司法关于有限责任公司改革应当是系统性的。实践的发展使有限公司法律制度应当成为不分国有和民营的中小型企业的中性模板，适当偏重于其人合性，同时也必须框定于基本的资合性框架之中。[5]

---

[1] 参见王莹莹：《论未出资股东对公司债权人的补充责任》，载《法律科学》2020 年第 6 期。
[2] 参见陈妮：《非破产下股东出资期限利益保护限度实证研究》，载《法学评论》2020 年第 6 期。
[3] 参见钱玉林：《股东出资加速到期的理论证成》，载《法学研究》2020 年第 6 期。
[4] 参见刘俊海：《推动公司法现代化，优化营商法律环境》，载《法律适用》2020 年第 1 期。
[5] 参见徐强胜：《论我国有限责任公司的定位与改革》，载《法学杂志》2020 年第 10 期。

有学者从世行营商环境“保护中小投资者”指标出发，指出《公司法》修改的三个方向，一是简易修订《公司法》，以直接提升得分；二是妥当配置控股股东、董事及高管的法律责任；三是顺应世行方法论，优化法律相关表述，在不伤害其他法益的情况下，优化我国营商环境，提升我国全球排名。[1]

〔1〕 参见罗培新、张逸凡：《世行营商环境评估之“保护中小投资者”指标解析及我国修法建议》，载《华东政法大学学报》2020 年第 2 期。

2020年中国证券法理论研究综述

郭庆伟

2020年，我国新《证券法》开始实施，证券法理论研究在学者的努力下不断深入推进，国内外涌现出大量学术成果，其中代表性著作包括：

教材类：周友苏：《证券法新论》，法律出版社；范健、王建文：《证券法》（第3版），法律出版社；邢会强：《证券法学》（第2版），中国人民大学出版社；等等。

理论类：李响：《证券法的执行：比较视角与中国叙事》，中国社会科学出版社；袁康：《互联网时代的证券业务创新与法律监管》，人民出版社；邢会强等：《智能投顾时代的崛起——智能投顾法律问题研究》，中国金融出版社；段丙华：《债券违约处置中的政府定位》，中国社会科学出版社；等等。

实务类：张圣怀：《证券法律服务实务与操作指引》，中国法制出版社；范圣兵：《债券违约问题实务解析与操作指引》，中国法制出版社；德衡律师集团证券团队：《资本市场法律实务操作全书》，法律出版社；高慧：《注册制之企业上市合规阶梯》，中国法制出版社；刘慧：《资产证券化规则解析及业务指引》，法律出版社；邢会强：《证券法新旧条文对照与适用精解》，法律出版社；王瑞贺：《中华人民共和国证券法释义》，法律出版社；郭锋：《中华人民共和国证券法制度精义与条文评注》，中国法制出版社；等等。

同时，学者发表了大量高质量的学术论文，主要对域外证券法律制度进行了比较研究，并对我国新《证券法》落实和完善提出了诸多完善建议。

一、证券市场主体制度

（一）保荐人制度

我国的保荐制度要求保荐人对发行企业进行上市辅导、尽职调查、股票发行承销和持续督导，并在法律上对信息真实性负责。在现有 IPO 实质审核与新股发行价格管控的规定下，学者通过研究创业板和主板 IPO 上市首日涨幅与“一字板”数量和券商分级的关系，探究保荐人声誉对 IPO 抑价的影响。对大量 IPO 上市的统计结果表明券商分级制度对于在创业板和主板上市的 IPO，有在发行规模与数量上的引导和匹配效应，价格管制下定价效应不明显，证监会原有的行政审批对于证券发行背书担保作用明显，券商的声誉激励不足。但在注册制推进的背景下，预计中介机构将更明确地被定位为规范执业的专业人、恪守独立的看门人、自担风险的责任者，在保荐人声誉将发挥更大作用的背景下，在实行信息披露制下的注册发行，证监会不再实质审核与上市资源不再稀缺的情况下，通过券商跟投传递券商价值审核信号，有助于发挥市场机制形成对券商声誉的良性循环。〔1〕

（二）存托人制度

新《证券法》第2条首次将存托凭证纳入证券类型之中。美国的存托凭证发展实践显示：存托人并不满足于扮演通道性的角色，在交易过程中存在“为自身利益”的行为，且这类行为可能与投资者利益存在明显分歧。因深受美国“双重实体理论”的影响，我国当前的立法基调为“存托人无责任论”，但我国并不具备美国的监管条件，这必将酿成存托人实施自益行为的道德风险。对此，我国应依照《证券法》对证券主体从业行为的特殊管制与风险化解路径重塑存托人的规制进路：一方面应当规定存托人的发行注册义务、信息披露义务和证券预发行登记义务；另一方面应当按照“原则允许，例外禁止”的标准，就银行禁止从事业务的范围和内容制作负面清单。对于存托人的欺诈行为，应当以虚假陈述的认定为一般原理，结合行政监督构建处置违法行为处置的二元路径，实现存托人从“无责任论”向“有责任论”的转变。〔2〕

二、证券发行与交易制度

（一）证券发行董监高签字问题

现行国内证券法规要求所有受《证券法》规制的证券品种发行时，全体董监高需在募集

〔1〕 参见任泽宇：《券商分类制度下的保荐人 IPO 声誉效应与责任——兼论〈证券法〉修法下的科创板保荐制度》，载《河北法学》2020年第6期。

〔2〕 参见冯果、薛亦飒：《中国存托凭证存托人“自益行为”的规制进路——以〈证券法〉的规制逻辑为基础展开》，载《清华法学》2020年第6期。

说明书声明页上签字，承诺募集说明书所披露的内容真实、准确和完整，但是董监高签字制度未兼顾“股债有别”的立法理念，要求签字的董监高的人员及职责范围认定也不合理，让部分不直接参与企业的经营管理或者不具备专业能力的董监高确保公司债券信息披露的真实、准确、完整性与其职责不符，对于责任承担轻重之分也未考虑。

成熟资本市场的立法本意是，债券发行是法人行为，法人提供的债券发行文件，所有信息披露相关责任人均应对其真实性在职责范围内负相应责任，责任认定不以是否签字为前提，董监高的忠实勤勉尽责义务也不是依靠签字来压实。《证券法》已经明确赋予了执法部门在必要时对董监高进行追责的权力，且对于董监高信息披露违法责任采取的是过错推定原则，不签字的情况下仍能够对董监高追责。因此需要在具体措施层面遵循分类监管和寻找替代措施的思路以优化董监高签字制度。[1]

（二）一致行动问题

作为《证券法》上信息公开制度和要约收购制度的逻辑起点，“一致行动”是重要的证券法概念。我国目前的一致行动规范存在缺陷。现行规则用共同收购来定义一致行动人是不正确的，应当用“一致行动关系”来定义“一致行动人”。应将一致行动关系认定为市场主体之间为实现共同收购目的而经由合意，并通过有效的组织安排达成的，在股权变动环节共同进退的一致交易关系和一致表决关系。一致行动关系构成中的主观要件表现为“合意”，而客观要件则表现为“形成有效的合作机制”。我国对一致行动人的列举式推定可以降低一致行动认定的执法成本，但仍有一些情形未能被涵盖在内，例如资管计划、上市公司股东与其近亲属、两者控制的企业等。法定列举项应进一步完善，推定情形未涉及者，如果符合一致行动构成，且有充分证据能够予以证明的，则可以直接判定为构成一致行动关系。[2]

三、信息披露制度

（一）信息披露制度的重构与完善

注册制实施背景下，信息披露理念亟待完成由“监管者导向”向“投资者导向”的逻辑转变，信息披露应充分考虑信息使用者需求。完善注册制下的信息披露制度，不是一味地强调信息“越多越好”，而应当着力提高信息披露质量，疏解存在于各主体间的信息不对称，促进资本市场良性发展。

行之有效的信息披露制度不能流于表面，而应注重落实“打破信息壁垒”的实际作用，

---

〔1〕 参见贺锐骁：《证券发行董监高签字制度立法论——以公司信用类债券发行文件为切入点》，载《东方法学》2020 年第 3 期。

〔2〕 参见吴双：《一致行动认定论：概念重构与规范变革》，载《理论月刊》2020 年第 9 期。

成熟市场的信息披露机制中除监管部门外，会计监督机构、做空机构、法院等多方主体，都在信息披露制度中发挥积极作用。建议我国从以下方面完善信息披露制度：对信息披露的内容和方式进行简明化、有效化改革；树立“投资者导向”的披露机制基本逻辑，发挥多元主体在信息披露机制中的合力；加大行政稽查力度，改革会计行业监管，鼓励市场机构参与披露监管，引导完善民事诉讼制度。〔1〕

（二）自愿披露及免责事由

自愿披露者主动将相关信息披露，整体上有利于投资者的利益和证券市场的有效运行。如果披露者滥用自愿披露的权利，故意披露虚假、误导性的信息将会侵害投资者利益，因此必须采取严格标准来制止此种行为。我国自愿披露制度对披露者的义务规定过于严格，这虽有利于保护投资者利益，但很可能忽视披露者的合法权益保护。在《证券法》最新修订后，我国证券市场对自愿披露信息内容和标准进一步趋于严格，一旦选择自愿披露便意味着要满足类似于强制披露信息的标准，这很容易在实施过程中与自愿披露的用意相背离，其结果很可能损害披露者自愿披露的积极性。我国应该通过免责事由规则的制定解决该矛盾：首先，应当将警示性声明确定为预测性信息披露者的免责事由；其次，应当具体化“重大性”信息标准，将非重大性信息确定为所有自愿披露者的免责事由。〔2〕

（三）信息披露“重大性”标准研究

“重大性”标准是划定证券市场信息披露义务边界的核心要件。我国《证券法》满足“重大性”标准的法定情形清晰明确、可操作性强，却存在明显的监管真空。在法定信息披露清单未覆盖的情况下，判断信息是否满足“重大性”标准仍要回归“重大性”标准的一般规定。对此，学者提出“新二元理论”，主张“价格敏感测试”优先适用，“投资者决策测试”劣后适用。“新二元理论”在事后判断信息是否满足“重大性”标准时遵循以下思路：第一，如果信息通过了“价格敏感测试”，那么其即具备“重大性”；第二，如果信息未能通过“价格敏感测试”，那么成立一个可反驳的推定，即该信息不符合“重大性”标准；第三，对于未通过“价格敏感测试”的信息，主张其具备“重大性”的一方当事人负有举证责任，证明“价格敏感测试”无效，如市场无效率、存在其他违法行为、存在其他干扰信息等；第四，如果法院采纳“价格敏感测试”无效，那么即转向通过“投资者决策测试”定性判断信息是否满足“重大性”标准。〔3〕

---

〔1〕 参见郭雳：《注册制下我国上市公司信息披露制度的重构与完善》，载《商业经济与管理》2020 年第 9 期。

〔2〕 参见李有星、康琼梅：《论证券信息自愿披露及免责事由》，载《社会科学》2020 年第 9 期。

〔3〕 参见徐文鸣、刘圣琦：《新〈证券法〉视域下信息披露“重大性”标准研究》，载《证券市场导报》2020 年第 9 期。

四、证券市场违法行为的规制

(一) 操纵证券市场行为

操纵市场除本身难以认定以外，操纵市场因果关系更加难以认定。为降低操纵市场案件原告的举证难度，学界多数观点主张采纳相当因果关系理论，也有学者进一步主张通过直接推定两重因果关系来回避证明难题。然而“便利投资者举证”并非推定因果关系的正当性理由，而且推定投资者对操纵市场行为、被操纵之市场价量信号的信赖欠缺合理性。我们应当坚持操纵市场民事诉讼原告对相当因果关系的证明要求，不宜轻易免除原告的举证责任。由于操纵市场行为与投资者损失之间的因果关系具有复杂性和不确定性，投资者买入卖出的时点、操纵市场的方式和操纵行为实际作用力之间会产生多种匹配结果，宜分门别类地予以考察，应以不同标准分别确定赔偿总额上限和个别赔偿数额。操纵市场行为的主要危害是对市场整体的侵害，个别投资者所遭受的损失只是附带的、间接的结果，应正视操纵市场民事责任中赔偿功能的有限性，对操纵市场行为的规制应当主要通过公共执法来实现。〔1〕

(二) 内幕交易行为

1. 内幕信息泄露

美国的内幕交易责任理论基本上是二元路径：上市公司内部人利用或泄露内幕信息的归责基础是违反对上市公司的受信义务；而外部人利用或泄露内幕信息的归责基础是私取(misappropriation，又译作盗用)，归责理由是其违背了对信息来源方的义务，二者的违法性根源均是欺诈。美国判决强调受密人的违法性源于泄密人的违法性，就泄密人本身的责任成立问题，Dirks 案确立基本规则：泄密人从受密人处获益，为违法性之前提，且泄密人从受密人处获取的利益应具有实质性。受密人定责的关键在于：受密人知悉泄密人的行为违反了受信义务并获益。而如何认定受密人对泄密人获益的知悉是美国近年来判例的法理争议新焦点，应当基于人际关系的获益要件进行认定。

泄密人的泄密是否违法，应当视其泄漏行为是否违反受信义务或非公开信息本身是否系非法获取。如果泄密人的泄露行为导致其个人获益，则可认定为违反法律。除了向家人泄密的情形外，受密人包括多环节泄露中的受密人，在被定责时，也应以知道最初泄密人违法获得有价值的个人利益之事实为前提。我国的执法思路颇为粗糙，完全不考虑当事人之间人际利益关系，不利于正常的市场信息流通，应当借鉴美国的法律规则进行改进。〔2〕

---

〔1〕 参见缪因知:《操纵证券市场民事责任的适用疑难与制度缓进》，载《当代法学》2020年第4期。

〔2〕 参见缪因知:《人际利益关系论下的内幕信息泄露责任研究》，载《法律科学》2020年第3期。

2. 债券内幕交易

我国现行以《证券法》为核心的证券法律法规体系主要是围绕股票特性制定的，因此在条款适用方面未能很好地兼顾债券等其他证券品种的差异化特征。债券市场内幕交易民事责任认定特征与股票市场存在较大差异。债券内幕交易的法律适用存在违约责任和侵权责任的竞合，由于侵权责任起诉的诉讼当事人范围更大，归责原则更为灵活（可选择使用严格责任、过错责任或公平责任等），同时可援引除合同法以外的其他强制性法律规定，因此在债券内幕交易民事诉讼案件中，选择适用侵权责任能使受害投资者在民事诉讼中得到最大限度的权利救济。侵权责任的认定关键在于证明内幕交易人的违法行为与投资者遭受损失之间存在因果关系。因果关系认定及举证方式可以参照虚假陈述的规定，但也因内幕交易与虚假陈述行为特征的不同而存在差异。在债券内幕交易损害赔偿损失认定上，可参考虚假陈述的损失金额计算方式，但同时需要综合考虑债券内幕交易的特殊问题。[1]

（三）虚假陈述行为

1. 欺诈市场理论

对于证券市场虚假陈述民事责任纠纷，因果关系成立是虚假陈述人承担民事责任之前提。基于欺诈市场理论的交易因果关系之推定，在美国联邦最高法院“Basic 案”中得到最终确认。然而，不仅欺诈市场理论在美国经历了激烈的、持续的理论和司法适用纷争，该理论所支撑的虚假陈述民事集团诉讼补偿投资者和威慑不当行为人的政策目标也落空。

欺诈市场理论（FOMT）以效率市场假说为理论基础，但效率市场假说存在多种问题，与事实并不相符。在司法实践中，虚假陈述是否以及在多大程度上影响价格实难确定和辨认。FOMT 诉讼的核心问题说到底就是由谁来承担价格影响无法查明之裁判风险。根据美国集团诉讼规则，原告如要求以集团诉讼方式提起证券虚假陈述民事索赔，须经法院集团诉讼确认程序。因此，FOMT 成立以推定原告共通之交易因果关系，对原被告至关重要：如果原告通过了确认程序，在巨额赔偿和诉讼结果不确定的压力下，双方将接受和解，鲜有案件进入实体审理阶段；如果集团诉讼被驳回，出于诉讼成本的考虑，绝大部分投资者不会再次单独提起诉讼，被告将基本摆脱索赔诉讼。因此，虽然原告最终目的是获赔，但集团诉讼确认这个程序阶段才是诉讼的主战场，表现为 FOMT 适用条件之争。FOMT 诉讼确认之核心因素为价格影响证明，然而价格影响认定存在诸多难题。

美国法院逐渐认识到 FOMT 诉讼似乎更多是损害了而不是保护了其所意图保护的股东群体。FOMT 诉讼一定程度上是对炒股失误提供保险。诉讼索赔额越高，结果越不确定，双方和解动力越强。公司是拟制主体，实施欺诈的是公司董事、高管等内部人。然而，在美国实践中，公司董事、高管等个人出钱平均仅占和解金额的 0.4%。因此，真正实施欺诈行为者

〔1〕 参见贺锐骁：《〈民法典〉背景下我国债券内幕交易民事责任认定及承担》，载《法律适用》2020 年第 19 期。

将逃脱惩戒导致威慑失灵。在理论上，解决投资者自我支付和威慑失灵问题的对策是不追究公司责任，而要求公司背后的董事、高管等真正欺诈责任人承担全部或大部分对外赔偿责任。然而，问题远非如此简单。证券发行、交易信息披露的监管要求繁杂且多变，那些诚实和熟悉规则的公司高管也免不了遗漏或错误理解某项要求，更难以把握不确定事项究竟应该如何披露。为实现执法公平和防止过度威慑，必须对公司内部人进行责任区分，以罚当其责。法院适当提高代表人诉讼中交易因果关系推定的适用门槛，也许是一个暂时可行的改革方案。[1]

2. 虚假陈述中责任人员类型划分

新《证券法》全面加强信息披露违规责任，“直接负责的主管人员和其他直接责任人员”的划分与认定对于个体行政责任确定的影响陡然放大，但关于责任人员划分的现有规则口径不一、互相矛盾使标准不明。证券监管与司法实践忽视对人员类型划分理由的阐述，也未能形成统一的划分标准。与对公司事务的影响力相伴随的勤勉义务可以作为责任人员划分的潜在身份门槛，符合比例原则，具备合理性。在勤勉义务的基础上还应当对责任人的职责、职务、所起作用加以考量。[2]

3. 虚假陈述的法律适用

瑞幸咖啡财务造假的行为，在中美两国均属于信息披露违法行为。从适格原告上来看，中国的“投资者”的范围虽然相较于美国法上“任何人”的规定相对狭隘，但对处理一般的虚假陈述案件足堪适用；被告范围，美国只要在瑞幸咖啡实施虚假陈述行为中发挥过作用的个人或组织都有可能成为被告，我国《证券法》第85条明确规定了四类主体需要就虚假陈述以及由此导致的投资者损失承担民事赔偿责任。与中国法律上的明确类型化规定不同，美国法律上的虚假陈述行为，主要以抽象的“欺诈”、“欺骗”等概念指代。中美都将“对投资者进行投资决策具有重要影响的信息”作为重大性的标准，我国还将“被监管部门行政处罚”作为判断信息重大性的依据。结合瑞幸咖啡虚假陈述案，中金公司、安永会计师事务所是否需要承担相应的法律责任，关键在于这些证券服务机构是否履行了各自的法定义务、是否尽到了合理的注意义务。因美国SEC和部分美国法院已经开始对瑞幸咖啡事件进行处理，故无论是基于礼让原则、避免管辖权冲突，还是防止过度浪费司法和执法资源，国内法院不宜轻易受理发生在境外、缺乏实质性关联的证券虚假陈述案件。[3]

此外，虚假陈述在审判实践中须注意区分“重大性”要件与“信赖”要件，从责任成立要件上看，重大性处于“行为要件”层面，作为各虚假陈述具体类型的统合认定标准，其

---

〔1〕 参见耿利航：《欺诈市场理论反思》，载《法学研究》2020年第6期。

〔2〕 参见冯果、王怡丞：《证券市场虚假陈述中责任人员类型划分的制度逻辑》，载《法律适用》2020年第21期。

〔3〕 参见李有星、潘政：《瑞幸咖啡虚假陈述案法律适用探讨——以中美证券法比较为视角》，载《法律适用》2020年第9期。

考察的是行为本身的性质；而信赖则位于“因果关系要件”层面，它判断的是特定原告投资者的交易决定是否确实受到了案涉行为的影响。应当允许法官在司法实践中对重大性问题作出有别于行政监管的细分审查，依据个案的特殊事实判断行为是否需要承担民事赔偿责任，在此基础上形成周全的公正判决。〔1〕

五、投资者保护制度

（一）适当性管理

适当性管理的内涵包括了解客户、了解产品、风险匹配、风险揭示及告知等四个方面。其中了解客户、了解产品是风险匹配的基础，而风险揭示与告知是风险匹配的当然延续，风险匹配是核心内涵。告知说明义务并不等同于适当性义务。如果金融机构未实质落实风险匹配原则，对产品基本情况和风险予以再多揭示和告知说明也是无益；反之，如果是建立在充分了解客户和产品的基础上并进行适当性匹配，则不应当仅因金融机构未充分披露所有产品或投资信息，即认为其直接违反了适当性义务，认定其存在重大过错，而是需要综合个案中金融机构遗漏披露信息的重要程度和影响大小等各种情形综合判定。适当性义务属于先合同义务，所以违反适当性义务的民事责任为缔约过失责任。在举证责任方面，普通投资者适用举证责任倒置原则，基于专业投资者与金融机构基本对等的交易地位，司法裁判应当将专业投资者排除举证责任倒置的适用。〔2〕

（二）主动退市中的投资者保护

为保护退市公司投资者权益，证监会采取决议模式，表明了其通过强化投资者的表决权实现投资者保护的基本立场。然而，这一模式将退市生杀大权赋予利益将因退市严重受损的投资者，其实质为赋予投资者退市否决权，无疑将导致阻碍退市的后果。证监会关于退市类别决议的规定缺乏法理基础、突破了公司法的强制性规定，而且存在诸多弊端，为获取投资者的赞成票，公司或控股股东极有可能与持股较多的投资者进行私下利益勾兑，在滋生公司腐败的同时将严重损害小投资者的利益。退市法律规范除决议模式外，补偿模式可为我国提供借鉴。补偿模式的核心是补偿投资者因退市遭受的财产损失。投资者在退市情形的受保护需求为对财产损失的补偿。因此退市投资者保护问题的核心是财产保护，而非对表决权等管理性权利的强化或者股东资格的存续保护。故退市投资者保护问题应通过补偿财产损失，而非借助强化表决权的方式来解决。投资者因退市而遭受经济损失，其受保护需求集中体现为

〔1〕 参见汤欣、张然然：《虚假陈述民事诉讼中宜对信息披露“重大性”作细分审查》，载《证券法苑》2020年第1期。

〔2〕 参见吴弘、吕志强：《金融机构适当性义务辨析——新〈证券法〉及〈纪要〉视角》，载《上海金融》2020年第6期。

对经济损失的弥补。因此应通过补偿模式及时且足额补偿投资者的损失。[1]

（三）债券投资者保护

1. 债券市场化治理下的投资者保护

近年来随着公司债券违约普遍化、常态化，一些发行人滥用债务处置权利，不公平对待投资者，导致后者权益多有受损，戕害了其对债券市场的信心。由于债券持有人会议未能发挥议事平台并形成集体决议的作用、债券受托管理人未能充分发挥作为投资者利益代言人的作用、部分发行人滥用债务处置自主权导致私下协商与个别清偿并存等原因，公司债券治理的机制并未充分发挥作用。实践中发行人掌握融资和债务处置的主导权，占据企业生产经营的信息优势，而投资者既存在集体行动难题，也有个体行动的理性“冷漠”，投资者陷入追究发行人违约责任困境。此外，投资者只能被动接受发行人事先拟定的协议，发行人选定的主承销商兼任受托管理人，缺乏事先为投资者谋划最优合同条款的激励约束机制，投资者也因此陷入维权困境。对此，需要适当引入公法规范，纠偏发行人和投资者之间失衡的法律关系，强化对发行人的责任约束，提供便于投资者维权的司法救济机制，利用债券持有人会议形成集体决议，授权给专职的受托管理人有效执行，后者为投资者利益最大化服务并受到债券持有人会议的监督。[2]

2. 债券受托管理

实践上公司债券受托管理制度并没有达到保护债券持有人权益的目的，导致这种情况的重要原因是法理不明，债券发行人、受托管理人、债券持有人之间的法律关系和权利义务责任不能很清楚地界定。无论是从公司债券和公司债券持有人之法律特性、信托制度与委托制度的区别来分析，还是从公司债券受托管理人制度的比较法观察都宜将公司债券受托管理定位为信托法律关系而不是委托法律关系。公司债券受托管理中，公司债券持有人的债权完全可以作为信托财产，也即是公司债信托法律关系中的客体。但是由于我国《信托法》禁止讨债信托，导致我国以公司债权作为公司债券信托管理的信托财产存在法律障碍。建议在法律制度配套中，删除《信托法》关于禁止金钱债权信托的规定。此外，应当由公司债券持有人将公司债券之债权和担保物权及其他附随权利信托给公司债券信托受托人，而不是由发行公司以公司债券持有人为受益人而将公司债券之债权和担保物权信托设定给公司债受托人。[3]

（四）先行赔付

“先行赔付”的关键是要鼓励可能的赔付主体一旦发现财务造假等违法行为首先进行无条件的迅速赔偿，然后再寻求向其他责任主体追偿，未来制定相关制度细则时，需要具体确

〔1〕 参见张艳：《主动退市中投资者保护模式的反思与重构》，载《环球法律评论》2020年第6期。
〔2〕 参见洪艳蓉：《论公司债券市场化治理下的投资者保护》，载《兰州大学学报（社会科学版）》2020年第6期。
〔3〕 参见刘迎霜：《公司债券受托管理的信托法构造》，载《法学评论》2020年第3期。

定赔付主体、赔付规则、赔付数额、赔付方案的制订程序等要点。[1]

1. 保荐机构先行赔付

目前，关于保荐机构先行赔付协议的立法规定在协议的适用条件与协议制定的强制性方面并不一致，此外对协议在向其他侵权人追偿中的应用并没有明确规定。而从相关实践来看，保荐机构先行赔付协议的现实运用存在协议的相对方不明确、协议的相对方并未充分参与协议的制定、协议在追偿中的效力不明等缺陷，对于这些弊端立法均未予以回应。应当对受偿投资者范围进行合理限缩，完善保荐机构先行赔付协议内容的形成机制，注重受害投资者参与机制的合理建构，同时构建以平衡保荐机构与被侵权责任人权益为要旨的追偿机制。[2]

2. 先行赔付主体

在我国证券市场先行赔付非强制性，且先行赔付主体职责划分与“先行”都尚未确定的情况下，极大可能会发生先行赔付主体之间的推诿。先行赔付主体的担当与先行赔付主体追偿权的落实这两个问题是一环扣一环的，法律应当为先行赔付主体提供可以追回超过自身应负担的赔偿金额的保障措施。此外，应当按照过错与责任相匹配的原则，使资金规模相对并不雄厚的连带责任主体也可以缴付其应承担的“按份赔偿”的金额，纳入“投资者专项基金”中，用于对受损适格投资者的先行赔付，证监会可以对其作出从轻或者减轻的行政处罚，如此便可以减少先行赔付主体之间的推诿。[3]

（五）证券市场纠纷解决机制

1. 证券示范判决机制

证券示范判决机制，是指法院在处理证券群体性纠纷时，选取具有共通的事实争点和法律争点的代表性案件作为示范案件先行审理。在审理中重点围绕与平行案件共通的普遍问题展开，然后先行作出判决。在判决生效后，通过示范判决所确立的事实认定和法律适用标准，引导其余平行案件以调解、和解或者简化审理的方式化解纠纷。实践当中往往没有对“示范诉讼”中其他当事人（平行案件的原告）的程序性权利予以明确，通常仅赋予了其他当事人庭旁听庭的权利。这种做法能否公平保障所有当事人的诉讼权利，亦值得深究。证券群体性纠纷涵盖小额分散性侵害纠纷与大规模侵害纠纷两种类型。示范判决机制更加适合于处理大规模侵害纠纷而拙于处理小额分散性侵害纠纷。我国可在构建示范判决机制的基础上引入退出制集团诉讼，实现制度互补。[4]

---

[1] 参见汤欣：《证券投资者保护新规中的先行赔付》，载《中国金融》2020 年第 8 期。

[2] 参见叶嘉敏：《保荐机构先行赔付的制度优势与协议机制完善进路——基于对近似立法例的考察》，载《法治论坛》2020 年第 4 期。

[3] 参见郭艳芳：《证券市场先行赔付主体的法律界定》，载《法治论坛》2020 年第 4 期。

[4] 参见叶林、王湘淳：《我国证券示范判决机制的生成路径》，载《扬州大学学报》（人文社会科学版）2020 年第 2 期。

2. 证券集团诉讼

《证券法》修改后引入“明示退出、默示加入”这一集团诉讼的核心要素，并确定由投资者保护机构为诉讼代表人，融合了德国的团体诉讼和美国的集团诉讼两方面的制度元素，这一点正是德国团体诉讼的制度优势和程序价值所在，同时也巧妙地避开了美国集团诉讼中挥之不去的诉讼代表人与诉讼代理人恶意勾兑、坑害众多投资者利益的制度负面因素。为使我国证券集团诉讼行稳致远，还需要着力构建与完善多种集团诉讼所特有的诉讼机制。[1]

新《证券法》赋予了投保机构在集体诉讼中的原告适格地位。但《民事诉讼法》中的代表人诉讼与《证券法》中的证券集体诉讼之间存在冲突，前者难以为后者提供理论支撑，投保机构的适格地位需要另寻依据。从诉讼地位、请求权类型和诉讼效果来看，证券集体诉讼应界定为团体诉讼。我国现行的民事诉讼法律规范体系尚无对团体诉讼的直接规定，但仍可暂时将《民事诉讼法》第55条作为团体诉讼当事人适格的法律依据。团体诉讼的定性为投保机构诉讼权限的扩张充实了理论依据。就具体路径而言，投保机构的适格地位来源自法定诉讼担当，而投资者的委托应定性为证券集体诉讼的特殊要件，证券集体诉讼与代表人诉讼无关，投保机构也并非“代表人”。[2]

六、证券市场监管制度

（一）政府监管

证监会的建立背景体现了市场与政府的二元体制特征。从组织社会学新制度主义的角度对其权力运作进行分析。在理论上，新制度主义认为组织不仅受到技术与资源的影响，还受到制度环境的影响，并强调合法性机制对组织行动与功能的约束。技术环境要求组织的运作具有效率，制度环境则认为“组织不仅仅是技术需要的产物，而且是制度环境的产物”，违背社会事实或者公众认可的组织实践，将遭遇“合法性”危机。证监会作为行政体制的一员，必须适应行政体制的制度环境，建构与其他行政组织具有同质性的组织架构与功能，以满足这一制度环境下的合法性要求。只是较为特殊的是，证监会同时受到证券市场制度环境的影响，在两者的互动中，发展出有别于其他行政组织的特点。简而言之，生存压力促使证监会满足行政体制环境合法性要求，发展压力则让其直面市场制度环境合法性要求。[3]

（二）自律监管

以往的治理主要指的是“他律治理”，随着社会治理形态的发展，“自律治理”逐渐成

---

〔1〕 参见汤维建:《中国式证券集团诉讼研究》，载《法学杂志》2020年第12期。

〔2〕 参见苏伟康:《证券集体诉讼中的原告适格论——以2020年新修〈证券法〉第95条第3款为中心》，载《证券法苑》2020年第2期。

〔3〕 参见缪若冰:《中国证监会的制度环境及法律影响 组织社会学的分析》，载《中外法学》2020年第1期。

为国家治理体系的重要组成部分，资本市场中证券服务机构的自律治理可谓其中之典型。相较于政府监管的短暂性控制，自律监管对企业的影响更为深远，并且手段更为多样。此外，证券服务机构自律治理的共识性与自觉性能够保障资本市场治理的有效性。但是由于缺乏自律思维、监管理念落后，我国欠缺证券服务机构的自律治理。应当通过完善多主体监管制度、强化全方位信息披露、准确定位投资者适当性、完善责任与激励机制等方面来推动证券服务机构自律转型。[1]

（三）跨境监管

中概股普遍采用 VIE 架构跨境上市，通过复杂的协议网络架构，中概股实现了境外上市壳公司对境内经营实体的实际控制。但是，VIE 架构本身就是中概股规避中国法律赴境外上市的特殊手段，天然就具有缺乏有效监管、信息披露不透明、跨越不同的法域等风险。中概股是美国证券市场的发行人，但经营实体位于中国，美国监管机构无法直接对中概股公司中国境内的经营实体开展监管活动，对于中国籍公司高管的司法裁判也难以得到有效执行，而中国证监会直接监管境外上市公司又需要解决管辖权的问题。中美证券监管机构之间也缺乏事先对在美上市中概股公司的通报和合作机制。围绕中概股公司审计质量的问题，中美双方的审计监管合作仍然存在未能解决的分歧。对此，应当通过在双边或多边合作框架下开展联合检查、分流中概股公司和审计工作底稿、加强境外上市中国公司的境内监管等方式予以解决。[2]

（四）行政和解

证券行政和解的实质是行政相对人缴纳行政和解金，补偿投资者损失，以此替代行政处罚决定。新《证券法》第 171 条建立的证券行政和解制度是一个框架性、原则性与授权性的制度。要实施证券行政和解制度，必须结合证监会的《行政和解试点实施办法》（以下简称《实施办法》）与《行政和解金管理暂行办法》（以下简称《暂行办法》），但这两个文件严格规定的适用范围与适用条件，却可能限制或者阻碍证券行政和解制度的实施。2015 年证监会制定《实施办法》试点证券行政和解，5 年试点，仅有两个案例，理论分析、制度预期与试点实践形成极大的反差，证券行政和解制度的效率根本无从谈起。为实施新《证券法》的行政和解制度，不使其成为一种休眠状态的制度，坚持证券市场投资者保护的理念，需要修改《实施办法》中规定严格的适用范围与适用条件。根据新《证券法》第 171 条规定的构成要件，促进证券行政和解制度的执行与实施，并体现证券行政和解制度具有及时性、低成本与高效率的特征。[3]

---

〔1〕 参见侯东德：《证券服务机构自律治理机制研究》，载《法商研究》2020 年第 1 期。

〔2〕 参见李有星、潘政：《论中概股危机下中美跨境审计监管合作》，载《证券市场导报》2020 年第 10 期。

〔3〕 参见席涛：《证券行政和解制度分析》，载《比较法研究》2020 年第 3 期。

2020年中国破产法理论研究综述

汪琼欣

2020年，虽然新冠疫情给市场运行和企业生存带来极大挑战，中国破产法在理论和实务方面仍然成果颇丰，众多学术类、实物类著作出版和发表，助力市场经济焕发活力，其中代表性著作如下：

理论研究类著作：王欣新：《破产法前沿问题思辨》，法律出版社；王欣新、郑志斌：《破产法论坛》（第16~19辑），法律出版社；李曙光、郑志斌：《破产与并购》（第1辑），法律出版社；朱美宁：《破产法视域下我国地方政府债务治理研究》，法律出版社；陆晓燕：《“市场化破产”的法治内蕴》，法律出版社；杨临萍：《供给侧结构性改革司法实践：破产重整与和解最新理论及实务》，法律出版社；王卫国：《破产法精义》（第2版），法律出版社；徐阳光：《英国个人破产与债务清理制度》，法律出版社；徐阳光：《个人破产法的中国构建——基于比较法研究的探索》，法律出版社；韩天明：《民营企业破产法律问题研究：以泉州破产审判为视角》，法律出版社；徐战成：《企业破产的税收法律问题研究》，法律出版社；［美］道格拉斯·G. 贝尔德：《美国破产法精要》，徐阳光、武诗敏译，法律出版社。

实物类著作：陈夏红、闻芳谊：《破产债权保障手册》，法律出版社；周光、邹永迪：《破产管理人办案手册》，法律出版社；曹丽、李国军：《破产案件操作指引》（第3版），人民法院出版社；徐阳光、张婷：《破产法茶座》（第4卷），法律出版社；黄金华：《破产全流程实务操作指引》，中国法制出版社；刘宁、张庆：《公司破产重整法律实务全程解析》，北京大学出版社；江丁库：《民营企业破产管理法律实务》，人民法院出版社；贺小电：《破产法原理与适用》，人民法院出版社；徐根才：《破产法实践指南》，法律出版社；吴在存：《破产审判的专业化与规范化：北京破产法庭的探索与实践》，法律出版社。

在学术论文撰写中，学者们针对破产审理制度、破产重整制度、破产程序规则、特殊主体破产、跨境破产等问题进行了深入研究。

一、破产审理制度

（一）疫情防控中的破产法律适用

新冠疫情的暴发使国内外市场与经济形势发生重大变化，我国部分企业也陷入严重的经营困境，对整体经济发展造成重大影响。在疫情防控常态化的背景下，为助力市场经济恢复，最高人民法院以“破产保护和挽救”理念为指引，结合破产法立法宗旨，发布了《关于依法妥善审理涉新冠肺炎疫情民事案件若干问题的指导意见（二）》。[1] 对此，学者指出，破产法应本着积极引导、区别对待、多方解决的原则，化解危机，在破产法律框架内充分引导企业和投资者利用国家产业、金融扶持政策，发挥再次创业自主性，改善营商环境。具体包括：精准判定破产原因，注意区分企业困境与疫情的影响；法院破产工作尤其是“执转破”应在溯本清源的基础上适应新形势的需要；平衡公平与效率，适当顺延重整、和解有关期限，重视清算企业持续经营可能；探索庭外重组、预重整等多种路径，灵活处理企业破产事务；建立破产审判的建议程序，适用信息化手段解决程序问题等。[2]

（二）府院联动

《破产法》经历了从政府主导的政策性破产到行政配套的市场化破产的变革，构建出平等适用于市场经济主体的破产法律制度，但行政配套却存在干涉过度或配套不足的问题。为了打通破产程序的“最后一公里”，促进府院联动，亟待建立起制度化的“一键式”的系统配套，破产程序外部性强、法律关系复杂多样的特点也为这一系统的建立提供了现实基础。首先，需要明确行政边界，将行政权严格定位于“依法为实施市场化破产程序创造条件”，以“市场化”校正行政职能的定位、“法治化”设计政府参与的内容；其次，在司法行政职权联动的同时，应有解决破产衍生社会问题的专门机构，将司法权从破产衍生的社会问题处理中释放出来。[3]

破产管理人作为联结国家与市场的中介组织，对府院联动的协调也有着重要作用。在定位司法与行政的职能边界方面，管理人担任着程序推动者的角色，不仅保障法院中立地位，

---

〔1〕 参见郁琳、樊星：《常态化疫情防控中破产审判的法律适用问题》，载《法律适用》2020年第15期。

〔2〕 参见王欣新：《以破产法的改革完善应对新冠疫情、提升营商环境》，载《法律适用》2020年第17期。

〔3〕 参见陆晓燕：《“府院联动”的建构与边界——围绕后疫情时代市场化破产中的政府定位展开》，载《法律适用》2020年第17期。

还需积极与政府沟通，使法院脱身于行政性管理事务。并且，管理人还能以其独特的法律地位和专业知识主导政府和法院未充分介入的预重整事务，保障预重整程序的合法性与公信力。不过，当前的管理人制度在机构规模、人员考核管理等方面也需要进一步完善。[1]

（三）执行转破产

“执转破”是法院为了破解“执行难”，在司法工作机制上的创新应用，但目前除了江浙等经济发达地区，“执转破”依旧停留在申请移送难、破产受理难的基础困境层面，“执转破”进展不稳定，效果不理想。造成这一局面的原因有：价值层面，没有认识到“执转破”的终极目的是“破”，尚未从强制执行审查标准转向破产审查标准；实践操作层面，破产程序复杂，案件审理效率低，制约了“执转破”的适用，并且，司法实践暴露出“执转破”案件移送不及时、财产移交存在障碍等问题。为此，需要从以下几个方面解决：案件源头分流，运用信息化、智能化办案系统，在“立转破”上探索实践；提升破产审判专业化程度；分布试点推动破产与个人破产立法。[2]

厘清“执转破”问题后，在法院审理破产案件时，由于破产案件涉及的法律关系复杂多样，审理周期长、工作方式特别，还要与管理人、多个政府部门协调配合，有学者认为应当构建独立的破产审理绩效考核体系，以此在激励破产法官提升专业素养的同时，作为其独立的奖惩依据。并且，充分运用大数据、信息化技术打造智能考核平台，保证考核的全面、合理、高效便捷。[3]

二、破产重整相关问题

（一）重整立法理念调试

重整与清算、和解有着本质上的不同，它是以促进为导向，给利益相关主体宽容和激励的破产程序。无论是纵向的历史考察还是横向的国内外制度分析，重整制度都负担着应对经济困境、拯救并促进企业复苏的经济振兴功能。但我国现行立法更多考虑的是破产程序公正，应当在立法理念上，兼顾效率提升，体现“促进”之意，为困境企业提供重生的制度选择空间。从新制度经济学的角度来看，重整制度的设计必须通过最大化资产来最大化各方法律利益，直面利益冲突，突破稳定和保守的限制，向市场化、科学化方向发展。以此为基点，才能在启动环节、重整计划制定、批准和执行方面更好的完善。[4]

---

〔1〕 参见黄贤华：《破产管理人对府院协调机制的弥合作用》，载《中国注册会计师》2020 年第 3 期。
〔2〕 参见陈唤忠：《“执转破”常态化实施路径优化研究》，载《法律适用》2020 年第 3 期。
〔3〕 参见刘冬梅、郭一鸣：《再论破产审判绩效考核制度的构建》，载《法治论坛》2020 年第 1 期。
〔4〕 参见张世君：《我国破产重整立法的理念调适与核心制度改进》，载《法学杂志》2020 年第 7 期。

（二）重整计划制定权

目前，根据《破产法》第80条，我国重整计划制定权严格局限于债务人或管理人。该条立法目的是为确保制定权主体与经营控制人相匹配，实践中却适得其反，不仅导致计划供给不足，还出现重整权利配置错位。首先，从重整计划的契约属性来看，通过后的计划对全体参与人有约束力，不应只有个别主体可以提出，而将他方囿于其框架内谈判。对债权人而言，进入破产重整后的企业，债权人会议一般是企业最终控制者，其缺位于重整计划制定难谓合理；而对出资人而言，重整企业保有运营价值，出资人权益仍旧存在，不能断然否认其计划制定权。其次，从价值层面而言，重整制度通过限制债权换取企业重生机会，债权人理应获得与风险相匹配的权利配置。并且，重整程序是各参与人利益的集中体现，重整计划也应该是各参与人群策群力、反复比较的集体智慧结晶。〔1〕

（三）强制批准规则

强制批准规则是为了解决重整计划"僵局"的一种制度安排，但当下我国强批规则"三原则"（最低限度原则、绝对优先原则、最大利益原则）本身规定不明确、不具体，存在诸多漏洞，实践中也有法院强制批准随意性大、流于形式等问题，有学者就债转股重整中的强批规则适用困境进行了专门论述。在债转股重整中，债权人不仅承担公司经营风险，还受资本维持原则约束，有退出方面的风险，因此，强批规则应受严格控制，以保护债转股债权人自由意志为出发点，在强制批准前、中、后分别设置听证程序、完善实质审查条件和程序、保障债权人救济。〔2〕

（四）担保权暂停行使

重整过程中，为保全债务人财产，保障危困企业运营基础，实现重整的程序目标，会暂停担保权的行使，此时，债务人长期利益与债权人短期利益的平衡是立法关键。首先，担保权暂停行使时，应仅限于债务人以自有财产设定的担保，然后根据企业经营实际情况判断是否为重整所必须；其次，担保权是以变价处置为手段，实现优先受偿的目的，那么，暂停行使担保权的内容仅为变价处置权，不能限制担保权人的优先受偿权，一旦管理人处置了担保物，说明不满足前述暂停条件，担保权人可立即恢复担保权。不过即使担保权人恢复担保权，也要符合恢复标准和行权期限。〔3〕

（五）重整企业所得税

现有规定在重整新生企业所得税方面均未设置特别规定，但实际上，是否应将重整新生所得税作为特殊债权处理、税务局处理这一税款时处于何种地位等都有待明晰，这一规范过

---

〔1〕 参见张钦昱：《重整计划制定权归属的多元论》，载《社会科学》2020年第2期。

〔2〕 参见董新义：《强制批准规则在债转股重整中的控制性适用》，载《中国政法大学学报》2020年第5期。

〔3〕 参见乔博娟：《论破产重整中担保权暂停与恢复行使的适用规则》，载《法律适用》2020年第20期。

程也是破产法与税法的法际协调问题。从优化成本的经济角度来看，新生所得税之债应根据每个具体重整行为的特征区别对待。第一，对债务豁免所得，相较于《关于企业重组业务企业所得税处理若干问题的通知》（财税〔2009〕59号）中五年均匀递延确认所得的规则，纳税属性扣减规则更有助于实现债务人营业的恢复和债权人有序分配的破产目的；第二，债转股特殊债务应严格约束适用条件，更科学地确认计税基础和适用的股票范围；第三，当前特殊性税务待遇使用条件中的权益连续性条件应当取消；第四，税务机关应以重整计划实施后的税收管理者角色出现，不应干涉法院对重整计划的裁判。[1]

（六）民营企业重整困境与对策

2020年疫情的暴发使民营企业、中小企业面临的困难更为突出，重整制度作为破产法保护和拯救理念的集中体现，是助力企业纾困、营造法治化营商环境的重要制度供给。

由于民营企业在市场准入、退出、投融资渠道等方面的问题仍然突出，其对于重整制度的要求极具特殊性。为了解决民营企业重整的启动难、耗时长、成本高、职工安置与社会保障不完善等问题，在针对性简化程序、缩短期限、解决社会问题的同时，还要创新多元化重整模式，充分听取各方的利益需求，完善重整配套制度，充分发挥重整制度的价值功能。[2]

在多元化制度供给方面，中小企业在资金、人才、技术等方面的欠缺使其十分需要对应的制度设计。目前，大量中小企业面临重整启动、审理难的困境，重整成功率也相当低，原因包括：没有适应中小企业特点的专门规则；将所有者淘汰出局的重整模式不利于中小企业重整实践；企业主丧失控制权影响了重整积极性。因此，参考美国的制度设计要点，我国在破产案件繁简分流改革的背景下，还需增加根据企业主体分类的分流标准，建立中小企业重整特别规则，注重高效率、低成本的保障。[3]

三、破产程序规则

（一）破产程序的启动

认缴资本制的实行，使公司为了追求资本效率，偏好“轻资产、重债务”的运营状态，此时仍将“资不抵债”作为破产启动原因不适应宽口径的市场准入环境：公司资产的动态性导致资产核定难；公司债务的扩张性导致企业轻易触碰破产界限；待缴资本挑战资产债务构成导致无法判断是否资不抵债；即使待缴资本查清，受理前待缴资本是否加速到期影响资不抵债的判断结果。因此，需要重新定位“资不抵债”规则之功能，使破产法的市场退出机制

---

〔1〕 参见王池：《法际交集中的重整企业所得税：理论协调与制度重构》，载《法学评论》2020年第6期。

〔2〕 参见梁小惠、姚恩妤：《法治化营商环境下中国民营企业之重整纾困——以浙江金盾系破产重整案为例》，载《河北学刊》2020年第6期。

〔3〕 参见徐阳光、武诗敏：《我国中小企业重整的司法困境与对策》，载《法律适用》2020年第15期。

与公司法的市场准入机制顺畅衔接，手段包括：将“清偿能力”而不是“资不抵债”作为一般公司破产原因的首要指标；资不抵债仅仅作为特殊破产原因，适用于清算中的企业和以财产为法人成立和存续的唯一基础的主体；拓展资不抵债规则的破产预防功能。〔1〕

（二）董事责任与义务

企业濒临破产期间，对破产企业董事的义务及追责机制，既要能约束董事在企业濒临破产后采取风险过大的行动，及时致力于缓解财务困境和破产危机，又要避免企业家经营意愿的负面激励，导致过早启动破产，维护债权人利益与董事商业行为的平衡。但当前《破产法》对董事责任的规定仅是针对破产撤销权指向的行为，因此，可借鉴公司法制度中的董事责任义务之规定，将董事对债权人的责任机制作为破产法的调整事项，明确董事对债权人直接承担的特殊侵权责任，并由管理人代表债权人向董事提起损害赔偿诉讼。〔2〕

其次，董事破产申请义务的缺失也会导致债权人利益的损害，严重的还会放任出现严重债务危机、经营困难的企业存续，导致市场风险累积。应当赋予董事破产申请义务的理论依据在于董事对公司的勤勉义务，在公司濒临破产时，义务对象由股东转为债权人，那么，为了避免债权人损失扩大，董事应当提出破产申请；实践依据则在于董事作为公司决策机构，对公司运营状况最为了解，董事有足够的能力及时提出破产申请。参考德国的强制性破产申请义务和英国的不当交易规避模式，直接对董事课以公司临界破产时的破产申请义务也是符合我国实际情况的。〔3〕

现有规定对企业破产清算中环境侵权债务未作详细规定，导致环境侵权债权保护面临困境：董事职权与环境保护职责错位；各种优先权使环境侵权债权人救济不足。而在社会责任理论下，董事信义义务扩张，董事成为企业保障公共利益实现的责任担当者，破产清算中，董事环境侵权责任更是得到强化，因此，应以董事是否违反信义义务为基点，规定董事对环境侵权债权的责任。当然，为了避免责任泛化，还需要建构救济权利和程序。〔4〕

（三）特殊债务人财产

土地经营权作为一种特殊债务人财产，可定义为“土地承包经营权”这一法定用益物权之上的“次级用益物权”，破产程序中土地经营权抵押处置，难点在于保证社会价值的同时，实现财产性价值，满足破产法律制度的基本要求。处理土地经营权抵押时，必须充分把握其政策导向和法律依据，做好抵押权变现与农业企业破产程序的衔接工作，处理好农村土地经营权的社会保障属性、财产流通属性以及抵押权人的优先受偿权之间的关系，最大限度平衡

〔1〕 参见吴京辉：《认缴资本制下资不抵债规则的功能转向——从破产原因到破产预防》，载《现代法学》2020 年第 6 期。

〔2〕 参见金春：《破产企业董事对债权人责任的制度构建》，载《法律适用》2020 年第 17 期。

〔3〕 参见苏喜平、任慧星：《公司临界破产时董事的破产申请义务》，载《法治论坛》2020 年第 1 期。

〔4〕 参见孔梁成：《企业破产清算中环境侵权债权之保护——以董事责任为视角》，载《政治与法律》2020 年第 9 期。

农业企业破产程序中的各方利益。[1]

另一种特殊财产是破产债务人售后回租的财产，涉及破产取回权的行使，此时，出于对债务人和其他破产债权人的保护，应限制融资租赁公司对租赁物的取回，将售后回租合同参照所有权保留买卖合同处理，因为二者在本质上都并非信贷关系，而是担保手段。另外，从域外经验看来，出卖人的破产取回权可以看成对中小企业供货商的优待，但售后回租合同相对方大多是金融机构，且租金支付周期长，租赁物一般也是债务人的重要经营资产，为了保障债务人继续经营，当管理人解除合同时，应限制出租方取回租赁物，但此种限制只针对以担保为目的的所有权转移。[2]

（四）债权人保护

企业进入破产程序后，债权人主要有两种途径实现债权：依据物权担保主张别除权优先受偿、依据《破产法》规定的清偿顺序依次受偿，此时，有预告登记的债权陷入了尴尬境地，若优先受偿，其并不具备优先权基础，若认定为普通债权，权利人期待权落空，难谓公平。预告登记权利人能否在破产程序中得到保护，需要区分本登记条件是否成就而做不同规定：条件成就时，应当请求推动登记实现物权；条件不成就时，可以请求阻却标的物的处分行为；而当本登记无法完成时，应允许权利人在一定范围内优先受偿。[3]

破产止息规则是否及于债务人的保证人，是影响债权人受偿率的另一个难题。根据实证研究结果，绝大多数判决认为止息效力及于保证人，但也有法院认为债务人破产是担保人承担的商业风险，不赞同止息及于保证人。产生分歧的原因，是在我国民商合一立法体例的影响下，法官忽略了保证责任从属性在商事领域独特的价值取向。实际上，保证责任从属性的突破并非没有法理基础，例如对未来债务的保证，而破产法为了在保护债务人的同时维护市场信用体系，也应当突破保证责任从属性。对保证人而言，不停止计息是保证人承担的商业风险，体现了对交易安全的维护。目前存在于实践中的独立保函、保证责任从属性约定排除对破产法的完善都有一定的参考意义。[4]

（五）税收债权

破产法与税法的冲突包括三个方面：社会整体利益与国家利益的权衡；司法权与行政权的衔接沟通；立法法上的法律适用规则不能解决二者的规则竞合。这些冲突导致法院与税务机关在破产税收债权确认过程中难以协调，如税务机关在破产程序中的权利、税收优先权争议、税收债权债务抵销等。如何实现二者在理念上的融合与规则上的互认，是两部法律的立

〔1〕参见赵龙、阮梦凡：《土地经营权抵押的破产处置——以“浙江大唐生态农业公司破产案”为实践》，载《法律适用》2020 年第 2 期。

〔2〕参见云晋升：《民商二元视角下“售后回租”之分析》，载《社会科学》2020 年第 8 期。

〔3〕参见傅远泓：《论预告登记权利人的破产保护》，载《山东社会科学》2020 年第 9 期。

〔4〕参见沈伟：《破产止息规则下保证责任从属性之惑及疑解——兼议独立保证入典》，载《上海财经大学学报》2020 年第 1 期。

法平衡和利益保护的重难点。[1]在司法实践中，破产时的税收优先权是主要争议之一，不仅《企业破产法》和《税收征管法》关于税收债权与担保债权的清偿顺位存在规定上的冲突，具体的如：骗取的出口退税款、税收滞纳金是否有优先权也需要税务机关与法院的协调，体现了公共利益与私人利益的法律价值冲突与平衡。[2]

而更为具体的关税优先权，又不同于一般的税收债权。从域外经验看来，由于关税具有独特的政策价值，一些国家已经通过提高其清偿顺位的方式采取特殊保护，我国学者则对未清缴关税的货物作为抵押物的效力存在较大争论。虽然根据《海关法》第 37 条并不应该否认抵押合同的效力，但是，未清缴关税的货物缺乏自由流通权，破产程序不能改变逃税走私的违法状态，关税应当优先于抵押权，出于平衡，海关税负的公示性、可知性为利益相关者的交易安全提供了保障，并且，这种关税优先权应当只限定为关联的特定监管货物，防止范围过广有“与民争利”之嫌。[3]

四、特殊主体破产

（一）关联企业破产

1. 实质合并破产

实质合并破产是指在重整协商阶段，破产企业将未申请破产的关联企业纳入合并重整的范围。目前，我国仅对实质合并破产的适用情形、适用条件以及法律后果进行了原则性规定。参考美国的适用方法，实质合并的考量基点有二：关联企业的混合程度、实质合并后的利益与不利益比较。在界定混合程度时，破产法与公司法存在差异，不仅要关注债务人偿债能力，程序效率价值也需要实现，还需要考虑债权人的信赖利益。至于利益衡量，应当以合并是否利于所有债权人或合并利益大于损害为标准。关于合并后果，一般认为是合并债务人的资产、法律实体共同合并，但目前司法实践也有较为灵活的处理方式，即保留公司独立人格，仅在重整方案中排除关联公司间的债权债务，抑或是仅部分合并破产，也可以为整合债务人资源提供新的方式和可能。[4]

另有学者从实证研究层面认为，合并破产毕竟是突破了法人独立人格与有限责任原则，只能在例外情形下适用，由此产生对合并破产具体适用规则的需求。首先，合并破产只能是最后的救济手段并根据明确的标准从严审查，包括三个方面：集团成员是否本质同一；对避

---

〔1〕 参见唐媛媛、王虹：《破产清算程序中的税收债权问题——基于破产法与税法的冲突》，载《税务与经济》2020 年第 4 期。

〔2〕 参见杨亮：《破产程序中税收优先权的捍卫和思考》，载《税务研究》2020 年第 8 期。

〔3〕 参见韩世昕：《论破产程序中关税优先权的清偿顺位》，载《国际经济法学刊》2020 年第 4 期。

〔4〕 参见高小刚、陈萍：《论关联企业破产程序中实质合并原则的适用》，载《法律适用》2020 年第 12 期。

免损害或增加收益是否必要；债权人的损害是否因信赖集团成员独立造成。目前的审判实践偏重于同一性审查，对增益、实质损害的司法审查有待提升。其次，合并破产的适用原则、情形、裁判标准、管辖法院确定方式以及法律后果等，都需要在《破产法》中明确规定。[1]

2. 关联企业实质合并预重整制度构建

实质合并预重整是在实质合并的基础上，于申请破产重整前通过利害关系人的自主协商，就债务清偿、企业发展等拟定计划，取得多数债权人同意后再申请法院确认重组方案的法律效力。这一制度兼具庭外重组和庭内重整的优势，破解了企业拯救机制供给不足，构建适应各类市场主体的预重整法律制度，为企业脱困提供充分有力的法制保障。这一制度首先从具有一般性的预重整展开，再基于关联企业的主体特殊性，就实质合并预重整的实施条件、登记审查、信息披露、异议保护等内容做出具体规定，还要在时间、内容、效力上注重与重整制度的衔接。[2]

（二）金融机构破产

政府救助是我国应对系统性重要性金融机构破产风险的主要方式，虽然效率高，但破坏市场规律，具有道德风险，也是沉重的财政负担。当下被域外广泛接受的是金融机构强制性自救。这种新型工具作为最终措施，由监管当局启动，以股权核销、债权减计、债转股的资本工具为手段，快速填充资本，避免金融机构账面破产。这一措施在我国的引入，不仅能够实现股权结构优化、引进民间资本、发挥战略投资者作用、深化混合所有制改革的目的，还可以调整我国金融市场结构，促进行业公平竞争。但是运用自救制度仍需要以股东和债权人保护为核心，同时注重国内法和国外法的衔接。[3]

（三）保险公司破产

虽然我国目前尚无保险公司破产案件，但破产风险仍需防范，保险金债权的优先清偿是保险公司破产分配中的核心问题。基于保险人和保险公司的特殊地位，考虑到实质平等和公共利益，优先清偿保险金债权在理论上具有正当性。其次，《保险法》第 91 条第 1 款也体现了保险金债权优先清偿的意旨，但现有立法对未到期债权、保单价值的规定存在遗漏。[4]

为应对保险公司破产风险，目前更值得讨论的是保险公司破产前置监管措施。该措施是指国家保险监管机构对濒临破产的保险公司采取的防范破产风险的行政强制措施，包括：偿付能力监控措施、特定违规情形下的整顿措施、偿付能力严重不足和严重违法情形下的接管措施，充分体现了效率优先的设计理念。但是，破产前置程序毕竟是行政强制措施，对行政

---

〔1〕 参见解正山：《企业集团“合并破产”实证研究》，载《现代经济探讨》2020 年第 2 期。

〔2〕 参见龚家慧：《论我国关联企业实质合并预重整制度的构建》，载《当代法学》2020 年第 5 期。

〔3〕 参见敖希颖：《金融机构强制性自救的中国价值及法律因应》，载《现代法学》2020 年第 4 期。

〔4〕 参见赛铮：《刍议保险公司破产时保险金债权的优先清偿权——兼论我国〈保险法〉第 91 条之立法缺陷》，载《南方金融》2020 年第 11 期。

监管进行适当监督制衡也是不可或缺的。[1]

五、个人破产制度

（一）从破产有罪到破产免责的理念变革

现代个人破产制度旨在恢复债务人的社会经济能力，其根本要素是破产免责制度，即破产程序终结后，未能依照程序清偿的债务得以免除偿还责任，这一制度乃各国构建个人破产法律体系的核心内容。

然而，囿于传统的破产有罪主义，这一理念变革也是个人破产制度在我国面临的首要挑战。从政策角度来看，“破产免责”包括两个政策考量因素：一是基于人道主义考虑，避免债务人未来的生活陷入偿债重压，从而保障债务人在宪法上的生存权；二是债务的免除能使社会整体获益，有利于社会公共利益的维护。[2]从市场角度来看，我国市场经济全面发展，商业个体化运作与信贷多元化覆盖，极大催生了个体经营的高风险与高负债，建设个人破产免责制度的需求日臻成熟。然而，虽然立法与司法机关已意识到免责制度的重要作用，并试图利用司法试点工作建构个人破产的替代机制，但这些举措并未孕育出完备的个人破产免责体系。立法确认与司法环境是免责制度创制的第一步。[3]

但是，也有学者认为，免责与破产在对象、效果和基本理念方面仍有实质差异，免责强调让“诚实而不幸”的债务人回归社会，注重债务人的救济帮扶。考虑到破产与免责的法理，结合我国政治、经济、文化的外部环境，破产的“惩戒法”本体仍然是免责制度的设计基础。应慎待“重生”价值，先解决破产人人格减等的内容建构，突出破产的惩戒底色。[4]

因此，我国个人破产立法应采严格主义，对债务免除、重生持谨慎态度，将合理平衡债权人、债务人权益贯穿个人破产制度始终，从而较好地防范债务人恶意逃废债，兼顾债权人公平受偿和债务人“再生”，并且需要同步完善的配套制度。[5]

（二）制度建构框架

虽然我国个人破产制度构建存在一定的现实障碍，如传统观念、个人信用体系与社会保障制度、司法资源，但这些难关正在逐步破解，并非否认个人破产制度的理由。[6]个人破产

---

〔1〕 参见盛建明：《保险公司破产前置监管法律分析》，载《中国金融》2020年第8期。

〔2〕 参见丁燕：《破产免责制度的合宪性考察》，载《中国法律评论》2020年第6期。

〔3〕 参见项焱、张雅雯：《从破产有罪到破产免责：以英国个人破产免责制度确立为视角》，载《法学评论》2020年第6期。

〔4〕 参见欧元捷：《论个人破产建构的中国逻辑——以破产与免责的界分为起点》，载《山东社会科学》2020年第3期。

〔5〕 参见唐晓雪：《审慎推进我国个人破产法的若干思考》，载《南方金融》2020年第11期。

〔6〕 参见李晓燕、唐思原：《论我国个人破产制度的构建》，载《山西大学学报》（哲学社会科学版）2020年第2期。

立法事关营商环境和经济社会整体利益，我国应尽快启动立法进程。首先，个人破产立法应当与多元化的债务清理体系融为一体，如和解、重整，体现繁简分流的纠纷解决理念。其次，应当确立许可免责模式，辅之以失权制度的破产限制措施，并综合运用民事、行政、行政措施打击逃债。[1]

另外，我国现存的如“吾兰道沫”“立兴隆字”“摊还法”等民间清偿习俗与破产法具有内源的统一性，也有化解纠纷、维护稳定的功能。由于其植根于传统社会土壤，具有浓厚的人道主义色彩，个人破产制度构建时，可予以借鉴，搭建多元化纠纷解决体系，拓展法治框架，提升破产法的德治依托。[2]

（三）程序启动

1. 个人破产准入规则

准入规则是个人破产程序启动的实质性条件，涉及破产能力与破产原因，是个人破产制度有效运行的前提。在破产能力方面，学者大多认为，公平理念、世界趋势决定了一般个人破产主义，不区分商主体与否。在破产原因方面，其本质是债务人实然丧失清偿能力，不仅要明确界定这一抽象表达，还要构建具有可操作性的判断标准。对清偿能力的判断要综合个人可供分配的财产状况；不能清偿的到期债务要进行程度上的考量；不能清偿的状态应当是客观持续的。另外，在债权人申请破产的情形下，可对债务人施加如债权性质、数额标准的限制。[3]

确立了破产原因，在程序选择方面，有日本的自由选择和美国的选择受限两种立法例，决定了债务人是否有权选择清算或重整程序。为了发挥二者各自的立法功能，公平对待债务人和债权人，我国应采取选择受限模式，优先使用重整程序，引入收入水平测试，限制债务人选择使用清算程序，一方面降低程序选择负担，另一方面激励债权人对债务人的合理信贷行为。[4]

2. 债务咨询

鉴于个人破产主体的特殊性，在我国个人破产制度建设的不同阶段，可以借鉴域外的债务咨询制度。首先，可以参考美国法的经验，设置非强制性、非司法性的破产程序前置债务咨询制度；其次，可以采纳加拿大的两轮债务咨询措施，分别置于宣告破产后和债务免除前。咨询人的选择，建议充分利用现有破产从业人员的资源，参照个人管理人制度，采取市场化手段，由律师和会计师组成。[5]

---

〔1〕 参见徐阳光：《个人破产立法的英国经验与启示》，载《法学杂志》2020年第7期。
〔2〕 参见聂晶：《社会治理视域下我国破产清偿民间习俗的价值探究》，载《河北法学》2020年第9期。
〔3〕 参见赵吟：《个人破产准入规制的中国路径》，载《政治与法律》2020年第6期。
〔4〕 参见郭东阳：《个人破产中的程序选择模式问题研究》，载《河南大学学报》（社会科学版）2020年第2期。
〔5〕 参见范志勇：《自然人债务清理咨询制度研究：域外经验与启示》，载《税务与经济》2020年第3期。

（四）豁免财产

豁免财产制度的意义在于，保障债务人及其所抚养人在一定时期内的基本生活需求和必要的发展需求，是对债务人生存权和基本发展权的维护，同时也要最大化清偿债权人的债权。不仅要明确界定，而且要合理，还要估计地区差异性，在涉及医疗、教育、抚养关系时更为复杂，这是立法的难点也是重点。[1]

有学者从宪法的角度分析认为，个人破产法的制定不仅涉及宪法的平等保护问题，还涉及个人生存权与财产权的冲突协调问题，其中，豁免财产划定的范围与标准，是破产法实现宪法价值、平衡各方权益所必需的。[2]而豁免财产的构成应包括三类：禁止扣押财产、破产程序开始后劳动收入的不可扣押部分、被破产管理人放弃的财产。由于其目的在于保障债务人的生存发展，债务人对豁免财产的处置应当有限制，除非与豁免财产制度目标一致。[3]

（五）制度协调

目前，参与分配程序替代着缺失的个人破产制度，但当我国破产法立法体例转向一般破产主义时，需要注重于参与分配程序的协调配合。在不同的立法例中，参与分配有优先原则、平等原则和群团优先原则，我国应当确立优先原则。执行效率的提高、民事程序法独立地位和价值的体现，足以支撑优先原则的确立。同时，优先原则可以倒逼债权人申请破产，激活失灵的破产程序，减轻执行程序的负担。在适用要件方面，不仅要满足参与分配程序的适用条件，还需审查确认无破产原因。[4]

六、跨境破产制度

（一）"一带一路"国家跨境破产司法合作

"一带一路"建设中，跨境投资与贸易迅速发展，但沿线国家跨境破产司法合作机制尚未建立，我国涉"一带一路"跨境破产司法合作面临困境：沿线国家跨境破产法发展不平衡；跨境破产双边与多边协议供给不足；我国跨境破产制度尚不完善。从目前已有的跨境破产合作机制来看，可以采取主从破产程序模式、促进合作的同时，兼顾各国破产制度的差异和本土债权人利益保护，同时，建立平行破产程序的协调与合作机制、促进法院间信息交流共享。我国在承认与协助沿线国家破产程序制度时，要明确界定对象与措施，理性适用互惠

---

〔1〕 参见唐晓雪：《审慎推进我国个人破产法的若干思考》，载《南方金融》2020 年第 11 期。

〔2〕 参见王斐民：《个人破产法的宪法维度》，载《中国法律评论》2020 年第 6 期。

〔3〕 参见罗琳：《论个人破产制度中自由财产处分"自由"的限制》，载《湖北社会科学》2020 年第 11 期。

〔4〕 参见肖建国、庄诗岳：《参与分配程序：功能调整与制度重构——以一般破产主义为基点》，载《山东社会科学》2020 年第 3 期。

原则与公共政策例外条款，合理保护本国债权人利益。[1]

（二）香港与内地的破产司法合作

粤港澳大湾区建设以来，内地与香港的经贸日趋融合，但由于法律体系和司法环境的差异，两地的跨境破产衔接机制一直难以建立。近年来，香港法院对内地破产程序的承认与协助机制发生转变，主要体现在：由原则向规则的适用；承认与协助程序的标准化；程序协助范围的扩大化。这些转变的典型代表案件是 2019 年 12 月香港“高等法院”做出的上海华信破产程序裁决。与之前的广信破产案相比，香港法院首次承认内地法院确立的破产管理人地位，为管理人管理位于香港的财产提供协助措施，同时终止债权人对债务人财产的个别执行。该案对于促进两地跨境破产合作具有重要意义，也有利于我国建设良好的营商环境，从而逐步扩大我国破产司法实践的国际影响力。[2]

在未来的跨境破产合作中，两地应以修正的普及主义为基础，将债务人财产在全球范围统一收集分配，但法院应保留自由裁量权以评估母国程序的公平性，保护本国债权人的利益。同时，需要协调两地承认标准的差异，“标准承认令”的清单设置问题也值得关注。[3]

（三）人民币国际化条件下清算最终性与破产法的协调

人民币跨境流通和国际化需由清算和清算体系完成，清算机制的顺畅运行和作用发挥，离不开法律制度的有力保障。在人民币国际化清算面临的诸多法律问题中，清算最终性与破产法的冲突最为关键。清算最终性意味着参与方之间支付义务的终结和清算具有不可逆转性，而破产法中的破产无效行为、管理人合同履行选择权、撤销权等规则，不仅影响清算参与方权利义务关系的稳定，甚至会引发清算体系的系统性风险。鉴于此，应在清算制度中厘定清算最终性与《破产法》的关系，并在《破产法》中对该制度的豁免适用做出回应。在域外协调方面，一是我国清算立法应排斥域外破产法对人民币国际化清算体系的适用，二是我国应恰当厘定和运用人民币国际化清算体系的国际私法规则。[4]

七、破产法未来之展望

（一）《2020 年营商环境报告》“办理破产”指标分析及对策

在世界银行《2020 年营商环境报告》中，我国“办理破产”为 62.1 分，在 190 个经济

---

〔1〕 参见张玲：《我国与“一带一路”沿线国家跨境破产司法合作的现实困境与解决路径》，载《暨南学报》（哲学社会科学版）2020 年第 6 期。

〔2〕 参见石静霞：《香港法院对内地破产程序的承认与协助——以华信破产案裁决为视角》，载《环球法律评论》2020 年第 3 期。

〔3〕 参见张烁：《从“广信案”到“华信案”：香港对内地公司跨境破产清算承认与协助的新发展》，载《法律适用》2020 年第 14 期。

〔4〕 参见韩龙、毛术文：《人民币国际化条件下清算最终性与破产法的冲突与协调》，载《清华法学》2020 年第 4 期。

体中排名 51。债权回收率为 36.9%，回收时间 1.7 年，回收成本（资产价值百分比）22%，债权追收结果为分拆销售，而不是持续经营，破产框架力度指数 13.5 分。总体上与可比经济体仍有较大差距。〔1〕

首先，当前制约我国回收率的原因包括：破产相关规范缺失；审判制度机制有待完善；观念上对破产制度功能认知不同。为此，需要：提高担保债权清偿率，保障债权人权益；完善重整法律制度，最大限度维护企业营运价值；缩短破产处理时间，加快推进破产进程；降低破产费用，提高债务清偿比例；加强破产审判信息化建设；宣传普及破产保护理念。〔2〕其次，在破产框架力度指数方面，由于最高人民法院《关于适用〈中华人民共和国企业破产法〉若干问题的规定（三）》的仓促颁布，我国失分于重整程序指数和债权人参与指数，因此，一方面需要调整重整计划的表决方式，另一方面需要进一步明确债权人对管理人任命的参与权、对债务人重大财产出售的批准权，向世行评估指标靠拢的同时，关照我国国情。〔3〕

（二）我国破产法改革路径

从 2018 年《宪法》序言及第 15 条之规定来看，中国宪法形成了独立的“市场经济观”与“破产观”，破产法作为市场经济“宪法”的理念越来越深入人心。除了在《宪法》文本中的价值，破产法的宪法性还有以下含义：统一市场的法律、经济改革的基本法、全球市场交易的法，并且，破产法的立法与实施是国家事权。〔4〕因此，在国际大背景的影响下，我国破产法改革同样要以宪法为立法依据，吸取国际经验，对标“办理破产”指标进行结构性重组，将破产指标纳入法治化轨道，以法治降成本、护自由、促效率。同时，将破产成本与资产收益贯穿破产程序始终，是检验破产程序适当性的标尺。破产法还要在理念上从瓜分债务人剩余资产的落后观念向盘活债务人有效资产的效益观念转变，着力保留破产资产的整体运营，从本源上解决债务人的经营困境，提高债权人的受偿份额。具体而言：在总结实践经验的基础上实现破产法市场化；体现债权人参与监督的常态化思维；树立运营资产至上的整体化观念。〔5〕

另外，在区块链时代，破产法也面临着机遇和挑战。二者虽然在信息机制视角功能契

〔1〕 参见丁燕：《世行“办理破产”指标分析与我国破产法的改革》，载《浙江工商大学学报》2020 年第 1 期。

〔2〕 参见郑伟华、王玲芳：《关于“回收率”指标的法律分析及提升路径构建——基于我国当前破产审判的实证研究》，载《法律适用》2020 年第 19 期。

〔3〕 参见韩长印：《世界银行“办理破产”指标与我国的应对思路——以“破产框架力度指数”为视角》，载《法学杂志》2020 年第 7 期。

〔4〕 参见李曙光：《宪法中的“破产观”与破产法的“宪法性”》，载《中国法律评论》2020 年第 6 期。

〔5〕 参见张钦昱：《我国破产法的系统性反思与重构——以世界银行〈营商环境报告〉之“办理破产”指标为视角》，载《法商研究》2020 年第 6 期。

合，但却存在集体清偿与去中心化的理念背离。在信息共享和数据开放层面，区块链确实能推动破产程序效率和信息披露透明，但也为市场带来极大风险，法院在财产定性等方面存在困境。即使数字货币的流通尚需时日，但相关法律、财政制度仍需建立完善，未来，破产法对财产的处置需要随着数字货币的发展进一步细化。[1]

〔1〕 参见张钦昱、付中华：《区块链时代破产法的机遇与挑战》，载《财经理论与实践》2020年第6期。

案件聚焦

2020年中国资本市场最具影响力案件评析

卖者尽责应适当　原油宝中探缘由

——“原油宝案”的法律分析

肖　铮

【案情介绍】

（一）“原油宝”产品简介

“原油宝”是中国银行自2018年起面向个人客户开办的一款挂钩境外原油期货合约的交易产品，其挂钩的基准标的为美国芝加哥商品交易所的“WTI原油期货合约”以及英国的“布伦特原油期货合约”。中国银行在交易中扮演做市商的角色，提供双边报价和交易平台；而客户可以在存入等于开仓货币名义金额的交易保证金后，进行做多或做空双向选择的原油宝交易。原油宝以人民币或美元计价，且只能买卖份额，不能提取实物原油。简言之，“原油宝”是一款不具备杠杆效应的交易类产品，中行为客户提供交易平台，并根据全球相关原油市场价格及各类市场因素的变动为客户提供交易报价供其选择做多或者做空操作。

（二）原油宝“穿仓”事件回顾

2020年4月22日北京时间22时，原油宝美国原油5月合约交易截止，中行将像往常一样，根据美国4月22日（合约倒数第二个交易日）的结算价对国内原油宝进行交易结算。但出乎意料的是，芝加哥商品交易所（CME，以下简称芝商所）的WTI原油5月期货合约结算价竟首次跌成负值。CME电子盘以美国东部时间4月19日18：00的17.73美元/桶的价格开盘，但开盘后其价格竟一路狂跌至负值。最终4月20日结算价报－37.63美元/桶，收盘价报－13.10

美元/桶。[1]

令人瞠目结舌的原油合约负结算价虽然只短短出现了一天，但其对国际金融市场，特别是国内以“原油宝”为代表的纸原油业务产生了非比寻常的影响。4 月 21 日，中行发布公告暂停原油宝美国原油合约交易，并称正在积极联络 CME 确认结算价格的有效性，并于次日公布将以 -37.63 美元的价格对原油宝 2020 年 4 月 22 日合约进行结算或移仓。此公告一出无异于平地惊雷，引起一片哗然。因为根据中行公布的负结算价，原油宝产品大量多头持仓客户不仅亏损了全部保证金，同时还“倒欠”中行资金，需要向其补足交割款。原油宝“穿仓”事件发生后即引起了社会各界的激烈讨论，各路投资者也开始积极谋求维权途径。面对愈演愈烈的舆论形势，中行随即发布公告称：自 4 月 6 日起，中行已经通过多种渠道对原油宝客户进行针对性风险提示，特别是 4 月 15 日后每日对客户进行风险提示。而 4 月 15 日这一时间节点的选择也颇耐人寻味，因为芝加哥商品交易所在 4 月 15 日发布公告称，最近的市场事件增加了能源期货合约出现负价结算的可能性，如果发生上述情况，芝商所的交易和清算系统将会正常运行。[2] 也就是说，在原油宝合约到期前，其所挂钩的基准标的已经出现了负价结算的可能性，而芝商所也做好了应对的准备。但根据已有的信息反馈，中行在对客户进行风险提示时，并未告知多头持仓客户负结算价出现的可能性以及其对于客户资金安全的潜在风险。

（三）法院判决

原油宝“穿仓”事件发生后，损失惨重的多头持仓客户开始通过各种方式同中行沟通以期获得损失赔偿，而中行为投资者提供了一份承担全部穿仓损失，同时补偿 20% 本金的赔偿方案。根据相关报道，在事件发生后不久，已有大部分客户选择按照中行的方案签署和解协议，但是仍有为数不少的客户选择通过法律途径解决纠纷。[3] 面对各地层出不穷的原油宝相关诉讼案件，最高人民法院出于投资者权益保护的目的，要求各省市对原油宝案件进行集中管辖。以江苏省为例，江苏省范围内的原油宝案件根据标的额不同，分属南京市鼓楼区人民法院和南京市中级人民法院管辖。

1. 一审判决观点

2020 年 12 月 31 日，鼓楼区人民法院对两起原油宝案件一审公开宣判（另一起已于 12 月 24 日调解结案）。一审法院认为，“原油宝”产品于 2017 年报中国银行保险监督管

〔1〕 参见郜慧、陆凤彬、魏云捷：《“原油宝”穿仓谁之过？我国商业银行产品创新的教训与反思》，载《管理评论》2020 年第 9 期。

〔2〕 CME. Testing Opportunities in CME's "New Release" Environment for Negative Prices and Strikes for Certain NYMEX Energy Contracts [EB/OL]. CME Clearing, Advisory Notice #20 - 160, April 15, 2020, https: //www. cmegroup. com/notices/clearing/ 2020/04/Chadv20 -160. html.

〔3〕 参见张卓青：《多地对中行原油宝相关诉讼集中管辖》，载每日经济新闻，www. nbd. com. cn/articles/2020 -07 -27/1468425. html，最后访问时间：2021 年 3 月 18 日。

理委员会备案设立，采取的是100%保证金交易模式，不具有期货杠杆交易的典型特征，因此双方有关投资原油宝的产品协议合法有效。更进一步而言，中国银行按照银行业适当性标准，而非期货业适当性标准向“平衡型”投资者销售“原油宝”产品并无不当，已经履行了适当性义务。但法院认为中国银行在产品设计上未考虑原油期货产品会出现负价极端情况，在交易过程中未能向投资者提示负油价带来的风险，且未执行协议中关于保证金充足率降至20%（含）以下时强制平仓的约定，违反了合同约定义务，对于由此造成的投资者损失应当予以赔偿。故一审判决由中国银行承担原告全部穿仓损失和20%的本金损失。

2. 二审驳回上诉，维持原判

一审判决后，两名原告分别向南京市中级人民法院提起上诉，认为中国银行应赔偿其全部损失，要求撤销一审判决，改判支持其一审全部诉讼请求。二审法院指出：中国银保监会对中国银行“原油宝”事件作出的行政处罚中并未认定中国银行销售“原油宝”产品属于非法经营期货行为，产品本身也并不符合杠杆交易这一期货交易典型特征，所以双方有关产品销售的协议是真实有效的。而有关中行适当性义务履行情况，二审法院认可一审法院的观点，认为中行销售产品行为符合银行业适当性义务履行标准。故二审法院驳回上诉，维持原判。

【法律分析】

（一）中行应否承担投资者适当性义务

金融机构的适当性义务，是指金融机构在销售金融产品和提供有关金融服务的过程中，应当保证其所销售的产品或提供的服务对投资者而言是适当的。作为一项起源于美国证券法领域的制度，适当性义务经历了从规制证券经纪商的道德义务到最终发展为金融行业内法定义务的过程，其背后体现的是金融市场“买者自负”原则向“卖者尽责、买者自负”原则的理念转变。

首先，明晰原油宝产品的性质是认定中行应否对原油宝客户承担适当性义务以及应按照何种标准履行适当性义务的首要任务。有观点认为，中行提供的“原油宝”业务属于期货交易或变相期货交易，所以应当按照期货行业标准履行适当性义务。但是从形式上而言，投资者购买的原油宝产品，非为期货交易所统一制定的标准化合约，也并不采取交易所内公开的集中交易方式，因此并不能依据我国《期货交易管理条例》将其认定为期货交易；同时，从实质标准出发，原油宝采取100%保证金模式，并不具备期货交易的杠杆特征。所以前述观点显然不具说服力。回归至中行关于原油宝业务的情况说明中，中行将原油宝表述为“为境内个人客户提供挂钩境外原油期货的交易服务”,[1]在交易过程中，由客户自主决定做多或做空，中行将按照约定在合约到期日进行移仓或轧差处理。由此可以看出原油宝产品应属于中行向投资者提供的一种金融衍生品。根据我国《银行业金融机构衍生产品交易业务管理暂行办法》（以下简称《暂行办法》）第 3 条的相关规定：“本办法所称衍生产品是一种金融合约，其价值取决于一种或多种基础资产或指数”。对照来看，挂钩美国“WTI 原油期货合约”和英国“布伦特原油期货合约”，并由银行扮演做市商角色与客户进行对手交易的“原油宝”产品无疑符合衍生产品的法定要求。综合来看，中行为客户提供“原油宝”业务所进行的交易过程分为内盘交易和外盘交易。内盘交易即为我们熟知的中行与客户间的衍生品（“原油宝”产品）交易，银行根据产品挂钩的境外期货合约计算并向客户支付浮动回报，以此换取客户所支付的固定回报，其本质是一种全收益互换（TRS）合约。[2]而外盘交易则是中行为了管理其境内衍生品交易风险，在芝商所进行的原油宝挂钩期货合约交易。

其次，若将中行“原油宝”定性为金融衍生品，那随之而来的问题即为中行在推荐、销售原油宝产品的过程中承担适当性义务的法律依据何在？换言之，应按照何种行业标准要求中行进行投资者适当性管理？

“原油宝”在销售过程中是以理财产品的形式推荐给投资者。根据《暂行办法》第 5 条的规定，银行业金融机构向客户销售的理财产品若具有衍生产品性质，个人衍生产品交易的风险评估和销售环节适用个人理财业务的规定。《商业银行理财业务监督管理办法》（以下简称《监督管理办法》）第 26 条规定：“商业银行销售理财产品，应当加强投资者适当性管理，向投资者充分披露信息和揭示风险，不得宣传或承诺保本保收益，不得误导投资者购买与其风险承受能力不相匹配的理财产品。”因此，根据上述规定，中行在销售原油宝的过程中应当按照银行业标准承担适当性义务，完成投资者与产品之间的风险适当性匹配。笔者认为，在此需要说明的是，“原油宝”从本质上而言本不属于理财产品的范畴，因为根据《监督管理办法》第 3 条的规定，商业银行的理财业务是指银行接受客户的委托，对受托财产进行投资和管理的金融服务。而在原油宝业务中，中行与投资者之间互为交易对手方，非是委托—代理关系。但我们也不能因其本质上非属理财产品而质疑中行应承担的投资者适当性义务，因为根据《全国法院民商事审判工作会议纪要》（以下简称《九民纪要》）第 72 条的规定，金融机构销售银行理财产品及场外衍生品等高风险等级金融产品时应当承担适当性义务。据此，中行在销售“原油宝”的过程中也应进行投资者适当性管理。

（二）中行适当性义务履行状况分析

在“原油宝”案件中，中行是否充分履行了投资者适当性义务，将原油宝产品推介、销

---

〔1〕 参见《中国银行关于原油宝业务情况的说明》，载中国银行官网 2020 年 4 月 22 日，https：//www. bankofchina. com/fimarkets/ bi2 /202004/t20200422_17781867. html，最后访问时间：2021 年 3 月 20 日。

〔2〕 参见刘燕：《横看成岭侧成峰——关于原油宝的一种法律叙事》，载北京大学经济法网 2020 年 5 月 25 日 https：//www. economiclaw. pku. edu. cn/xzzz/1325692. htm，最后访问时间：2021 年 3 月 16 日。

售给合适的投资者，是合理配置产品风险、厘定投资损失责任的关键因素。关于适当性义务的行为要件，我国现有法律规章的描述几无不同。例如，《九民纪要》第72条规定卖方机构必须履行了解客户、了解产品、将适当的产品（或者服务）销售（或者提供）给适合的金融消费者等义务；《证券期货投资者适当性管理办法》（以下简称《适当性管理办法》）第3条中也指明：经营机构应了解投资者和产品或服务信息，充分揭示风险，提出明确的适当性匹配意见。因此，笔者认为在我国既有法律框架下，金融机构适当性义务包含四方面内涵：了解客户、了解产品、适当性匹配、风险提示和说明。基于此，关于中行在“原油宝”业务中适当性义务的履行情况分析也将围绕以上四个方面展开。

1. 了解客户

了解客户和产品信息，是金融机构对二者进行适当性匹配的前提，卖方机构首先应尽可能全面地了解客户信息，在完成风险测评的基础上对其进行合理分类。“了解客户”（KYC）规则最先由美国纽约交易所第405条规则所界定；后来，美国金融业监管局（FINRA）要求其会员在向客户推荐产品时满足“针对特定客户的适当性”,〔1〕亦是对卖方机构“了解客户”的行为要求。结合域外法的经验来看，“了解客户”一般需要金融机构掌握包含投资目标、投资知识与经验以及财务状况等在内的客户信息。〔2〕回归我国的制度规定，以银行业为代表的货币市场和以证券期货行业为代表的资本市场均有“了解客户”的适当性管理要求。《监督管理办法》第28条第1款规定，商业银行应当对非机构投资者的风险承受能力进行评估，确定投资者风险承受能力等级，由低到高至少包括一级至五级，并可以根据实际情况进一步细分；《适当性管理办法》第10条则规定的更为细致，其要求经营机构应综合考虑收入、资产状况、债务、投资知识和经验、风险偏好、诚信状况等因素，确定普通投资者的风险承受能力，对其进行细化分类和管理。由此可见，无论是银行业还是证券期货行业均要求金融机构在履行适当性义务时积极主动了解客户信息并进行分类管理，而其本质是关注客户的“风险承受能力”，进而向客户推荐、销售其风险承受能力范围内的金融产品或服务，实现二者之间的风险匹配。

在“原油宝”案件中，中行将原油宝产品投资者评估为“稳健型”投资者。就形式上而言，通过投资者和中行签订的《中国银行股份有限公司个人账户商品业务交易协议》第1条关于《个人客户风险评估问卷》的规定可以推知，中行履行了了解客户的程序，但其是否履行充分却不得而知。而从此次事件的结果来看，“原油宝”的投资者中甚至有不满足准入年龄的客户,〔3〕这无疑是中行在客户风险测评和分类管理上的重大疏漏，因此很难让人相信

〔1〕 See Rule 2111 of FINRA Rules.

〔2〕 EUROPEAN COMMISSION. COMMISSION DIRECTIVE 2006/73/EC, Article 35 - [Article 19 (4) of Directive 2004/39/EC)].

〔3〕 参见《中国银行保险监督管理委员会行政处罚信息公开表（中国银行股份有限公司）》(〔2020〕60号)。

中行在实质上达到了“了解客户”的适当性义务标准。

2. 了解产品

金融机构适当性义务产生的基础即在于解决金融产品信息复杂性情况下的信息不对称问题，金融机构也只有在凭借自身专业知识技能并充分了解产品信息的基础上，才能向客户揭示产品风险，最终实现产品与客户之间的适当性匹配。所以，“了解产品”亦是金融机构进行投资者适当性管理的应有之义。那么，中行在“原油宝”业务中是否充分满足了“了解产品”要求呢?

《监督管理办法》第 27 条规定，商业银行应当采取科学合理的办法对产品进行至少五级的风险评级。但这一规定未免过于笼统，难以具体界定银行的产品评级行为是否达到标准。而《适当性管理办法》第 16 条无疑为我们提供了更为具体细致的分类标准，根据第 16 条的规定，划分产品风险等级时应当综合考虑产品的流动性、杠杆情况、结构复杂性、到期时限等因素。中行对原油宝产品的具体评级流程我们无从知晓，但仅从其将原油宝产品评为平衡型（R3 级别）产品，就可以认为其在“了解产品”方面存在瑕疵。根据《证券经营机构投资者适当性管理实施指引》之附件《产品或服务风险等级名录》的描述，R3 级别的产品属于“本金安全具有一定的不确定性，在特殊情况下可能损失全部本金”。但“原油宝”事件中的做多客户不仅损失了全部本金，还“倒欠”中行大量交割款，这已然超出了“特殊情况下可能损失全部本金”的风险范围。针对这一问题，有观点认为“原油宝”穿仓原因在于芝商所修改了结算规则，而中行在进行产品设计和评级时无法预料到这一情况，所以其产品评级并无失误。笔者认为，这一问题的关键在于中行在何种程度上履行了“了解产品”义务。在产品设计之初，对于做多客户而言，由于没有负结算价格的存在，其损失最大即为全部本金。况且中行与客户间又有强制平仓约定，又降低了客户损失全部本金的风险。就形式而言，中行似乎充分履行了了解产品的义务。但不可否认的是，这仅仅是常规情形下的产品风险，产品的极端情形并未作为中行评判产品风险的因素。根据《适当性管理办法》第 17 条的规定，对于结构复杂、存在跨境因素的产品应当审慎评估其风险等级。“审慎”二字表明具有前述特征的产品存在更高的潜在风险，监管机构希望卖方可以更深入地了解、评估产品的风险。而中行原油宝作为挂钩境外期货合约的金融衍生品，不仅具有跨境因素，其复杂的交易关系可能也难以为普通投资者所理解。所以按照前述规定，应当对其审慎评级，充分考虑极端情况下可能出现的投资者损失。放眼域外亦有同样的制度经验，FINRA 曾多次发布关于产品审慎调查的通告，要求为遵守 FINRA 适当性条款的规定，会员或其代表必须向客户提供一份谅解文件，其中应包含拟推荐产品或策略的潜在风险与回报，必须说明在常规和极端的市场行为下产品的表现可能，在向客户推荐时如果不存在这样一份谅解文件就违反了适当性义务。[1] 由此可

〔1〕 参见王锐:《论金融机构的适当性义务——基于行为要件的分析》，载《北方法学》2014 年第 4 期。

见，审慎评估产品风险，尤其是极端情况下的潜在风险，是卖方机构充分履行“了解产品”义务的必要条件。因此，于中行而言，将“原油宝”评定为R3级别产品属于未充分履行“了解产品”义务的表现。

3. 适当性匹配

当金融机构完成了解客户和了解产品的工作后，就需要对二者进行适当性匹配，将适当的产品推荐、销售给合适的投资者。这一阶段的核心在于筛选有资格接触、了解和购买合适产品的适当客户，在愿意承受一定风险水平的情况下去获取对应的风险收益，[1]即实现客户与产品之间的风险匹配。《监督管理办法》第29条即规定了，商业银行只能向投资者销售风险等级等于或低于其风险承受能力等级的理财产品。换言之，商业银行在销售产品的过程中应当保证产品风险与投资者承受能力相匹配。

有学者认为适当性匹配分为“质”和“量”两个维度，根据美国FINRA的规定，“质”从投资者的总体性和特定性表现为两个层次，[2]一是指金融机构有合理理由相信产品对于一类投资者总体而言是适当的，二是指产品对于特定投资者而言是适当的。[3]反观中行在“原油宝”产品销售中的表现，显然已不符合适当性原则的要求。从产品角度而言，“原油宝”是一款结构复杂的金融衍生品，且最终给投资者带来了大于全部风险本金的资金损失，但其却被当作R3级别产品销售给“稳健型”（C3级别）投资者，超出了“稳健型”客户所能承受的风险范围，无疑在总体上违反了适当性匹配的要求。从投资者角度出发，不仅有不足准入年龄的客户购买了原油宝产品，而且由于部分营业网点的不当推荐和夸张宣传，部分无相关投资经验、甚至是“投资小白”的客户也购买了“原油宝”。[4]由此可见，即使在特定客户适当性管理方面，中行亦未做到产品和客户的合理风险匹配。

4. 风险提示和告知

金融机构在了解客户和产品信息的基础上完成二者的适当性匹配后，即可以向金融消费者推荐、销售其风险承受能力范围内的产品。但此时并不能认为金融机构已经妥善完成了投资者适当性管理，其还缺乏重要的一步——风险提示和告知。产品销售者和服务提供者对产品风险揭示和告知，是投资者能够真正了解产品和服务的风险和收益的关键。[5]而投资者只有在充分了解产品风险的基础上才能够自主作出符合其投资目的的决策，进而实现产品风险和责任的合理配置。《监督管理办法》第26条即规定了商业银行销售理财产品应向投资者充

---

〔1〕 参见吴弘、吕志强：《金融机构适当性义务辨析——新〈证券法〉及〈纪要〉视角》，载《上海金融》2020年第6期。

〔2〕 See Rule 2111 (5) (a) & (b) of FINRA Rules.

〔3〕 参见黄辉：《金融机构的投资者适当性义务：实证研究与完善建议》，载《法学评论》2021年第2期。

〔4〕 参见南风窗：《中行原油宝事件始末》，载https://baijiahao.baidu.com，最后访问时间：2021年3月20日；《中国银行保险监督管理委员会行政处罚信息公开表（中国银行股份有限公司）》（〔2020〕62号）。

〔5〕 参见吴弘、吕志强：《金融机构适当性义务辨析——新〈证券法〉及〈纪要〉视角》，载《上海金融》2020年第6期。

分披露信息和揭示风险；而《九民纪要》第 75 条在关于适当性义务举证责任分配上规定了卖方机构应举证证明其向金融消费者告知了产品收益和主要风险，这亦从侧面反映出风险提示和告知是适当性义务的重要内涵。

在“原油宝”事件中，判断中行是否完成了风险提示和告知要求的关键点在于其应否向投资者提示由于芝商所修改价格结算规则所可能带来的穿仓风险。这其中所涉及的问题本质上而言是卖方机构在完成产品的销售后是否应当继续进行投资者适当性管理？笔者认为答案应当是肯定的，这从我国监管部门的态度即可窥见一斑。《适当性管理办法》第 21 条规定经营机构应及时了解产品和投资者的信息变化，主动调整二者之间的适当性匹配意见并告知投资者，由此可见，经营机构应当对产品和客户进行持续追踪，出现重大情况变化时应审慎评估产品风险，并告知投资者。从性质上而言，可将这一持续性义务视为合同履行中的附随义务。[1] 而中行在芝商所允许负价结算后，并未将这一重大变化告知投资者，也并未向做多投资者提示可能出现的“穿仓”风险。因此，无论从理性人的客观角度而言，还是从消费者的主观理解角度评判，都不能认为中行已经完成了风险提示和告知义务。

综上所述，笔者认为中国银行在“原油宝”业务中未妥善完成投资者适当性管理，违反了适当性义务，应承担相应责任。

（三）投资者适当性民事责任之反思

1. 责任性质厘清

当卖方机构违反适当性义务，进而给投资者造成一定投资损失时，金融消费者可以通过诉讼途径追究卖方机构的民事责任，寻求司法救济。而厘清投资者适当性民事责任的性质不仅是构建责任制度的前提，更是决定投资者保护进路的重中之中。

理论上而言，关于金融机构违反适当性义务所应承担的民事责任多被认为可表现为缔约过失责任或侵权责任。考察适当性义务之内涵，其要求金融机构本着诚实信用原则，做到了解客户、了解产品，向投资者充分、完全、真实地披露产品信息，推介、销售相关金融产品，完成风险适当性匹配。持“缔约过失责任”观点的学者据此认为，卖方机构违反适当性义务即为其未履行在缔约之际根据诚实信用原则和投资者适当性原则应尽的告知、说明等必要注意义务，是“故意隐瞒与订立合同有关的重要事实或提供虚假情况”，视为先合同义务的违反，应承担缔约过失责任。[2]《九民纪要》第 72 条关于适当性义务的界定以及第 75 条中关于参照合同法确定适当性义务的内容都表明其亦支持将适当性义务定性为先合同义务，违反该义务将产生缔约过失责任。

但笔者认为将适当性民事责任界定为侵权责任则更为妥当。首先，未完成投资者适当性

---

〔1〕 参见翟艳：《我国投资者适当性义务法制化研究》，载《政治与法律》2015 年第 9 期。

〔2〕 陈洁：《证券公司违反投资者适当性原则的民事责任》，载《证券市场导报》2012 年第 2 期。

管理是法定义务之违反，而侵权责任成立即建立在法定义务的违反之上。我国《证券法》第88条已然明文规定了金融机构的投资者适当性管理义务，《九民纪要》第72条也对适当性义务的含义做了详细规定，由此可见适当性义务在我国已经成为一项旨在保护投资者的法定义务。所以，违反适当性义务致投资者利益受损当然应当承担侵权责任。其次，应是特殊侵权责任。《九民纪要》第75条规定由卖方机构承担履行适当性义务的证明责任，即采取举证责任倒置。其背后体现的是过错推定原则，即在责任认定中推定卖方机构在义务履行方面存在过错，以此区别于一般侵权责任。最后，采取侵权责任模式更有利于投资者保护的需要。诚然，适当性义务在形式上更符合先合同义务的外观，但如此认定的劣势在于仅能实现对投资者在缔约阶段所受损失的救济，无法涵盖合同履行阶段。如"原油宝"案件中，中行的一重大失误即为未将芝商所负价结算风险告知投资者，而这一行为发生在产品卖出后的运营阶段，显然无法以先合同义务来规范其行为。所以，从动态的合同缔结、履行角度来看，将中行在原油宝案件中应承担的适当性民事责任定性为侵权责任更符合投资者保护的现实需要。

2. 责任承担探究

如前分析，既然认为中行在原油宝案件中应承担侵权责任，那么随之而来的问题即为中行对于"原油宝"投资者所受损失应在何种范围内承担侵权损害赔偿责任。在此次案件中，做多投资者所受损失包含两个部分：本金损失与穿仓损失。就本金损失而言，笔者认为与中行适当性义务的违反关联甚微。首先，"原油宝"关联期货指数的浮动本为正常的市场变化，市场因素造成的影响需要考察在内；其次，"原油宝"作为R3产品销售之初，其投资者即被告知可能存在全部本金损失之可能。由此可见，本金之损失犹在投资者风险认知与承受范围之内。但对于穿仓损失，其明显已经超出了投资者的风险承受能力和预期的损失范围。且此次穿仓损失形式上来看是由于芝商所修改了结算机制所带来的市场风险，但究其根本，是因为中行并未意识到结算价格机制修改可能带来的极端情况（结算价为负）下的投资风险，也并未如实向投资者提示和告知其可能受到的损失风险。投资者出于对中行的信赖以及自身信息和专业技能的缺乏，未能作出正确的投资决定，进而遭受了巨大损失。由此可见，"原油宝"投资者的穿仓损失与中国银行适当性义务的违反具有因果关系，中行在这一事件中存在过错。因此，中行应当承担"原油宝"投资者的穿仓损失。

【案外反思】

适当性义务的产生，是对"买者自负"理念桎梏的突破，是为了保护交易中的弱势金融消费者，避免具有交易地位优势和信息优势的金融机构侵害投资者的合法权益。在中行"原油宝"案件中，法院在一审、二审中均认为中行已经按照银行业而非期货行业标准履行了销售"原油宝"产品的适当性义务，但笔者通过前文的分析，认为中行在"原油宝"业务中并未妥善进行投资者适当性管理。笔者认为，无论是银行业抑或是期货业标准，判断卖方机构是否履行了适当性义务的核心在于其是否完成产品与客户间的适当性匹配，即产品风险是否在投资者的可承受范围内。而中行在“原油宝”产品评级方面出现了失误，在销售、风险提示和告知方面亦有失妥当，因此，应认定其违反了投资者适当性制度的要求，需对投资者承担法律责任。

公司债券欺诈发行，中介机构如何担责？

——“五洋债案”的法律分析

魏佳卿

五洋债案是中国证券欺诈民事赔偿诉讼史上迄今为止诉讼标的最大的案件，目前涉案金额为7.4亿元。该案既是全国首例公司债券欺诈发行案，也是证券纠纷领域全国首例适用代表人诉讼制度审理的案件。在该案中，杭州中院探索证券纠纷代表人诉讼制度，向社会公开征集适格自然人投资者，推选确定诉讼代表人。五洋债案于2020年9月4日公开开庭进行审理，并于2020年12月31日做出一审判决，判决结果的发布在金融界、律师界和会计师界等多个行业造成了轰动。

在五洋债案中，原被告就多个程序和实体问题展开了激烈抗辩，限于文章篇幅，本文将聚焦于讨论与中介机构相关的程序和实体问题。对于原告适格与否等程序性问题、发行人及其实际控制人的民事损害赔偿责任等实体问题不再讨论。

【案情介绍】[1]

（一）债券募集如火如荼，公司中介信誓旦旦

2015年8月10日，五洋建设发布《公开发行2015年公司债券（第一期）募集说明书（面向合格投资者）》（以下简称《募集说明书》），《募集说明书》中载明了本次债券（“15五洋债”）的信用等级、五洋建设的净资产总额、最近三个会

---

〔1〕 案情介绍源于（2020）浙01民初1691号判决书。本文仅是基于该资料进行的学术分析与探讨，特此说明。

计年度实现的年均可分配利润的数额，并承诺此次债券发行募集总额未超过公司最近一期净资产的40%，符合发行公司债券的相关法律规定。

在五洋建设的债券发行中，由德邦证券担任主承销商，大信会计对五洋建设2012～2014年的财务报表进行了审计，大公国际出具了《企业信用评级报告》和《公司债券信用评级报告》（以下简称为《信用评级报告》），锦天城律师事务所就此次债券募集出具了法律意见书。《募集说明书》的“发行人、中介机构及相关人员声明”中，德邦证券、大信会计、锦天城律所、大公国际（以下简称为“四方中介机构”）均声明为募集说明书及其摘要的真实性、准确性和完整性承担相应的法律责任。其后，五洋建设发行了第二期公司债券（“15五洋02”），除发行总额、利率、起付息日等内容和第一期不一致外，其余内容基本一致。

（二）债券违约接踵而至，虚假陈述露出端倪

2017年8月14日，五洋建设发布《关于“15五洋债”无法按时兑付本息的公告》，宣布五洋建设不能于2017年8月14日按期足额支付利息及回售款项，本期债券构成违约。

2017年8月22日，德邦证券发布《关于宣布“15五洋债02”债券本息立即到期应付的公告》，宣布“15五洋02”所有未偿还债券的本金和相应利息于2017年8月22日立即到期应付，五洋建设应立即足额兑付“15五洋02”所有未偿付债券的本金和支付相应利息。

2018年1月19日，五洋建设发布公告称，其于2018年1月17日收到中国证监会《行政处罚事先告知书》［处罚字（2018）3号］。2018年7月6日，中国证监会〔2018〕54号《行政处罚决定书》对五洋建设、陈志樟作出处罚，认定当事人存在以下违法事实：五洋建设以虚假申报文件骗取公开发行公司债券核准；五洋建设在编制用于公开发行公司债券的2012年至2014年年度财务报表时，违反会计准则，通过将所承建工程项目应收账款和应付款项“对抵”的方式，同时虚减企业应收账款和应付账款，导致上述年度少计提坏账准备、多计利润，通过以上方式，五洋建设2012年至2014年年度虚增净利润分别不少于3052.27万元、6492.71万元和15,505.47万元；2015年7月，五洋建设在自身最近三年平均可分配利润不足以支付公司债券一年的利息、不具备公司债券公开发行条件的情况下，以通过上述财务处理方式编制虚假财务报表申请公开发行公司债券，骗取中国证监会的公司债券公开发行审核许可，构成《证券法》所述“发行人不符合发行条件，以欺骗手段骗取发行核准”的行为。

2019年1月22日，中国证监会〔2019〕6号《行政处罚决定书》对大信会计作出处罚，认定大信会计在未获取充分、适当的审计证据加以验证的前提下，即认可了五洋建设关于应收账款和应付账款“对抵”的账务处理；在得知审计报告用于五洋建设发债目的时，未按照其制定的《审计业务项目分类管理暂行办法》（2013年）的规定将该项目风险级别从C类调整为风险程度更高的B类并追加相应的审计程序；在审计时未获取充分、适当的审计证据，为五洋建设出具了无保留意见的审计报告，出具的审计报告存在虚假记载。

2019年11月11日，中国证监会〔2019〕121号《行政处罚决定书》对德邦证券作出处罚，认定德邦证券存在以下违法事实：（1）德邦证券未充分核查五洋建设应收账款问题。五洋建设的应收账款在资产总额中占比较高，但德邦证券项目组成员未实际查阅有关明细材料，未充分调查企业的应收款项形成原因、收回的可能性等，仅根据对发行人的问询结果就做出应收账款回收风险较小的评价。（2）德邦证券对于投资性房地产未充分履行核查程序。投资性房地产在发行人资产中占比较高，德邦证券的内核部门要求项目组的同事落实“投资性房地产的具体内容及位置、经营情况、公允价值确定依据、目前的市场价值”，对此项目组答复“所有的投资性房地产均取得了这些评估报告”。然而事实上，项目组并未获取五洋建设所有投资性房地产的资产评估报告，且东舜百货大厦和华联商厦两处投资性房地产入账依据为房地产价值咨询报告，而非资产评估报告。（3）德邦证券未将沈阳五洲公司投资性房地产出售问题写入核查意见。德邦证券项目组成员知悉2015年五洋建设控股子公司沈阳五洲公司已与沈阳出版发行集团有限公司签订协议，将东舜百货大厦以大幅低于公允价值的价格对其出售，可能会对五洋建设产生重要影响，但德邦证券未依照《公开发行证券的公司信息披露内容与格式准则第24号——公开发行债券申请文件（2015）年修订》附录第三章3－1（5）的要求将此写入核查意见中。

（三）一审判决落下帷幕，中介机构叫苦不堪

五洋建设债券违约发生后，王放等487名原告向杭州市中级人民法院提起诉讼，请求法院判令发行人、发行人的实际控制人及四方中介机构就债券欺诈发行、违反信息披露义务作出虚假陈述等违规行为承担连带责任，共同返还原告债券本息及逾期利息。

德邦证券辩称，证监会对五洋建设作出的处罚，其认定的虚假陈述行为是应收账款和应付账款的“对抵”，而证监会对德邦证券作出的处罚决定书中，仅认定德邦证券在应收账款核查、投资项目房地产核查程序、沈阳五洲投资者房地产出售问题上未尽勤勉义务，上述事项均与五洋建设应收、应付账款“对抵”无关。此外，债券承销商的责任承担应与其注意义务、注意能力和过错程度相适当，财务核查应为会计师事务所特别注意的义务。案涉债券违约系由综合因素导致，“对抵”导致的财务问题并非必然构成影响五洋建设债券偿付能力的重要事项，并非必然与案涉债券最终未能兑付之间存在因果关系。

大信会计辩称，应收账款和应付账款“对抵”属于会计专业判断问题。大信会计从其经营模式及交易实质判断，认为发行人会计处理符合企业会计准则的规定，故对其予以确认。

锦天城律师事务所辩称，应收账款与应付账款“对抵”，属于财务方面的专业判断事项，超出了律师的注意义务，也不属于律师事务所工作范围和专业领域。案涉虚假陈述行为的发生，与锦天城律所在债券发行过程中的作用无关联性。

大公国际辩称，证监会、证券监督管理委员会浙江监管局对大公国际进行调查后未正式立案处理并给予处罚，足以说明大公国际在此次债券发行中勤勉尽责。

一审法院审理认为，前述中介机构发表的抗辩理由并不成立，发行人、发行人的实际控制人以及各中介机构，在证券发行或者交易过程中，对重大事件作出违背事实真相的虚假记载、误导性陈述，在披露信息时发生重大遗漏、不正当披露信息，导致投资者产生损失，应当对投资者的损失承担相应赔偿责任。法院最终判决发行人的实际控制人、德邦证券、大信会计就五洋建设对原告的债务本息承担连带赔偿责任，锦天城律师事务所和大公国际分别对原告的债务本息在 5% 和 10% 范围内承担连带赔偿责任。一审判决作出后，各中介机构纷纷表述不服，均提起上诉，目前，该案正处于二审审理中。

【法律分析】

（一）未被证监会处罚的中介机构是否为虚假陈述之诉的适格被告？

依照最高人民法院《关于审理证券市场因虚假陈述引发的民事赔偿案件的若干规定》（以下简称《虚假陈述的民事赔偿案件的若干规定》）之规定，投资人提起虚假陈述证券民事赔偿诉讼的前置条件之一为提交行政处罚决定或者公告、或者人民法院的刑事裁判文书等证明材料[1]，本案原告提交了中国证监会对五洋建设、陈志樟、德邦证券、大信会计作出的行政处罚决定等证据，但未提交锦天城律所和大公国际受到证监会处罚的证据，因此原被告双方就锦天城律所与大公国际的被告适格问题存在争议。杭州市中级人民法院认为，即使证监会未对锦天城律所和大公国际做出行政处罚，但二机构与被诉债券发行行为有关，是本案的适格被告。

提起虚假陈述的民事赔偿之诉的前置要件之一是向法院的立案庭提供有关证券虚假陈述的行政处罚决定书，行政处罚决定书的内容究竟是以能够证明涉诉证券存在信息披露的违规行为为已足，还是须明确到每个特定主体的责任承担，就此问题，笔者认为，只有被施以行政处罚的主体才可构成证券市场虚假陈述的民事诉讼中的适格被告。理由在于：一方面，若在证监会对潜在的信息披露违法行为进行调查的阶段，已经注意到有多方主体参与了潜在的违法行为，但最终证监会只对部分主体除以行政处罚，则除非存在相反证据，否则有理由推定证监会认为未被处以行政处罚的主体并未触犯证券市场的限制性规定；另一方面，《虚假陈述的民事赔偿案件的若干规定》第 6 条之所以将“提交行政处罚决定或者公告”作为投资人提起虚假陈述证券民事赔偿诉讼的前提条件，从目的解释的角度而言，是因为证券市场领域的违法行为专业程度较高，且相较于法院，证监会在判断是否存在证券市场违法行为时的专业程度更高。因此，当有合理理由推定证监会认为未被处罚的主体不存在

[1] 《虚假陈述的民事赔偿案件的若干规定》第 6 条：……投资人提起虚假陈述证券民事赔偿诉讼，除提交行政处罚决定或者公告，或者人民法院的刑事裁判文书以外，还须提交以下证据……

证券市场违法行为时，依据《虚假陈述的民事赔偿案件的若干规定》第 6 条之规定，法院不能越过证监会做出行政处罚的阶段，而径行对此类主体涉嫌的证券市场违法行为进行司法裁判。

（二）多方中介机构的责任分配

1. 保荐人的责任范围

关于证券机构证券中介机构的职责划分模式，主要有以英国、我国香港地区为代表的“保荐人牵头责任”模式和以美国为典型的“区分责任”模式两种，有学者指出，我国大陆采取的是严格的“保荐人牵头责任”模式。[1]具体而言，我国《证券法》规定保荐人须在发行上市的全过程，对发行人招股书、年报、半年报等公开材料的真实性、准确性和完整性承担民事连带责任，即使在审计、评估、法律等专业性很强的领域，保荐人也不能完全信赖专业的中介机构做出的专业判断，仍然应当结合尽职调查过程中获得的信息对其进行审慎核查，对发行人提供的资料和披露的内容进行独立判断。[2]

在本案中，德邦证券未对五洋建设应收账款回收风险问题进行充分核查、仅以房地产价值咨询报告代替资产评估报告作为投资性房地产入账依据、未将已知悉的大幅度低于公允价值的价格出售投资性房地产的事项作为重大事项写入核查意见，虽然应收账款回收风险问题属于审计范围的专业事项，但依据前述我国证券法律之规范，德邦证券作为保荐人，仍应在合理信赖的基础上，对审计范围内的事项进行独立核查，然其未尽到独立核查之义务，因此德邦证券存在过失，构成注意义务之违反。

2. 证券服务机构的责任范围

《证券法》（2019 年修订）第 160 条规定“……证券服务机构，应当勤勉尽责、恪尽职守，按照相关业务规则为证券的交易及相关活动提供服务。”因此，应根据相关的业务规则确定各方中介机构的责任范围。

就律师事务所的责任范围而言，证监会发布的《公开发行证券公司信息披露的编报规则第 12 号——公开发行证券的法律意见书和律师工作报告》，对证券发行中律师的责任范围做出了规定，总体而言，律师主要是通过审查委托人所提供各种文件的合法性，进而对委托人行为的合法性作出评价。本案一审法院认为，锦天城律所的过失在于当大公国际已提示存在出售投资性房产事项的情况下，未见锦天城律所对该重大合同及所涉重大资产变化事项关注核查，未能发现占比较高的重大资产减少情况对五洋建设偿债能力带来的法律风险。然而，

---

〔1〕 参见郭雳：《证券市场中介机构的法律职责配置》，载《南京农业大学学报》（社会科学版）2011 年第 11 期。

〔2〕《证券发行上市保荐业务管理办法》（2020 年修订）第 23 条：“对发行人申请文件、证券发行募集文件中无证券服务机构及其签字人员专业意见支持的内容，保荐机构应当获得充分的尽职调查证据，在对各种证据进行综合分析的基础上对发行人提供的资料和披露的内容进行独立判断，并有充分理由确信所作的判断与发行人申请文件、证券发行募集文件的内容不存在实质性差异。”

锦天城律所的工作职责是限于审核重大合同的合法有效与否，[1]检视合同执行后对公司财务状况的影响并不在律所的工作职责内，不能据此认为锦天城律所存在注意义务之违反。

就会计师事务所的责任范围而言，其主要是对委托人的财务会计资料的公允性、合法性、一贯性发表意见，在最高人民法院《关于审理涉及会计师事务所在审计业务活动中民事侵权赔偿案件的若干规定》《注册会计师法》《中国注册会计师审计准则》等法律规范中有更细化的规定。本案一审法院认为，大信会计在未获取充分、适当的审计证据加以验证的前提下，即认可五洋建设关于应收账款和应付账款“对抵”的账务处理的行为表明，大信会计作为审计机构未勤勉尽职。诚然，检视财务处理方式的妥帖性，并没有超出会计师事务所的责任范围，但大信会计是否违反了勤勉尽责的注意义务仍有赖于对“对抵”这一财务处理模式的合理性分析。

就评估机构的责任范围而言，需根据评估机构所出具的文件的内容而具体确定其责任范围。本案中，法院认为大公国际的过失在于未进一步核实关注沈阳五洲出售的问题。大公国际作为出具《信用评级报告》的评估机构，对资产出售情况的核实是做出准确的信用评级的基础，也明显属于评估机构的责任范围，但损害赔偿责任的成立尚需进一步检视损失与侵权行为之间是否存在因果关系。

（三）中介机构不当的信息披露行为与投资者损失之间的因果关系

投资者诉请证券服务机构为公司债券欺诈发行承担责任的请求权基础为新《证券法》第163条，“证券服务机构为证券的发行、上市、交易等证券业务活动制作、出具审计报告及其他鉴证报告、资产评估报告、财务顾问报告、资信评级报告或者法律意见书等文件，应当勤勉尽责，对所依据的文件资料内容的真实性、准确性、完整性进行核查和验证。其制作、出具的文件有虚假记载、误导性陈述或者重大遗漏，给他人造成损失的，应当与委托人承担连带赔偿责任，但是能够证明自己没有过错的除外”。

虚假陈述的损害赔偿责任是侵权损害赔偿责任的一种表现形式，其成立须满足侵权的一般构成要件，即违法行为、损害事实、因果关系、主观过错（无过错责任除外）。损害事实与主观过错这两个要件的成立较为明显，在此不再赘述。

1. 四方中介的信息披露违法行为

一审判决书在事实认定部分，将四方中介机构的信息披露违法行为归纳如下：

德邦证券未对五洋建设应收账款回收风险问题进行充分核查、仅以房地产价值咨询报告代替资产评估报告作为投资性房地产入账依据、未将已知悉的以大幅度低于公允价值的价格出售投资性房地产的事项作为重大事项写入核查意见。

---

[1]《公开发行证券公司信息披露的编报规则第12号——公开发行证券的法律意见书和律师工作报告》第40条：“发行人的重大债权债务（一）发行人将要履行、正在履行以及虽已履行完毕但可能存在潜在纠纷的重大合同的合法性、有效性，是否存在潜在风险，如有风险和纠纷，应说明对本次发行上市的影响……”

大信会计在未获取充分、适当的审计证据加以验证的前提下，认可五洋建设关于应收账款和应付账款“对抵”的账务处理，在得知审计报告用于发债目的时，未将该项目的风险级别进行相应的调整。

大公国际对沈阳五洲项目的并购价格、截至2014年年底房产价值以及2015年2月出售房产等事项进行了披露，但该房产的出售价格大幅度低于公允价值。由于五洋建设资产中该投资性房产占比较高，该事项属于可能影响偿债能力的重大事项。在信用评估过程中，大公国际已经注意到存在“关于沈阳五洲出售事项公司的会计处理”的修改意见，但大公国际却未对此修改意见进一步核实关注并合理评定信用等级。

在大公国际《信用评级报告》已提示五洋建设控股子公司出售投资性房产事项的情况下，未见锦天城律所对该重大合同及所涉重大资产变化事项关注核查，未能发现占比较高的重大资产减少情况对五洋建设偿债能力带来的法律风险。

2. 不当的信息披露行为与投资者损失之间的因果关系

我国对虚假陈述案件中因果关系证成的规定体现了市场欺诈理论的思想。市场欺诈理论认为，“由于证券市场主要采用集中竞价、交易所主机撮合成交的方式进行，所以不可能将虚假陈述行为人（侵权人）、行为受益人以及受害人之间的联系特定化，使遭受损失的投资人难以就其损失与侵权人行为之间的因果关系举证证明”。[1]在市场欺诈理论的指引下，我国《虚假陈述的民事赔偿案件的若干规定》第18条和第19条规定，在虚假陈述案件中，采用推定因果关系存在、举证责任倒置的模式。[2]

在举证责任倒置的情形下，投资人只要证明虚假陈述的行为存在，且其投资行为发生在法律规定的时限内，即已完成了自己所承担的举证责任，被告须承担虚假陈述与损害结果之间不存在因果关系的证明责任。若本案被告可以举证证明存在“损失或者部分损失是由证券市场系统风险等其他因素所导致”等事实，即可减轻或免除自己的赔偿责任。

中国证监会在〔2018〕54号《行政处罚决定书》中对五洋建设欺诈发行债券的行为做

〔1〕 李国光主编：《最高人民法院关于审理证券市场虚假陈述案件司法解释的理解与适用》，人民法院出版社2015年版，第241页。

〔2〕《虚假陈述的民事赔偿案件的若干规定》第18条：投资人具有以下情形的，人民法院应当认定虚假陈述与损害结果之间存在因果关系：

（一）投资人所投资的是与虚假陈述直接关联的证券；

（二）投资人在虚假陈述实施日及以后，至揭露日或者更正日之前买入该证券；

（三）投资人在虚假陈述揭露日或者更正日及以后，因卖出该证券发生亏损，或者因持续持有该证券而产生亏损。

第19条：被告举证证明原告具有以下情形的，人民法院应当认定虚假陈述与损害结果之间不存在因果关系：

（一）在虚假陈述揭露日或者更正日之前已经卖出证券；

（二）在虚假陈述揭露日或者更正日及以后进行的投资；

（三）明知虚假陈述存在而进行的投资；

（四）损失或者部分损失是由证券市场系统风险等其他因素所导致；

（五）属于恶意投资、操纵证券价格的。

出处罚时，认定五洋建设欺诈发行的行为模式是违反会计准则、采取应收账款和应付款项“对抵”的财务处理方式虚增利润，使公司自身在最近三年平均可分配利润不足以支付公司债券一年的利息、不具备公司债券公开发行条件的情况下，骗取中国证监会的公司债券公开发行审核许可。

财务数据属于大信会计专业范围内的审查事项，大信会计若要抗辩其不负担赔偿责任，则需举证其“对抵”的会计处理方式符合行业规范。德邦证券作为保荐人和承销商，亦对财务数据的审核负有较高程度的注意义务，然而在应收账款回收风险这一关键问题的处理上，德邦证券存在重大过失。且证监会也已对德邦证券的前述过失行为做出处罚，可以认为德邦证券的过失行为与投资者损失之间存在因果关系。

然而，锦天城律所和大公国际对与财务数据相关的专业事项、特别是会计处理方式的合法性不具备专业判断能力，对财务类信息仅负有一般注意义务。下文将对大公国际和锦天城律所是否已履行一般注意义务，及违反注意义务是否与投资者损失之间存在因果关系展开分析。

（1）大公国际勤勉尽责与否与投资者损失之间的因果关系

一审法院认为，大公国际在未进一步核实关注沈阳五洲出售投资性房产的问题上存在过失。存在疑问的是，即使大公国际对沈阳五洲出售房产的问题进行了跟进，跟进后的结果会对最终信用等级评级结果产生影响吗？若否，则不宜认为大公国际现已形成的《信用评级报告》给投资者造成了误解并进而导致其遭受投资损失。即使核实可能会导致五洋债券信用等级的降级，降级后的信用评定结果会对债券发行申请通过与否产生实质性影响吗？若否，似乎也不宜认定《信用评级报告》的内容对于欺诈发行起到助推作用。再者，由于《募集说明书》未在公开领域进行披露，笔者无从获悉募集说明书中是否披露了《信用评级报告》的内容，若否，则很难认为大公国际在制作《信用评级报告》时的过失对投资者产生了误导，进而使其做出了错误的投资决策。综上可知，由于事实部分的缺失，在大公国际与欺诈发行之间是否存在因果关系的问题上，仍有较多的疑问待未来事实部分补充后再做解答。但如果上述问题的回答都是否定性，那么不应判定大公国际应对投资者负赔偿责任。

（2）锦天城律所勤勉尽责与否与投资者损失之间的因果关系

一审法院认为，锦天城律所的过失在于未能发现占比较高的重大资产减少情况对五洋建设偿债能力带来的法律风险。然而笔者认为，重大资产减少的情况毋宁说是法律风险，不如说是财务风险。而财务风险的披露是会计师的专业责任，以此为由主张律师应对投资者的损失负责，实则是对律师课以其专业范围外更高程度的注意义务。通常而言，侵权的构成要件包括“主观过错、侵权行为、损害后果、因果关系”四个方面。在侵权请求权检视层次中，“侵权行为”应是先于“因果关系”被检视的要件，若无侵权行为的存在，就无须赘言是否存在因果关系，也就无行使侵权请求权之可能性。前已述及，财务风险并非律师专业范围内应予提示的风险，因此，笔者认为，律师未提示投资者注意此类风险，并不构成注意义务之违反，锦天城律所并未侵害投资者的知情权，并不存在虚假陈述的侵权行为，因而无须承担虚假陈述的民事损害赔偿责任。

【案外反思】

随着最近几年《关于进一步推进新股发行体制改革的意见》《关于进一步促进资本市场健康发展的若干意见》中共中央《关于全面深化改革若干重大问题的决定》等文件的陆续颁布以及我国股票发行注册制改革的各项工作的积极推进，证监会的权力逐渐收缩，与之相伴的是，证券监管将更加倚重市场力量，因此中介机构将在证券市场中发挥更重要的作用。然而，“财务难题”[1]的存在很大程度上制约了独立看门人功能的实现，为在一定程度上消解“财务难题”对中介机构独立监督作用之实现的阻碍，法学界有人提出应以更大的诉讼风险对中介机构进行威慑。

2021年3月26日，证监会在一则征求意见稿通知中强调，要贯彻落实党中央、国务院关于对资本市场违法行为“零容忍”的要求，进一步提升监管效果，压实资本市场证券中介服务机构“看门人”[2]责任。近期有关证券纠纷的司法裁判和证券监管机关的执法态度表明，前述“让装睡的‘看门人’不敢装睡”的监管思路已在实践中得到一定程度的贯彻。然而，过于宽宥和严苛的责任机制均不利于激发中介机构积极履行自身职责，在压实看门人责任的同时，也要注意防范对中介机构施加过高的注意义务，否则会让证券诉讼成为变性的“刚性兑付”。[3]若中介机构已尽可能地采取了尽调措施，却仍须面临巨大的被行政处罚的风险时，理性的中介机构会重新进行风险收益的权衡，故而可能会极大提高市场参与者的融资成本，而高昂的融资成本很有可能最终还是要由广大的投资者负担。这一后果显然不利于激发资本市场的活力，甚至可能招致资本市场的萎缩。因此，在追究中介机构虚假陈述的责任时，应注意权责一致，避免给中介机构施加过重的注意义务，从而打击中介机构参与资本市场活动的积极性。

---

〔1〕“财务难题”的内涵为：中介机构的委托人是发行人，报酬是由发行人支付的，而其却需要负责对发行人进行监督。参见甘培忠、孔令君：《论IPO注册制改革背景下中介机构作用之强化》，载《法律适用》2015年第8期。

〔2〕证监会：《关于就修改〈中国证券监督管理委员会行政许可实施程序规定〉公开征求意见的通知〉》，http：//www. csrc. gov. cn/pub/zjhpublic/zjh/202103/t20210326_394879. htm，最后访问时间：2021年7月23日。

〔3〕参见清澄君：《莫让证券诉讼成为变性刚性兑付：对五洋债券案的几点私见》，载微信公众号“比较公司治理”2021年1月2日。

刚兑无效，信托业“浪子”须“回头”

——“安信信托与湖南高速刚兑无效案”的法律分析

王天颖

【案情介绍】[1]

2020年12月26日，安信信托股份有限公司（以下简称安信信托）公告了其与湖南高速集团财务有限公司（以下简称湖南高速）信托受益权转让合同纠纷在湖南高级人民法院的二审判决结果。二审法院推翻了一审结论，由此，安信信托因法院认定“刚性兑付”承诺无效而胜诉，且无须就本金承担赔偿责任。本案的终审判决引发了学界和实务界的广泛关注，也将对后续的类案审理以及信托公司的产品设计产生深远影响。

（一）隐患初埋：湖南高速向安信信托转让信托受益权

1. 信托关系建立

2016年，湖南高速与安信信托签订《信托合同》四份，认购信托资金总计为4亿元。资金信托计划总期限为60个月，自信托计划成立之日起算，受益人为湖

---

〔1〕 以下事实与分析基于：湖南省长沙市中级人民法院（2019）湘01民初3659号民事判决书、湖南省高级人民法院（2020）湘民终1598号民事判决书；新浪财经：《安信信托：上海逸合仅为董家渡项目劣后方投资人，并非融资方》，载新浪财经，http：//finance. sina. com. cn/roll/2019 －11 －29/doc －iihnzahi4245514. shtml，最后访问时间：2019年11月29日；并购与重组研究中心：《刚兑该如何打破？——刍议安信信托刚兑无效案》，载微信公众号“并购与重组研究院”2021年1月18日，https：//mp. weixin. qq. com/s/bs0U6BBnuLmVTGrRiIxufg；《248亿年度天价地王诞生，中民投联合体底价收揽》，载中国新闻网，https：//www. chinanews. com/cj/2014/11 －19/6792338. shtml，最后访问时间：2021年3月26日。本文仅是基于上述资料进行的学术分析与探讨，特此说明。

南高速。2017 年 5 月 5 日，湖南高速将 4 亿元信托资金转入安信信托公司银行账户。《信托合同》主要涉及“安信安赢 42 号 · 上海董家渡金融城项目集合资金信托计划”，“安信安赢 42 号”是一个总规模为 240 亿元、总期限为五年的集合资金信托计划，投资用于受让上海董家渡金融城项目公司 45% 股权，并做了结构化安排。[1]

2. 信托受益权转让

依《信托合同》约定，湖南高速作为受益人，享有 4 亿元信托资金下的信托受益权。在信托合同签订的 3 年后即 2019 年 5 月 4 日，湖南高速与安信信托签订《信托受益权转让协议》，湖南高速将其在《信托合同》中所享有的全部标的信托受益权及相应的权利和义务转让给安信信托。因安信信托到期不能履行协议，2019 年 7 月 9 日，湖南高速与安信信托公司签订《信托受益权转让补充协议》（以下简称《补充协议》），将《信托受益权转让协议》项下受益权转让日变更为 2020 年 5 月 4 日，对信托资金的收益率、转让款的支付方式以及违约金进行了进一步约定。（见图 1）

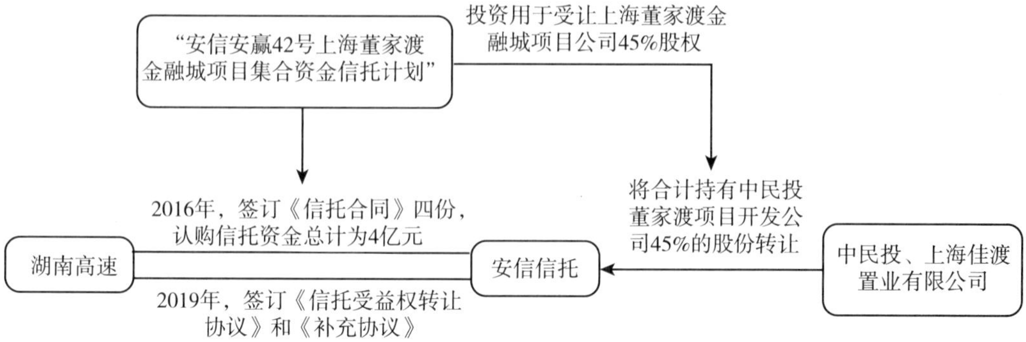

图 1　相关协议

（二）一审安信信托落败

2019 年 7 月 15 日、8 月 6 日，湖南高速分别向安信信托出具《关于安信信托公司产品到期收款的函》《公司催告函》要求安信信托支付本金及收益。但截至起诉之日止，安信信托并未支付上述信托受益权转让价款。经多次发函催告，安信信托均未履行上述受让义务。湖南高速认为其行为已构成违约，遂诉至法院。

案件审理期间，一审法院湖南省长沙市中级人民法院就《信托受益权转让协议》《补充协议》的签订是否为刚性兑付行为向上海银保监局发出《征询函》，上海银保监局回复称若《信托受益权转让协议》《补充协议》与《董家渡项目信托合同》非同时间签订，则不符合刚性兑付的情形。一审法院认为，上述《信托受益权转让协议》《补充协议》是双方当事人

---

〔1〕 2014 年 11 月 18 日，包括中国民生投资股份有限公司（以下简称中民投）在内的若干家公司以 248.5 亿元拍下上海董家渡 13、15 地块。随后，中民投董家渡项目开发公司成立。2017 年 6 月 29 日，其股东中民投、上海佳渡置业有限公司将合计 45% 的股份转让给安信信托。

在《董家渡项目信托合同》生效 2 年后自愿签订的，属于当事人的真实意思表示。法律、行政法规也并未禁止信托受益权的转让，协议内容也未违反法律、行政法规的效力性强制性规定，因此协议合法有效。根据合同约定，湖南高速有权解除《补充协议》，合同解除后，尚未履行的，终止履行；已经履行的，根据履行情况和合同性质，当事人可以要求恢复原状、采取其他补救措施、并有权要求赔偿损失。湖南高速有权要求安信信托赔偿损失。故一审法院参照合同约定的转让价款的计算方法，对湖南高速要求安信信托支付转让价款本金 4 亿元及信托资金收益的诉讼请求予以支持。

（三）二审现反转，刚性兑付被打破

安信信托不服一审判决，向湖南省高级人民法院提起上诉。安信信托认为，作为非银行金融机构，湖南高速在签订《信托合同》时，知道且应当知道其投资信托计划发生的投资风险应由其自行承担。而《信托受益权转让协议》及其《补充协议》是应湖南高速要求对湖南高速的信托投资进行的保本保收益安排，已构成刚性兑付行为，依法应属无效。再者，湖南高速明知保本保收益属违规行为，仍要求安信信托作出该等刚兑承诺，其对《信托受益权转让协议》的无效亦存在过错。湖南高速答辩称，《信托受益权转让协议》和《补充协议》是交易双方结合市场判断的理性选择，并不属于《关于规范金融机构资产管理业务的指导意见》第 19 条规定的刚性兑付的四种情形，案涉信托计划也从未受到金融监督管理部门的处罚。

2020 年 12 月 27 日，湖南省高级人民法院作出二审判决。与一审法院相反，二审法院认为本案双方争议的涉案《信托受益权转让协议》及《补充协议》应认定无效。首先，《信托受益权转让协议》及《补充协议》，改变了《信托合同》确立的权利义务关系，会使湖南高速得到本息固定回报。其次，依据《全国法院民商事审判工作会议纪要》第 92 条规定，《信托受益权转让协议》《补充协议》的约定是保本保收益的约定，属于刚性兑付，故该两协议应认定无效。但由于双方约定的资金信托期限未到期，双方应继续履行《信托合同》项下的权利和义务。

【法律分析】

从意思自治的视角来看，信托受益权的转让是双方当事人基于意思自治对自身权利的处分。在合同自由的语境下，双方当事人的真实意思表示应当被充分尊重。但我们应当注意到，信托合同的特殊性使得信托受益权转让的安排不仅关系到合同双方的利益，而且关系到金融秩序的稳定。因此，对于本案，首先应当结合各方因素，认定信托受益权转让合同的性质，即是否属于刚性兑付行为，而后进行合同效力的判断。

（一）转让协议是否系刚性兑付行为

刚性兑付一般是指“当金融理财产品资金出现风险、可能违约或得不到预期收益时，作为发行方或渠道提供方的金融机构为了维护自身声誉通过寻求第三方、借用自有资金进行垫付等多种方式来保证理财产品本金及收益的兑付”。[1]其核心为“保本保收益”，即通过保本、刚兑的一系列安排，投资风险得以从委托人转移至受托人，在信托产品不能兑付或兑付发生困难时，委托人仍可获得固定的本息回报。

从相关法律文件的规定以及学者的研究中可知，信托投资产品刚性兑付主要有两种形式。[2]第一种是“事前承诺型”，传统意义上是指在信托合同中明确约定“刚性兑付”条款。但由于存在禁止刚性兑付的法律条款，实践中信托公司往往不会将此类约定明确记载于合同中，而是采用更加隐蔽的方式，如通过抽屉协议甚至口头等形式，与投资人达成刚兑保底的约定。该种刚兑条款是事前的一种投资风险转移的安排，作为达成投资的一种谈判条件，在投资人决定投资之前承诺兑付。第二种是“事后主动偿付型”。在达成签订信托合同的合意之时，双方并未对刚性兑付进行明确约定，而是当兑付风险出现之后，发行方为挽回声誉，主动或被动地向投资者支付投资本金和预期收益。在通常情况下，只要声誉价值大于刚性兑付的损失，信托公司就会选择刚性兑付。[3]

就本案而言，其一，《信托受益权转让协议》《补充协议》的签订与《信托合同》有近三年的时间间隔。也就是说，签订《信托合同》的同时双方并未达成信托受益权转让的合意，这一安排并不属于双方达成投资的谈判条件。从表象上看，似乎并不属于上述“事前承诺型”刚性兑付。其二，虽然安信信托在二审中向法院提交中民外滩房地产开发有限公司2018年度、2019年度的审计报告，拟证明湖南高速要求安信信托履行《信托受益权转让协议》时，案涉信托计划已存在兑付风险，但二审法院在审查之后未予采信。也即，“安信安赢42号”项目仍在进行中，在签署受益权转让协议时并未出现明显的兑付风险，亦不属于“事后主动偿付型”刚性兑付。但并不能因此认为案涉信托受益权转让不是刚性兑付，而应当从其核心特征“保本保收益”出发，结合《信托受益权转让协议》的签署背景和履行过程探究双方当事人的真实意思表示。本案中，双方签订《信托受益权转让协议》和《补充协议》之后，湖南高速在无须承担投资风险的同时，得以从安信信托处按期获取涉案信托资金本金和一定比率的固定收益，其收益情况不受涉案信托计划的实际盈亏情况影响。一般而言，只有类似银行和储户的债权债务关系，才存在银行对储户的还本付息的兑付义务。[4]本

---

〔1〕 参见中国人民银行金融稳定分析小组：《中国金融稳定报告2014》，中国金融出版社2014年版，第214页。

〔2〕 参见朱大明：《论信托投资产品刚性兑付的法律规制》，载《法学》2019年第4期。

〔3〕 参见崔明：《信托产品刚性兑付的市场博弈——基于声誉风险角度》，载《现代管理科学》2015年第11期。

〔4〕 参见赵廉慧：《信托“打破刚兑”的法律争鸣与法理分析》，载《当代金融家》2021年第6期。

案双方约定的转让价款实质上已经达到了保本付息的要求：转让价款 = 标的信托受益权对应的信托资金 ×（1 + [6.5]%[1]/年 × 转让方实际持有信托受益权的天数/365）- 转让方持有标的信托受益权期间已获得分配的信托利益。简单来说，湖南高速获得的收益为：其原投入的信托资金本金加固定比例的溢价款，保障了其基于《信托合同》的投资本金和收益免受损失。此转让价款的约定实质上仍属于"事前承诺"的保本保收益安排。由此可见，双方表面上是在进行信托受益权的转让，但其真实意思是进行保底刚兑。

（二）转让协议及信托合同的效力认定

1.《信托受益权转让协议》的效力认定

《信托受益权转让协议》以及《补充协议》是安信信托与湖南高速合意进行的保本保收益的刚兑安排。此类刚兑条款严重破坏信托财产的独立，无论从其理论上的危害性或相关法律文件的否定性评价都可以得出结论，即此类刚性兑付属于违规行为，应当认定为无效。主要理由如下：

首先，信托财产具有独立性，不仅独立于委托人的其他财产，也独立于受托人的固有财产和其所受托管理的其他信托财产。基于此，委托人得以信任受托人处理信托财产，受托人也可更好地贯彻忠实义务，受托人为自己的利益而处理信托财产在法律上的可能性被减少到最低。[2]而一旦出现刚性兑付，首先会使信托财产独立时建立的风险隔离机制失效，此时刚性兑付实际是一种隐性担保，投资人将自身投资风险直接转嫁到信托公司。[3]虽然表面上人为地创造出一个没有违约记录的市场，[4]而一旦风险爆发，大规模刚兑必然对信托公司的资金链产生威胁，严重时很可能引发系统性金融风险；同时，刚性兑付会出现"劣币驱逐良币"，面对收益相近的信托产品，委托人往往更愿意选择风险较低的一种。而从表象上看，刚性兑付条款似乎可以在很大程度上降低投资风险，保护投资者的权益，但长此以往，规范经营的优质信托项目因为收益和风险上的劣势而渐渐丧失竞争力，产生逆向选择的风险。因此我们可知，刚性兑付破坏了信托财产的独立性，违背信托法理。

在现有规则体系中，与刚性兑付相关的法律条文为《信托法》第34条：受托人以信托财产为限向受益人承担支付信托利益的义务。依据本条，虽然可以推导出受托人不得以信托财产以外的其他财产向受益人承担义务，但并未明确提及禁止刚性兑付。一直以来，我国关于信托业刚性兑付的禁止性规定分散于各个部门规章和监管文件之中，如《信托公司管理办

---

[1] 参见《补充协议》中约定，自2019年5月5日起，信托资金收益率按[7.5]%/年（365天）执行，收益款按季支付。

[2] 参见王舒：《论信托财产的独立性——兼析〈信托法〉第16条》，载《中国地质大学学报（社会科学版）》2002年第3期。

[3] 参见魏婷婷：《金融信托"刚性兑付"风险的法律控制》，载《法学杂志》2018年第2期。

[4] 参见孙雯：《打破"刚性兑付"困局，促进信托业发展的观察与思考》，载《吉林金融研究》2014年第5期。

法》第 34 条规定，信托公司开展信托业务，不得承诺信托财产不受损失或者保证最低收益；《信托公司集合资金信托计划管理办法》第 8 条规定，信托公司推介信托计划时，不得以任何方式承诺信托资金不受损失，或者以任何方式承诺信托资金的最低收益。诸如此类的规范性文件大都层级较低，且关于刚兑的认定和规制也未形成完善体系，并未较好地遏制刚兑行为。应资管业务健康快速发展的需求，2018 年，央行、银保监会、证监会以及外汇局联合发布《关于规范金融机构资产管理业务的指导意见》（以下简称《资管新规》），第 19 条列举了应被视为刚性兑付的四种情形，并根据实施违规刚兑的主体不同进行分类惩处。2019 年，《全国法院民商事审判工作会议纪要》（以下简称《九民纪要》）正式发布，第 92 条强调以“抽屉协议”或者其他方式约定的保底或者刚兑条款，无论形式如何，人民法院应当认定刚兑无效。

至此，相关规则的进一步细化使得刚兑的认定更加明晰，也为监管提出了具体的要求，但仍未摆脱现有规则位阶较低的窘境，刚性兑付这一信托领域常见违规行为尚无法律对其进行确认。在否定本案《信托受益权转让协议》的效力时，由于《九民纪要》并非司法解释，无法作为裁判依据进行援引，但若仅仅依据《信托法》第 34 条来认定刚兑无效则说服力较弱。为解决这一问题，我们对现有规则进行梳理。由于本案审理时《民法典》尚未施行，仍应适用《合同法》第 52 条对合同效力进行判断，具体到本案，判断《信托受益权转让协议》的效力，应是该法律行为违反法律、行政法规的强制性规定，而《信托法》第 34 条是否可以作为这里的强制性规定仍有待商榷。此时或许可依据《合同法》第 52 条第 4 款来进行刚兑条款无效的认定。《合同法》第 52 条第 4 款规定，损害社会公共利益的合同无效，信托的刚性兑付的蔓延会扩大金融风险，还可能使整个行业出现劣币驱逐良币的现象。因此，刚性兑付属于这里的损害公共利益的行为，本案安信信托与湖南高速之间名为信托受益权转让、实为保本刚兑的协议应当被认定为无效。

民法典施行后，原《合同法》第 52 条第 4 款对应到《民法典》第 153 条第 2 款，此时可以结合《九民纪要》第 30 条来进行合同效力的判断。具体来说，《民法典》第 153 条第 2 款规定：违背公序良俗的民事法律行为无效；《九民纪要》第 30 条规定：下列强制性规定，应当认定为“效力性强制性规定”：强制性规定涉及金融安全、市场秩序、国家宏观政策等公序良俗的。刚性兑付的存在不利于金融体系的安全健康发展和市场秩序的稳定，从这条规定可以看出，金融安全、市场秩序等均属公序良俗的范围，因此在认定刚兑无效时可以适用。

2. 转让协议无效对《信托合同》效力的影响

《信托受益权转让协议》与《信托合同》的关系，直接决定了转让协议的无效是否会直接导致《信托合同》的无效。换句话说，信托受益权转让行为是信托法律关系的一部分还是独立的信托受益权转让合同法律关系，不同的认定结论将导致不同的无效范围。

首先我们应当明确这样一种情形，《信托合同》与同时签订的《信托受益权转让协议》，应当被看作一个整体。委托人出资设立信托并非基于对受托人经营、管理资产能力的信任，而是基于保底刚兑条款带来的安全感。此时，委托人和受托人均认识到信托合同与保底刚兑协议是整体性安排，可以说，没有保底条款的诱惑，委托人通常不会签订信托合同。退一步讲，在保底条款被确认无效后，委托人的缔约目的几乎丧失，继续履行合同几无意义。因此，有学者认为，保底条款应属委托理财合同的目的条款或核心条款，不能成为相对独立的合同无效部分，故保底条款无效应导致委托理财合同整体无效。[1]

而本案不同于上述情形，在订立《信托合同》时，安信信托与湖南高速双方之间并未进行保本、刚兑的安排，而是在信托合同履行过程中，双方当事人达成的刚兑合意，此时的刚兑安排具有独立性。也就是说，双方在签订信托合同时有建立信托关系的意思表示，而并没有保本刚兑的意思表示，《信托合同》在签订时是合法有效的。此时，涉及刚兑的两协议独立于《信托合同》。面对此种情形，湖南高院认为，涉及刚兑的两协议应当被认定为无效，但双方约定的资金信托期限未到期，双方应继续履行《信托合同》项下的权利和义务，就本案而言，这一认定值得肯定。一个合同被认定无效，其法律后果是恢复到订立合同的原始状态，相关交易自始不存在，这是司法裁判对商事交易中违法行为的纠正。但对于合同效力的判断应当严格依照法律规定的评判依据，保持审慎。在落实《资管新规》和《九民纪要》关于“打破刚兑”的相关规则时，要注意新老划断、循序渐进，平衡各方利益和社会效益。

（三）金融监管与司法审判的互动

本案中，一审法院就《信托受益权转让协议》的定性发函征询金融监管机构的意见，据判决记载，其回复若《信托受益权转让协议》、《补充协议》与《信托合同》非同时间签订，则不符合刚性兑付的情形。一审法院也据此作出案涉协议合法有效的认定。但据二审判决显示，上海银保监局于2020年8月28日出具的《上海银保监局关于回复长沙中级人民法院征询函的函》，载明：一审判决中引用的回复，其中可能存在将沟通内容理解为回复的误解。双方签署《信托受益权转让协议》等一系列操作是保证本金收益不受损失的行为，属于违规刚性兑付行为。湖南高级人民法院在判决书说理部分亦引用了上述书面回复，认为：上海银保监局系信托公司的主管部门，其具有对金融机构相关违法违规行为予以认定并加以处罚的职能，其作出的书面回复，是行政机关对于该行为定性的权威结论。

可以看出，一审、二审法院均较为重视金融监管机构的意见，并将其作为案涉行为性质认定的重要理由，司法审判中，法院通常会就事实问题询问相关部门，而较少直接征询其他部门关于事实定性的意见，此类司法审判与金融监管在个案中的互动值得深思。我们应当思

---

[1] 参见高民尚：《审理证券、期货、国债市场中委托理财案件的若干法律问题》，载《人民司法》2006年第6期。

考，在此类案件的审判中，金融监管应当扮演一个什么样的角色？虽然不能将涉及金融的纠纷简单等同于一般民事主体之间的私权纠纷，但司法审判与行政权的行使也应当各自保持有独立性，各司其职。就本案而言，一审、二审将行政监管机关的认定作为判决的决定性证据有待商榷。刚兑条款的效力应当在当事人充分举证、质证的前提下，以查明的事实为基础由法院作出认定，而非径行将其写入判决书的说理部分。事实上，在二审审理期间，湖南高速提交答辩意见认为，金融监管部门的意见不属于本案证据材料，不得作为法院认定本案事实的依据。

综合来看，一方面，虽然金融交易的本质是合同行为，但金融交易的风险却会在整个金融系统中传递和蔓延，因此，传统民法对于市场波动的处理方案，并不足以应对金融系统的复杂性。[1]将金融监管排斥于司法审判之外可能会影响实质正义的实现。另一方面，司法审判与金融监管的思维方式仍有差异，司法审判仍应保持独立性，不可盲从。本案中法院和金融监管机构意见统一，但实践中亦有可能出现二者认定不一的现象。面对此种情形，我们认为，应当端正金融监管机构在司法审判中所处的位置，案件的审判权归属于法院而非金融监管机构。金融监管机构可以作为类似专家辅助人的角色，作出的书面意见应当符合证据的法定条件，经过质证和审核之后，可以作为法院对相关行为进行性质认定的参考依据，但法院完全可以在审查之后作出其他认定。就本案而言，金融监管机构的书面回复是对被监管者行为的评价，司法机关在审判过程中不必然要与其保持一致，还是应当回归案件事实本身，从司法的角度独立地作出认定。

【结语】

通常而言，在受托人尽责管理之情形下，受托人在法律上既没有按照传统债权债务关系向委托人还本付息的义务，也没有按照传统股权关系向委托人支付股息的义务，[2]受托人只须以信托财产为限向受益人承担责任。如果暂不考虑信托合同关系的特殊性，单从商业角度来看，保本刚兑条款是双方的意思自治行为，投资者乐于将刚兑作为自身的投资保障，信托公司也愿意利用刚兑拉拢更多的投资者，强化自身信誉。如果没有导致合同无效的其他情形，应当尊重当事人的意思自治。但信托中的刚性兑付是对风险承担机制的扭曲，极易导致逆向选择问题，继而引发系统性风险，应当予以禁止。可以看出，从《资管新规》到《九民纪要》，刚兑无效是大势所趋。信托公司在开展信托业务时也及时更新观念，应当认识到，刚性兑付给行业发展带来的繁荣是短暂而不稳定的。固守刚兑无异于饮鸩止渴，拥抱监管才

〔1〕 赵尧：《金融司法监管化的逻辑审视》，载《华中科技大学学报（社会科学版）》2020年第5期。

〔2〕 参见最高人民法院民事审判第二庭编著：《〈全国法院民商事审判工作会议纪要〉理解与适用》，人民法院出版社2019年版，第482页。

可以使信托关系回归本源。

本案在司法审判层面进一步落实了《九民纪要》关于刚兑条款无效的规定，必将对其后此类案件的审理产生影响。司法审判在认定刚兑时应当进行审慎判断，以“卖者尽责、买者自负”为原则对委托人和受托人分别进行审查，使过错与责任相适应。最终在司法和金融监管的良性互动中彻底破除刚性兑付，实现信托业的长久健康发展。

“夫妻店”宫斗连连，创始人抢“章”夺权
——“当当控制权争夺案”的法律分析

原　晶

李国庆与俞渝夫妻二人携手创办的当当网，一度被称为“中国版亚马逊”。但是近两年，由于二人经营理念不一致程度加深以及夫妻二人之间矛盾加剧，作为“夫妻店”的当当经营屡屡陷入僵局。从李国庆召集临时股东会修改公司章程、进入公司办公区夺走印章到夫妻二人股权代持协议纠纷，无不体现出“夫妻店”控制权争夺的问题。

【案情介绍】[1]

当当网是北京当当网信息技术有限公司（以下简称北京当当）旗下的知名综合性购物商城，由国内著名出版机构北京当当科文电子商务有限公司（以下简称北京科文公司）、美国老虎基金、美国IDG集团、卢森堡剑桥集团、亚洲创业投资基金共同投资成立。由北京科文公司全资控股的天津当当科文电子商务有限公司（以下简称天津当当）是北京当当的唯一持股人。俞渝和李国庆夫妻二人通过北京

---

〔1〕 本案案情整理参考如下相关资料：《李国庆率众夺公章，夫妻档为何成了当当的挡路石?》，载 https：//news. sina. com. cn/c/2020 －04 －27/doc －iircuyvi0079541. shtml；《当当网内部信：从摔坏到抢公章，李国庆一直在制造事端》，https：//news. sina. com. cn/s/2020 －04 －27/doc －iircuyvh9998217. shtml，最后访问时间2021 年10 月31 日；《抢公章、夫妻争权，动荡的当当还经得起几次折腾?》，https：//news. sina. com. cn/s/2020 －05 －01/doc －iirczymi9417817. shtml；《李国庆俞渝遭儿子起诉，律师解读：儿子站哪边很关键》，https：//news. sina. com. cn/s/2020 －08 －11/doc －iivhuipn7952727. shtml。本文仅是针对上述材料进行的学术分析和探讨，特此说明。

科文公司这一法人主体间接持股北京当当。因此，对北京科文公司拥有控制权直接决定了对北京当当的控制权。

北京科文公司系由创始人李国庆、俞渝二人及天津骞程企业管理咨询合伙企业（以下简称天津骞程）、天津微量企业管理咨询合伙企业（以下简称天津微量）、上海宜修企业管理中心（以下简称上海宜修）五个股东共同组成的公司法人。在北京科文公司的公司股权结构中，俞渝持股64.2%、李国庆持股27.51%、天津骞程持股4.4%、天津微量持股3.61%、上海宜修持股0.28%。俞渝是北京科文公司的法定代表人、执行董事及总经理（见图1）。

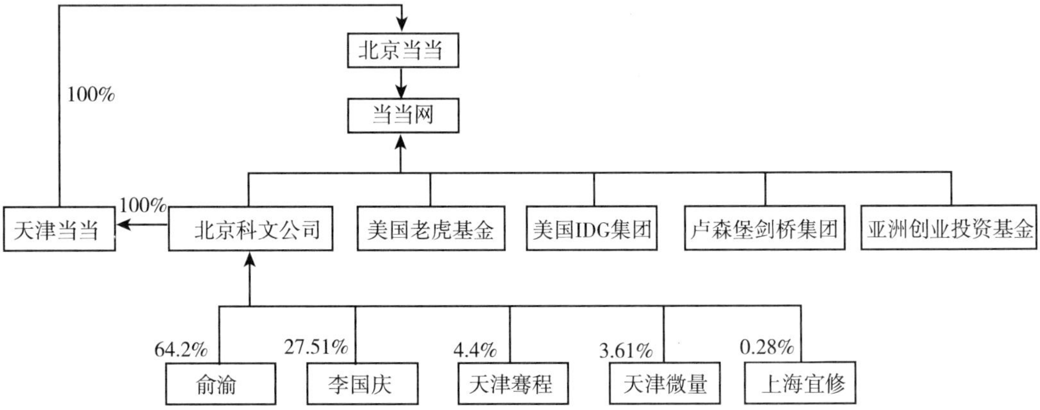

图1　持股情况

（一）李国庆夺章

2020年4月24日，李国庆提议并召开北京科文公司临时股东会，并作出相关决议：公司依法成立董事会，由李国庆、俞渝、潘跃新、张巍、陈立均担任董事，同时通过新的《公司章程》。同日，公司依法召开了第一届董事会第一次会议，选举李国庆先生为董事长与总经理。

4月26日，李国庆带人进入公司办公区，带走公司包括公章、财务章在内的47枚公司印章，并在公司张贴《告当当全体员工书》（以下简称《告员工书》）。主要包括以下几个方面内容：

（1）基于夫妻关系存续期间夫妻财产共有原则，加上股东天津骞程和天津微量的支持，李国庆目前实际获得53.87%的支持。（2）公司已成立董事会、选举李国庆为新的董事长与总经理、通过新的《公司章程》。（3）俞渝不再担任北京科文公司执行董事、法定代表人及总经理，无权对外代表公司做出任何意思表示或者行为。

（二）俞渝方回应

4月26日晚，针对李国庆等人闯入办公区抢夺印章的行为，俞渝方声明公司已经报警，并且将很快补办好已经挂失的印章。公司不承认在公司印章失控期间，任何人使用该印章签订的合同、协议等文件。

（三）警方定性夺章事件

6月13日，警方对李国庆夺章之事作出定性，警方认为该事件仅为股东之间的民事纠纷，并不违反《治安管理处罚法》甚至是《刑法》的规定。

（四）股权代持协议浮出水面

8月9日，李国庆在社交媒体上表示其夫妻二人被告上法庭，其子要求法院确认李国庆与俞渝为之代持的北京科文公司股权协议合法有效，李国庆已经应诉。

8月10日，北京科文公司发布《关于当当股东代持诉讼的声明》，表明相关诉讼属实。针对公司股权分配问题，早在2016年当当完成私有化之后，俞渝、李国庆即约定，与其子三方股权比例为56∶24∶20，并在当时按照该比例完成了工商变更登记，由俞渝代持。

如果法院确认代持协议有效，那么李国庆在离婚诉讼中要求平分作为夫妻共同财产的股权，就应当先刨除所代持的儿子的股权。这就导致即使股权平分，李国庆最后获得的股权加上支持他的其他小股东的股权也不到1/2。截至目前，该案仍在审理中。

【法律分析】

李国庆名为抢夺印章但实为争夺控制权，再次把目前普遍存在的家族企业治理难题摆在台面上。本文通过分析李国庆召开的临时股东会和董事会效力、印章之争与公司控制权的联系，进一步探讨家族企业经营管理模式，为众多“夫妻店”股东及投资者做好股权安排、提高治理水平敲响警钟。

（一）李国庆召开的临时股东会及董事会效力

如前所述，当当目前的实际运营主体公司为北京科文公司，作为有限责任公司，依照公司法关于有限责任公司的规定运行。关于李国庆召开的临时股东会和董事会的效力问题，可以从以下几个方面来明确。

1. 李国庆是否有权召开临时股东会

根据《中华人民共和国公司法》（以下简称《公司法》）第39条规定，有限责任公司代表1/10以上表决权的股东可以提议召集临时股东会。虽然目前股权代持协议的效力还没有确认，但无论是否有效，李国庆所享有的股权比例始终超过1/10，其有权提议召集临时股东会。

但是，李国庆有权提议召集临时股东会，不代表其可以直接召集临时股东会，他应受召集程序的法律约束。根据《公司法》第40条第2款和第3款的规定，有限责任公司代表1/10以上表决权的股东提议召集临时股东会有法定顺序。有限责任公司不设董事会的（北京科文公司即属于此类型），股东会会议由执行董事召集和主持。在执行董事不能履行或者不履行召集股东会会议职责的，由监事会或者不设监事会的公司的监事召集和主持，监事会或者监事不召集和主持的，代表 1/10 以上表决权的股东才可以自行召集和主持。同时，根据《公司法》第 41 条的规定，除非公司章程另有规定或者全体股东另有约定，召开股东会会议应当于会议召开十五日前通知全体股东。从公司法上述规定可知，本案临时股东会的召集和主持原则上应当先经由公司执行董事俞渝召集和主持，其不召集和主持时，由监事阚敏召集和主持，当阚敏亦不召集和主持的情况下，才可由李国庆召集和主持。其次，除非北京科文公司的章程另有规定，否则李国庆应当于会议召开十五日前通知俞渝等人，而俞渝方表示，北京科文公司的股东没有收到任何通知也没有参与此次临时股东会。因此，如果事实真如俞渝所言，那么北京科文公司在 2020 年 4 月 24 日所召开的临时股东会决议的程序存在瑕疵，依据《公司法》第 22 条第 2 款和最高人民法院《关于适用〈中华人民共和国公司法〉若干问题的规定（四）》（以下简称《公司法司法解释四》）第 4 条的规定，俞渝方如果在六十日内提出决议瑕疵诉讼，李国庆这次临时股东会决议极有可能因召集程序违反法律而被撤销。

综合以上分析，李国庆要证明其有权召开此次临时股东会，必须证明以下内容：执行董事和监事是否在规定时间范围内都对召开临时股东会的提议置之不理？是否在规定时间通知全体股东？

2. 临时股东会决议效力

假设临时股东会的召集程序不存在瑕疵，那么在临时股东会上形成的决议就一定合法有效吗？

根据上文案情介绍部分可知，北京科文公司并没有设立董事会，只设有执行董事。《告员工书》中称该临时股东会决议通过成立董事会，那么这必将涉及公司章程的修改。根据《公司法》第 42 条及第 43 条的规定，除非公司章程另有规定，否则股东会决议由股东按照出资比例行使表决权，股东会会议作出修改公司章程等决议必须经过代表 2/3 以上表决权的股东通过。

针对此问题，李国庆方解释因为其与俞渝的夫妻关系，使其与俞渝共同持有北京当当 92.71% 的股权，按照夫妻关系存续期间夫妻财产共有原则，其目前实际持有 45.855% 的股权。加之公司另外两位股东天津骞程（持有股权 4.4%）和天津微量（持有股权 0.28%）均支持该决议，共计持有 53.87% 的股权，因而该临时股东会决议合法有效。但此时，需要考虑两个问题：

一是关于夫妻股权的归属问题。因李国庆与俞渝的离婚纠纷当时还在审理过程中，在李国庆和俞渝没有对股权分配有特别约定的情况下，夫妻二人共同财产的认定尚且不明，李国庆是否可以享有至少 45% 的股权仍然还是一个未知数，以个人意志决定股权归属显然无法令人信服。按照学界通说观点，股权是有限责任公司或者股份有限公司的股东对公司享有的包括人身和财产权益在内的一种综合性权利，股权作为一种特殊的民事权利，除具有财产权益内容外，还具有与股东个人的社会属性及其特质、品格密不可分的人格权、身份权等内容。具体讲，股权包括与财产权益相关的受益权和与人格、身份权益相关的表决权、选举管理权、公司经营建议权或质询权、知情权、转让权、分配权、认购权与诉权等。目前学术界达到的共识是股权属于商法规范内的私权范围，与股东身份相关的具体权利应由股东本人独立行使，不受他人干涉。此外，从另外一角度看，夫妻分别持有同一家公司股权的，应视作其对该公司所享有财产的一种按份约定。总而言之，股权不能直接被等同于夫妻共同财产，而仅能将股权中与财产权相关的收益权作为夫妻共同财产。

二是关于决议的通过比例问题。正如前文案情介绍，二人之子已向法院提起了股权代持协议确认之诉，要求法院确认股权代持协议合法有效。如果法院确认代持协议有效，那么李国庆在离婚诉讼中要求平分作为夫妻共同财产的股权，就应当先减去二人代持的那部分股权。由于该案件仍在审理之中，判决结果悬而未决。即使否认股权代持协议的效力，使上述股权在李国庆与俞渝之间进行均分，正如李国庆在《告员工书》中所言，在公司其他两位股东的支持下李国庆也仅仅持有 53.87% 的股权，并没有达到公司法规定的至少 2/3 的要求。根据《公司法司法解释（四)》第 5 条关于决议不成立的规定，该股东会决议可被认定为不成立。

3. 李国庆召开的董事会效力

根据《告员工书》，在临时股东会上，李国庆等五人被选为公司董事，组建了公司董事会。之后，李国庆召开董事会，董事会决议推选李国庆为公司董事长与总经理。那么董事会能否召开以及董事会上所作决议是否合法有效都依赖于临时股东会的效力。只有在临时股东会合法有效的条件下，李国庆方召开的董事会才可能合法有效。因此，李国庆召开的董事会最终因为临时股东会决议的不成立而无效。

（二）当当控制权之争所涉印章问题

之所以在股东夺取公司控制权的纠纷中常出现印章之争，是因为公司印章文化在我国源远流长，并且随着商事交易实践的发展，印章作为公司主体身份的象征，已成为现代商事交易活动中不可或缺的要素。通常情况下，一份合同加盖了印章，便意味着公司要受到该份合同的约束。在原则上，印章对外代表公司意志，掌握了印章，即掌握了公司绝对话语权。

1. 李国庆拿走印章的行为认定

针对印章的法律地位和效力，我国现行《公司法》中并没有明确规定印章由谁保管，这属于公司自治范围。《公司法》并没有对保管公司印章的人员进行专门规定，这也就没有排除法定代表人之外的其他人员对印章保管的可能性，印章的效力可能脱离法定代表人而独立存在。公司是各股东利益的抽象混合体，是一个法律拟制的抽象代表者，为了有效判断、识别和保护公司利益，需要找到一个具体的代表者，并赋予其自行斟酌和决定公司利益的权力。[1]除非公司章程或者股东会决议另有规定，否则司法实践中一般认为法定代表人或者公司股东会、董事会决议授权的人（代理人）有权持有公司印章。

李国庆认为其依据股东会决议、董事会的决议全面接管公司，从而依法接管公司印章并无不妥。那么，判断李国庆行为是否合法，核心应当是上述临时股东会决议和董事会决议是否有效。关于该临时股东会和董事会的效力问题，在前文已分析论述。

2. 持有公司印章是否可以代表公司

我国法定代表人制度是各国法律制度中最具特点的制度。这一制度表现为两个突出的特点：一是法定性，二是唯一性。[2]法定性是指法人的法定代表人由法律直接规定，而非由法人自己确定。唯一性是指任何法人都只能有一个法定代表人，而不可以有两个以上。这两个突出特征自有其固有的制度价值，其重要功能在于形成公司管理的集中意志、避免公司内部混乱和外部关系不明，[3]通过代表人的严格限制来控制公司对外行为的法律风险。但是此种规定的确与中国民商事活动的实践需求经常发生冲突，正如有学者所言“独任制也使法人缺乏适应能力和竞争能力，使法人难以应对频繁的交易和广泛的业务活动”。对于经营活动丰富多变的公司法人，大量的、经常性的对外代表行为与唯一公司代表人之间的矛盾更是尖锐。这所造成的实际结果是，要么严格恪守法定代表人的唯一代表权，牺牲公司的经营效率；要么采取由经理或者公司工作人员保管和使用法定代表人印章的变通形式，架空法定代表人的代表权。[4]法定性和唯一性也经常引发代理行为是否归属于公司代表行为的效力之争，并形成了司法实践中对非法定代表人未获公司特别授权情况下所签署合同究竟属于个人行为还是公司行为，是否应该约束公司的肯定裁判与否定裁判。

根据《中华人民共和国民法典》（以下简称《民法典》）第 490 条规定，当事人采用合同书形式订立合同的，自当事人均签名、盖章或者按指印时合同成立。对于自然人而言，签字、盖章或者按指印都可以由其本人完成，这没有任何阻碍。而公司是一种具有民事权利能力和民事行为能力的拟制民事主体，公司的所有民事行为均需要通过特定自然人的行为来实施和完成。根据《民法典》第 61 条的规定，依照法律或者法人章程的规定，代表法人从事民事活动的负责人，为法人的法定代表人。法定代表人以法人名义从事的民事活动，其法律后果由法人承受。同时，根据《民法典》关于代理的规定，公司可以委托特定自然人代表公司对外进行意思表示，代理人在代理权限内，以被代理人公司的名义实施的民事法律行为，对被代理人发生法律效力。公司的法定代表人或有权代理人都是自然人，此时公司印章就在

---

〔1〕 参见叶林：《董事忠实义务及其扩张》，载《政治与法律》2021 年第 2 期。

〔2〕 参见曹兴权、荣振华：《公司代表人制度“法定性”的弱化——法律与社会良性互动视角的分析》，载《北方法学》2013 年第 1 期。

〔3〕 参见殷实秋：《法定代表人的内涵界定与制度定位》，载《法学》2017 年第 2 期。

〔4〕 参见曹兴权、荣振华：《公司代表人制度“法定性”的弱化——法律与社会良性互动视角的分析》，载《北方法学》2013 年第 1 期。

区分并确定他们的行为是个人行为还是公司行为中发挥了作用。法定代表人或有权代理人在合同书上加盖公章的行为即可用来证明是公司行为。公章之于合同的效力，关键在于盖章之人有无代表权或代理权。在没有代理权和代表权时，拥有公章并不表示对外代表公司。

如前所述，盖章行为的本质在于确定自然人从事的是公司职务行为，代表公司进行意思表示。公司的法定代表人或者有权代理人和公章持有人非同一人，且二者均认为自己代表公司意志的情形就是典型的“人章分离”。那么，没有代理权或代表权的公章持有人与真实权利人意思表示发生冲突时，应该如何处理？

公司印章虽然是公司对外作出意思表示的重要外在表现形式，但如前所言，法律并没有规定公司公章本身能够直接代表公司意志，持有公司印章只是一种客观状态，某人持有公司印章的事实，只是反映该持有人可能有权代表公司意志，至于其是否真正能够代表公司意志，仍需要其他相关证据加以佐证。在公司内部意志统一的情况下，法定代表人（有权代理人）和印章即使分离也不会在对外表示公司意志时产生矛盾，人章冲突情况往往意味着公司内部意志发生了分离。对于盖章行为的法律效力的认定，最高人民法院确立了“看人不看章”的裁判思路。根据《全国法院民商事审判工作会议纪要》第 41 条规定：人民法院在审理案件时，应当主要审查签约人于盖章之时有无代表权或者代理权，从而根据代表或者代理的相关规则来确定合同的效力。通俗地讲，不享有代表权或代理权的人即便加盖公章，也不能当然的产生合同有效的预期效果。在本案中，李国庆若没有代表权或代理权，即使其拥有印章也没有太大的意义。

3. 当当报警宣布公司印章作废的行为效力

李国庆拿走印章之后，当当向社会公布声明印章作废，正在补办。因此，很多人认为李国庆此番抢走印章丝毫没有意义，只要俞渝重新申请刻章就能解决问题。但此事并没有那么简单。

根据《中华人民共和国印章管理办法》，印章遗失、被抢、被盗的，应当向公安机关报告，并采取公告形式声明作废后重新办理备案或准刻手续。在主张商事自由、避免行政司法过度干预的营商环境下，公司因为内部管理纠纷而引起的印章纠纷一般会被定性为民事经济纠纷，公安机关一般不会给予办理印章的丢失备案。即使可以重新刻制，公司还是会面临两枚印章具有同等法律效力的局面。

回归到本案中，如果俞渝一方采取行政救济的措施，即向公安机关申请重刻印章，那么关键在于定性当当目前这种情况是否属于印章“被抢”。当然，除了通过公章挂失程序将公章作废，笔者认为俞渝方还可以寻求民事救济。公司是企业法人，有独立的法人财产，享有法人财产权。公司印章、证照是公司的合法财产，公司对其印章、证照的所有权受法律保护，任何单位和个人不得侵犯。如果没有合法依据，公司印章、证照由他人无权控制、占有时，公司有权根据《民法典》第 235 条规定以原告名义提起公司证照返还之诉要求其返还。

此时，公司在起诉时虽然印章缺位，但可由法定代表人在诉状上签名代表公司提起诉讼。

【案外反思】

法律的重要作用之一乃是调整和调和种种相互冲突的利益。[1] 当当控制权之争将家族企业治理模式再次推向风口浪尖，家族企业如何完善公司治理，才能避免类似当当这样的悲剧，找到走出这一周期律迷宫的金钥匙，并实现企业可持续性发展，是摆在我们面前的大问题。

公司治理的实质在于通过合理分配公司权力资源，不断完善公司管理运营与监督控制的权力配置，促使公司企业良性运转，实现公司经营目标和股东利益最大化。公司组织机构的设置是否完善、组织机构之间是否协调、是否有效率是判断一个公司治理是否良好的重要标准。家族企业普遍存在股权高度集中的潜在危险性，一旦大股东（创始人）发生利益和经营理念的冲突，很可能导致管理层左右为难、监督机制失效，使企业陷入治理僵局。

李国庆和俞渝之争是一个典型的夫妻联合创始人的斗争。创业时夫妻创始人强强联合，基于双方对对方的感情而为共同的事业奋斗努力，出资也大多数来自夫妻的共同财产，家庭情感所导致的事事以人情为先，缺乏相应的理性管理，导致股权归属不明确。随着家族企业规模和业务的扩张，家族成员对于企业的发展必定会产生理念分歧。

为促使企业可持续发展，不因家庭成员之争而中断，那么提升家族企业的治理水平就尤为必要。同时，考虑到家族自然人股东之间合作关系变故（稳固合作、合作僵局）以及自然人股东的个人变动（死亡、婚姻关系变故），通过事先协议安排对控股股东名下股权分配以及股权表决权等事项作出一揽子安排非常必要，否则就只能像现在的当当一样撕破脸皮被动应对。做好家族股东内部的权益调整与制度安排，从消极的角度讲是为了防止未来的控制权之争，但从积极的角度来讲，则是为了企业的长期可持续发展，以制度的力量保障企业走得更远、更长久。

---

〔1〕 参见孟德斯鸠:《论法的精神》（上册），许明龙译，商务印书馆 2012 年版，第 383 页。

撞上老干妈，腾讯“逗鹅冤”

——“腾讯公司与‘老干妈’乌龙事件”的评析

刘萍萍

【案情介绍】[1]

深圳市腾讯计算机系统有限公司（以下简称腾讯公司）诉请贵阳南明老干妈风味食品有限责任公司（以下简称“老干妈”公司）支付1624万元广告费一案受到广泛关注。2019年3月，腾讯公司与“老干妈”公司签订了一份《联合市场推广合作协议》（以下简称合作协议），多次催办仍分文未获，因此依法进行起诉，申请法院冻结了被告财产。2020年6月30日，“老干妈”公司声明其从未与腾讯公司进行过商业合作，并已向警方报案。2020年7月1日，贵阳警方通报，3名犯罪嫌疑人伪造“老干妈”公司印章，冒充该公司市场经营部经理，与腾讯公司签订合作协议。其中，合作协议效力如何，“老干妈”公司是否受合作协议约束是本案分析重点。

（一）“南山必胜客”诉请“老干妈”支付合约款项

腾讯公司诉称，2019年3月，其与“老干妈”公司签订了一份合作协议，腾讯公司投放资源用于老干妈油辣椒系列推广，腾讯公司已依约履行相关义务，但

---

〔1〕 澎湃新闻于2020年6月30日在澎湃新闻网（https：//m. thepaper. cn/newsDetail_forward_8053369）发布内容，以及广东省深圳市南山区人民法院作出的执行裁定书（2020）粤0305执保1106号，以及腾讯公司于2020年7月1日、10日在腾讯公司官方微博（https：//www. weibo. com/tencent）上发布的内容。本文仅是基于上述资料进行的学术分析与探讨，特此说明。

“老干妈”公司未按照合同约定付款，腾讯公司多次催办仍分文未获，因此依法进行起诉。原告腾讯公司向深圳南山区人民法院提出财产保全申请，法院于2020年4月24日作出裁定：依照《中华人民共和国民事诉讼法》第100条、第102条、第103条之规定，查封、冻结被告“老干妈”公司名下价值16,240,600元的银行存款或查封、扣押其等值的其他财产。

（二）“萝卜章”事件——“老干妈”称其未与腾讯公司有过商业合作

2020年6月30日，“老干妈”公司发出声明：称其于2020年6月10日接到深圳市南山区人民法院委托贵阳市南明区人民法院送达的相关法律文书，腾讯公司以服务合同纠纷为由起诉并申请财产保全。经核实，其从未与腾讯公司或授权他人与腾讯公司就“老干妈”品牌签署合作协议，且未与腾讯公司进行过任何商业合作。针对该事件，其已向公安机关报案，公安机关于2020年6月20日决定对此案立案侦查。

（三）“剧情”一再反转——公安局发出警方通报

贵阳市公安局双龙分局于2020年7月1日发出警方通报，腾讯公司与“老干妈”公司的广告费拖欠纠纷发生了大反转，通报表明：经过初步调查，犯罪嫌疑人曹某（男，36岁）、刘某利（女，40岁）、郑某君（女，37岁）伪造老干妈公司印章，冒充该公司市场经营部经理，与腾讯公司签订合作协议，其目的是获取腾讯公司在推广活动中配套赠送的网络游戏礼包码，之后通过互联网倒卖非法获取经济利益。“老干妈”公司和贵阳警方的公告使剧情一再反转，2020年7月1日，腾讯公司官方微博用意味深长、欲言又止的八个字回应：“其实，但是，一言难尽”，直至2020年7月10日，腾讯公司发布消息称，其已与“老干妈”公司进行了深入沟通，双方已厘清误解，并与“老干妈”公司握手言和。

（四）“明星企业”“萝卜章”事件耐人寻味

案件起源于三个嫌疑人私刻的“萝卜章”，三个犯罪嫌疑人私刻假章，骗取了和腾讯公司的合作机会，从而获得了经济利益，给腾讯公司造成了损失。两家航母量级的企业，居然被三个骗子小涮一把，其间的来龙去脉、起承转合，给围观群众就预留了想象空间，尤其公安警情通报之后腾讯公司的一句“一言难尽”，明显进一步拓展了空间冗余。由于两边都是明星企业，“萝卜章”与无权代理又是很多企业面临的常见缔约风险，为引导企业加强风控、实现可持续发展，有必要对该案件进行分析。

【“萝卜章”行为的法律效力分析】

回归事件本身，在此案中最令人深思的是“萝卜章”所引发的法律问题，三位犯罪嫌疑人使用“萝卜章”所签订的合作协议效力如何？“老干妈”公司是否受三位犯罪嫌疑人使用“萝卜章”与腾讯公司签订的合作协议的拘束？

关于假公章对合同效力的影响，最高人民法院颁布的《全国法院民商事审判工作会议纪要》（以下简称九民纪要）第 41 条第 1 款第 2 句作出了相应的规定，“人民法院在审理案件时，应当主要审查签约人于盖章之时有无代表权或者代理权，从而根据代表或者代理的相关规则来确定合同的效力。”本案应从是否构成职务代理抑或表见代理的角度判断三位犯罪嫌疑人冒充“老干妈”公司市场经营部经理所签合作协议的效力，进而判断“老干妈”公司是否受该合作协议的约束。与此同时，考虑到腾讯公司旗下 QQ 飞车手游曾携手“老干妈”公司推出限定款礼盒，这一期间也在微博上形成了阅读量超亿的热门话题，是否能依据“老干妈”公司知晓腾讯公司为自己提供广告服务却保持沉默，进而构成对代理行为的追认？

（一）冒充“老干妈”公司市场经营部经理与腾讯公司缔约是否构成职务代理？

职务代理是一项典型的商事代理制度，我国首次在《中华人民共和国民法典》（以下简称《民法典》）总则编第 170 条明确规定了职务代理制度，对职务代理行为及职权限制的外部效力进行了规定。职务代理，是指代理人根据其在法人或者非法人组织中所担任职务，依据其职权对外实施民事法律行为的代理。[1]由此可见，职务代理的构成要件为：第一，代理人是法人或非法人组织的工作人员；第二，代理人实施的必须是职权范围内的事项；第三，代理人必须是以该法人或者非法人组织的名义实施的行为。

职务代理三要件不能机械适用。首先，就第一个要件，不以建立劳动合同关系为必要考量标准，重点要考虑其是否在执行商事组织的工作任务，即通过是否存在行为人被商事组织委任或雇佣实施商事交易的事实来判断行为人是否为商事组织的工作人员。[2]在实践中可以通过行为人被工商登记系统公示的商事职务以及行为人所掌管的商事组织的重要权力凭证，如公章、财务章、合同专用章等来判断行为人是否为商事组织的工作人员。[3]其次，代理人所实施的必须是职权范围内的事项，“职权范围内的事项”可以理解为法人或者非法人组织对该职务代理行为人的“一揽子”授权，而无须每次与第三人进行交易时均要出具授权委托书等文件，[4]在具体认定时应当结合行为人的工作岗位以及惯常工作内容进行考量，应着重关注行为人所实施法律行为与公司业务的关联性。最后，代理人必须是以该法人或者非法人组织的名义实施行为，若职务代理行为人以其个人名义实施职务代理行为的，则据此产生的法律效果当然由其自身承担。

在本案中，三位犯罪嫌疑人冒充“老干妈”公司市场经营部经理与腾讯公司签订合作协议的行为是否构成职务代理？首先，其是以“老干妈”公司的名义签订合同。其次，签订合作协议的事项是否在市场经营部经理的职权范围内？我国立法尚未对经理人的职权范围作出

---

〔1〕 参见最高人民法院民法典贯彻实施工作领导小组主编：《中华人民共和国民法典总则编理解与适用》，人民法院出版社 2020 年版，第 848 页。

〔2〕 参见冉克平：《论商事职务代理及其体系构造》，载《法商研究》2021 年第 1 期。

〔3〕 参见崔建远：《合同解释语境中的印章及其意义》，载《清华法学》2018 年第 4 期。

〔4〕 参见最高人民法院民法典贯彻实施工作领导小组主编：《中华人民共和国民法典总则编理解与适用》，人民法院出版社 2020 年版，第 850 页。

明确规定，但经理人的代理权是基于企业经营活动而获得，对于达成授权目的所必要的一切行为，经理人均可获得授权。[1] 故而在一般情况下，签订合作协议应当认定为经理人职权范围内的事项，但是本案中的合作对象具有特殊性，作为中国的老品牌的老干妈，20 多年来，这一品牌很少投入广告，其靠走量的“小本买卖”的性质未改变，很难想象一下子拿出上千万元做广告宣传，[2] 秉持传统销售战略的“老干妈”公司突然间与腾讯公司签订上千万元的推广合作协议并非其常规业务，据此，难以认定该合作协议属于市场经营部经理职权范围内的事项。最后，三位犯罪嫌疑人是否足以让腾讯公司认定其为“老干妈”公司的工作人员？这是本案认定是否构成职务代理颇具争议的一点，考虑到在我国私刻印章现象并不少见，是很多企业在缔约时面临的风险，腾讯公司作为具有丰富商业经验的公司，在缔约时应当审慎审查交易向对方的授权文件、合同专用章、公章等重要的商事组织权力凭证，来判断交易相对方是否为商事组织的工作人员，绝不可以仅凭一枚“萝卜章”就认定行为人为商事组织的工作人员。

笔者认为，倘若是企业内部具有特定职务的法定代表人、经理人及其他代理人通过伪造、盗窃企业的代理权凭证而实施法律行为是否构成职务代理尚存疑义，只有在形成足以令交易第三人信赖的权利外观，企业才可能承受职务代理之责。况且本案中三位犯罪嫌疑人是伪造印章冒充“老干妈”公司市场经营部经理，根据风险负担原则，其所实施法律行为难以由“老干妈”公司承受。

（二）伪造印章与腾讯公司缔约是否构成表见代理？

表见代理是无权代理制度的一种，表见代理的立法目的在于保护善意第三人的利益和交易安全，其效果是让本人就无权代理人与相对人签订的合同承担合同履行的责任。《民法典》第 172 条对表见代理作出总体性规范，“行为人没有代理权、超越代理权或者代理权终止后，仍然实施代理行为，相对人有理由相信行为人有代理权的，代理行为有效”。最高人民法院发布的《关于当前形势下审理民商事合同纠纷案件若干问题的指导意见》（以下简称《指导意见》）第 13 条第 1 句规定，构成表见代理不仅要求代理人的无权代理行为在客观上形成具有代理权的表象，而且要求相对人在主观上善意且无过失地相信行为人有代理权。由此可见，表见代理的构成要件包括：其一，客观上具有代理权的表象使相对人有理由相信行为人有代理权；其二，主观上相对人善意且无过失。然而，何为“有理由相信行为人有代理权”，何为“善意且无过失”需要进一步探讨，本案是否构成表见代理的落脚点最终也落到了腾讯公司客观上是否有理由相信行为人有代理权，主观上是否善意且无过失。

---

〔1〕 参见杜军：《公司经理权问题研究》，法律出版社 2011 年版，第 59 页。
〔2〕 参见木木：《谁见过辣椒酱打广告》，载《证券时报》2020 年 7 月 3 日，第 A03 版。

1. 腾讯公司是否有理由相信行为人有代理权

本案中判断腾讯公司是否值得被保护，“老干妈”公司是否应当承担表见代理的责任，关键点之一在于对“有理由相信行为人有代理权”的解读。最高人民法院发布的《指导意见》第13条第2句就“相对人有理由相信行为人有代理权”作出具体规定，相对人应当举证证明代理行为存在诸如合同书、公章、印鉴等有权代理的客观表象形式要素，即相对人可通过合同书、公章、印鉴等形式要素来证明自己有理由相信行为人有代理权。印章向来被视作代理权凭证的范畴，印章本身一般表明印章所有者愿为意思内容承担责任，[1]与之类似的还有空白的授权委托书、介绍信、盖章或签字的空白合同书等。印章的占有是一种特殊的代理权表象，仅凭印章本身是否足以使相对人相信行为人有代理权？有学者认为，应当遵循权利外观综合认定原则认定表见代理，将善意第三人据以交易的多种权利外观事实赋予法律效果，有利于降低在当前纷繁的印章管理体系下交易的时间成本和经济成本，提高交易效率。[2]但是本案的印章是三位犯罪嫌疑人私自伪造的，“老干妈”公司对此可能并不知晓，该代理外观的形成无法归因于“老干妈”公司，如此能凭借伪造的印章及相关文件认定腾讯公司有理由相信行为人有代理权吗？

笔者认为答案是否定的。相对人的正当信赖需要保护，但也不能无条件地予以保护，单纯依据相对人有正当信赖这一事实就判定应当由被代理人承受无权代理行为的法律效果，不论此种信赖的产生与被代理人之间是否存在关联性，在某些情形中将会使无辜的被代理人承受不应有的不利益，这样的处理方式在法价值上难以正当化。[3]“有理由相信行为人有代理权”的实质是指“本人作出了代理权通知”，[4]即本人的行为造成了代理权外观。如果本人从未作出任何引发代理权表象之行为，代理权表象完全归因于他人的法律行为，也需要让本人承担表见代理责任，无异于要求本人为他人行为负责，这一严重背离私法自治理念的格局于被代理人难免过于严苛。[5]所以，纯粹通过伪造、盗用代理权凭证营造代理权表象的场合，本人从未作出任何引发该代理权表象的行为，则自始不满足“相对人有理由相信行为人有代理权”要件，不发生表见代理责任。故此，倘若本案中三位犯罪嫌疑人伪造印章冒充“老干妈”公司市场经营部经理的行为属于纯粹通过伪造代理权凭证营造代理权表象的场合，“老干妈”公司未作出任何引发行为，则本案中伪造印章不足以构成有权代理表象，腾讯公司无法主张自己“有理由相信行为人有代理权”。

〔1〕 参见陈甦：《公章抗辩的类型与处理》，载《法学研究》2020年第3期。

〔2〕 参见余长智、刘芳芳、徐皓玥：《表见代理中代理权外观要件的综合认定》，载《人民司法》2020年第17期。

〔3〕 参见杨代雄：《表见代理的特别构成要件》，载《法学》2013年第2期。

〔4〕 参见王浩：《“有理由相信行为人有代理权”之重构》，载《华东政法大学学报》2020年第4期。

〔5〕 参见朱庆育：《民法总论》，北京大学出版社2019年版，第370页。

2. 腾讯公司是否为“善意且无过失”

《指导意见》第 13 条对“善意且无过失”举证责任的分配作出规范，要求交易相对人承担证明责任，故而腾讯公司应承担“善意且无过失”的证明责任。所谓“有过失”，即指相对人有核实代理权存否之义务而未尽到，[1]因此，是否为“善意且无过失”应当通过行为人是否尽到审查义务来判断，本案中，腾讯公司是否属于“善意且无过失”，应当从具体的审查内容以及审查标准综合认定：

（1）腾讯公司在缔约时需要审查的内容

《指导意见》第 14 条就相对人主观上“善意且无过失”的认定作出了规范，关于相对人所需要审查的内容也作出了相应的规定，包括合同的缔结时间、以谁的名义签字、是否盖有相关印章及印章真伪、标的物的交付方式与地点、购买的材料、租赁的器材、所借款项的用途、建筑单位是否知道项目经理的行为、是否参与合同履行等各种因素。故而腾讯公司在缔约时所需要审查的内容包括：交易相对方的印章以及印章真伪、有关授权文件、合同签订的目的等各项因素。

（2）腾讯公司所应当达到的审查标准

交易相对人承担何种审查标准应根据具体交易情况判断，结合相对人的身份、交易方式、交易性质的特殊性等来认定相对人应当达到何种程度的审查标准。就相对人的身份而言，腾讯公司作为互联网商业巨头有着“南山必胜客”的称号，具有丰富的商业经验，理应熟知缔约前尽职调查的有关内容。就交易方式和交易性质而言，“老干妈”公司很少投入广告，很难想象一下子拿出上千万元做广告宣传，此次交易并非“老干妈”公司的常规业务，并且腾讯公司与“老干妈”公司签订的合同标的额过千万，合同内容涉及市场、运营、产品、法务、财务等多个部门和层级，故而本案中所签订的合作协议性质具有特殊性。在本案中，结合腾讯公司的身份和此次交易的方式、性质，腾讯公司理应承担较高的审查义务，其在缔约时除了应当对对方所出示的印章真伪进行充分调查，还要对行为人出示的其他证明其为“老干妈”公司市场经营部经理的文件以及其他授权文件进行审慎核查，故而腾讯公司缔约前的尽职调查是否充分也成为了案件焦点。

“有理由相信行为人有代理权”和“善意且无过失”作为表见代理构成的必备要件，二者相互联系，缺一不可。本案中腾讯公司主观上是否为“善意且无过失”尚存疑，但是根据前文分析，客观上难以认定腾讯公司有理由相信行为人有代理权，故本案难以认定构成表见代理。

（三）“老干妈”公司的“沉默”是否构成对合同的追认？

1. “沉默”的法律效果分析

《中华人民共和国民法通则》（已失效）第 66 条第 1 款第 3 句：“本人知道他人以本人名

[1] 参见王利明：《民法总则研究》，中国人民大学出版社 2012 年版，第 683 页。

义实施民事行为而不作否认表示的，视为同意。”审判实践中也基本上将行为人伪造印章下本人知情未反对视为一种客观型权利外观，进而发生有权代理的效果。作为私人自治意义下的行为自由，沉默本不该具有任何的法律意义，[1]因本人单纯沉默即令其承受他人代理行为的后果，这显然无视本人的意思自治而片面地保护相对人，并非妥当的立法。[2]因此，立法对沉默的态度作出了转变，《中华人民共和国合同法》（已失效）第48条第2款规定：“被代理人未作表示的，视为拒绝追认。”《民法典》第140条第2款规定：“沉默只有在有法律规定、当事人约定或者符合当事人之间的交易习惯时，才可以视为意思表示。”《民法典》第171条第2款：“相对人可以催告被代理人自收到通知之日起三十日内予以追认。被代理人未作表示的，视为拒绝追认。”据此，“沉默”不但不会构成授权的意思表示，相反会直接被法律认定为拒绝追认。

2. “老干妈”公司“沉默”不构成对合同的追认

《民法典》第149条第2款规定，“沉默只有在有法律规定、当事人约定或者符合当事人之间的交易习惯时，才可以视为意思表示”。本案中法律没有对“沉默”作出特别规定，因此只有在“老干妈”公司和腾讯公司双方对“沉默”有约定或者符合双方的交易习惯时，“老干妈”公司的“沉默”才可能构成追认的意思表示。从“老干妈”公司所发的声明可以看出“老干妈”公司对合作协议的签订并不知情，因此，本案中，“老干妈”公司与腾讯公司之间并没有就“沉默”的含义作出约定，并且此次交易并非“老干妈”公司的常规业务，故无法通过当事人之间的交易习惯将“沉默”认定为追认的意思表示。故而“老干妈”公司“沉默”不构成对合同的追认。

【案外反思】

（一）伪造、盗窃代理权凭证的私法效果亟待完善

在现实生活中，行为人伪造、盗窃他人的印章、合同书、授权委托书，以冒充他人名义实施法律行为的情况层出不穷，在司法实践中亦为热点疑难问题。在《九民纪要》颁布之前，我国司法审判实践关于伪造、盗窃代理权凭证案件的丰富判决与立法机关的搁置的态度形成鲜明的对比。分析这些案件可以发现，行为人伪造、盗用代理权凭证实施代理行为具有两个鲜明的特征：其一，此类案件更多的是发生在商事领域，属于商事代理的范畴；其二，此类案件往往构成职务行为，在相当多的情形，伪造代理权凭证的行为系法人的法定代表人、总经理、项目经理等所为。[3]《九民纪要》颁布之后，伪造印章的私法效果便有迹可循，

[1] 参见石一峰：《沉默在民商事交往中的意义——私人自治的多层次平衡》，载《法学家》2017年第6期。
[2] 参见李宇：《民法总则要义》，法律出版社2017年版，第819页。
[3] 参见冉克平：《论伪造、盗窃代理权凭证实施法律行为的私法效果》，载《清华法学》2018年第6期。

其在第 41 条第 2 句就假公章下合同的效力认定作出规定，“人民法院在审理案件时，应当主要审查签约人于盖章之时有无代表权或者代理权，从而根据代表或者代理的相关规则来确定合同的效力”。但该规定过于原则，而实践中关于印章伪造的案件类型却十分多样，因此需要相关法律法规就有关伪造、盗窃代理权凭证的私法效果进行进一步明晰。

（二）企业印章体系有待完善

实践中，除了类似腾讯案中坑蒙拐骗的印章伪造情形，更多的情形是，有些人利用我国印章管理规范的漏洞，有意刻制两套甚至多套印章，或者法定代表人及代理人私刻印章，在订立合同时恶意加盖私刻假章，如果合同最终对己有利，就当作什么事都没发生；但一旦交易结果对其不利，则以加盖的是假章为由而反悔，逃避应当履行的合同。[1]此种行为严重违反诚实信用原则，扰乱了正常的交易秩序。这些问题的出现归结于我国印章管理体系的不完善，公章是否需要备案不具有强制性。因此有必要对我国企业印章体系进行完善：首先，确立规范且严密的公章备案制度；其次，对印章防伪技术进行系统性提升；最后，借助互联网、区块链等技术对印章进行有效管制。

（三）企业审计风险应当加强

通常情况下，公司销售业务流程的内部控制包括事前控制、事中控制和事后控制。事前控制主要包括客户识别、尽职调查、合同谈判与合同签订等环节。“老干妈”公司作为腾讯公司首次合作的客户，应进行新客户的识别流程，但是三名犯罪嫌疑人伪造身份资料，伪装成“老干妈”公司的市场经营部经理，向腾讯公司提出合作意向，腾讯公司相关部门竟然没有发现，这种疏于核查导致审查流程几乎形同虚设。事中控制主要包括预收款项、服务管理和履约跟踪等环节，在市场推广过程中，腾讯公司应当按照履约进度向“老干妈”公司收取进度款，在活动完成后再结清尾款。但是从腾讯公司声称“多次追讨广告费，分文未得”的结果来看，腾讯公司似乎并未收到任何进度款，但是其仍然继续履行合同，作为在网络广告行业拥有强势地位的公司，腾讯公司的做法实在不符合常理。事后控制主要包括应收账款的催收和期末对账等环节，主要需要市场、财务和法务等部门的参与。[2]

---

〔1〕 参见岳业鹏：《盖章行为的民法规制》，载《检察日报》2020 年 7 月 15 日，第 7 版。

〔2〕 参见云皓琛：《基于销售业务的内部控制缺陷对审计风险的影响研究——以腾讯起诉老干妈乌龙事件为例》，载《商场现代化》2020 年第 15 期。